公務員試験
過去問攻略Vテキスト ❹

TAC公務員講座 編

行政法

TAC出版
TAC PUBLISHING Group

はしがき

本シリーズのねらい――「過去問」の徹底分析による効率的な学習を可能にする

合格したければ「過去問」にあたれ。

あたりまえに思えるこの言葉の、ほんとうの意味を理解している人は、じつは少ないのかもしれません。過去問は、なんとなく目を通して安心してしまうものではなく、徹底的に分析されなくてはならないのです。とにかく数多くの問題にあたり、自力で解答していくうちに、ある分野は繰り返し出題され、ある分野はほとんど出題されないことに気づくはずです。ここまできて初めて、「過去問」にあたれ、という言葉が自分のものにできたといえるのではないでしょうか。

頻出分野が把握できたなら、もう合格への道筋の半分まで到達したといっても過言ではありません。時間を効率よく使ってどの分野からマスターしていくのか、計画と戦略が立てられるはずです。

とはいえ、教養試験も含めると20以上の科目を学習する必要がある公務員試験では、過去問にあたれといっても時間が足りない、というのが実状ではないでしょうか。

そこでＴＡＣ公務員講座では、みなさんに代わり全力を挙げて、「過去問」を徹底分析し、この『過去問攻略Ｖテキスト』シリーズにまとめあげました。

網羅的で平板な解説を避け、不必要な分野は思いきって削り、重要な論点に絞って厳選収録しています。また、図表を使ってわかりやすく整理されていますので、初学者でも知識のインプット・アウトプットが容易にできるはずです。

『過去問攻略Ｖテキスト』の一冊一冊には、“無駄なく勉強してぜったい合格してほしい”という、講師・スタッフの思いが込められています。公務員試験は長く孤独な戦いではありません。本書を通して、みなさんと私たちは合格への道を一緒に歩んでいくことができるのです。そのことを忘れないでください。そして、必ずや合格できることを心から信じています。

2019年２月　ＴＡＣ公務員講座

第２版（大改訂版）　はしがき

長年、資格の学校ＴＡＣの公務員対策講座で採用されてきた『過去問攻略Ｖテキスト』シリーズが、このたび大幅改訂されることになりました。

◆より、過去問攻略に特化

資格の学校ＴＡＣの公務員講座チームが過去問を徹底分析。合格に必要な「標準的な問題」を解けるようにするための知識を過不足なく掲載しています。

『過去問攻略Ｖテキスト』に沿って学習することで、「やりすぎる」ことも「足りない」こともなく、必要かつ充分な公務員試験対策を進められます。

合格するために得点すべき問題は、このテキスト１冊で対策できます。

◆より、わかりやすく

執筆は資格の学校ＴＡＣの公務員講座チームで、受験生指導に当たってきた講師陣が担当。受験生と接してきた講師が執筆するからこそ、どこをかみ砕いて説明すべきかがわかります。

読んでわかりやすいこと、講義で使いやすいことの両面を意識した原稿づくりにこだわりました。

◆より、使いやすく

・本文デザインを全面的に刷新しました。
・「過去問 Exercise」などのアウトプット要素も備え、知識の定着と確認を往復しながら学習できます。
・TAC 公務員講座の講義カリキュラムと連動。最適な順序でのインプットができます。

ともすれば20科目以上を学習しなければならない公務員試験においては、効率よく試験対策のできるインプット教材が不可欠です。『過去問攻略Ｖテキスト』は、上記のとおりそのニーズに応えるべく編まれています。

本書を活用して皆さんが公務員試験に合格することを祈念しております。

2023 年９月　ＴＡＣ公務員講座

●──〈行政法〉はしがき

本書は、地方上級・国家一般職・国家専門職・裁判所職員一般職の公務員試験の合格に向けて、過去問（過去に出題された問題）を徹底的に分析して作成されています。過去問の分析を通じてわかることは、特定の分野から繰り返し出題されていることです。とすればやはり、試験対策として頻出箇所を優先的に学習する必要があります。特に公務員試験では、教養科目も含めると20以上の科目を学習する必要があり、いかに効率的な学習をするかが合否を決するからです。本書は以下の特長を有しています。

1．一冊で本試験に対応

近時の公務員試験に対応するために充分な情報量を盛り込んであり、本書一冊で試験のインプット対策はＯＫです。本文中に各節の最後に掲載している過去問との対応を明示したことで、直ちに内容の確認を図ることができます。

2．条文事項・重要判例の重視

行政法は、試験的に重要な法律として行政手続法、行政事件訴訟法、行政不服審査法、行政機関情報公開法、国家賠償法、地方自治法等があり、また、それぞれに関連する判例が280ほどあり、憲法と比べるとかなり学習すべき分量が多い科目です。そのため、憲法以上にメリハリをつける必要があり、また重要な事項についても整理して覚えることが肝要になります。そこで、前者に関しては 発展 の表示（後述**3.**参照）を、後者に関し、条文事項については、意義・趣旨、原則・例外の表示、判例事項等については、本試験で問われている箇所を〈判旨〉〈要旨〉として表示、具体例やイメージ図を掲載して、知識の習得・理解の手助けとなるようにしています。

3．発展 の表示

発展 とは、過去25年分の本試験問題を分析し、①近年の出題傾向として頻度が落ちた分野や箇所、②一部の試験種のみしか出題がない分野や箇所、③難度の高い分野や箇所のことであり、学習の効率化を図るために仕分けをしたものです。発展 の箇所については、初学者は一通り学習した後に読むことを勧めます。

4．重要事項のゴシック化と赤字

メリハリをつけて読めるようにするため、意義・要件・判例の規範部分等の重要事項については文字をゴシックにしました。また、キーワードとして覚えるべき単語については、赤字としています。

5．重要事項一問一答、過去問チェック、章末の過去問で確認

公務員試験にあたり重要なことは、「本番の試験」で問題が解けることにあります。このためには、知識を整理して頭にインプットしておく必要があります。重要事項の確認や過去問チェックで、インプットした知識を節ごとに確認し、章末の過去問で、公務員試験のレベルを体感してください。

※本書は、2023年９月１日を執筆基準日として加筆・修正を行っています。

2023年９月　ＴＡＣ公務員講座

本書の使い方

本書は、本試験の広範な出題範囲からポイントを絞り込み、理解しやすいよう構成、解説した基本テキストです。以下は、本書の効果的な使い方ガイダンスです。

本文

●アウトライン
その節のアウトラインを示しています。これから学習する内容が、全体の中でどのような位置づけになるのか、留意しておくべきことがどのようなことなのか、あらかじめ把握したうえで読み進めていきましょう。

●アイコン
法律科目の学習においては抽象的な概念が数多く登場します。これらを学習する際には、意義、趣旨などの要素に分けて捉えておくことで試験問題の求める切り口に対応しやすくなります。
これらのアイコンは、学習事項をそのような要素に切り分けて示したものです。

●語句
重要な語句や概念は、初めて登場したときにここで解説しています。

国般★★★／国専★★★／特別区★★★／地上★★★

7 客観訴訟

行政事件訴訟法は、主観訴訟を中心に組み立てられていますが、客観訴訟も重要です。主観訴訟と対比して客観訴訟の訴訟類型を確認しましょう。

1 客観訴訟

1 意義

意義 **客観訴訟**とは、**個人的な権利利益とは無関係に、司法過程を通じて客観的な法秩序の維持を直接の目的とした訴訟**をいう。行政事件訴訟法は、**民衆訴訟**（行訴法５条）と**機関訴訟**（行訴法６条）の２つを規定している。01

【主観訴訟と客観訴訟の対比】

主観訴訟	個人的な権利利益の救済を目的とする。個人の権利利益が救済された結果として、行政活動の適法性も実現される 01
客観訴訟	客観的な法秩序の維持を直接の目的とする 01

【主観訴訟と客観訴訟】

- 行政事件訴訟
  - 主観訴訟
    - 抗告訴訟
    - 当事者訴訟
  - 客観訴訟
    - 民衆訴訟
    - 機関訴訟

2 司法権との関係

行政事件訴訟は、通常裁判所による裁判によって行政活動の適法性を維持しようとする仕組みであることから、憲法解釈上の司法権の範囲と同様に、「法律上の争訟」（裁判所法３条１項）に当らないものは、特別な法律の規定がない限り司法審査の対象とならない。

〈語句〉●**法律上の争訟**とは、①当事者間の具体的な権利義務ないし法律関係の存否に関

352 第6章 行政事件訴訟法

●受験先ごとの重要度

2013～2022年度の直近10年間の出題において、この節の内容の出題がどの程度あったかを示していますので、学習にメリハリをつけるための目安として利用してください。

★★★：3問以上出題
★★　：2問出題
★　　：1問出題
★なし：出題なし

【試験の略称表記】

「国般」　：国家一般職
「国専」　：国税専門官、労働基準監督官、財務専門官
「特別区」：特別区Ⅰ類
「地上」　：道府県庁・政令市役所上級

する紛争であって(**具体的事件性**)、②それが法律の適用により終局的に解決することができるもの(**終局的解決可能性**)をいう。

判例上、司法審査の対象とならないとされた例として、発展①**技術士国家試験事件**(最判昭41.2.8)、発展②**宝塚市パチンコ条例事件**(最判平14.7.9)、発展③**富山大学事件**(最判昭52.3.15)がある。

客観訴訟は、個人の権利利益の救済とは無関係であるという点で具体的事件性を欠くが、立法政策により(法律の定めがある場合に)司法審査が可能とされるものである。

2 民衆訴訟

1 意義

意義　**民衆訴訟**とは、**国又は公共団体の機関の法規に適合しない行為の是正を求める訴訟で、選挙人たる資格その他自己の法律上の利益にかかわらない資格で提起するもの**をいう(行訴法5条)。02

原告が、自己の具体的な権利利益の救済を目的とせず、行政活動の客観的適法性の実現を目的とする訴訟である。

2 訴えの提起

民衆訴訟は、自由に誰もが提起できるのではなく、**法律に定める場合において、法律に定める者に限り**、提起することができる(行訴法42条)。02

3 具体例

民衆訴訟の具体例としては、**住民訴訟**(地方公共団体の住民が当該団体の違法な財務会計上の行為等に対して、当該団体の適正な財務運営を確保するために提起する訴訟、地方自治法(以下、地自法242条の2)や、**選挙又は当選の効力に関する訴訟**(議員定数不均衡訴訟等、公職選挙法206条～)が挙げられる。03

4 住民訴訟 発展

住民訴訟を提起するためには、事前に**住民監査請求**(地方公共団体の住民が、監査委員に対して財務会計上の行為等の監査を求めること)(地方自治法242条)**を経ていなければならない**(地方自治法242条の2第1項)。住民訴訟については第9章3節「地方の行政組織」で扱う。

第6章 行政事件訴訟法

7 客観訴訟 353

●過去問チェック用アイコン

節の末尾にある、後述の「過去問チェック」の問題番号に対応しています。「過去問チェック」の問題に関連する情報であることを示しています。

●発展アイコン

このアイコンは、学習の効率化を図るため論点を仕分けし、つけたものです。初学者は最後まで学習が済んだ後に読むことをお勧めします。(詳細は「〈行政法〉はしがき」Ⅴ頁を参照)。

(※図はいずれもサンプルです)

判例 記事の読み方

●〈事案〉部分

そのケースの概略や登場する主体どうしの関係をつかむ部分です。図解も併せて参照してください。

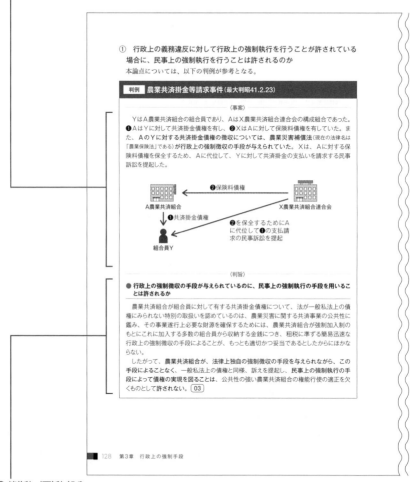

① **行政上の義務違反に対して行政上の強制執行を行うことが許されている場合に、民事上の強制執行を行うことは許されるのか**

本論点については、以下の判例が参考となる。

判例 農業共済掛金等請求事件（最大判昭41.2.23）

〈事案〉

Ｙは Ａ農業共済組合の組合員であり、Ａは Ｘ農業共済組合連合会の構成組合であった。❶Ａは Ｙに対して共済掛金債権を有し、❷Ｘは Ａに対して保険料債権を有していた。また、**Ａの Ｙに対する共済掛金債権の徴収については**、**農業災害補償法**（現在の法律名は「農業保険法」である）**が行政上の強制徴収の手段が与えられていた**。Ｘは、Ａに対する保険料債権を保全するため、Ａに代位して、Ｙに対して共済掛金の支払いを請求する民事訴訟を提起した。

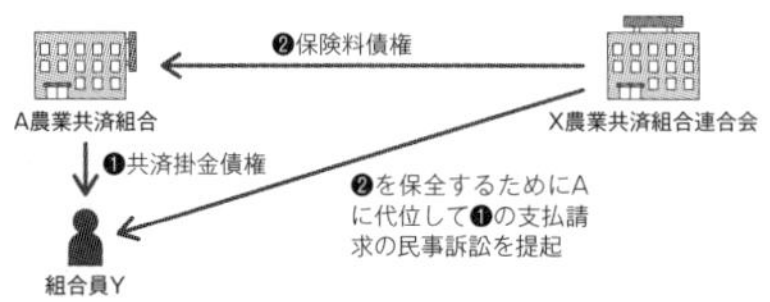

〈判旨〉

● 行政上の強制徴収の手段が与えられているのに、民事上の強制執行の手段を用いることは許されるか

農業共済組合が組合員に対して有する共済掛金債権について、法が一般私法上の債権にみられない特別の取扱いを認めているのは、農業災害に関する共済事業の公共性に鑑み、その事業遂行上必要な財源を確保するためには、農業共済組合が強制加入制のもとにこれに加入する多数の組合員から収納する金銭につき、租税に準ずる簡易迅速な行政上の強制徴収の手段によることが、もっとも適切かつ妥当であるとしたからにほかならない。

したがって、**農業共済組合が**、**法律上独自の強制徴収の手段を与えられながら、この手段によることなく**、一般私法上の債権と同様、訴えを提起し、**民事上の強制執行の手段によって債権の実現を図ることは**、公共性の強い農業共済組合の権能行使の適正を欠くものとして**許されない**。 03

128 第3章 行政上の強制手段

●〈判旨〉〈要旨〉部分

判決文のうち、特に試験で問われる箇所を抜き出したものです。試験問題はこの判旨・要旨に近い言い回しで出題されますので、特徴的な表現に気を付けながら、本文と同じように各要素の要点を押さえるようにしましょう。

重要事項一問一答

節の最後に、学習内容を総復習できる一問一答を設けています。

重要事項 一問一答

01 行政指導とは？

行政指導とは、行政機関がその任務又は所掌事務の範囲内において、一定の行政目的を実現するため、特定の者に一定の作為又は不作為を求める指導、勧告、助言その他の行為であって処分に該当しないものをいう。

02 行政指導の特徴は（2つ）？

非権力的行為であり、事実行為である。

03 法律の優位の原則は、行政指導に妥当するのか？

全面的に妥当する。

04 法律の留保の原則との関係で、行政指導に法律の根拠が必要か？

法律の根拠を必要としない。

05 行政指導の一般原則（権力化阻止）の内容は（3つ）？

①行政指導の権限と限界、②行政指導の任意性、③不利益取扱いの禁止

06 口頭の行政指導をして、相手方から当該行政指導の趣旨等について書面の交付を求められた場合は？

過去問チェック

実際の試験での出題を、選択肢の記述ごとに分解して掲載したものです。本文の学習内容を正しく理解できているかを確認するのに利用してください。

冒頭の記号は本文中に埋め込まれたアイコンと対応していますので、答えがわからない場合は戻って確認しましょう。

出題のあった試験と出題年度を示しています。

過去問チェック

01 行政指導とは、行政機関がその任務において一定の行政目的を実現するため、特定の者に一定の作為又は不作為を求める指導、勧告、処分、助言に該当する行為である。

×（区2011）「処分」が誤り。

02 行政指導は、相手方に対する直接の強制力を有するものではないが、相手方にその意に反して従うことを要請するものであり、私人の権利又は利益を侵害するものであるから、法律の具体的根拠に基づいて行われなければならない。

×（国般2021）「相手方にその意に反して従うことを要請するものであり、私人の権利又は利益を侵害するものであるから、法律の具体的根拠に基づいて行われなければならない」が誤り。

03 行政指導は、法律の根拠は必要ないから、行政機関がその任務又は所掌事務の範囲を逸脱せずに行い、かつ、その内容があくまでも相手方の任意の協力によって実現されるものであれば、制定法の趣旨又は目的に抵触するようなものであっても、違法とはならない。

×（国般2013）「制定法の趣旨又は目的に抵触するようなものであっても、違法とはならない」が誤り。

04 地方公共団体が継続的な施策を決定した後に社会情勢の変動等により施策が変更された場合、当該決定が特定の者に対し特定内容の活動を促す勧告・勧誘を伴い、その活動が相当長期にわたる当該施策の継続を前提としてはじめてこれに投入する資金等に相応する効果を生じ得る性質のものである等の事情があるときであっても、その者との間に当該施策の維持を内容とする契約が締結されていないときは、当該変更によりその者に損害が生じた場合であっても、地方公共団体の不法行為責任は生じないとするのが判例である。

×（労・税2010）「地方公共団体の不法行為責任は生じないとするのが判例である」が誤り。

【試験の略称表記】

「国般」：国家一般職	「労」：労働基準監督官
「税」：国税専門官	「財」：財務専門官
「財・労・税」：財務専門官、労働基準監督官および国税専門官	「区」：特別区I類
「財・労」：財務専門官および労働基準監督官	

過去問Exercise

各章の学習の終わりに、実際の過去問にチャレンジしてみましょう。解説は選択肢（記述）ごとに詳しく掲載していますので、正解できたかどうかだけでなく、正しい基準で判断できたかどうかも意識しながら取り組むようにしましょう。

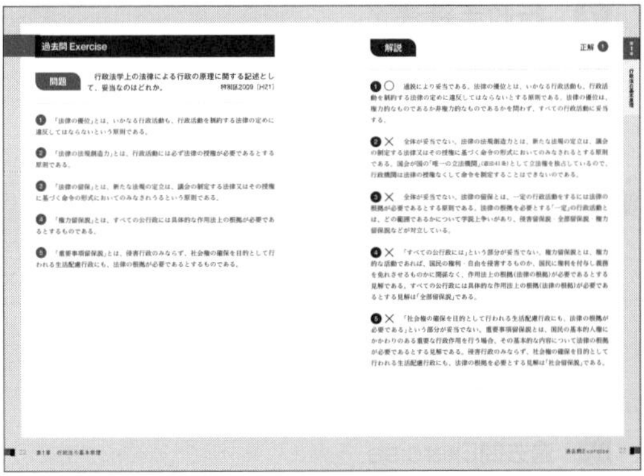

過去問 Exercise

問題 行政法学上の法律による行政の原理に関する記述として、妥当なのはどれか。 特別区2009［H21］

❶ 「法律の優位」とは、いかなる行政活動も、行政活動を制約する法律の定めに違反してはならないという原則である。

❷ 「法律の法規創造力」とは、行政活動には必ず法律の授権が必要であるとする原則である。

❸ 「法律の留保」とは、新たな法規の定立は、議会の制定する法律又はその授権に基づく命令の形式においてのみなされうるという原則である。

❹ 「権力留保説」とは、すべての公行政には具体的な作用法上の根拠が必要であるとするものである。

❺ 「重要事項留保説」とは、侵害行政のみならず、社会権の確保を目的として行われる生活配慮行政にも、法律の根拠が必要であるとするものである。

解説 正解 ❶

❶ ○ 通説により妥当である。法律の優位とは、いかなる行政活動も、行政活動を制約する法律の定めに違反してはならないとする原則である。法律の優位は、権力的なものであるか非権力的なものであるかを問わず、すべての行政活動に妥当する。

❷ × 全体が妥当でない。法律の法規創造力とは、新たな法規の定立は、議会の制定する法律又はその授権に基づく命令の形式においてのみなされるとする原則である。国会が国の「唯一の立法機関」（憲法41条）として立法権を独占しているので、行政機関は法律の授権なくして命令を制定することはできないのである。

❸ × 全体が妥当でない。法律の留保とは、一定の行政活動をするには法律の根拠が必要であるとする原則である。法律の根拠を必要とする「一定」の行政活動とは、どの範囲であるかについて学説上争いがあり、侵害留保説・全部留保説・権力留保説などが対立している。

❹ × 「すべての公行政には」という部分が妥当でない。権力留保説とは、権力的な活動であれば、国民の権利・自由を侵害するものか、国民に権利を付与し義務を免れさせるものかに関係なく、作用法上の根拠（法律の根拠）が必要であるとする見解である。すべての公行政には具体的な作用法上の根拠（法律の根拠）が必要であるとする見解は「全部留保説」である。

❺ × 「社会権の確保を目的として行われる生活配慮行政にも、法律の根拠が必要である」という部分が妥当でない。重要事項留保説とは、国民の基本的人権にかかわりのある重要な行政作用を行う場合、その基本的な内容について法律の根拠が必要であるとする見解である。侵害行政のみならず、社会権の確保を目的として行われる生活配慮行政にも、法律の根拠を必要とする見解は「社会留保説」である。

CONTENTS

第4章　行政のその他の活動形式

第5章　国家補償

第6章　行政事件訴訟法

第7章　行政上の不服申立て

第8章　行政機関の保有する情報

第9章　行政の仕組み

第1章

行政法の基本原理

本章はこれから行政法を学んでいくうえでの基礎的な事項を扱います。ここでのねらいは行政法の全体像を明確に頭に入れることです。本章の理解が今後の行政法の学習を進めるうえでポイントとなります。

国般★☆☆／国専☆☆☆／特別区★★☆／地上★☆☆

1 行政法とは何か

行政法とは何か、行政の概念について控除説、行政法の法源について成文法源と不文法源があること、両者の関係について基本的知識を確認しましょう。

1 「行政」の概念

1 身近な行政活動

行政の活動は、様々である。以下は、公務員試験においてもよく出題される活動の一例である。

①家を建て替える	一定の建物については建築主事の**建築確認**を得ないと工事ができない
②飲食店を始める	所管する保健所に営業許可申請を行い、**営業許可**を受けることが必要となる
③収入を得た	税務署長から**課税処分**(所得税・地方税)を受ける
④道路工事をしている	道路の設置管理行為(業者との**行政契約**)として行われる
⑤確定申告をする	税務署職員から確定申告の方法の**行政指導**を受けた

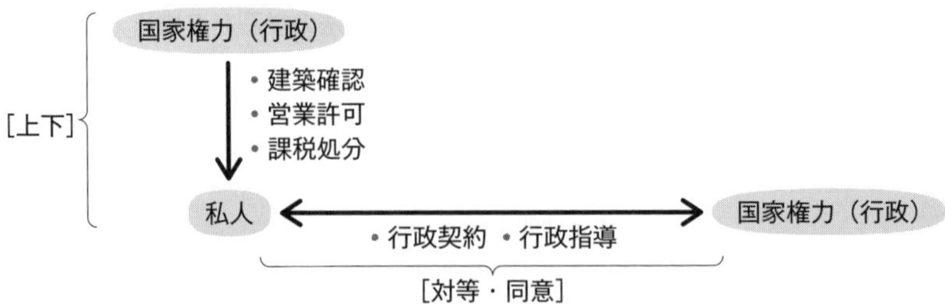

2 行政権

憲法第65条は、「行政権は、内閣に属する。」とする。この「行政」とは、行政機関が行うべき作用(65条)のことである。内容において立法・司法とは区別された意味での行政をいう。

問題点　実質的意味の行政をどのように定義づけるか。

結論 すべての国家作用から、立法作用と司法作用を除いた残りの作用を指す(控除説＝消極説)。

理由 権力分立の歴史的沿革に適合し、多様な行政活動を包括的に捉えることができる。

【行政の概念】

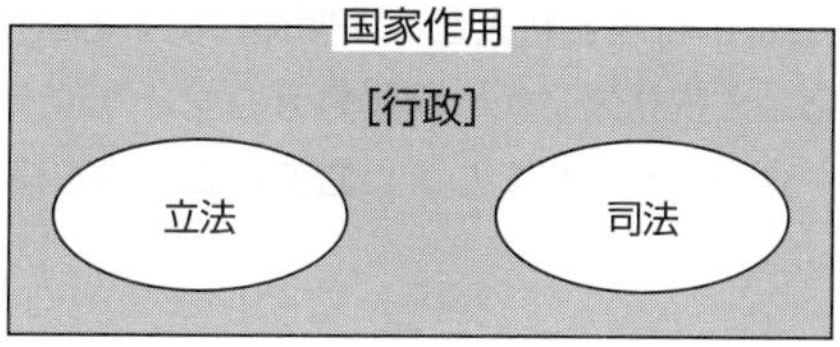

2 「行政法」の意義

1 形式的意味と実質的意味

形式的意味	行政に関するひとまとまりの成文の法典をいう。この意味での「行政法」は存在しない(行政法という法律は存在しない)
実質的意味	成文であると不文であるとを問わず、その内容に着目してとらえた場合の「行政法」概念をいう

以下、実質的意味の行政法を見ていく。

2 行政法の意義

意義 行政法とは、行政の組織及び作用並びにその統制に関する国内公法である。

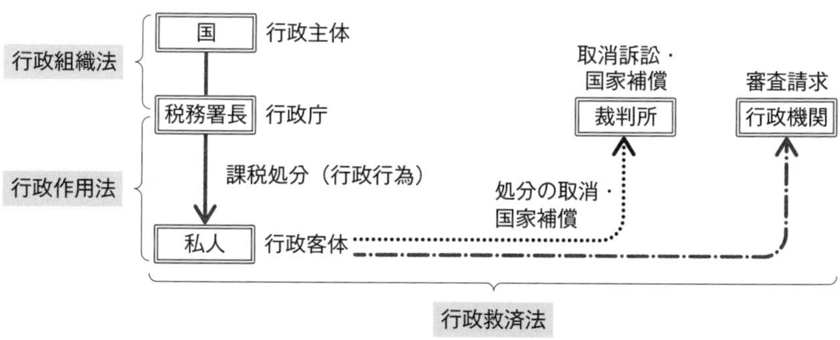

① 行政組織法

意義 行政組織法とは、**行政の組織に関する法律**である。

(例)国家行政組織法、内閣法等

② 行政作用法

意義 行政作用法とは、**行政と私人との法関係に関する法律**である。

(例)収入に応じて税務署長から**課税処分**を受けた(所得税法)。

(例)飲食店が食中毒を出してしまい**営業停止処分**を受けた(食品衛生法)。

③ 行政救済法

意義 行政救済法とは、行政作用により私人の権利利益が侵害されたとき、あるいは侵害されそうになったときに、**私人の救済を図る法律**である。

(例)行政不服審査法、行政事件訴訟法等

(例)課税金額に納得がいかないので、国税不服審判所に対して**審査請求**をする(国税通則法)。

〈語 句〉
- **行政主体**とは、**行政を行う権利と義務を持ち、自己の名と責任で行政を行う団体**のことをいう。法人格を持つ。
  (例)国・地方公共団体(都道府県・市町村)等
- **行政庁**とは、**行政主体の意思を決定し、外部に表示する権限を有する行政機関**である。
  (例)内閣総理大臣、各省大臣、都道府県知事、市町村長等
- **行政客体**とは、**行政の相手方**のことをいう。(例)私人(国民・住民)
- **審査請求**とは、行政庁の処分又は不作為について不服がある者が、**行政庁に対して不服の申立て**をすることをいう。

3 行政活動の分類

1 侵害(規制)行政と給付(授益)行政

侵害行政(規制行政)	**私人の権利を制限し又は義務を課す行政活動**のこと (例)課税処分→財産権の侵害、建築規制→土地利用権の侵害、営業停止処分→営業の自由の侵害
給付行政(授益行政)	**私人に便益を給付する行政活動**のこと (例)水道事業→水道水の供給、生活保護→生活困窮者に保護費として金銭の支給等

2 権力行政と非権力行政

権力行政	**私人の意思にかかわらず一方的に行われる行政活動**のこと (例)課税処分、営業停止処分、強制徴収等
非権力行政	**私人の同意を要件に行われる行政活動**のこと (例)水道事業、土地・物品等の購入等

3 その他

調達行政	行政活動のため必要な**物的手段を調達(準備)する行政活動**のこと (例)土地・物品等の購入等
組織行政	組織に関する行政活動のこと　(例)権限の委任等

4 概念の整理

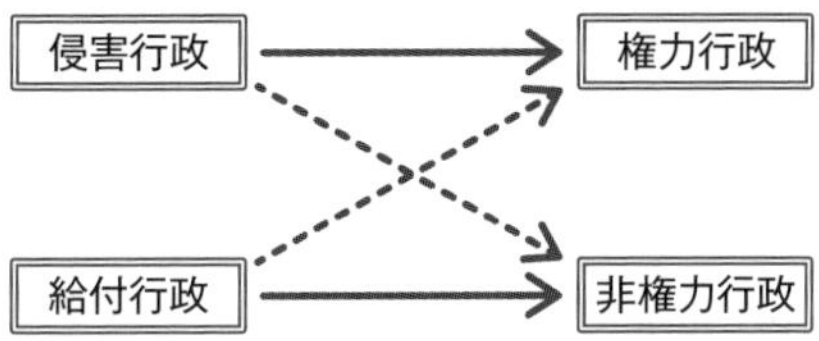

侵害行政は、権力行政の推定が働く(営業停止処分は私人の同意を得ないで行われる)。

給付行政は、非権力行政の推定が働く(行政契約は私人の同意の下で行われる)。

もっとも、**侵害行政を行政指導や行政契約の形式で行えば非権力行政**となり、**給付行政を決定・使用許可などの行政行為の形式で行えば権力行政**となる。

4 法源

1 法源の意味

意義　法源とは、**法の存在形式**、法の起源・根拠、裁判官が**裁判を行う際に基準となるもの**という意味である。

法源は、大別して成文法と不文法に分類される。 01

【法源の一覧】

法源	成文法	①憲法、②条約、③法律、④命令、⑤規則、⑥条例
	不文法	①慣習法、②判例法、③法の一般原則ないし条理

2 法源の種類

① 成文法

意義 **成文法**とは、法を制定する権限を持つ者により、**制定手続に従って制定、成文化(文章化)される法**である。

(ア) 憲法

意義 **憲法**とは、**国家の基本法**のことをいう。行政に関するあらゆる法は憲法の基本原理に従わなければならない。02

(イ) 条約

意義 **条約**とは、**国家間の文書による合意**をいう。条約が国内法的効力を有し、行政にかかわるものであれば、その条約は行政法の法源になる。03

【国内行政に関する条約が国内法としての効力を持つ時期】

種類	効力を持つ時期
国内法の制定を予定している条約	国内の立法措置を講じることによって国内法としての効力を持つ 04
自力執行性のある具体的定めを含んでいる条約	公布・施行されることによって国内法としての効力を持つ 05

(ウ) 法律

意義 **法律**とは、国会が制定する**国民の権利義務に関する一般的な法規**である。法律は条約に次ぐ上位の成文法源といえる。06

(エ) 命令

意義 **命令**とは、**行政機関が制定する法**をいう。内閣が制定する政令、各省大臣が制定する省令、内閣から独立した行政機関が発する人事院規則、会計検査院規則がある。07

命令には、以下のような種類がある。

委任命令	法律の委任に基づいて新たに国民の権利義務を定める命令 08
執行命令	法律を執行するための細目について規定する命令 08
独立命令	法律に基づくことなく行政機関が独自の立場で発する命令 →憲法41条に反するため認められない 09

(オ) 規則

意義 **規則**とは、**両議院**(衆議院及び参議院)並びに**最高裁判所が制定する法規**である。衆議院規則・参議院規則、最高裁判所規則がある。

(カ) 条例

意義 条例とは、地方公共団体が制定する法をいう。**地方議会の制定する条例**のほかに、地方公共団体の**長・委員会が制定する規則**がある。10

② 不文法

意義 **不文法**とは、法の内容が**文章で表現されていなくても法として扱われる**ものである。

行政法は成文法主義を採用しているので、不文法は、例外として成文法を補充する。

(ア) 慣習法

意義 **慣習法**とは、人々が一定の行動を繰り返すうちに、人々の間に定着し、いつしかそれが**法と認められる状態になったもの**をいう。**行政先例法**としては、公式令廃止後の**官報による法令の公布**がある。11

〈語句〉●**行政先例法**とは、役所等における取扱いが長期間慣行化し、それが一般国民の間で法として信じられているものをいう。

●**公式令**(くしきりょう)とは、旧憲法下で、法令等の公布の方式を定めた勅令である。

(イ) 判例法

意義 **判例法**とは、同一内容の判決が繰り返され、その内容が法として承認されたものをいう。12

判例とは、広く裁判例のことをいうが、厳密には、**判決の中に含まれている法準則**であって、後の裁判の基準として適用される(先例としての役割を果たす)ものを指す。この法準則は、文章でその内容が表現されているわけではないので、判例は成文法に含まれない。

(ウ) 法の一般原則ないし条理

意義 **法の一般原則**とは、法令上明示されていないが、一般に**正義**にかなう**普遍的原理と認められている諸原則**をいう。権利濫用の禁止、平等原則、**比例原則**、**信義誠実の原則(信義則)**がある(詳細は第2章 3 節「行政行為の分類② 一裁量の有無による分類」で扱う)。

条理とは、一般に**物事の道理**、**事物の本性**をいう。

法の一般原則ないし条理は、法の欠缺の際に登場する最終的な法源である。

判例　租税法と信義則（最判昭62.10.30）

〈事案〉

酒類販売業を営むBは、青色申告の承認を受けて養親の名義で申告を行い、父親死亡後は青色申告の承認を受けず自己名義で申告を行ったが、税務署長は**承認に関して未確認のままこれを受理し租税を収納**してきた。その後、未承認であることに気づいた税務署長は父親死亡後の申告分につき白色申告とみなして（**増額）更正処分**をした。そこでBは、税務署長がいったん受理したにもかかわらず増額更正処分をなすことは信義則に違反するとして争った。

・受理：私人の行為を有効な行為として受領する行為
・更正処分：従前の処分を修正したもの

〈要旨〉

租税法規に適合する課税処分について、法の一般原理である信義則の法理の適用により、右課税処分を違法なものとして取消すことができる場合があるとしても、法律による行政の原理なかんずく租税法律主義の原則が貫かれるべき租税法律関係においては、右法理の適用については慎重でなければならず、租税法規の適用における**納税者間の平等、公平という要請を犠牲にしてもなお当該課税処分に係る課税を免れしめて納税者の信頼を保護しなければ正義に反するといえるような特別の事情が存する場合に、初めて右法理の適用の是非を考えるべきもの**である。13

そして、右特別の事情が存するかどうかの判断に当たっては、少なくとも、税務官庁が納税者に対し信頼の対象となる公的見解を表示したことにより、**納税者がその表示を信頼しその信頼に基づいて行動**したところ、のちに右表示に反する課税処分が行われ、そのために**納税者が経済的不利益を受けることになったもの**であるかどうか、また、納税者が税務官庁の右表示を信頼しその信頼に基づいて行動したことについて**納税者の責めに帰すべき事由がないかどうか**という点の考慮は不可欠のものであるといわなければならない。14

重要事項 一問一答

01 行政とは（控除説）？

国家作用から立法作用と司法作用を除いた作用のこと

02 侵害行政とは？

私人の権利を制限し又は義務を課す行政活動のこと

03 給付行政とは？

私人に便益を給付する行政活動のこと

04 権力行政とは？

私人の意思にかかわらず一方的に行われる行政活動のこと

05 非権力行政とは？

私人の同意を要件に行われる行政活動のこと

06 成文法とは（6つ）？

成文法とは、法を制定する権限を持つ者により、制定手続に従って制定、成文化（文章化）される法である。①憲法、②条約、③法律、④命令、⑤規則、⑥条例

07 不文法とは（3つ）？

不文法とは、法の内容が文章で表現されていなくても法として扱われるものである。①慣習法、②判例法、③法の一般原則ないし条理

過去問チェック

01 行政法の法源は、成文法源と不文法源の２つに分けることができ、成文法源には法律及び判例法が含まれ、不文法源には条理法が含まれる。

×（区2009）「及び判例法」が誤り。

02 憲法は、国家の基本的な統治構造を定める基本法であり、行政の組織や作用の基本原則を定めるにとどまるので、行政法の法源となることはない。

×（区2014）「行政法の法源となることはない」が誤り。

03 条約は、国家間又は国家と国際機関との間の文書による合意であり、国際法上の法形式であるが、国内法としての効力を持つものではないので、行政法の法源にはならない。

×（区2011）「国内法としての効力を持つものではないので、行政法の法源にはならない」が誤り。

04 条約は、国内行政に関係するもので、かつ、国内の立法措置によって国内法としての効力を持ったものに限り、行政法の法源となる。

×（区2021）「かつ、国内の立法措置によって国内法としての効力を持ったものに限り」が誤り。

05 条約は、その内容が国内行政に関し、自力執行性のある具体的定めを含んでいる場合には、それが公布・施行されることによって国内法としての効力をもち、行政法の法源となる。

○（区2014）

06 法律は、国権の最高機関である国会の議決により制定される法形式であるから、最上位の成文法源である。

×（区2011）「最上位の成文法源である」が誤り。

07 命令は、行政権が定立する法の総称であり、内閣から独立した行政機関の発する人事院規則や会計検査院規則などは行政法の法源とはなり得ないが、内閣が制定する政令や各省大臣が制定する省令などは行政法の法源となる。

×（区2007）「内閣から独立した行政機関の発する人事院規則や会計検査院規則などは行政法の法源とはなり得ないが」が誤り。

08 命令は、法律の委任に基づく委任命令と法律を執行するための細目について規定する執行命令に限られ、行政機関によって制定される内閣府令や省令も行政法の法源となる。

○（区2011）

09 命令には、法律の個別具体の委任に基づく委任命令と、法律に基づくことなく独自の立場で発する独立命令があるが、いずれも行政機関が制定するものであるので、行政法の法源となることはない。

×（区2014）「行政法の法源となることはない」が誤り。

10 条例は、必ず議会の議決を必要とするので行政法の法源となるが、地方公共団体の長が定める規則は、議会の議決を必要としないので行政法の法源となることはない。

×（区2014）「行政法の法源となることはない」が誤り。

11 慣習法とは、長年行われている慣習が法的ルールとして国民の法的確信を得ているものをいい、公式令廃止後の官報による法令の公布はその例である。

○（区2021）

12 判例法とは、裁判所で長期にわたって繰り返された判例が、一般的な法と認識され、成文法源とみなされるようになったものをいう。

×（区2021）「成文法源とみなされるようになったものをいう」が誤り。

13 法の一般原理である信義誠実の原則は、もともと私人間における民事上の法律関係を規律する原理として成立したものであるから、租税法律主義の原則が貫かれるべき租税法律関係を始めとして、法律による行政の原則が強く要請される行政上の法律関係には適用されないとするのが判例である。

×（労・税2002）「適用されないとするのが判例である」が誤り。

(14) 租税法規に適合する課税処分については、税務官庁が納税者に対し信頼の対象となる公的見解を表示し、納税者がその表示を信頼しその信頼に基づいて行動したところ、その後、その表示に反する課税処分が行われ、そのために納税者が経済的不利益を受けることになった場合において、その表示を信頼しその信頼に基づいて行動したことについて納税者の責めに帰すべき事由がないときであっても、法律による行政の原理が貫かれるべきであるから、信義則の法理の適用によりその処分が違法として取り消されることはないとするのが判例である。

× (国家一般2013)「法律による行政の原理が貫かれるべきであるから、信義則の法理の適用によりその処分が違法として取り消されることはないとするのが判例である」が誤り。

2 行政上の法律関係（公法と私法）発展

長期間この分野からの出題はありません。伝統的理論と対比して判例がどのような事案で民法の適用を肯定しているかを整理しておきましょう。

1 公法と私法

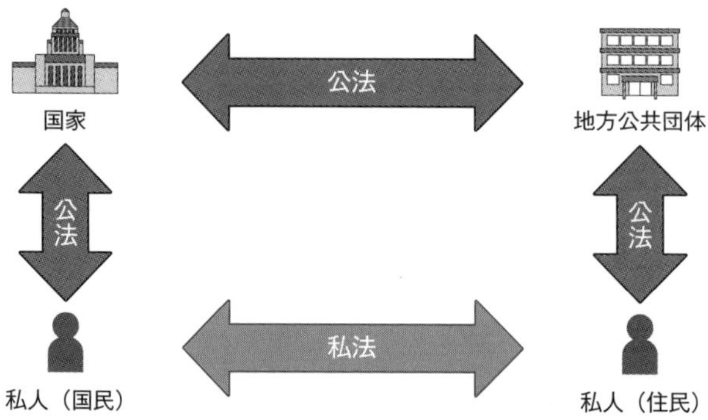

	公　法	私　法
当事者	国家と私人（国民） 地方公共団体と私人（住民）	私人と私人
本　質	公益（公共の利益）の実現	私益の実現・調整
具体例	憲法・行政法・刑法	民法・商法

1 公法

意義　公法とは、国家と国民間や国家の規律等、**国家がらみの法律関係に適用される法**である。憲法、刑法、行政法のほか、刑事訴訟法や民事訴訟法のような裁判に関する法も公法に属する。

公法が適用される関係では、例えば、国が国民に対して、所得税の課税処分をする、国が有罪判決を受けた国民に対して刑罰を科すといった場面では、**国民の同意は不要**である。

2 私法

意義 私法とは、**私人間の法律関係に適用される法**である。具体的には、民法、商法等である。私法は、私人間の自由な経済活動を尊重するため、私人の意思を最大限尊重している。

私法が適用される関係では、例えば、私人間において売買、賃貸借をする場面では、**契約自由の原則**が妥当し、**当事者の同意**が**前提**となる。

2 行政上の法律関係 発展

1 伝統的通説（二元論的三分説）

伝統的理論は、行政上の法律関係に民法等私法が適用されるか否かについて、以下の表のように分類して区別してきた。すなわち、「権力関係」には私法の適用が排除され、「非権力関係」のなかで「私法関係」には私法のみが適用され、「公法上の管理関係」には例外的場合を除き原則として私法規定が適用される。

【二元論的三分説】

	種類	適用
権力関係	①支配関係	公法のみ適用
非権力関係	②公法上の管理関係	原則 私法が適用 例外 公法が適用
	③私法関係（私経済関係）	私法のみ適用

2 公法・私法一元論（多数説）

公法・私法の区別をする必要はなく、行政と私人の間に生ずる法現象を個別的に考察し行政に関する特有の法理を探求すれば足りるとする。

3 判例 発展

判例は、公法と私法の区別を前提とせずに、問題となる法律の趣旨や仕組みの解釈によって私法の適用の可否を決する立場に立っていると評価されている。

3 法律による行政の原理

行政法を貫く一大原理です。その内容について正確に理解するとともに、行政法上の問題について、この原理を常に意識しましょう。

1 法律による行政の原理とは

1 意義

意義 **法律による行政の原理**とは、行政の活動は、国会が制定した法律の定めるところにより、**法律に従って行なわれなければならない**という法原則をいう。法律による行政の原理の内容として、①**法律の優位の原則**、②**法律の留保の原則**、③**法律の法規創造力の原則**がある。01

行政は、たとえどのような理由(例えば、公共の福祉、国民の生命の安全など)によってであろうとも、行政権の担い手(行政機関)の独自の判断で行われてはならず、国民の代表たる**議会(国会)が定めた一般的ルール(法律)に従って**のみ行なわれなければならないという原則である。例えば、税務署長は、国会が定めた所得税法に従って、国民に対して課税処分を行う。

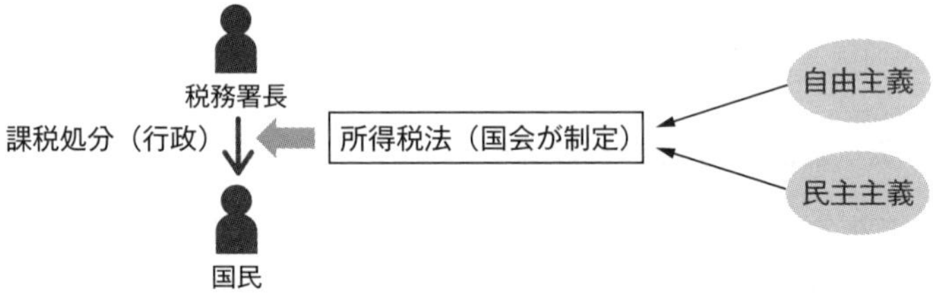

2 法律による行政の原理の基本理念

① 自由主義

行政活動が前もって定められた法律に従ってのみ行われることにより、国民は行政がどこまで規制・介入してくるかが予測可能なものになり、国民の自由が充分保護されることになる。

② 民主主義

行政活動を法律により統制することにより、民主的なコントロールを図る。

2 法律による行政の原理の内容

1 法律の優位の原則

意義 法律の優位の原則とは、行政活動は、**存在する法律の定めに違反して行われてはならない**、という原則である。02

法律の優位の原則は、権力的なものから非権力的なものまであらゆる行政活動に妥当する原則であるが、**法律が存在する領域でのみ**妥当するにとどまる。

2 法律の留保の原則

意義 法律の留保の原則とは、**一定の行政活動を行うためには、法律の根拠(＝法律の授権、根拠法)を必要とする**、という原則である。03

① 根拠となり得る法律

個々の行政法規には、**組織規範、根拠規範、規制規範**という種類があるが、法律の留保の原則で求められる法律は、**根拠規範**でなければならない。

組織規範	行政事務を各行政機関に配分する法律(権限分配規定)である (例)国家行政組織法、財務省設置法、法務省設置法等
根拠規範	特定の行政活動について、特別の根拠を与える法律である (例)総務大臣に無線局の免許権限を与える電波法４条柱書
規制規範	特定の行政活動について、適正を図るため活動の規制をする法律である (例)行政手続法、補助金等に係る予算の執行の適正化に関する法律等

② 法律の留保の範囲

問題点 根拠が必要な「一定」とはどの範囲の行政活動かが問題になる。

《A説》 侵害留保説

侵害行政について法律の根拠が必要となる(実務)。04

理由 行政権が国民の自由と財産を侵害するときには、法律の根拠が必要となる(自由主義を重視する)。

批判 侵害行政以外について法律の根拠が不要となるのは妥当でない。

《B説》 全部留保説

すべての行政について法律の根拠が必要となる。

理由 民主主義の理念に照らして、すべての行政活動には国民代表機関である国会の事前承認が必要である(民主主義を重視する)。

批判 根拠法がなければ行政は活動することができず、変化する行政需要に十分に対応することができない。

《C説》 権力留保説(有力説)

権力行政について法律の根拠が必要となる。05

理由 民主的法治国家では、国や公共団体が優越的な立場に立って国民の自由意思を抑圧して一方的に法律関係を決定・強制する場合には、法律の定めが必要である。

批判 行政指導、行政計画、民法上の契約による行政活動については、法律の根拠が不要となり妥当でない。

《D説》 重要事項留保説(本質性理論)

基本的人権にかかわりのある重要な行政について法律の根拠が必要となる。06

理由 自由主義の観点から、権利を制限したり義務を課したりするわけではないが国民に重大な不利益を及ぼしうるものについても法律の根拠を要請し、また、民主主義の観点から、行政組織の基本的枠組みや、基本的な政策・計画、重要な補助金等について法律の留保が必要である。

批判 何が重要事項に当たるのか不明確であり、基準としての明確性に欠ける。

《E説》 社会留保説

侵害行政のみならず給付行政にも法律の根拠が必要となる。07

理由 福祉主義を重視する。現代社会においては、社会保障の充実が必要であり、侵害留保説では不十分である。

批判 どのような給付行政について法律の根拠が必要となるのか、限界が不明である。

	課税処分	補助金交付	行政指導
侵害留保説	必要	×	×
全部留保説	必要	必要	必要
権力留保説	必要	×(行政処分の形式の場合は必要)	×

〈解説〉 課税処分は、侵害行政であり権力行政でもある。
補助金交付は、給付行政であり非権力行政である。
行政指導は、侵害行政ではないが給付行政でもない非権力行政である。

法律の留保の原則に関する判例として、町長による根拠法のない鉄杭の撤去が問題となった浦安鉄杭撤去事件(最判平3.3.8)がある。

判例 **浦安鉄杭撤去事件（最判平3.3.8）**

〈事案〉

県知事が管理する河川に、民間ヨットクラブＡがヨットを係留するために鉄杭100本を川の中に勝手に打ち込むという不法な占拠をしたため、漁船など他の船舶の航行に危険な状態になった。不法占拠に対する原状回復命令権限を有するのは県知事のみであったことから、漁港管理者であった町長Ｂは再三にわたり原状回復命令を県知事に対して促してきたが、県知事は原状回復命令を発しなかった。そこでやむを得ず、Ｂは町費により業者に委託し鉄杭を撤去した。そこで、根拠法なき鉄杭撤去が違法か否かが問題になった。

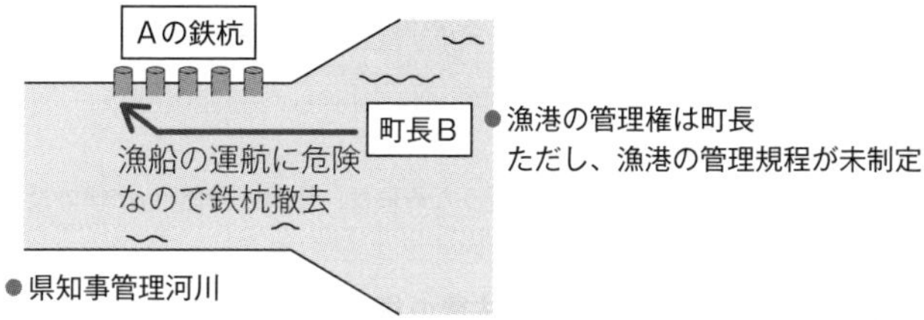

〈要旨〉

●1　町長による鉄杭撤去は違法か？

当時、浦安町においては漁港管理規程が制定されていなかったのであるから、上告人が浦安漁港の管理者たる同町の町長として本件鉄杭撤去を強行したことは、**漁港法の規定に違反**しており、これにつき行政代執行法に基づく**代執行としての適法性を肯定する余地はない**。 08

●2　町長が鉄杭撤去のために公金を支出することは違法か？

そうすると、上告人が町の町長として本件鉄杭撤去を強行したことは、漁港法及び行政代執行法上適法と認めることのできないものであるが、右の**緊急の事態に対処するためにとられたやむを得ない措置**であり、**民法720条の法意に照らしても**、町としては、上告人が右撤去に直接要した**費用を同町の経費として支出したことを容認すべきもの**であって、本件請負契約に基づく公金支出については、その違法性を肯認することはできず、上告人が市に対し損害賠償責任を負うものとすることはできないといわなければならない。 08

3 法律の法規創造力の原則

意義　**法律の法規創造力の原則**とは、法律のみが国民の権利義務を左右する法規を創造することができるという原則をいう（憲法41条の国会中心立法の原則と同義）。 09

〈解説〉 「法規」は、かつては「国民の権利を直接に制限し、義務を課す法規範」だと考えられてきたが、現在では、およそ一般的・抽象的な法規範をすべて含むと考える見解が通説である。

重要事項 一問一答

01 法律による行政の原理の内容は（3つ）？

①法律の優位の原則、②法律の留保の原則、③法律の法規創造力の原則

02 法律の優位の原則とは？

法律の優位の原則とは、行政活動は、存在する法律の定めに違反して行われてはならない、という原則である。

03 法律の留保の原則とは？

法律の留保の原則とは、一定の行政活動を行うためには、法律の根拠(＝法律の授権、根拠法)を必要とする、という原則である。

04 侵害留保説は、どのような行政に法律の根拠が必要となるのか？

侵害行政について法律の根拠が必要となる。

05 権力留保説は、どのような行政に法律の根拠が必要となるのか？

権力行政について法律の根拠が必要となる。

06 法律の法規創造力の原則とは？

法律の法規創造力の原則とは、法律のみが国民の権利義務を左右する法規を創造することができるという原則をいう。

過去問チェック

01 法律による行政の原理の内容として、法律の優位の原則、法律の留保の原則及び権利濫用禁止の原則の３つがある。

×（区2022）「権利濫用禁止の原則」が誤り。

02 法律の優位の原則とは、新たな法規の定立は、議会の制定する法律又はその授権に基づく命令の形式においてのみなされうるというものである。

×（区2022）「法律の優位の原則とは」が誤り。

03 「法律の留保」とは、新たな法規の定立は、議会の制定する法律又はその授権に基づく命令の形式においてのみなされうるという原則である。

×（区2009）「『法律の留保』とは」が誤り。

04 侵害留保説は、権力行政には法律の根拠を必要とするという考え方であり、現在の立法実務はこの説によっていると解されている。

×（国般2012改題）「権力行政には法律の根拠を必要とするという考え方であり」が誤り。

05 権力留保説とは、行政庁が権力的な活動をする場合には、国民の権利自由を侵害するものであると、国民に権利を与え義務を免ずるものであるとにかかわらず、法律の授権が必要であるとするものである。

○（区2022）

06 重要事項留保説とは、国民の自由と財産を権力的に制限ないし侵害する行為に限り、法律の授権が必要であるとするものである。

×（区2022）「国民の自由と財産を権力的に制限ないし侵害する行為に限り」が誤り。

07 社会留保説とは、侵害行政のみならず、社会保障等の給付行政にも法律の授権が必要であるとするものであり、明治憲法下で唱えられて以来の伝統的な通説である。

×（区2022）「明治憲法下で唱えられて以来の伝統的な通説である」が誤り。

08 最高裁判所の判例では、漁港管理者である町が当該漁港の区域内の水域に不法に設置されたヨット係留杭を強制撤去したのは、行政代執行法上適法と認めることができないものであるので、この撤去に要した費用の支出は、緊急の事態に対処するためのやむを得ない措置であるとしても違法であるとした。

×（区2015）「違法であるとした」が誤り。

09 「法律の法規創造力」とは、行政活動には必ず法律の授権が必要であるとする原則である。

×（区2009）「『法律の法規創造力』とは」が誤り。

4 法律による行政の原理の例外

特別権力関係論は法律による行政の原理の例外として位置づけられます。一般権力関係と比べ、どのような特色があるかを確認しましょう。

1 特別な法律関係と法律による行政

1 明治憲法下における特別な法律関係

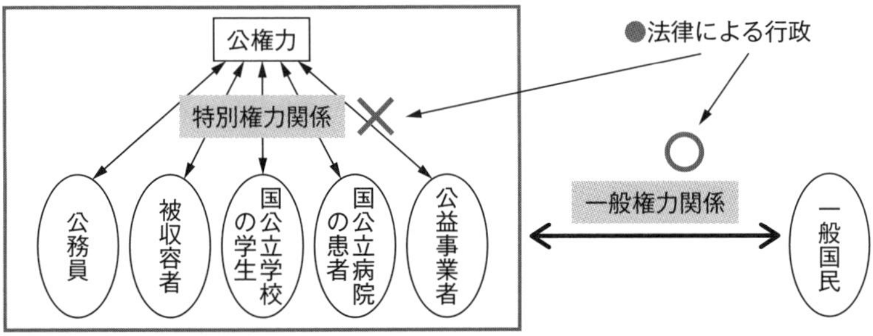

①公務員の**勤務関係**、②刑務所の被収容者の**収容関係**、③国公立学校の学生の**在学関係**、④国公立病院の入院患者等の**在院関係**、⑤公益事業者に対する**監督関係**について、特別権力関係と捉え、行政と**一般国民**との一般的権力関係におけるのと異なり、「法律の留保」の原則が及ばず、司法審査も及ばない、と解されていた。

2 特別権力関係の内容

包括的支配	公権力は包括的支配権を有し、個々の場合に法律の根拠なくして特別権力関係に属する者を**包括的に支配（命令・懲戒）する**ことができる
法治主義の排除	公権力は、特別権力関係に属する私人に対して、一般国民として有する人権を、**法律の根拠なくして制限**することができる（「法律の留保」の原則が及ばない）
司法審査の排除	特別権力関係内部における公権力の行為は、原則として**司法審査は排除**される。

3 日本国憲法下での扱い

日本国憲法は、基本的人権を永久不可侵の権利(11条)として厚く保障するために法の支配の原理を採用しており、また、国会を唯一の立法機関としている(41条)ことから、特別権力関係論をそのままでは採用できない。現在では、このような理論は不要であり、公務員関係や在監関係などの各法律関係ごとに人権制約の根拠や程度を考えるべきであると解されている(通説)。

4 判例

戦後、特別関係論は批判され、採用されていない。

もっとも、判例は、特定の場合には、「法律の留保」の原則が及ばず、法律の根拠なしに権利を制限し、義務を課すことを認めている。すなわち、特別権力関係論により説明されていたものの一部が、部分社会論によって説明されるようになっている(最判昭52.3.15、富山大学事件)。

重要事項 一問一答

01 特別権力関係の内容は(3つ)?

①包括的支配、②法治主義の排除、③司法審査の排除

02 日本国憲法下での特別な法律関係の扱いは?

公務員関係や在監関係などの各法律関係ごとに人権制約の根拠や程度を考えるべきであると解されている(通説)。

過去問 Exercise

問題　行政法学上の法律による行政の原理に関する記述として、妥当なのはどれか。　特別区2009［H21］

1　「法律の優位」とは、いかなる行政活動も、行政活動を制約する法律の定めに違反してはならないという原則である。

2　「法律の法規創造力」とは、行政活動には必ず法律の授権が必要であるとする原則である。

3　「法律の留保」とは、新たな法規の定立は、議会の制定する法律又はその授権に基づく命令の形式においてのみなされうるという原則である。

4　「権力留保説」とは、すべての公行政には具体的な作用法上の根拠が必要であるとするものである。

5　「重要事項留保説」とは、侵害行政のみならず、社会権の確保を目的として行われる生活配慮行政にも、法律の根拠が必要であるとするものである。

解説

正解 1

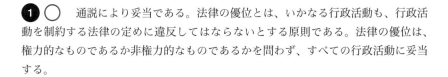

1 ○　通説により妥当である。法律の優位とは、いかなる行政活動も、行政活動を制約する法律の定めに違反してはならないとする原則である。法律の優位は、権力的なものであるか非権力的なものであるかを問わず、すべての行政活動に妥当する。

2 ×　「『法律の法規創造力』とは」という部分が妥当でない。法律の法規創造力とは、新たな法規の定立は、議会の制定する法律又はその授権に基づく命令の形式においてのみなされるとする原則である。国会が国の「唯一の立法機関」(憲法41条)として立法権を独占しているので、行政機関は法律の授権なくして命令を制定することはできないのである。

3 ×　「『法律の留保』とは」という部分が妥当でない。法律の留保とは、一定の行政活動をするには法律の根拠が必要であるとする原則である。法律の根拠を必要とする「一定」の行政活動とは、どの範囲であるかについて学説上争いがあり、侵害留保説・全部留保説・権力留保説などが対立している。

4 ×　「すべての公行政には」という部分が妥当でない。権力留保説とは、権力的な活動であれば、国民の権利・自由を侵害するものか、国民に権利を付与し義務を免れさせるものかに関係なく、作用法上の根拠(法律の根拠)が必要であるとする見解である。すべての公行政には具体的な作用法上の根拠(法律の根拠)が必要であるとする見解は「全部留保説」である。

5 ×　「『重要事項留保説』とは」という部分が妥当でない。重要事項留保説とは、国民の基本的人権にかかわりのある重要な行政作用を行う場合、その基本的な内容について法律の根拠が必要であるとする見解である。侵害行政のみならず、社会権の確保を目的として行われる生活配慮行政にも、法律の根拠を必要とする見解は「社会留保説」である。

第2章

行政行為

本章は最頻出事項の１つですが、学習者がつまずきやすいところでもあります。第３章以下との関連事項はそのつど比較・対照して整理していくことがポイントです。

【法律による行政（三段階構造モデル）】

［国会］ 法律 → ［行政］ 行政行為 → ［行政］ 強制行為

1 行政行為の意義と効力

行政行為の意義（定義）が本試験で問われることは少ないのですが、行政法の全体像をとらえるうえで重要です。行政行為の効力は最頻出分野の１つなのでしっかり学習しましょう。

1 総説

本章から第４章にかけて学習する行政作用法とは、行政作用に関する様々な法律のことであり、行政作用とは、行政が私人に対してなす作用、言い換えると、**行政から私人に対する働きかけ**のことである。

そして、行政作用法により規定されている様々な行政作用の共通部分を抽出し、それを類型化したものを**行為形式**という。行政作用法の学習では、行為形式ごとに、その特徴や私人の権利・自由との関係を見ていくので、条文ではなく**通説とされる理論を学習する**ことが中心になる(関連する判例も併せて学習する)。

行政作用のうち最も重要である行為形式が**行政行為**である。行政行為以外にも、行政作用には、**行政上の強制執行、即時強制、行政調査、行政立法、行政契約、行政計画、行政指導**といった行為形式がある。

本節では、行政行為の意義を示したうえで、行政行為だけに認められている特殊な効力(行政行為の効力)について学習する。

2 行政行為の概念

行政行為は法令用語ではなく、学問上の用語(講学上の用語)である。したがって、以下は行政行為の意義を示した１つの例であり、実際には学者によって様々な内容が示されている。

1 行政行為の意義

意義 **行政行為**とは、行政庁が、法律に基づき、**国民に対する一方的行為**(公権力の行使)として、**個別的・具体的な場合**に、直接国民の権利義務その他の**法律関係を形成し、又はその範囲を確定**させるという効果を生じさせる行為のことである。 01

〈語句〉●**行政庁**とは、**行政主体**(ex.国、地方公共団体)のために意思決定を行い、それを

外部に表示する権限を有する行政機関である。例えば、各省大臣、都道府県知事、市区町村長が当てはまる。

●**公権力の行使**とは、行政庁が国民に対する優越的地位に基づいて行動する場合を意味する。なお、国家賠償法１条１項の「公権力の行使」については、これより広い意味で解されている(詳細は第５章**2**節「国家賠償法１条論」で扱う)。

行政行為は**行政処分**、**処分**と呼ばれることも多い。また、行政行為に関しては、他の行為形式と区別する観点から、①**権力的行為**、②**対外的行為**、③**個別的・具体的行為**、④**法的行為**、という４つの要素を挙げることができる。

〈解説〉 判例は、行政庁の処分とは、行政庁の法令に基づく行為のすべてを意味するものではなく、公権力の主体たる国又は公共団体が行う行為のうち、その行為によって、**直接国民の権利義務を形成し又はその範囲を確定することが法律上認められているもの**をいうとしている(最判昭39.10.29)。

① 権力的行為

行政行為は**国民に対する一方的行為(公権力の行使を伴う行為)**である。この要素により、非権力的行為(国民に対する一方的行為ではない場合)である行政指導、行政契約と区別される。

〈語句〉●**行政指導**とは、行政機関がその**任務又は所掌事務の範囲内**において、**一定の行政目的を実現するため**、**特定の者**に一定の作為又は不作為を求める**指導**、**勧告**、**助言その他の行為**であって**処分に該当しないもの**をいう(行政手続法２条６号)。国民の任意の協力を前提とするので、非権力的行為である(詳細は第４章**4**節「行政指導」で扱う)。

●**行政契約**とは、行政主体が対等の当事者として、私人または他の行政主体との間に結ぶ契約をいう。当事者間の合意を前提とするので、非権力的行為である(詳細は第４章**2**節「行政契約」で扱う)。

② 対外的行為

行政行為は**国民に対する行為**である。この要素により、対内的行為(行政機関内部に対する行為)である行政規則と区別される。

〈語句〉●**行政規則**とは、行政機関が策定する規範であって、国民の権利義務に関する法規の性質を有しないものをいう(ex.訓令・通達)。行政機関内部に対する効力のみを有するので、対内的行為である(詳細は第４章**1**節「行政立法」で扱う)。

③ 個別的・具体的行為

行政行為は**その効果が個々の(特定の)国民に及ぶ具体的な行為**である。この要素により、一般的・抽象的行為(その効果が不特定多数人に及ぶ行為)である行政立法、行政計画と区別される。

〈語句〉●**行政立法**とは、行政機関が法条の形式をもって定めをすることをいう。法律と同様、その効果が不特定多数人に及ぶので、一般的・抽象的行為である。

●**行政計画**とは、行政庁が一定の目的のために目標を設定し、その目標を達成するための手段を総合的に提示するものをいう。通常は不特定多数人を対象として提示するので、一般的・抽象的行為である。

④ 法的行為

行政行為は**権利・義務その他の法律関係を形成する効果を生じさせる行為**である。この要素により、事実行為(法律関係を形成する効果を生じさせない行為)である行政指導、行政上の強制執行、即時強制、行政調査と区別される。01

〈語句〉●**行政上の強制執行**とは、行政上の義務の不履行に対し、将来に向かって義務内容を強制的に実現させる行為である。既に課されている義務を実現するだけで、新たな義務を課するものではないから、事実行為である(詳細は第3章1節「行政上の強制執行」で扱う)。

●**即時強制**とは、行政上の義務の存在を前提とせず、行政目的を達成するために国民の身体や財産に有形力を直接行使することである。国民に新たな義務が課されるわけではないから、事実行為である(詳細は第3章3節1項「即時強制」で扱う)。

●**行政調査**とは、行政機関が行政目的を達成するために必要な情報を収集する行為である。国民に新たな義務が課されるわけではないから、事実行為である(詳細は第3章3節2項「行政調査」で扱う)。

〈解説〉 行政指導は、国民に任意の協力を求めるだけで、新たな法律関係が形成されるわけではないから、事実行為である。しかし、行政契約は、国民に対して合意に基づいた法律関係が新たに形成されるから、法的行為である。

【行政行為の要素】

行政行為の要素	意味	区別されるもの
①権力的行為	一方的な行為	非権力的行為 (例)行政指導、行政契約
②対外的行為	国民に対する行為	対内的行為(内部的行為) (例)行政規則
③個別的・具体的行為	個々の国民に効果が及ぶ具体的行為	一般的・抽象的行為 (例)行政立法、行政計画
④法的行為	法律関係を形成する行為	事実行為 (例)行政指導、行政上の強制執行、即時強制、行政調査

2 行政行為の成立と発効

行政行為(判例は行政処分としている)については、その成立と発効(効力発生)が区別される。

① 行政行為の発効

名宛人である相手方の受領を要する行政処分(行政行為)の場合は、特別の規定のない限り、その行政処分が相手方に告知された時、又は**相手方に到達した時**に、はじめてその相手方に対する効力が生じる(最判昭29.8.24、最判昭57.7.15)。02

理由 意思表示の一般的法理である到達主義(民法97条1項)に従う。

〈語句〉●**相手方に到達した時**とは、**相手方が現実に了知し、又は了知し得べき状態**(了知することができる状態)**におかれた時**を意味する。

例えば、特定の公務員の任免は、特別の規定のない限り、辞令書の交付その他公の通知によって、その公務員が現実にこれを**了知し又は了知し得べき状態におかれた時**に、その効力が生じる(最判昭29.8.24)。02

② 書面によって表示された行政行為

行政行為が要式行為であると否とを問わず、書面によって表示されたときは、**書面の作成によって行政行為は成立し、その書面の到達によって行政行為の効力が生じる**(最判昭29.9.28)。03

理由 行政行為が書面によって表示されたときは、書面の作成が表示行為であるから、それによって行政行為が成立する。

〈解説〉 上記の場合、表示行為として行為機関の内部的意思決定と相違する書面が作成された場合においても、その表示行為が正当の権限ある者によってなされた以上、その書面に表示されているとおりの行政行為があったものと認めるべきである(最判昭29.9.28)。03

3 行政行為の効力

行政行為には、**公定力**、**不可争力**、**自力執行力**(執行力)、**不可変更力**という特別な効力が認められている。ただし、全ての行政行為が一律にこれらの効力を付与されているわけではなく、特に自力執行力や不可変更力が認められる行政行為は限られている。04

1 公定力

① 公定力とは何か

意義 公定力とは、**違法な行政行為であっても、取消権限を有する国家機関によって取り消されるまでは、何人**(国民、裁判所、行政庁)**もその効力を否定することができない**とする効力である。

公定力により、違法な行政行為については、取り消されるまでは**取り消し得べき**(取り消すことができる)**行政行為**にとどまることになる。

判例は、公定力の意義について、「行政処分は、**たとえ違法であつても、その違法が重大かつ明白で当該処分を当然無効ならしめるものと認むべき場合を除いては、適法に取り消されない限り完全にその効力を有する**」としている(最判昭30.12.26)。 05

(ア) 公定力が及ぶ範囲

公定力は、**国民(行政行為の相手以外の第三者)、行政庁、裁判所**に及ぶ。すなわち、この者は、行政行為の効力を否定することができない。

例えば、保健所長が、飲食店営業を行うAに対して営業停止処分をした場合には、それが違法であっても、行政行為である営業停止処分には公定力が認められるから、**取消権限を有する国家機関が取り消すまで許可取消処分は有効である**(取り消し得べき行政行為にとどまる)。

したがって、営業停止処分の当事者である保健所長及びA(相手方)は、その効力を否定することができない(営業停止処分に拘束される)。Aは、営業停止期間を経過するまで、飲食店営業を行うことができない。さらに、**他の行政庁、裁判所、A以外の者(第三者)も、営業停止処分の効力を否定することができない。** 06

【公定力の及ぶ範囲】

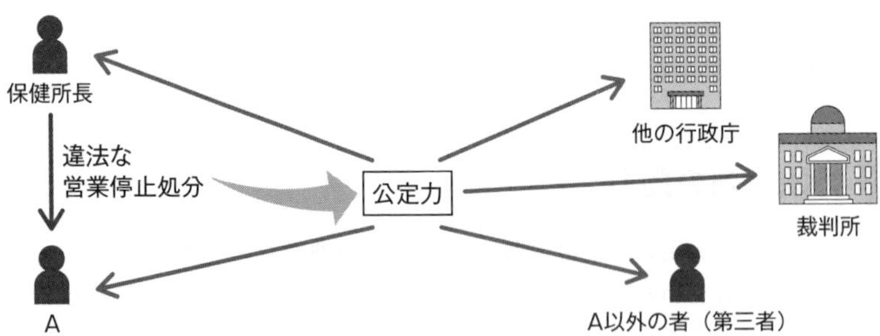

(イ) 公定力を否定する方法

上の例で、**営業停止処分の効力を否定するためには、取消権限を有する国家機関による取消しが必要となる。**具体的には、保健所長が営業停止処分を自ら取り消すか(**職権取消し**)、または**取消訴訟**(行政事件訴訟法)もしくは**審査請求**(行政不服審査法)といった法律が定める争訟手続によって営業停止処分が取り消されなければならない(**争訟取消し**)。

〈解説〉 職権取消しや争訟取消しにより、行政行為は当初に遡って効力が失われる(遡及効)(詳細は本章**6**節「行政行為の取消しと撤回」で扱う)。

【公定力を否定する手段】

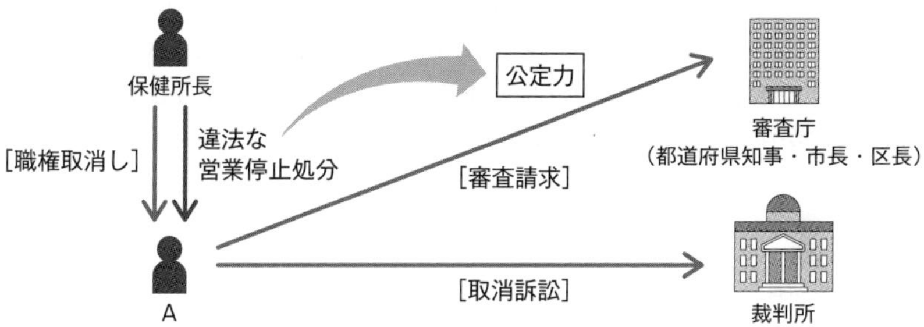

② 公定力の根拠

問題点 法律による行政の原理によれば、違法な行政行為は効力を有しないはずであるが、なぜ行政行為に公定力が認められるのか。

《A説》 適法性自己確認説

行政行為の**適法性が推定**される。

理由 行政行為は、権限のある行政庁が、公益のために自ら適法なものと確認して行うので、裁判所の判決と同様、それ自体に権威がある。

《B説》 取消訴訟の排他的管轄説(通説)

取消訴訟を通じて取り消されるまでは当該行政行為が有効なものとして取り扱われる。 07

理由 ① 行政行為の適法性を推定するのは、国民主権を採用する現行の憲法と合致しない。

② 行政事件訴訟法が取消訴訟の制度を用意しているのは、取消訴訟が行政行為の効力を争うのに便利であることにとどまらず、**国民が訴訟の段階で行政行為の効力を争うことができるのは取消訴訟だけである**という意味を含んでいると解される。

〈解説〉 取消訴訟の排他的管轄は、行政行為に公定力が認められる実定法上の根拠を取消訴訟の制度に求める見解であり、取消訴訟以外の争訟取消し(ex.審査請求)及び職権取消しを否定するものではない。

③ 公定力の限界

公定力は行政行為が登場するすべての場面で認められる効力ではなく、以下の場面では公定力が及ばないとされており、これを**公定力の限界**という。

(ア) 国家賠償請求

設例 飲食店営業を行うAが、食中毒を引き起こしたとしてB区の保健所長から営業停止処分を受けたが、実際には食中毒の事実がなかった。Aは、営業停止処分を受けた結果、500万円の営業上の損害を負った。Aは、B区を被告とする国家賠償請求訴訟を提起する際、あらかじめ営業停止処分を取り消しておかなければならないのか。

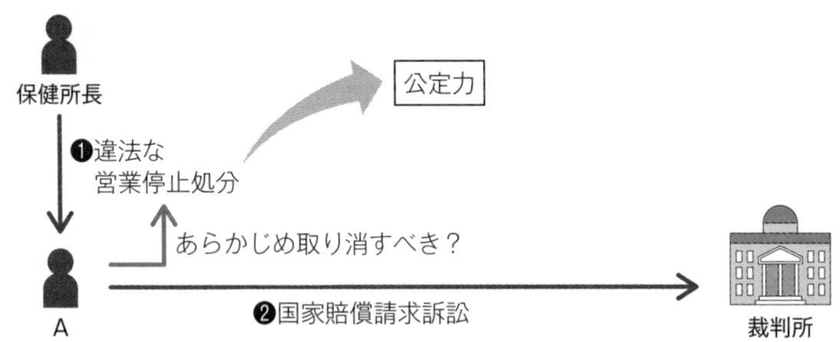

国家賠償請求には、公定力は及ばない。すなわち、行政処分(行政行為)の違法を理由として国家賠償請求をするについては、**あらかじめ当該行政処分につき取消又は無効確認の判決を得なければならないものではない**(最判昭36.4.21)。08

理由 国家賠償請求において問題となるのは、金銭賠償を認める前提としての行政行為の違法にとどまり、違法が認定されても行政行為の法効果が否定されるわけではない。09

設例においては、Aは、B区を被告とする国家賠償請求訴訟を提起する際、あらかじめ営業停止処分を取り消しておく必要はない。

(イ) 重大かつ明白な瑕疵のある行政行為

重大かつ明白な瑕疵のある行政行為は**無効の行政行為**となるので(詳細は本章 5 節「行政行為の分類③―瑕疵の有無による分類」で扱う)、取り消し得べき行政行為と異なり、公定力を含めた行政行為の効力は一切生じない。したがって、無効の行政行為であることは、取消権限を有する国家機関による取消しを経ることなく主張す

ることができる(**取消訴訟の排他的管轄に服しない**)。(10)

理由 行政行為に重大かつ明白な瑕疵がある場合は、取消権限を有する国家機関による取消しを経ることなく主張することができるとしても、行政法秩序を不安定にさせない。

(ウ) 刑事裁判 (刑事訴訟) 発展

営業停止処分に違反した者に刑罰を科するなど、行政行為によって課せられた義務に違反したことに対する制裁として刑罰(行政刑罰)(詳細は第3章「行政上の強制手段」で扱う)を科するためには、刑事裁判(刑事訴訟)を経る必要がある。

問題点 刑事裁判において行政行為の違法を主張する場合、あらかじめ当該行政行為を取り消しておかなければならないか。

結論 **あらかじめ当該行政行為を取り消しておく必要はない**(通説)。したがって、取消訴訟を経ることなく行政行為の違法を主張することができるという意味で、刑事裁判には公定力が及ばない。

理由 ① 被告人に対し、刑事裁判にかけられた(起訴された)場合のことを考慮して、取消訴訟の提起等をする負担を課するのは妥当ではない(取消訴訟において敗訴すると、たとえ無実でも処罰されかねない)。

② 刑事裁判において問題となるのは、被告人に刑罰を科するかどうかの前提としての行政行為の違法にすぎず、行政行為の法効果とは直接の関連性がない。

2 不可争力 (形式的確定力)

意義 不可争力(形式的確定力)とは、**一定期間**(ex.審査請求期間、取消訴訟の出訴期間)を**経過すると、国民の側から行政行為の効力を争うことができなくなる**とする効力である。(11)(12)

趣旨 行政行為に関する事務が大量に発生するとともに、行政行為に基づいて多数の利害関係人が発生するので、行政法秩序を安定させるために行政行為は早期に確定することが望ましい。(12)

① 法律の根拠

もっとも、一定期間を行政機関が恣意的に設定するのを防止するため、**不可争力は制定法上の根拠がなければ認められない**と解されている(12)。例えば、取消訴訟の出訴期間は、以下のように規定されている。

【不可争力の具体例】

取消訴訟	処分・裁決があったことを知った日から**6か月**、又は処分・裁決の日から**1年**を経過したときは、原則として取消訴訟を提起することができない(行政事件訴訟法14条1項、2項)
審査請求	処分があったことを知った日の翌日から起算して**3か月**、又は処分があった日の翌日から起算して**1年**を経過したときは、原則として審査請求をすることができない(行政不服審査法18条1項、2項)

② 不可争力の限界

不可争力は、あくまで国民の側から、行政行為を争うことを遮断するものにすぎない。したがって、**行政庁の側は、一定期間経過後であっても、自らの意思で行政行為の取消し(職権取消し)をすることができる**(職権取消しについては本章**6**節「行政行為の取消しと撤回」で扱う)。 11

3 自力執行力(執行力)

意義 自力執行力(執行力)とは、行政行為によって命じられた義務(行政上の義務)を国民が履行しない場合において、**裁判所の関与なしに、行政庁が自ら義務者に強制執行を行い、義務内容を実現することができる**とする効力である。 13

趣旨 行政上の義務の不履行がある場合、裁判所を関与させると時間と費用を要するので、行政目的の早期実現を図る観点から、債務名義がなくても行政庁が自ら強制執行により義務内容を実現することを認める必要がある。

① 裁判所の関与

私法上の義務の不履行がある場合に、国民が強制執行を申し立てるときは**債務名義**(ex.裁判所による確定判決)を得たうえで、**裁判所の関与**により**強制執行**を行い義務内容を実現する(**自力救済の禁止**)。しかし、行政上の義務不履行がある場合には、裁判所の関与が不要となる。 14

例えば、税務署長がAに対し所得税として50万円を課税する旨の処分(課税処分)をしたが、Aが納付期限を経過しても支払わないとする。この場合、税務署長は、裁判所の関与なしに、Aの財産(ex.預貯金、給与、不動産)を差し押さえ、その財産を場合によっては換価して、50万円の支払に充当させることができる(滞納処分)。

【執行力の違い】

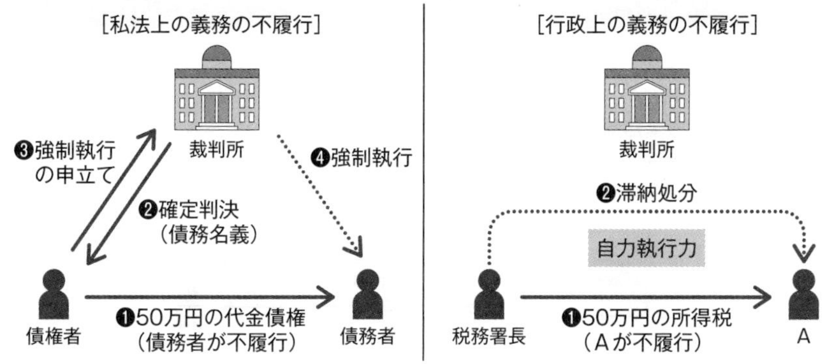

② 法律の根拠

法律の留保の原則により、行政行為についての根拠法（法律の根拠）に加え、**強制執行自体についての独自の根拠法も必要**である 15 。上記の例では、課税処分は所得税法が根拠法となり、滞納処分は国税徴収法が根拠法となる。

4 不可変更力

意義 **不可変更力**とは、審査請求に対する裁決等、**争訟裁断作用のある行政行為**については、行政庁がいったん判断をした以上、**自ら取消し・変更をすることができない**とする効力である。不可変更力は行政行為一般に認められる効力ではない。 16

趣旨 争訟裁断作用のある行政行為について、その取消し・変更をすることができる（判断のやり直しを認める）とするならば、無限に紛争が蒸し返されるので、行政庁が自らの判断を覆せないことにした。

① 裁決の取消し

裁決は裁判判決類似の行政行為であるから、特別の規定がない限り、裁決庁はいったん下した裁決を自ら取り消すことができない（農地委員会の裁決について、最判昭29.1.21）。 17

② 裁決庁が自ら裁決を取り消した後の新たな裁決の効力

裁決庁がいったん下した裁決を自ら取り消して、さらに新たな裁決をしたため、かかる裁決の効力が問題となった。

判例　裁決庁が自ら裁決を取り消した場合と公定力（最判昭30.12.26）

〈事案〉

裁決庁は、農地委員会の裁定に対するAの訴願（不服申立て）について棄却裁決をした後、自ら当該棄却裁決を取り消したうえで、Aの訴願について認容裁決をした。そこで、当該認容裁決について公定力が及ぶかどうかが争点となった。

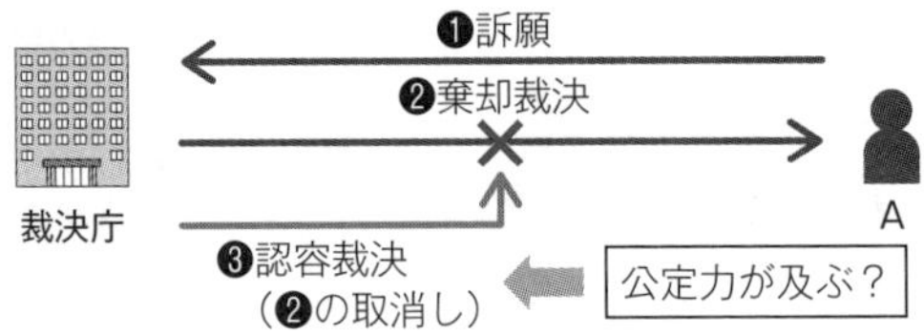

〈要旨〉

訴願裁決庁が一旦した訴願裁決を自ら取り消すことは、原則として許されないものと解すべきであるから、県農地委員会が被上告人の申出により**先にした裁決を取り消して、さらに訴願の趣旨を容認する裁決をした**ことは**違法**であるといわねばならない。しかしながら、行政処分は、たとえ違法であっても、その違法が重大かつ明白で当該処分を**当然無効ならしめるものと認むべき場合を除いては**、**適法に取り消されない限り完全にその効力を有する**ものと解すべきところ、県農地委員会のした訴願裁決取消の裁決は、いまだ取り消されていないし、しかもこれを当然無効のものと解することはできない。18

重要事項 一問一答

01 行政行為の４つの要素は何か？

権力的行為、対外的行為、個別的・具体的行為、法的行為

02 行政行為が発効する（行政行為の効力が生じる）時期は？

相手方に到達した時（判例）

03 行政行為に認められる特殊な効力は（４つ）？

公定力、不可争力、自力執行力、不可変更力

04 公定力とは何か？

違法な行政行為でも、取消権限を有する国家機関によって取り消されるまでは、何人もその効力を否定できないとする効力である。

05 重大かつ明白な瑕疵のある行政行為には公定力が生じるか？

無効の行政行為となるので、公定力を含めた行政行為の効力が一切生じない。

06 不可争力とは何か？

一定期間を経過すると、国民の側から行政行為の効力を争えなくなるとする効力である。

07 自力執行力とは何か？

行政行為によって命じられた義務を国民が履行しない場合、裁判所の関与なしに、行政庁が自ら義務者に強制執行を行い、義務内容を実現することができるとする効力である。

08 不可変更力とは何か？

争訟裁断作用のある行政行為については、行政庁がいったん判断をした以上、自ら取消し・変更をすることができないとする効力である。

過去問チェック

01 行政庁が行う行為はすべて行政行為となるのであるから、行政目的を実現するための法律によって認められた権能に基づいて、特定の国民の権利義務を決定するという法的効果を伴わない通知や行政指導であっても、行政行為となる。

×(労・税2005)「行政庁が行う行為はすべて行政行為となるのであるから」「行政行為となる」が誤り。

02 特定の公務員の任免のような行政庁の処分の効果が発生するのは、特別の規定のない限り、その意思表示が相手方に到達した時、すなわち、辞令書の交付その他公の通知により、相手方が現実にこれを了知し、又は相手方の了知し得べき状態に置かれた時とするのが判例である。

○(財2012)

03 書面によって表示された行政行為は書面の作成によって成立し、当該行政行為が、行政機関の内部的意思決定と相違していても、正当の権限ある者によってなされたものである限り、当該書面に表示されたとおりの行政行為があったものと認められる。

○(国般2016)

04 行政行為の効力として、公定力や執行力等の特別な効力が認められているが、これらの効力は、すべての行政行為に一律に付与されるわけではなく、行政行為の中には、一定の効力を持たないものがある。

○(国般2008)

05 行政処分は、たとえ違法であっても、その違法が重大かつ明白で当該行為を当然無効ならしめるものと認めるべき場合を除いては、適法に取り消されない限り完全にその効力を有する。

○（国般2020）

06 行政行為には、仮に違法であっても、取消権限のある者によって取り消されるまではその効果を否定することができない公定力という効力があるが、その効果は、行政庁と行政処分を受けた私人に対してのみ及ぶものとされ、裁判所やほかの私人には及ばない。

×（労・税2007）「のみ及ぶものとされ、裁判所やほかの私人には及ばない」が誤り。

07 行政行為には公定力が認められるが、公定力の実定法上の根拠は、国家権力に対する権威主義的な考えに求められ、取消訴訟の排他的管轄には求めることはできない。

×（区2018）「国家権力に対する権威主義的な考えに求められ、取消訴訟の排他的管轄には求めることはできない」が誤り。

08 行政行為が違法であることを理由として国家賠償の請求をする場合、あらかじめ当該行政行為につき取消し又は無効確認の判決を得なければならない。

×（国般2016）「得なければならない」が誤り。

09 行政行為の公定力は、違法な行政行為によって損害を被ったことを理由とする損害賠償請求訴訟には及ばないので、裁判所が判決で行政行為を違法として損害賠償を認めても、行政行為の効力は存続する。

○（区2010）

10 取消訴訟の排他的管轄に服するのは、取り消し得べき行政行為であり、無効の行政行為は、取消訴訟の排他的管轄に服しない。

○（財2014）

11 行政行為は、一定期間経過すると行政行為の効力を裁判上争うことができないという不可争力が生じるから、特別の規定がない限り、一定期間経過後に、当該行政行為を行った行政庁が自らこれを取り消すことはできない。

×（国般2016）「当該行政行為を行った行政庁が自らこれを取り消すことはできない」が誤り。

12 一定期間経過すると、私人の側から行政行為の効力を裁判上争うことができなくなることを行政行為の不可争力というが、これは、行政行為の効果を早期に確定させるという趣旨に基づくもので、不可争力は制定法上の根拠なくして認められると解されている。

× (財2012)「不可争力は制定法上の根拠なくして認められると解されている」が誤り。

13 行政行為によって命じられた義務を私人が履行しない場合には、強制執行自体についての独自の根拠法がなくとも、裁判所の関与なしに、行政庁が自ら義務者に強制執行し、義務内容を実現することができる。

× (国般2020)「強制執行自体についての独自の根拠法がなくとも」が誤り。

14 行政庁は、行政行為によって命ぜられた義務を相手方が履行しない場合には、必ず裁判判決の債務名義によらなければ、義務者に対し強制執行を行い、義務の内容を実現することができない。

× (区2006)「必ず裁判判決の債務名義によらなければ、義務者に対し強制執行を行い、義務の内容を実現することができない」が誤り。

15 義務を課す行政行為には、行政目的の早期実現を図る観点から執行力が認められており、相手方が義務を履行しない場合には、行政行為についての法律の根拠とは別に執行力を基礎付ける法律の根拠がなくとも、行政庁自らの判断により、その義務を強制的に実現することができる。

× (国般2008)「執行力を基礎付ける法律の根拠がなくとも、行政庁自らの判断により、その義務を強制的に実現することができる」が誤り。

16 行政行為には一般に不可変更力があるから、行政庁は、いったん行政行為を行った以上、当該行政行為に取り消し得べき瑕疵があったとしても、原則として、当該行政行為を取り消すことはできない。

× (国般2008) 全体が誤り。

17 裁決庁が行う裁決は、実質的に見れば法律上の争訟を裁判するものであっても、行政機関がするのであるから、行政処分に属し、裁決庁は、当該裁決を不当又は違法なものであると認めるときは、自らこれを取り消すことができる。

× (労・税2010)「自らこれを取り消すことができる」が誤り。

18 最高裁判所の判例では、裁決庁がいったん下した裁決を自ら取り消すことは許されず違法であるので、その取消処分は効力を有せず、いかなる場合であっても無効のものと解すべきであるとした。

× (区2006)「その取消処分は効力を有せず、いかなる場合であっても無効のものと解すべきであるとした」が誤り。

2 行政行為の分類① ―内容による分類

行政行為を分類する方法として、①内容による分類（本節）、②裁量の有無による分類（3節）、③瑕疵の有無による分類（5節）、④私人に与える効果による分類（6節）があります。各々の分類の中で用いられる用語（語句）の定義と具体例を押さえることが重要です。

1 行政行為の分類の総説

1 用語の問題

行政行為は、その内容の違い（行政庁の意思表示の有無）に応じて、下表のように分類されるのが一般的である。注意しなければならないのは、**下表は講学上（行政法学上）の用語**であって、**必ずしも法令上の用語と一致するとは限らない**ことである。例えば、法律の条文では「許可」（法令上の用語）と規定されているからといって、下表の分類上も「許可」（講学上の用語）に当てはまるとは限らない。

〈語句〉●**法令上の用語**とは、法律・政令・省令などにおいて現実に用いられている文言をいう。

●**講学上（行政法学上）の用語**とは、行政法学という学問の世界の中で用いられている文言をいう。下表は行政法学を専門とする学者によって作り上げられた分類なので、講学上の用語ということができる。

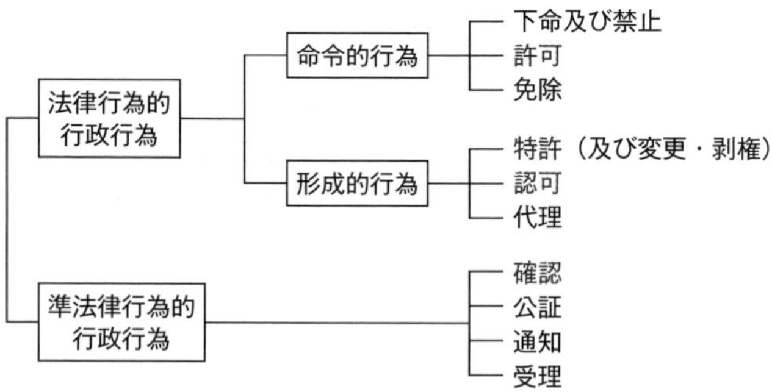

2 法律行為的行政行為と準法律行為的行政行為

行政行為は、**行政庁の意思表示を要素とするか否か**によって、意思表示を要素とする法律行為的行政行為と、意思表示を要素としない準法律行為的行政行為とに分類されている。

法律行為的行政行為	行政庁の意思表示によって成立する行政行為
準法律行為的行政行為	行政庁の意思表示**以外の判断又は認識の表示と法律の規定するところによる法律効果とが結合することによって行政行為とされるもの**

〈解説〉 両者の名称に「法律行為」「準法律行為」とあるように、行政行為の内容による区別は、民法での法律行為、準法律行為、意思表示の理論をいわば拝借したものである。

〈語句〉●**意思表示**とは、権利義務の発生・変更・消滅を欲する意思を外部に表示する行為である。意思表示において、権利義務の発生・変更・消滅を**法律効果**、法律効果を欲する意思を**効果意思**、効果意思を外部に表示する行為を**表示行為**という。

3 裁量の有無・附款の可否

法律行為的行政行為については、法律効果が行政庁の効果意思に基づいていることから、行政庁の裁量が認められることが多く、行政庁が裁量権の範囲で附款を付して法律効果を制限することができる。

これに対して、準法律行為的行政行為については、法律効果が法律の規定に基づいていることから、行政庁の裁量が認められる余地はなく、行政庁が附款を付して法律効果を制限することもできない。

【裁量の有無・附款の可否】

分類	裁量の有無	附款の可否
法律行為的行政行為	あり	付けることができる
準法律行為的行政行為	なし	付けることができない

〈語句〉●**裁量**とは、行政活動にあたって行政機関に与えられている判断の余地である(詳細は本章**3**節「行政行為の分類②—裁量の有無による分類」で扱う)。

●**附款**とは、行政行為の主たる意思表示に付加された従たる意思表示である(詳細は本章**4**節「行政行為の附款」で扱う)。

2 命令的行為

1 総説

意義 命令的行為とは、**国民が本来有している自由を制限**する行為や、その**制限を解除**する行政行為をいう。言い換えると、国民に命令をして義務を課すことや、命令によって課された義務を解除することである。

命令的行為は、**下命(及び禁止)**、**許可**、**免除**に分類されている。国民が本来有している自由を奪うのが下命(及び禁止)であるのに対し、国民が本来有している自由を回復させるのが許可と免除である。

2 下命（及び禁止）

意義 下命（かめい）とは、国民に対して**一定の作為義務又は不作為義務**を課す行政行為である。01

作為義務を課す下命の例として、**租税の賦課処分**(課税処分)、建築基準法に基づく**違法建築物の除却命令**が挙げられる。不作為義務を課す下命の例として、**営業停止命令**、営業禁止命令が挙げられる。

〈解説〉 下命と禁止の関係については、作為義務の賦課と不作為義務の賦課の双方を下命と捉えて、下命のうち不作為義務の賦課を禁止と称する見解と01、下命は作為義務の賦課、禁止は不作為義務の賦課と区別して捉える見解がある。

3 許可

意義 許可とは、**法令又は行政行為による一般的禁止**(**不作為義務**)を**特定の場合に解除**する行政行為である。02 03

許可の例として、風営法に基づく**風俗営業の許可**、公衆浴場法に基づく**公衆浴場の許可**、道路交通法に基づく**自動車運転免許**、医師法に基づく**医師免許**が挙げられる02。各種の営業許可は、その多くが許可に該当する。

〈語句〉●風営法の正式名称は「風俗営業等の規制及び業務の適正化等に関する法律」である。

① 許可と裁量の種類

許可に付す裁量は羈束裁量(司法審査が及ぶ裁量)であることが多い。04

理由 許可は、国民の有している自由を回復させる行為であり、行政庁が裁量で許可を拒み、国民の自由を制限することは原則として許されないからである。

② 許可を得た者の地位 発展

許可を得た者は、自己の権利(法律上の権利)を主張することができる。なお、これは、一般的禁止の解除によって本来有している自由が回復されたことによるものであり、**一定の権利又は権利能力が発生したことによるものではない**。

③ 無許可の行為の効力

許可を要する法律行為が無許可で行われた場合、**私法上は、法律行為は原則として有効**である(食肉販売業の許可を受けない者がした食肉の買入契約の効力について、最判昭35.3.18参照)。例えば、無許可の公衆浴場を利用した場合、利用者は利用代金を支払う必要がある。05

4 免除

意義 **免除**とは、**法令又は行政行為によって課せられている作為義務を特定の場合に解除**する行政行為である。

発展 免除の例として、納税義務の猶予・免除、学校教育法に基づく児童の就学義務の猶予・免除が挙げられる。

3 形成的行為

1 総説

意義 **形成的行為**とは、国民が本来有していない特殊な権利、能力その他の法的地位を設定・変更・剥奪する行政行為をいう。

形成的行為は、**特許**(**及び変更・剥権**)、**認可**、**代理**に分類されている。

2 特許(及び変更・剥権)

意義 **特許**とは、国民が本来有していない**特別な権利又は権利能力などを特定の者**(**特定人**)**のために設定**する行政行為をいう 06。そして、特許により設定された特別な権利又は権利能力などにつき、その内容を変える行政行為を**変更**といい、それを特定人から奪う行政行為を**剥権**という。

特許の例として、鉱業法に基づく**鉱業権設定の許可**、道路法に基づく**道路の占用許可**、河川法に基づく**河川の占用許可**、公有水面埋立法に基づく**公有水面埋立免許**、国家公務員法・地方公務員法に基づく**公務員の任命**、国籍法に基づく**帰化の許可**が挙げられる。06

〈語句〉●**鉱業権**とは、鉱業法に基づき、一定の区域において、鉱物のある地層から鉱物を採掘し、それを取得することができる権利である。

●**公有水面**とは、河(河川)、海、湖、沼その他の公共の用に供する水流又は水面で、国の所有に属するものをいう(公有水面埋立法1条1項)。

① 特許と裁量の種類

特許には、自由裁量(原則として司法審査が及ばない裁量)を付けることができる。07

理由 特許は、国民が本来有していない権利や地位を設定するので、行政庁は自由に判断することができる。

② 特許を得た者の地位 発展

特許を得た者は、自己の権利(法律上の権利)を主張することができる。

理由 特許は、法律上の権利を設定するもの。

3 認可

意義 **認可**とは、第三者の行った契約、合同行為などの**法律行為を補充して、その法律上の効果を完成**させる行政行為である。08

認可の例として、農地法に基づく**農地の権利移動の許可**、河川法に基づく**河川占用権の譲渡の承認**、建築基準法に基づく**建築協定の認可**が挙げられる。

農地の権利移動の許可の場合は、①売主Aと買主Bとの間で締結された農地の売買契約を、②農地が所在する市区町村の農業委員会が許可する(農地の権利移動の許可)ことで、③AB間の農地の売買契約の効力が発生し、農地の所有権がAからBへと移転する。

【認可の例(農地の権利移動の許可)】

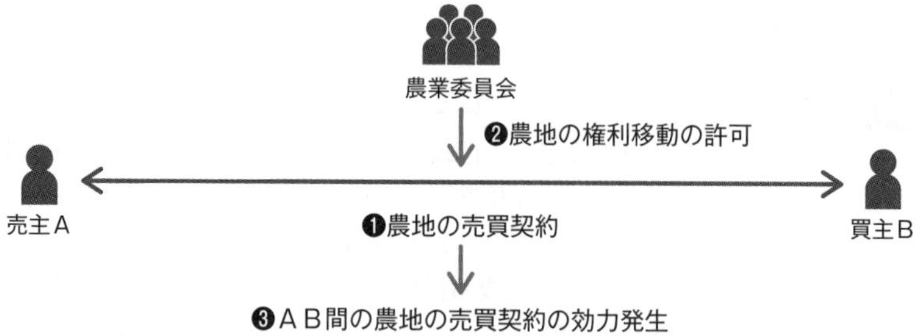

① 認可の対象

認可の対象となる法律行為については、**私法上のものか公法上のものかを問わない**。09

② 無認可行為の効力

認可を必要とする法律行為は、認可を受けることが効力発生要件であるため、**認可を受けていない場合は、私法上も効力が発生しない(無効である)**。例えば、AB間の農地の売買契約は、農地の権利移動の許可を受けていなければ、その効力が発生しない。08

〈語句〉●**建築協定**については、第4章2節「行政契約」で扱う。行政庁が建築協定の認可を行うことが、当事者から土地を譲り受けた第三者にも建築協定の効力を及ぼす(第三者効)ための条件なので、建築協定の認可は「認可」に分類されている。

4 代理

意義 代理とは、第三者が行うべき行為を**行政主体(行政主体に属する行政庁)が代わりに行い**、当該第三者が自ら行ったのと同じ効果を生じさせる行政行為である。

代理の例として、当事者間の協議に代わる行政庁の裁定(ex.土地の収用裁決)、主務大臣による公共団体の役員の選任(ex.独立行政法人の長の任命)が挙げられる。

【法律行為的行政行為の分類】

分類	意義のポイント	具体例
下命	作為義務・不作為義務を課す	課税処分、違法建築物の除却命令
(禁止)	不作為義務を課す	営業停止処分、営業禁止処分
許可	一般的禁止(不作為義務)を解除する	風俗営業の許可、公衆浴場の許可、自動車運転免許、医師免許
免除	作為義務を解除する	納税免除・猶予、児童の就学免除・猶予
特許	特殊な権利や権利能力などを設定する	鉱業権の設定許可、道路の占用許可、河川の占用許可、公有水面埋立免許、公務員の任命
認可	法律行為を補充して完成させる	農地の権利移動の許可、河川占用権の譲渡の承認、建築協定の認可
代理	行政主体が代わりに行う	土地の収用裁決、公共団体の役員の選任

4 準法律行為的行政行為

1 分類と特徴

準法律行為的行政行為は、**確認**、**公証**、**通知**、**受理**に分類されている。前述したように、準法律行為的行政行為は、法律効果が行政庁の効果意思ではなく法律の規定に基づくことから、行政庁の**裁量を認めることはできず**、**附款を付することはで**

きない。10 11

2 確認

意義 確認とは、**特定の事実又は法律関係の存否について公の権威をもって判断する**行為で、これに特定の事実又は法律関係の存否を確定させる効果が認められるものをいう。すなわち、特定の事実又は法律関係の存否が争われている場合に、**公の権威をもってその存否を確定**する行為である。10

確認の例として、建築基準法に基づく**建築確認**、地方自治法に基づく**市町村の境界の裁定**、公職選挙法に基づく**当選人の決定**、恩給法に基づく**恩給の裁定**、行政不服審査法に基づく**審査請求の裁決**が挙げられる。

【確認の例（建築確認）】

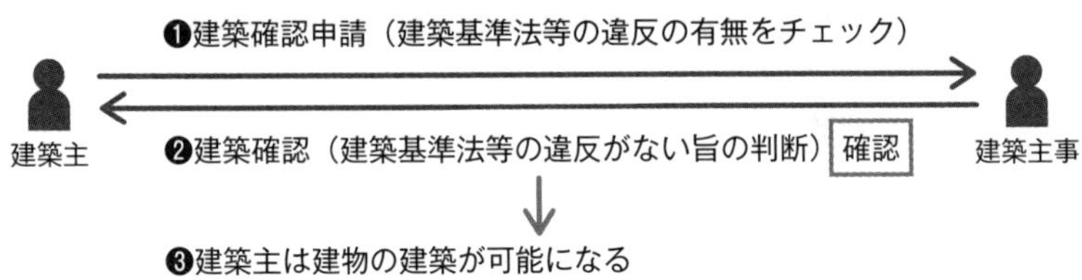

3 公証

意義 公証とは、**特定の事実又は法律関係の存在を公に証明**する行為で、これに一定の法律効果の発生が予定されているものをいう。すなわち、特定の事実又は法律関係が存在することに争いがない場合に、その**存在を公に証明する**行為である。11

公証の例として、公職選挙法に基づく**選挙人名簿への登録**、不動産登記法に基づく**不動産登記簿への登記**、戸籍法に基づく**戸籍への記載**、道路交通法に基づく**運転免許証の交付**、各種の**証明書の交付**が挙げられる。

〈解説〉 運転免許は許可であるが、運転免許の存在を公に証明するのが運転免許証の交付であり、これが公証に該当する。

4 通知

意義 通知とは、特定人又は不特定多数人に対し**一定の事項を知らせる**行為で、これに一定の法律効果が付与されているものをいう。

通知の例として、**納税の督促**、行政代執行法に基づく**代執行の戒告**（詳細は第3章**1**節「行政上の強制執行」で扱う）が挙げられる。

5 受理

意義 受理とは、**他人の行為**(ex.申請・届出)**を有効な行為として受領**する行為で、これに一定の法律効果が結び付けられているものをいう。

受理の例として、住民基本台帳法に基づく転入届・転出届の受理、戸籍法に基づく婚姻届の受理が挙げられる。**発展** 受理に関しては、法定の届出事項に係る事由以外の事由を理由に市区町村長が転入届を受理しないことは許されないとした判例がある(最判平15.6.26)。

重要事項 一問一答

01 法律行為的行政行為とは何か？

行政庁の意思表示によって成立する行政行為

02 準法律行為的行政行為とは何か？

行政庁の意思表示以外の判断・認識の表示と法律の規定するところによる法律効果とが結合することで行政行為とされるもの

03 命令的行為とは何か？

国民が本来有している自由を制限する行為や、その制限を解除する行政行為

04 形成的行為とは何か？

国民が本来有していない特殊な権利、能力その他の法的地位を設定・変更・剥奪する行政行為

05 下命とは何か？

下命は国民に対して一定の作為義務又は不作為義務を課す行政行為である。

06 特許とは？

国民が本来有していない特別な権利又は権利能力などを特定の者(特定人)のために設定する行政行為をいう。

07 認可とは？

第三者の行った契約、合同行為などの法律行為を補充して、その法律上の効果を完成させる行政行為である。

過去問チェック

01 下命とは、一定の不作為を命じる行為又は作為義務を特定の場合に解除する行為で、例として営業停止や納税免除があり、行政庁が特定の権利、能力を賦与又ははく奪する形成的行為である。

×（区2008)「又は作為義務を特定の場合に解除する行為で」「や納税免除」「行政庁が特定の権利、能力を賦与又ははく奪する形成的行為である」が誤り。不作為を命じる行為（不作為義務の賦課）を

含めて下命と捉える見解もある。

02 許可とは、法令による一般的禁止を、特定の場合に解除する行為であり、自動車運転の免許や公有水面埋立の免許がこれにあたる。

×（区2020）「や公有水面埋立の免許」が誤り。

03 許可とは、第三者の行為を補充してその法律上の効果を完成させる行為をいい、農地の権利移転の許可や建築協定の認可がこれにあたり、許可を受けないで行われた行為は、効力を生じない。

×（区2012）全体が誤り。認可の説明である。

04 許可とは、形成的行為の一つであり、その法的効果は行政庁の意思に左右されるため、行政庁の広い裁量が認められ、附款を付すことができる。

×（税・労・財2017改題）「形成的行為の一つであり」「行政庁の広い裁量が認められ」が誤り。

05 許可を要する法律行為が無許可で行われた場合は当然に無効である。

×（区2008改題）「当然に無効である」が誤り。

06 特許とは、国民が本来有していない特別な権利を設定する行為であり、鉱業権設定の許可や医師の免許がこれにあたる。

×（区2020）「や医師の免許」が誤り。

07 特許は、本来自由であるはずの行為が法令により規制されているのであるから、行政庁が裁量により特許を付与しないことは原則として許されない。

×（財・労・税2017改題）全体が誤り。

08 認可とは、第三者の行った法律行為を補充して、その法律上の効果を完成させる行為で、例として農地の権利移転の許可があり、認可を要する法律行為に認可がなされない限り当該行為は効力を生じない。

○（区2008改題）

09 認可の対象となる行為は、私法上の法律行為に限られ、それ自体が公法上の法律行為は認可の対象とはならない。

×（区2005）全体が誤り。

10 確認とは、特定の事実又は法律関係の存在を公に証明する行為であり、例として証明書の交付や選挙人名簿への登録があり、法令の規定により決められた効果が生じるため、行政庁に裁量判断を認める余地はない。

×（区2008）「特定の事実又は法律関係の存在を公に証明する行為であり、例として証明書の交付や選挙人名簿への登録があり」が誤り。

11 公証とは、準法律行為的行政行為の一つであり、特定の事実や法律関係の存在を公に証明する行為で、行政庁の効果意思によって法的効果が発生するものをいう。例としては、当選人の決定が挙げられる。

×（財・労・税2017）「行政庁の効果意思によって法的効果が発生するものをいう」「当選人の決定が挙げられる」が誤り。

3 行政行為の分類②
—裁量の有無による分類

裁量行為に対してどのように司法的統制を加えるのか、その手法について判例を整理して押さえましょう。

1 羈束行為と裁量行為

1 行政裁量とは

意義 行政裁量とは、行政活動にあたって**行政機関**(ex.行政庁)**に与えられている判断の余地**(又は**選択の余地**)である。

行政立法・行政計画・行政指導などにあたっても行政裁量が問題となり得るが、行政裁量は主として行政行為との関係で問題となることが多いので、本書でも行政行為の中で扱う。

2 行政行為と裁量の種類

行政行為にあたって行政庁に裁量(**行政裁量**)が認められるかどうか(**裁量の有無**)に応じて、行政行為は**羈束行為**と**裁量行為**とに大きく分類され、このうち裁量行為は、司法審査が及ぶかという観点から**羈束裁量**と**自由裁量**とに分類される。

3 裁量行為と司法審査

古典的な学説においては、自由裁量に対しては、裁量不審理原則により司法審査の対象とならないとされてきた。しかし、現代では、法の支配のもと、自由裁量に対しても例外的に司法審査の対象になるとされている。

【羈束行為と裁量行為】

裁量の有無による区分		司法審査の可否
羈束行為		行政庁が判断を誤ると違法となるので、**司法審査の対象**になる（**判断代置方式**による司法審査）
裁量行為	羈束裁量（法規裁量）	行政庁が判断を誤ると違法となるので、**司法審査の対象**になる（**判断代置方式**による司法審査）
裁量行為	自由裁量（便宜裁量）	**原則** 行政庁が判断を誤っても**当・不当の問題**が生じるだけで**違法とならない**ので、**司法審査の対象にならない** **例外** **裁量権の逸脱・濫用がある場合には違法**となるので、**司法審査の対象になる**（行政事件訴訟法30条）

〈**語 句**〉●**判断代置方式**とは、裁判所が、自ら事実認定を行い、それに法を当てはめて結論を導き、自ら出した結論に照らして行政庁の判断が違法かどうかを独自の立場で判定することができるという審査方式である。

●**羈束行為**とは、行政行為の内容が**法律によって一義的で明確に規定**されているため、行政庁が単に法律の機械的執行をなすにすぎない(行政庁による判断の余地がない)とされる行政行為である。

●**裁量行為**とは、行政行為の内容について**法律が不確定概念を用いて規定**しているため、行政庁に判断の余地があるとされる行政行為である。

(例)出入国管理及び難民認定法21条は、「法務大臣は、当該外国人が提出した文書により在留期間の更新を適当と認めるに**足りる相当の理由があるとき**に限り、これを許可することができる。」と規定する。「相当の理由があるとき」が不確定概念を用いている箇所である。

〈**解説**〉 現代の福祉国家の下では行政需要が複雑かつ流動的であるため、法律によって一義的で明確に規定すると、行政活動を硬直化させてしまい、かえって**行政需要に迅速に対応できない**という弊害を生じさせる。また、国会が法律を制定する際、あらゆる行政需要を予想して、あらかじめ**行政行為の内容を一義的で明確に規定することは事実上困難**である。これらの現実的な理由から、裁量行為の存在が認められている。

2 裁量の種類

1 裁量が認められる段階

行政行為をするにあたって、行政庁の判断過程のどの段階に裁量が認められるのかについては、主として以下の各段階において裁量が認められると解されている。

【裁量が認められる段階】

要件裁量	行政行為をするための要件（法律要件）を満たしているか否かについての裁量
↓	
手続の裁量	行政行為を選択・決定するための手続についての裁量
↓	
効果裁量	どの行政行為を選択するか（選択裁量）、選択した行政行為をするか否か（決定裁量）についての裁量
↓	
時の裁量	いつ行政行為をするかについての裁量

例えば、ある言動をした国家公務員に対して懲戒処分を行う場合(国家公務員法82条1項)には、下表のような裁量が認められる。

【懲戒処分をする場合の裁量】

要件裁量	国家公務員の言動が「国民全体の奉仕者たるにふさわしくない非行」に当てはまるか否か
手続の裁量	懲戒処分を選択・決定するためにどのような手続を行うか
効果裁量 01	●懲戒処分として免職・停職・減給・戒告のいずれを選択するか(選択裁量) ●選択した懲戒処分を行うか否か(決定裁量)
時の裁量	懲戒処分をいつの時期に行うか 02

2 効果裁量に関する判例

判例 神戸税関事件(最判昭52.12.20)

〈事案〉

神戸税関長は、神戸税関の職員Ａが、❶争議行為に参加し、あるいはこれをあおり、そそのかしたことを理由に、❷Ａに対して懲戒免職処分を行った。Ａはこれを不服として❸取消訴訟を提起した。

〈要旨〉

1　懲戒事由のある公務員に対して、懲戒処分を行うかどうか、いかなる懲戒処分を選択するか、について懲戒権者に裁量が認められるか

公務員につき国家公務員法に定められた懲戒事由がある場合に、**懲戒処分を行うかどうか、懲戒処分を行うときにいかなる処分を選ぶかは、懲戒権者の裁量に任されている**（効果裁量が認められる）。03

2　懲戒処分が違法となるかどうかの審査方式は

裁判所が懲戒処分の適否を審査するにあたっては、**懲戒権者と同一の立場に立って懲戒処分をすべきであったかどうか又はいかなる処分を選択すべきであったかについて判断し、その結果と懲戒処分とを比較してその軽重を論ずべきものではなく** 04、懲戒権者の裁量権の行使に基づく処分が**社会観念上著しく妥当を欠き、裁量権を濫用したと認められる場合に限り違法であると判断すべきものである。** 03

〈解説〉　本判例は、効果裁量のうち、懲戒権者に対して「懲戒処分を行うかどうか」という決定裁量と、「懲戒処分を行うときにいかなる処分を選ぶか」という選択裁量の双方を認めている。

3 時（時期）に関する判例

また、**時の裁量**を認めたと解される判例として、特殊車両通行認定をする時期に関する裁量を認めた**中野区特殊車両通行認定留保事件**（最判昭57.4.23）、建築確認をする時期に関する裁量を認めた 発展 **品川マンション事件**（最判昭60.7.16）がある。

〈解説〉　品川マンション事件は、第4章 4 節「行政指導」で扱う。

判例　中野区特殊車両通行認定留保事件（最判昭57.4.23）

〈事案〉

Aから住宅の建築工事を請け負ったBは、中野区長に対して、❶道路法の規定に基づく車両制限令で定める道路管理者の認定（特殊車両通行認定）を申請した。しかし、❷Bと付近住民との衝突の危険があったことから、中野区長は、❸約5か月間当該認定を留保した後、衝突が回避されたと判断して当該認定をした。Aは、当該認定の留保によって建築工事が遅れて損害が生じたことを理由に、中野区に対して国家賠償請求訴訟を提起した。

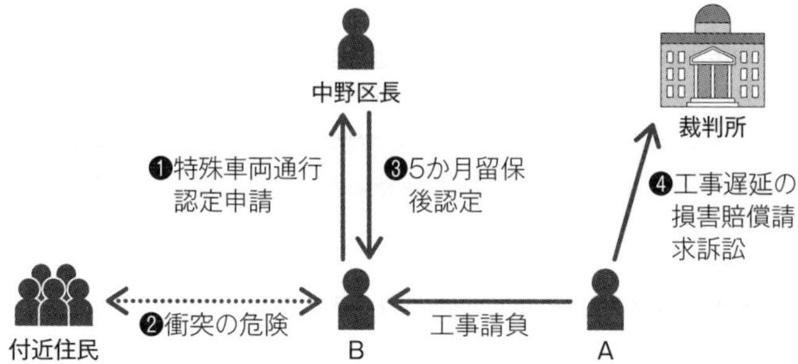

〈要旨〉

道路法の規定に基づく**道路管理者の認定**は、車両の通行の禁止又は制限を解除する性格を有する許可とは法的性格を異にし、基本的には**裁量の余地のない確認的行為の性格を有する**ものであることは明らかであるが、認定の制度の具体的効用が許可の制度のそれと比較してほとんど変るところがないことなどを勘案すると、認定に当たって、具体的事案に応じ道路行政上比較衡量的判断を含む**合理的な行政裁量を行使することが全く許容されないものと解するのは相当でない。** 05

〈解説〉 本判例は、中野区長による特殊車両通行認定の留保は、合理的な行政裁量の行使として許容される範囲内にとどまり、国家賠償法1条1項にいう違法性を欠くと結論付けており、**時の裁量**を認めたものと評価されている。

3 裁量に対する統制の手法

1 羈束裁量と自由裁量との区別

裁量行為は、それに対して司法審査の対象となるか否かという観点から、司法審査の対象となる**羈束裁量**（法規裁量）と、原則として司法審査の対象とならない**自由裁量**（便宜裁量）とに分類されている（本節❶項 3 表「羈束行為と裁量行為」参照）。 06

〈解説〉 司法審査が及ぶか否かという観点からの裁量行為は、**羈束裁量行為**（法規裁量行為）、**自由裁量行為**（便宜裁量行為）と表現するのがより正確である。しかし、羈束裁量（法規裁量）、自由裁量（便宜裁量）と表現されることが多いので、本書でもこの表現を用いている。

2 羈束裁量と自由裁量の区別の基準 発展

両者の区別基準については、後者の自由裁量が認められるのはどのような場合かという観点から、要件裁量説と効果裁量説の対立がある。要件裁量説は、法律が要件を定めない場合又は公益要件を掲げる場合が自由裁量であるとする。これに対して、効果裁量説は、権利の付与という効果を認める場合が自由裁量であるとする。

3 羈束裁量（法規裁量）

意義 羈束裁量（法規裁量）とは、**司法審査の対象となる裁量行為**であり、「何が法であるかの裁量」である。具体的には、裁量行為のうち、行政庁が**通常人の有する日常的な経験則又は一般的な価値法則に基づいて客観的に判断できる場合**をいう。

① 羈束裁量事項の審査方法

羈束裁量の事項は、裁判所の**判断代置方式**による審査に服する。したがって、裁判所は、自ら導いた結論と行政庁のした判断とを比較して、**両者に食い違いがある場合には行政庁の判断を違法とする**（自らの結論をもって行政庁の判断に置き換える）ことができる。

② 羈束裁量を採用している判例

羈束裁量を採用していると評価されている判例として、発展 **農地賃借権設定移転の承認**（最判昭31.4.13）、発展 公安委員会による運転免許の取消し（最判昭39.6.4）、発展 メーデーのための皇居外苑の使用許可（最大判昭28.12.23）がある。

〈解説〉 羈束裁量について行政庁が裁量判断を誤った場合には、それが例え裁量権の範囲内の行為であっても裁判所により違法と評価されることになる。

4 自由裁量（便宜裁量）

意義 自由裁量（便宜裁量）とは、**原則として司法審査の対象とならない裁量行為**であり、「何が公益に適合するかの裁量」である。具体的には、裁量行為のうち、法律の規定が、行政庁の**政治的・政策的な事項に関する判断や高度の専門的・技術的な知識に基づく判断**を予定している場合である。

自由裁量とされるのは、行政庁の責任ある公益判断を尊重すべき場合であるから、政治的責任を負わず、専門的・技術的知識の収集能力が十分でない裁判所の判断には適さず、当不当の問題を生じさせるにすぎない。

しかし、自由裁量であっても行政庁の恣意的な判断は許されないので、**裁量権の逸脱又は濫用については司法審査の対象になる。**

5 裁量が認められない場合

判例が行政庁の裁量を認めないとした事案もある。代表例として、発展 ①**土地収用法による補償額の決定**(最判平9.1.28)、発展 ②**ストロングライフ事件**(最判昭56.2.26)が挙げられる。

6 裁量権収縮の理論・裁量権消極的濫用論 発展

行政庁の不作為(ex.行政行為をする権限を行使しないこと)も、当不当の問題にとどまらず違法となる余地がある。もっとも、どのような場合に違法となるのかについては、裁量権収縮の理論及び裁量権消極的濫用論が主張されている。

4 自由裁量に対する統制

【自由裁量に対する統制】

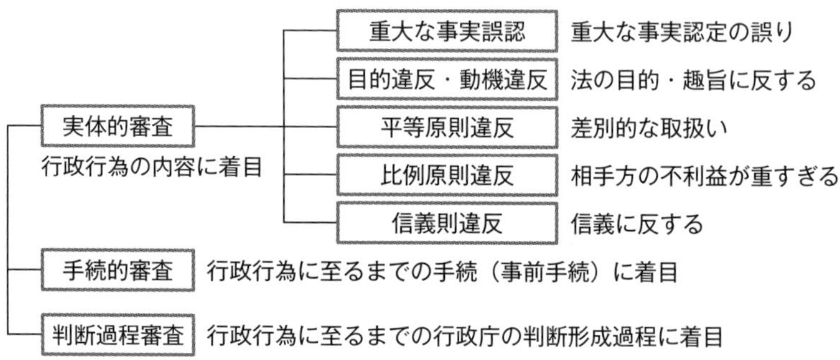

自由裁量であっても行政庁の恣意的判断は許されないから、裁量権の範囲を**逸脱**しているか、又は裁量権を**濫用**しているかについては司法審査の対象となる。そして、**裁量権の逸脱又は濫用が認められる行政行為は違法**と解する(行政事件訴訟法30条参照)。

もっとも、具体的にどのような場合であれば、裁量権の逸脱又は濫用に該当するのかは明確でない。そこで、裁量権の逸脱又は濫用の有無を判断するための基準について、学説では、**実体的審査**、**手続的審査**、**判断過程審査**に類型化して検討されている。

〈解説〉 行政事件訴訟法30条は、「行政庁の**裁量処分**については、**裁量権の範囲をこえ又はその濫用があつた場合**に限り、裁判所は、その処分を取り消すことができる。」と規定しており、ここでの「裁量処分」が自由裁量(自由裁量行為)のことを指すと解されている。07

1 実体的審査

意義 **実体的審査**とは、裁量権行使の結果としての**行政行為の内容に着目**し、裁量権の**逸脱又は濫用の有無を審査**する方式である。どのような内容の行政行為が裁量権の逸脱又は濫用に該当するのか、ということを審査するものである。

学説では、実体的審査の類型として、①**重大な事実誤認**、②**目的違反・動機違反**、③**平等原則違反**、④**比例原則違反**、⑤**信義則違反**の5つが挙げられている。これらは、裁量権の逸脱又は濫用に該当する行政行為の内容を類型化したものである。

① 重大な事実誤認

行政行為は正しい事実認定によって行わなければならないから、重大な事実誤認があれば、裁量行為が違法と判断される。例えば、**マクリーン事件**(最大判昭53.10.4)は、法務大臣の更新不許可処分が全く事実の基礎を欠いている場合に裁量権の逸脱又は濫用が認められるとしており、重大な事実誤認の有無が審査されている。

判例 **マクリーン事件(最大判昭53.10.4)**

〈事案〉

Aは、❶在留期間中の無届転職と政治活動を理由に、❷法務大臣から在留期間の更新を許可しないとする処分(更新不許可処分)を受けたので、❸それを不服として取消訴訟を提起した。

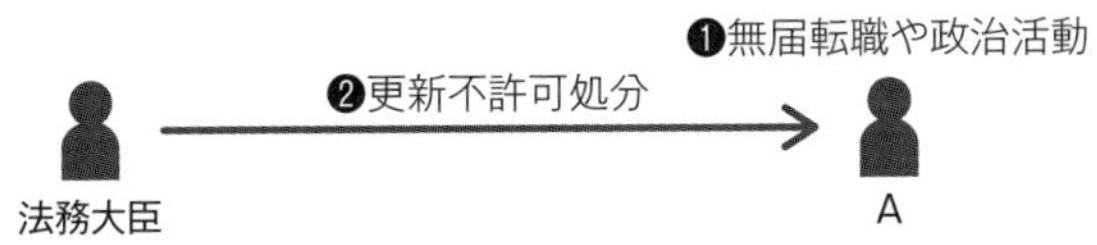

〈要旨〉

● 1 在留期間の更新事由の有無の判断について法務大臣に自由裁量が認められるか

在留期間の更新事由が概括的に規定されその判断基準が特に定められていないのは、**更新事由の有無の判断を法務大臣の裁量に任せ、その裁量権の範囲を広汎なものとする趣旨**からである。 08

●2　裁量権行使の準則に違背した行政庁の処分は違法となるか

行政庁がその裁量に任された事項について裁量権行使の準則を定めることがあっても、このような準則は、本来、行政庁の処分の妥当性を確保するためのものなのであるから、**処分が右準則に違背して行われたとしても、原則として当不当の問題を生ずるにとどまり、当然に違法となるものではない。** 08

●3　在留期間の更新事由の有無の判断において、いかなる場合に法の認める裁量権の範囲をこえ又はその濫用があったといえるか

法務大臣の「在留期間の更新を適当と認めるに足りる相当の理由」があるかどうかの判断の場合についてみれば、当該判断に関する法務大臣の裁量権の性質にかんがみ、**その判断が全く事実の基礎を欠き又は社会通念上著しく妥当性を欠くことが明らかである場合に限り、裁量権の範囲をこえ又はその濫用があったものとして違法となる。** 09

② 目的違反・動機違反（法目的違反）

法律の趣旨・目的に反するような行政行為は違法となる。例えば、個室付浴場業の規制を主たる目的・動機とする児童遊園設置認可処分を違法とした**余目町個室付浴場事件**（最判昭53.6.16）は、目的違反・動機違反を理由とする裁量権の濫用を認めたものである。

判例　余目町個室付浴場事件（最判昭53.6.16）

〈事案〉

A社は、児童福祉法上の児童福祉施設として設置認可処分を受けているB児童遊園から周囲200m以内の場所で個室付浴場業を営んだことを理由に、風俗営業等取締法違反の罪で起訴された。風俗営業等取締法では、児童福祉施設の周囲200m以内における個室付浴場業の営業を罰則付きで禁じている。

もっとも、A社による個室付浴場業の営業に先立って行われたC県知事によるB児童遊園の設置認可処分（本件認可処分）は、C県D町が個室付浴場業の規制を主たる動機、目的として設置認可申請をしたことに起因するものであった。この点から、本件認可処分の適法性及び有効性が争われた。

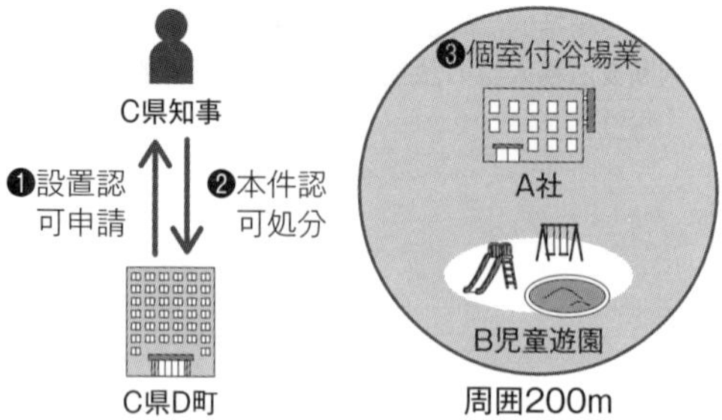

〈判旨〉

本来、児童遊園は、児童に健全な遊びを与えてその健康を増進し、情操をゆたかにすることを目的とする施設なのであるから、児童遊園設置の認可申請、同認可処分もその趣旨に沿ってなされるべきものであって、**A社の個室付浴場業の規制を主たる動機、目的**とするD町の**B児童遊園設置**の認可申請を容れた本件**認可処分**は、**行政権の濫用に相当する違法性**があり、**A社の個室付浴場業に対しこれを規制し得る効力を有しない**といわざるをえない。10

③ 平等原則違反

平等原則も自由裁量を統制する手段として用いられており、合理的理由がないのに特定の者を他者と区別して取り扱うような行政行為は、差別的取扱いとして違法となる(最判昭30.6.24参照)。

④ 比例原則違反

比例原則も自由裁量を統制する手段として用いられており、規制の目的(必要性)に比して相手方の受ける不利益が重すぎる行政行為が違法となる(最判昭39.6.4参照)。例えば、懲戒事由に該当する行為をした公務員に対し、本来は停職処分が相当であるのに免職処分を行うことが、公務員の受ける不利益が重すぎるので違法となる。

⑤ 信義則違反

信義則も自由裁量を統制する手段として用いられており、その事実関係の下で行政行為をすることが相手方の信頼に反する場合には、信義に反するものとして当該行政行為が違法となる(最判昭62.10.30、最判平8.7.2参照)。

2 手続的審査

意義 **手続的審査**とは、行政行為をするに際して**行政庁が履践しなければならない事前手続が適正に行われたか否かを審査**した上で、**適正に行われなかった事前手続に基づく行政行為を違法とする**理論である。

手続的審査は、実体的審査のように行政行為の内容を完全には審査しないものの、その代わりに、行政行為に至るまでの事前手続に着目して自由裁量を統制するアプローチである。

手続的審査を採用したとされる判例として、個人タクシーの免許申請手続に際して、申請人に主張と証拠提出の機会を与えることを要求した**個人タクシー事件**(最判昭46.10.28)、路線バスの免許手続に際して、発展 運輸審議会への諮問が適正に行われることを要求した**群馬中央バス事件**(最判昭50.5.29)を挙げることができる。

判例 個人タクシー事件(最判昭46.10.28)

〈事案〉

Aは、❶東京陸運局長に対して個人タクシー事業の免許を申請し、❷聴聞が行われたが、内部基準(運転歴7年)を満たさないことを理由に、❸免許申請却下処分を受けた。しかし、聴聞担当官がAに対して内部基準の告知をしないで聴聞を行ったため、Aには内部基準に関する主張と証拠の提出の機会が与えられなかった。❹Aは、免許申請却下処分の取消訴訟を提起した。

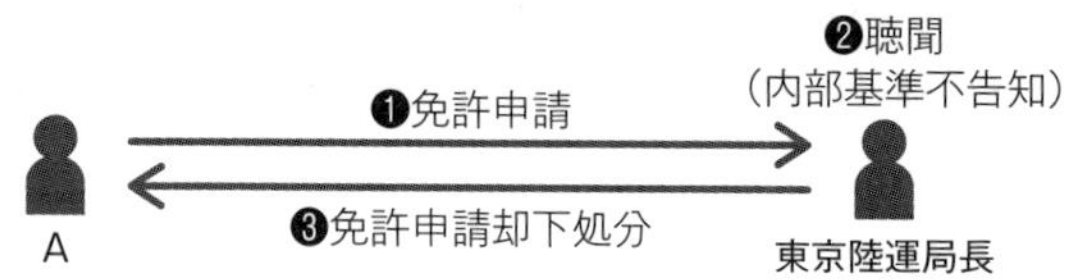

〈要旨〉

道路運送法3条2項3号に定める一般乗用旅客自動車運送事業である一人一車制の個人タクシー事業の免許にあたり、**多数の申請人のうちから少数特定の者を具体的個別的事実関係に基づき選択してその免許申請の許否を決しよう**とするときには、同法6条の**規定の趣旨にそう具体的審査基準を設定**してこれを**公正かつ合理的に適用**すべく、右基準の**内容が微妙、高度の認定を要するもの**である等の場合は、右基準の適用上必要とされる事項について聴聞その他適切な方法により申請人に対しその**主張と証拠提出の機会を与えるべき**であり 11 、これに反する審査手続により免許申請を却下したときは、**公正な手続によって免許申請の許否につき判定を受けるべき申請人の法的利益を侵害した**ものとして、右**却下処分は違法**となるものと解すべきである。 12

3 判断過程審査

意義 **判断過程審査**とは、**行政行為に至る行政庁の判断形成過程に合理性があるかどうかを審査**した上で、**合理性が認められない行政行為を違法とする**理論である。

判断過程審査は、行政庁が行政行為をすることを決定するまでの判断過程に着目し、①考慮すべき事項を正しく考慮したか、②考慮すべきでない事項を考慮していないか、③過大に評価すべきでない事項を過重に評価していないか、などを審査することによって自由裁量を統制するアプローチである(東京高判昭48.7.13、日光太郎杉事件参照)。

近時の判例は、判断過程審査を用いて裁量権の逸脱又は濫用を審査していると考えられるものが多い。具体例として、発展 **剣道実技拒否事件**(最判平8.3.8)、発展 **第一次教科書訴訟**(最判平5.3.16)、**伊方原発訴訟**(最判平4.10.29)、**小田急高架化訴訟**(最判平18.11.2)を挙げることができる。

判例 伊方原発訴訟(最判平4.10.29)

〈事案〉

内閣総理大臣は、核原料物質、核燃料物質及び原子炉の規制に関する法律(規制法)に基づいて、❶X(四国電力株式会社)からの原子炉設置許可申請に対して、❷原子炉の設置を許可する旨の処分をした(原子炉設置許可処分)。これに対して、原子炉の設置を阻止するために、❸周辺住民が原子炉設置許可処分の取消訴訟を提起した。

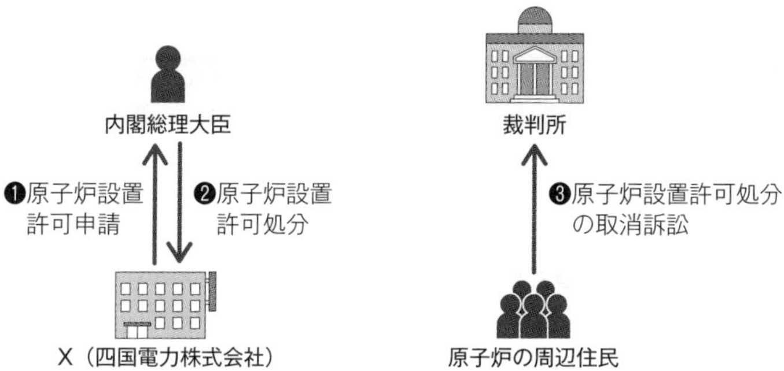

〈要旨〉

● 1 原子炉施設の安全性の審査･判断について内閣総理大臣の裁量が認められるか

規制法……が、内閣総理大臣は、原子炉設置の許可をする場合においては、……あらかじめ原子力委員会の意見を聴き、これを尊重してしなければならないと定めているのは、原子炉施設の安全性に関する審査の特質を考慮し、規制法が定める所定の基準の適合性については、**各専門分野の学識経験者等を擁する原子力委員会の科学的、専門技術的知見に基づく意見を尊重して行う内閣総理大臣の合理的な判断にゆだねる趣旨と解する**のが相当である。

● 2 原子炉設置許可処分の取消訴訟における裁判所の審理･判断は、どのような観点から行うべきか

原子炉施設の安全性に関する判断の適否が争われる原子炉設置許可処分の取消訴訟における裁判所の審理、判断は、原子力委員会若しくは原子炉安全専門審査会の**専門技術的な調査審議及び判断を基にしてされた被告行政庁(内閣総理大臣)の判断に不合理な点があるか否かという観点から行われるべき**である。13

● 3　**被告行政庁の判断に不合理な点があるものとして、原子炉設置許可処分が違法となるのはどのような場合か**

現在の科学技術水準に照らし、調査審議において用いられた**具体的審査基準に不合理な点があり**、あるいは当該原子炉施設が当該具体的審査基準に適合するとした原子力委員会若しくは原子炉安全専門審査会の**調査審議及び判断の過程に看過し難い過誤、欠落があり、被告行政庁の判断がこれに依拠してされた**と認められる場合には、**被告行政庁の判断に不合理な点があるものとして、その判断に基づく原子炉設置許可処分は違法**と解すべきである。 13

〈解説〉 本判例は、原子力委員会若しくは原子炉安全専門審査会が原子炉施設の安全性について行った調査審議及び判断に不合理な点があるとはいえず、これを基にしてされた原子炉設置許可処分は適法であるとした。

判例　小田急高架化訴訟（最判平18.11.2）

〈事案〉

東京都知事は、❶小田急線の喜多見駅付近から梅ヶ丘駅付近までの区間を高架式（一部堀割式）とする旨の都市計画の変更を行った（本件決定）。これに対して、高架式となる区間の沿線住民等が、❷高架式より優れた代替案があるにもかかわらず、それを採用しなかったことが違法であると主張して、本件決定の取消訴訟を提起した。

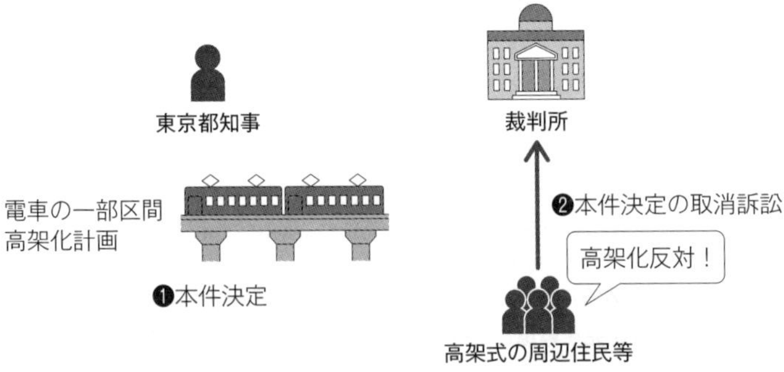

〈判旨〉

● 1　**都市施設の規模・配置等を定めることについて行政庁に裁量が認められるか**

（都市計画法が定める）基準に従って都市施設の規模、配置等に関する事項を定めるに当たっては、当該都市施設に関する諸般の事情を総合的に考慮した上で、政策的、技術的な見地から判断することが不可欠であるといわざるを得ない。そうすると、このような判断は、これを決定する**行政庁の広範な裁量にゆだねられている**……。

● 2　**都市施設に関する都市計画の決定·変更が違法となるのはどのような場合か**

裁判所が都市施設に関する都市計画の決定又は変更の内容の適否を審査するに当たっては、**当該決定又は変更が裁量権の行使としてされたことを前提**として、その基礎とされた重要な事実に誤認があること等により**重要な事実の基礎を欠くこととなる場合**、又は、**事実に対する評価が明らかに合理性を欠くこと、判断の過程において考慮すべき事情を考慮しないこと等によりその内容が社会通念に照らし著しく妥当性を欠く**ものと認められる場合に限り、**裁量権の範囲を逸脱し又はこれを濫用したものとして違法となる**とすべきものと解するのが相当である。14

〈解説〉 ①　本判例は、重要な事実の基礎を欠く場合(重大な事実誤認)という実体的審査と、考慮すべき事項を考慮したか等により決定·変更の内容が社会通念に照らし著しく妥当性を欠く場合という判断過程審査の双方が示されている。

②　結論としては、東京都知事の判断について、重要な事実の基礎を欠き又はその内容が社会通念に照らし著しく妥当性を欠くことを認めるに足りる事情は見当たらず、本件決定は適法であるとした。

〈語 句〉●**都市施設**とは、都市計画において定められるべき都市計画法11条1項各号に掲げる施設である。道路、公園、墓園、上下水道、河川、学校、図書館、病院、保育所など、都市での諸活動を支え、生活に必要な都市の骨組みを形成する様々な施設が該当し、鉄道(都市高速鉄道)も都市施設に含まれる。

重要事項 一問一答

01 裁量（行政裁量）とは何か？

行政活動にあたって行政機関に与えられた判断の余地

02 覊束行為とは何か？

行政庁が単に法律の機械的執行をなすにすぎないとされる行政行為

03 裁量行為とは何か？

行政庁に判断の余地がある行政行為

04 裁量行為のうち司法審査が原則及ばないとされるのは？

自由裁量(自由裁量行為)

05 裁量行為のうち裁判所の判断代置方式による審査に服するのは？

覊束裁量(覊束裁量行為)

06 自由裁量であっても裁量権の〔①〕又は〔②〕がある場合は違法となる。①②に入る語句は何か？

①逸脱、②濫用

07 実体的審査の主な類型は（5つ）？

重大な事実誤認、目的違反・動機違反、平等原則違反、比例原則違反、信義則違反

08 手続的審査とは何か？

行政庁が履践すべき事前手続が適正に行われたか否かを審査し、適正に行われなかった事前手続に基づく行政行為を違法とする理論

09 判断過程審査とは？

行政行為に至る行政庁の判断形成過程に合理性があるか否かを審査し、合理性が認められない行政行為を違法とする理論

過去問チェック

01 要件裁量とは、行政行為を行うか否か、またどのような内容の行政行為を行うかの決定の段階に認められる裁量をいい、決定裁量と選択裁量に区別することができる。

×（区2017）「要件裁量とは」が誤り。効果裁量の内容である。

02 行政庁が行政行為をするに当たっての要件が不確定概念により定められている場合の当該要件該当性の認定については、行政庁に裁量が認められるが、行政行為を行う時期については、行政庁に裁量は認められない。

×（国般2001）「行政行為を行う時期については、行政庁に裁量は認められない」が誤り。

03 公務員に国家公務員法所定の懲戒事由がある場合に、懲戒処分を行うかどうか、懲戒処分を行うときにいかなる処分を選ぶかは、懲戒権者の裁量に任されている。その裁量は恣意にわたることを得ないものであることは当然であるが、裁量権の行使としてされた懲戒処分は、それが社会観念上著しく妥当を欠いて裁量権を付与した目的を逸脱し、これを濫用したと認められる場合でない限り、その裁量権の範囲内にあるものとして違法とならない。

○（国般2010）

04 裁判所が、懲戒権者の裁量権の行使として行われた公務員に対する懲戒処分の適否を審査する場合は、懲戒権者と同一の立場に立って懲戒処分をすべきであったかどうか又はいかなる処分を選択すべきであったかについて判断し、その結果と当該処分とを比較してその軽重を論ずべきものである。

×（労・税2004）「懲戒権者と同一の立場に立って懲戒処分をすべきであったかどうか又はいかなる処分を選択すべきであったかについて判断し、その結果と当該処分とを比較してその軽重を論ずべきものである」が誤り。

05 道路法の規定に基づく車両制限令で定める道路管理者の認定は、裁量の余地のない確認的行為の性格を有するものであり、その認定に当たって、具体的事案に応じ道路行政上比較衡量的判断を含む合理的な行政裁量を行使することは許されない。

×（財・労2020）「具体的事案に応じ道路行政上比較衡量的判断を含む合理的な行政裁量を行使することは許されない」が誤り。

06 裁量行為は、法規裁量行為と便宜裁量行為とに分けられ、便宜裁量行為については裁判所の審査に服するが、法規裁量行為については裁判所の審査の対象となることはない。

×（区2008）「便宜裁量行為については裁判所の審査に服するが、法規裁量行為については裁判所の審査の対象となることはない」が誤り。

07 行政事件訴訟法は、行政庁の裁量処分については、裁量権の範囲をこえ又は裁量権の濫用があった場合に限り、裁判所は、その処分を取り消すことができると定めている。

○（区2008）

08 出入国管理令(当時)において、在留期間の更新事由が概括的に規定されその判断基準が特に定められていないのは、更新事由の有無の判断を行政庁の裁量に任せ、その裁量権の範囲を広範なものとする趣旨からであると解されるが、行政庁がその裁量に任された事項について裁量権行使の準則を定めている場合、在留期間の更新許可処分が当該準則に違背して行われたときは、当該処分は、裁量権の範囲を逸脱し又はこれを濫用したものとして当然に違法となる。

×（国般2010）「当該処分は、裁量権の範囲を逸脱し又はこれを濫用したものとして当然に違法となる」が誤り。

09 旧出入国管理令に基づく外国人の在留期間の更新を適当と認めるに足りる相当の理由の有無の判断は、法務大臣の裁量に任されており、その判断が全く事実の基礎を欠く場合又は社会通念上著しく妥当性を欠くことが明らかな場合に限り、裁判所は、当該判断が裁量権の範囲を超え又はその濫用があったものとして違法であるとすることができる。

○（区2012）

10 児童遊園の設置の認可処分が、児童遊園の周囲の一定範囲では個室付浴場の営業が許されていない状況において、私人による個室付浴場の営業の規制を主たる動機、目的として行われたものであるとしても、それが住民の生活環境を保全するためである場合は、行政権の濫用には該当せず、違法性はない。

× (労・税2010)「行政権の濫用には該当せず、違法性はない」が誤り。

11 道路運送法に定める個人タクシー事業の免許にあたり、多数の申請人のうちから少数特定の者を具体的個別的事実関係に基づき選択してその免許申請の許否を決しようとするときには、同法は抽象的な免許基準を定めているにすぎないのであるから、行政庁は、同法の趣旨を具体化した審査基準を設定し、これを公正かつ合理的に適用すべきである。

○ (区2012)

12 個人タクシー事業の免許の申請者は公正な手続によって免許の許否につき判定を受けるべき法的利益を有するが、これに反する審査手続によって免許の申請の却下処分がされた場合であっても、いかなる審査手続を行うかについては行政庁に広範な裁量が認められるから、当該処分は違法とはならない。

× (財・労2020)「いかなる審査手続を行うかについては行政庁に広範な裁量が認められるから、当該処分は違法とはならない」が誤り。

13 原子炉施設の安全性に関する被告行政庁の判断の適否が争われる原子炉設置許可処分の取消訴訟における裁判所の審理及び判断は、原子力委員会等の専門技術的な調査審議及び判断を基にしてされた被告行政庁の判断に不合理な点があるか否かという観点から行われるべきであり、許可処分が行われた当時の科学技術水準に照らして行うべきであるとするのが判例である。

× (国般2016)「許可処分が行われた当時の科学技術水準に照らして行うべきであるとするのが判例である」が誤り。

14 裁判所が都市施設に関する都市計画の決定又は変更の内容の適否を審査するに当たっては、当該決定又は変更が裁置権の行使としてされたことを前提として、その基礎とされた重要な事実に誤認があること等により重要な事実の基礎を欠くこととなる場合、又は事実に対する評価が明らかに合理性を欠くこと、判断の過程において考慮すべき事情を考慮しないこと等によりその内容が社会通念に照らし著しく妥当性を欠くものと認められる場合に限り、裁量権の範囲を逸脱し又はこれを濫用したものとして違法となる。

○ (財2021)

4 行政行為の附款

行政行為の附款は出題頻度の高い分野です。５つの種類（条件、期限、負担、撤回権の留保、法律効果の一部除外）を中心に整理しておきましょう。条件と期限については民法の学習が役立ちます。

1 概説

意義 行政行為の**附款**とは、行政行為の効果を制限したり、又は特別な義務を課したりするため、**行政庁の主たる意思表示に付加された従たる意思表示**をいう。

附款によって、個々の具体的状況にきめ細かく対応し、行政行為の弾力的な運用を可能にすることができる。

例えば、運転免許という行政行為に「○年○月○日まで有効」「眼鏡等」が付加されている場合、これらが附款に該当する。後述するように、前者の附款は**期限**に該当し、後者の附款は**負担**に該当する。

2 行政行為の附款の種類

行政行為の附款の種類としては、①条件、②期限、③負担、④撤回権の留保（取消権の留保）、⑤法律効果の一部除外の５つに区別される。

〈解説〉 附款については、法令用語としては「条件」を用いることが多い。例えば、運転免許の「眼鏡等」については、運転免許証の「免許の条件等」の欄に記載されている。しかし、行政法学上（講学上）は附款を５つに区別しており、一般的な呼び方との乖離が生じ得る。

【行政行為の附款の種類】

行政行為の附款
- 条件
  - 停止条件
  - 解除条件
- 期限
  - 確定期限
  - 不確定期限
- **負担**
- **撤回権の留保（取消権の留保）**
- 法律効果の一部除外

1 条件

意義 条件とは、行政行為の**効力の発生又は消滅を、発生不確実な事実にかからせる附款**である。民法上の条件の概念を行政行為に取り入れたものである（『過去問攻略Ｖテキスト①民法 上 第２版』第１章**7**節「法律行為―無効・付款」参照）。01

条件については、事実の発生による行政行為の効力の発生又は消滅に応じて、**停止条件**と**解除条件**に区別される。

【条件の態様】

停止条件	条件の成就（発生不確実な事実が実際に発生すること）により、行政行為の**効力が発生**するもの 02 （例）会社が設立されたことを条件として営業許可処分をする →「会社が設立されたこと」が停止条件
解除条件	条件の成就により、行政行為の**効力が消滅**するもの （例）３か月以内に工事に着手しなければ失効することを条件として工事許可処分をする 02 →「３か月以内に工事に着手しなければ失効すること」が解除条件

2 期限

意義 **期限**とは、行政行為の効力の発生又は消滅を、**発生確実な事実にかからせる附款**である。民法上の期限の概念を行政行為に取り入れたものである（『過去問攻略Ｖテキスト①民法 上 第２版』第１章**7**節「法律行為―無効・付款」参照）。03 04

期限については、発生確実な事実の発生時期に応じて、**確定期限**と**不確定期限**に区別される。また、事実の発生による行政行為の効力の発生又は消滅に応じて、**始期**と**終期**に区別される。

【期限の態様】

確定期限	行政行為の効力の発生又は消滅を、発生が確実であり、**発生時期も確定している**事実にかからせる附款 (例)〇年〇月〇日に営業許可の効力が発生する →「〇年〇月〇日」が確定期限
不確定期限	行政行為の効力の発生又は消滅を、発生は確実であるが、**発生時期が確定していない**事実にかからせる附款 03 (例)Aが死亡した時に営業許可の効力が消滅する →「Aが死亡した時」が不確定期限

始期	発生確実な事実が実際に発生することによって、行政行為の効力が**発生**する附款 04 (例)〇年〇月〇日に営業許可の効力が発生する →「〇年〇月〇日」が始期
終期	発生確実な事実が実際に発生することによって、行政行為の効力が**消滅**する附款 04 (例)×年×月×日に営業許可の効力が消滅する →「×年×月×日」が終期

3 負担

意義 **負担**とは、行政行為の主たる内容に付随して、相手方に**特別の(特定の)義務を命じる附款**である。言い換えると、行政庁が、行政行為の相手方に対して、法令が規定している義務とは別個に、**法令が規定していない作為又は不作為の義務を付加する**ことである。05

例えば、道路占有許可を付与する際に「占有料の納付を命じる」こと、運転免許を付与する際に「眼鏡等の装着を命じる」ことが負担に該当する。06

① 負担に従わない場合

相手方が負担に従わないとしても、**行政行為の効力が当然に消滅するわけではない**。しかし、負担に従わないことを理由に行政行為が撤回されることはあり得る(撤回については、本章6節「行政行為の取消しと撤回」で扱う)。07

② 本来の行政行為による効果以上の義務を相手方に課す負担 発展

本来の行政行為による効果以上の義務を相手方に課すという「負担」を付す場合には、新たな義務を国民に課すことにつながるので、法律による行政の原理より法律の根拠が必要と解されている。

4 撤回権の留保（取消権の留保）

意義 **撤回権（取消権）の留保**とは、行政行為をするに当たって、**あらかじめ当該行政行為の撤回権（取消権）を留保する附款**（あらかじめ当該行政行為を撤回（取消し）することがある旨を宣言することを内容とする附款）である。08

例えば、営業許可をするに当たって、「ただし、○○が認められる場合には、行政庁が営業許可を撤回することができる。」という形で、あらかじめ撤回権を留保しておくことが挙げられる。

① 撤回するには理由が必要か

撤回権の留保をしても、無条件に行政行為を撤回することができるわけではない。現実に撤回権を行使するに当たっては、単に撤回権を行使することができる旨の条項（撤回権の留保条項）を示すだけでは足りず、**実質的な理由が必要である**と解されている。08

② 留保する明文規定がなくても撤回することができるか

撤回権の留保を認める**明文の根拠がなくても**、一定の利益考量の下で行政行為を**撤回することができる**（最判昭63.6.17、菊田医師事件参照。詳細は本章 6 節「行政行為の取消しと撤回」で扱う）。この点から、抽象的に撤回権を行使することができる旨の条項を設けても、それは確認的な意味合いを有するにとどまると解されている。09

〈解説〉 ①撤回権の留保については、**取消権の留保**と呼ばれることもある。しかし、撤回権の行使が行政法学上の**行政行為の撤回に該当する**ので、撤回権の留保と呼ばれることが多い。

5 法律効果の一部除外

意義 **法律効果の一部除外**とは、行政行為をするに当たって、**法令が一般的に当該行政行為に付している効果の一部を発生させないとする附款**である。10

法律効果の一部除外については、**法律の根拠がなければ、これを付すことができない**。10

理由 法律効果の一部除外には、法令が一般的に認めている効果を行政庁の意思によって排除するという性質がある。

〈解説〉 法律効果の一部除外は、行政行為の内容的制限に当たるので、行政行為の附款には含めないとする見解もある。しかし、公務員試験では行政行為の附款の一つとして出題されている。

3 附款の許容性と限界

1 附款を付すことができる場合

行政行為の附款は、**法律行為的行政行為**のうち、**法律の規定又は裁量権の範囲内**において付すことが許容される。

① 法律行為的行政行為

附款は意思表示の1つであるから、意思表示を要素とする**法律行為的行政行為だけに付す**ことができ、準法律行為的行政行為には付すことができない。

② 法律の規定又は裁量権の範囲内

法律の規定によって附款を付すことが認められている場合(**法定附款**)は、**その法律の規定の範囲内で**附款を付すことができる。また、法律の規定がなくても行政行為の内容を決定するに当たって行政庁に**裁量権**が認められている場合は、**その裁量権の範囲内で**附款を付すことができる。11

2 附款の限界

附款を付すことが許容される場合であっても、**法目的**に適合しない附款や、**比例原則**・**平等原則**に違反する附款を付すことはできない。

① 法目的に適合すること

附款は行政行為の目的を確実に達成するための手法なので、**法目的に適合する**ものでなければならず、法目的と無関係な附款を付すことはできない。11

② 比例原則・平等原則に違反しないこと

附款によって相手方に課す義務は**必要最小限**でなければならず、法目的に照らして過大な義務を課すことはできない(**比例原則**)。また、同一事情の下で特定の者だけに附款を付すような差別的取扱いは許されない(**平等原則**)。12

4 附款に瑕疵がある場合

1 瑕疵ある附款と公定力

附款は本体の行政行為の一部であるから、当然無効の場合を除いて公定力を有し、附款に瑕疵があっても**取り消されるまでは一応有効**なものとして扱われる。

2 瑕疵のある附款の取消しを求める方法

瑕疵のある附款の取消しを求める方法は、附款が本体の行政行為と可分であるか、それとも不可分一体であるかによって異なる。

① 本体の行政行為と可分（分離可能）である場合

附款だけの取消しを求めることができる。具体的には、裁判所に**附款だけを対象とする取消訴訟を提起**することができ、附款が取り消されたときは、本体の行政行為が附款のないものとして存続する。13

② 本体の行政行為と不可分一体（分離不可能）である場合

附款だけの取消しを求めることができない。14

理由 附款が本体の行政行為と不可分一体である場合には、附款の取消しが行政行為全体の効力を左右し、行政行為全体が瑕疵を帯びることになる。14

〈解説〉 瑕疵のある附款が本体の行政行為と不可分一体である場合、裁判所で附款の瑕疵を争う方法として、**本体の行政行為の取消訴訟を提起**することや、附款の変更をすべき旨を行政庁に命じることを求める**義務付け訴訟を提起**することが考えられる。

重要事項 一問一答

01 行政行為の附款とは何か？

行政庁の主たる意思表示に付加された従たる意思表示

02 行政行為の附款の種類は（5つ）？

条件、期限、負担、撤回権の留保、法律効果の一部除外

03 停止条件とは何か？

条件の成就により、行政行為の効力が発生する附款

04 不確定期限とは何か？

行政行為の効力の発生又は消滅を、発生は確実であるが、発生時期が確定していない事実にかからせる附款

05 行政行為の相手方が負担に従わない場合、行政行為の効力は消滅するか？

当然には消滅しない。行政行為が撤回されることはあり得る。

06 撤回権の留保とは何か？

行政行為をするに当たって、あらかじめ当該行政行為の撤回権を留保する附款

07 法律効果の一部除外とは何か？

行政行為をするに当たって、法令が一般的に当該行政行為に付している効果の一部を発生させないとする附款

過去問チェック

01 条件とは、行政行為の効力・消滅を発生確実な事実にかからしめる附款をいう。

×（国般2016）「発生確実」が誤り。

02 条件とは、行政行為の効力の発生、消滅を発生不確実な事実にかからしめる附款をいい、条件の成就により効果が発生する解除条件と、条件の成就により効果が消滅する停止条件に区別することができる。

×（区2022）「解除条件」「停止条件」が誤り。

03 期限は、行政行為の効力の発生、消滅を発生確実な事実にかからしめる附款で、到来時期が不確定な期限を付すことはできない。

×（区2011）「到来時期が不確定な期限を付すことはできない」が誤り。

04 期限とは、行政行為の効力の発生及び消滅を発生不確実な事実にかからしめる附款であり、事実の発生により効果が生じるものが始期、効果が消滅するものが終期である。

×（区2019）「発生不確実」が誤り。

05 負担とは、法令に規定されている義務以外の義務を付加する附款をいうが、不作為義務に係る負担を付すことはできない。

×（区2022改題）「不作為義務に係る負担を付すことはできない」が誤り。

06 条件とは、相手方に特定の義務を命ずる附款であり、運転免許に付された眼鏡使用等の限定や道路占用許可に付された占用料の納付はこれに当たる。

×（財2018）「条件」が誤り。

07 負担とは、行政行為の主たる内容に付随して、相手方に特別の義務を命ずる附款であり、負担に違反した場合、本体たる行政行為の効力が当然に失われる。

×（区2019改題）「本体たる行政行為の効力が当然に失われる」が誤り。

08 撤回権の留保とは、行政行為について撤回権を明文で留保する附款であり、撤回権を留保していれば、行政庁は理由が無い場合でも本体たる行政行為を自由に撤回することができる。

×（区2019）「理由が無い場合でも本体たる行政行為を自由に撤回することができる」が誤り。

09 行政行為の撤回権を明文で留保する附款を撤回権の留保というが、明文の根拠がなくても一定の利益考量の下で行政行為の撤回は可能であり、抽象的に撤回できる旨の条項を設けても確認的な意味合いを持つにとどまる。

○（財2018）

10 法律効果の一部除外とは、法令が一般的に行政行為に付している効果の一部を発生させない附款であり、法律の根拠がなくても認められる。

×（区2004）「法律の根拠がなくても認められる」が誤り。

11 附款は、法律が付すことができる旨を明示している場合に限り付すことができるが、公益上の必要がある場合には、当該法律の目的以外の目的で附款を付すことができる。

×（区2022改題）「に限り付すことができるが」「当該法律の目的以外の目的で附款を付すことができる」が誤り。

12 附款は、本体たる行政行為に裁量が認められれば、当然に付すことができ、行政上の法の一般原則である比例原則に反しない限り、その内容に制限はない。

×（財2018）「当然に付すことができ、行政上の法の一般原則である比例原則に反しない限り、その内容に制限はない」が誤り。

13 附款は、行政行為の一部であるから公定力を有しており、附款それ自体が違法であっても一応有効であるが、附款に不服のある者は、附款が行政行為の本体と可分である場合は、行政行為の一部の取消しを求める争訟を提起して、附款の全部又は一部の取消しを求めることができる。

○（労・税2007）

14 附款なしでは行政行為がなされなかったであろうと客観的に解され、附款が行政行為本体と不可分一体の関係にある場合は、当該附款だけでなく行政行為全体が瑕疵を帯びるため、附款だけの取消訴訟は許されない。
○（区2022）

5 行政行為の分類③ —瑕疵の有無による分類

無効な行政行為と取消しうべき行政行為とを比較・整理した上で、違法行為の転換、瑕疵の治癒、違法性の承継について押さえましょう。

1 概説

行政行為 ──┬── 瑕疵のない行政行為
　　　　　　└── 瑕疵のある行政行為

行政行為の不存在

行政行為に**瑕疵**があるとは、行政行為が**法令に違反する**場合(**違法**)、又は行政行為が**公益目的に適合しないか、若しくは裁量権行使が適切でない**場合(**不当**)を意味する。そして、**違法な行政行為**及び**不当な行政行為**を総称して**瑕疵のある行政行為**という。

また、**行政行為としての外観が存在しない**(外観上行政行為とするのに値しない)場合を**行政行為の不存在**といい、行政行為としての外観は存在する瑕疵ある行政行為と区別される 01。例えば、内部的意思決定があるだけで外部に表示されていない行為や、権限を有しない者による行為が挙げられる。

2 瑕疵のある行政行為の分類

瑕疵ある行政行為については、**瑕疵の程度**に応じて、**取消しうべき行政行為**と**無効な行政行為**とに分類される。 01

〈解説〉 行政行為に関する裁量権行使については、その逸脱又は濫用が認められる場合に限り当該行政行為が違法となり、裁判所によって取り消されることがある(行政事件訴訟法30条。本章 3 節「行政行為の分類②—裁量の有無による分類」参照)。

【瑕疵の有無による行政行為の分類】

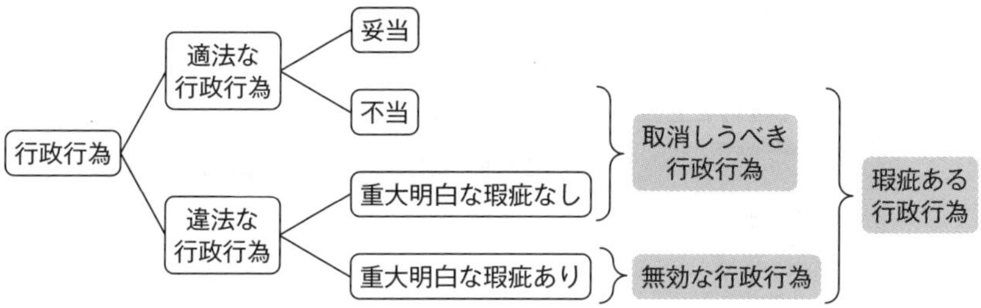

1 取消しうべき行政行為

意義 取消しうべき行政行為とは、**取消原因のある行政行為**である。具体的には、**不当な行政行為**又は**重大かつ明白な瑕疵が認められない違法な行政行為**のことを指すと解されている。

① 取消しうべき行政行為と公定力

取消しうべき行政行為には**公定力が及ぶ**ので、当然無効とはならず、正当な権限のある行政庁又は裁判所が取り消す(職権取消し又は争訟取消し)ことによって初めて効力を失う。したがって、権限のある行政庁又は裁判所が取り消すまでは、行政行為の相手方及び行政庁その他の国家機関は、**当該行政行為に拘束される**ことになる(本章**1**節「行政行為の意義と効力」参照)。 02

② 取消しうべき行政行為と不可争力

国民が取消しうべき行政行為の効力を否定するためには、取消訴訟を提起することが必要である(**取消訴訟の排他的管轄**)。そこで、取消訴訟の出訴期間が経過すると、国民の側から取消しうべき行政行為の効力を否定することができなくなる(**不可争力が及ぶ**)(本章**1**節「行政行為の意義と効力」参照)。

2 無効な行政行為

意義 **無効な行政行為**とは、**無効原因のある行政行為**である。具体的には、**重大かつ明白な瑕疵が認められる違法な行政行為**のことを指すと解されている。

① 無効な行政行為と公定力

行政行為に重大かつ明白な瑕疵があるにもかかわらず、公定力を根拠としてその効力を維持するのは妥当でないことから、無効な行政行為には**公定力が及ばない**と解されている。

したがって、取消訴訟以外の方法によって行政行為が無効である旨を主張することができる。具体的には、**民事訴訟又は当事者訴訟によって行政行為が無効であることを前提とした権利を主張**することができる。03

	取消しうべき行政行為	無効な行政行為
公定力の有無	あり	なし
不可争力の有無	あり	なし

② 無効な行政行為と無効確認の訴え

無効確認の訴えを提起して、行政行為が無効であることの確認を求めることができる場合もある(行政事件訴訟法3条4項、36条参照)。例えば、無効な行政行為を前提とした行為を、行政庁が引き続いて行うことを予防する目的で、無効確認の訴えを提起することができる(予防的無効確認の訴え)。04

3 無効な行政行為の判定基準

これまでの内容から、瑕疵ある行政行為のうち、**重大な瑕疵と明白な瑕疵の双方が備わったものが無効な行政行為**であり、それ以外のものが取消しうべき行政行為であると解される(**重大明白説**)。**判例も重大明白説を採用している**(最判昭34.9.22)。05

そこで、どのような場合であれば、重大な瑕疵や明白な瑕疵が認められるのかが問題となる。

【重大明白説】

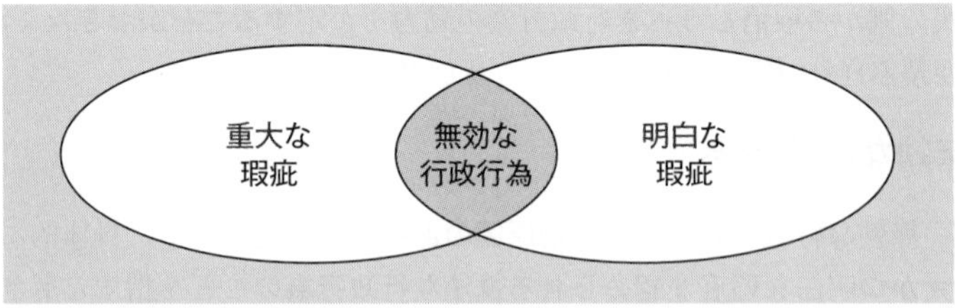

1 重大な瑕疵(瑕疵の重大性)

行政行為がその根幹に関わる重要な要件に違反している(行政行為に内在する瑕疵が重大な法規違反である)場合に、行政行為の瑕疵が重大であると認められる。05

理由 行政行為に重大な瑕疵があれば、公定力などの諸効力を認めて行政庁に便宜を図る必要はない反面、相手方である国民を救済する必要性が極めて高くなる。

2 明白な瑕疵（瑕疵の明白性）

行政行為の成立の当初から、誤認であることが外形上、客観的に明白である場合に、行政行為の瑕疵が明白であると認められる（**外形上一見明白説**）（最判昭36.3.7）。
06

理由 ① 公定力の根拠は取消訴訟の排他的管轄に求められるが、瑕疵の存在が外形上客観的に疑う余地がない程度に明白であれば、権限のある機関の判断を待つまでもなく、瑕疵が存在する旨の認定を通常人の判断に委ねても誤ることはない。

② 行政行為の瑕疵が明白であるか否かは、**その外形上客観的に誤認が一見看取し得るものか否かにより決すべきものである。**

判例 外見上一見明白説（最判昭36.3.7）

〈事案〉

X税務署長は、❶Bが山林甲をCに売却し、❷それにより売却益（山林所得）を得たことを理由に、❸Bに対して所得税の課税処分を行った（本件課税処分）。Bの死亡後、❹Bの権利義務の一切を承継した相続人Aは、Bには山林甲を売却して利益を得た事実がないと主張して、❺本件課税処分の無効確認訴訟を提起した。

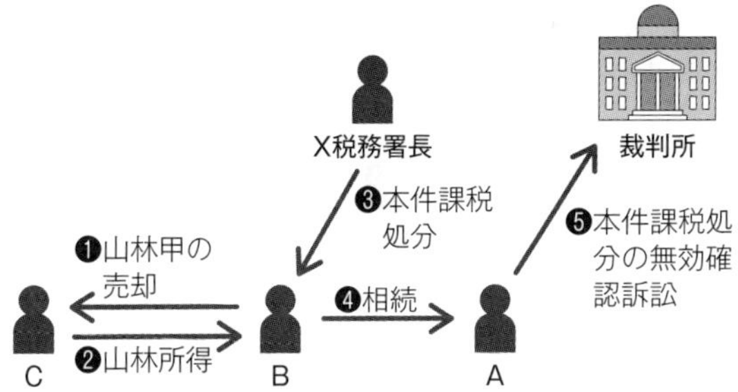

〈判旨〉

● 瑕疵が明白であるのはどのような場合か

瑕疵が明白であるかどうかは、**処分の外形上、客観的に、誤認が一見看取し得るものであるかどうかにより決すべき**ものであって、行政庁が怠慢により調査すべき資料を見落したかどうかは、処分に外形上客観的に明白な瑕疵があるかどうかの判定に直接関係を有するものではなく、行政庁がその怠慢により調査すべき資料を見落したかどうかにかかわらず、外形上、客観的に誤認が明白であると認められる場合には、明白な瑕疵があるというを妨げない。 07

3 重大明白説の例外（明白な瑕疵を不要とする場合）

重大明白説は例外を一切認めないものではない。例えば、一定の例外的事情が認められる場合に、明白な瑕疵があるか否かを検討することなく、重大な瑕疵のみを認定して課税処分を無効とした判例がある(最判昭48.4.26)。

判例 課税処分と無効（最判昭48.4.26）

〈事案〉

Bは、債権者からの差押えの回避などを目的として、❶Aに無断で、自己所有の甲土地の所有権をA名義に移転する旨の登記を行った。その上で、Bは、A名義の売買契約書などを偽造して、❷甲土地を第三者Cに売却した。税務署長Xは、主として登記簿の記載に基づき、Aが甲土地を売却したことによる利益（譲渡所得）を得たことを理由に、❸Aに対して所得税の課税処分を行った。Aは、甲土地の売却益を得たのはBであり、自らは甲土地の売却益を得ていないと主張して、❹課税処分の無効確認訴訟を提起した。

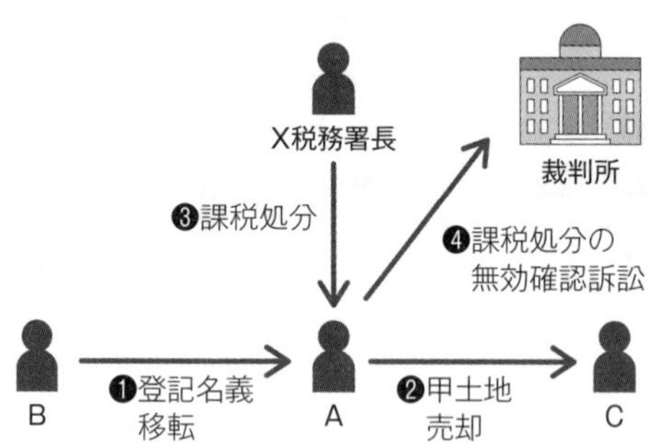

〈要旨〉

● **明白な瑕疵を検討することなく課税処分が無効となる場合があるか**

一般に、課税処分が課税庁と被課税者との間にのみ存するもので、**処分の存在を信頼する第三者の保護を考慮する必要のない**こと等を勘案すれば、**当該処分における内容上の過誤が課税要件の根幹についてのそれ**であって(**重大な瑕疵**)、**徴税行政の安定とその円滑な運営の要請を斟酌してもなお、不服申立期間の徒過による不可争的効果の発生を理由として被課税者に当該処分による不利益を甘受させることが、著しく不当と認められるような例外的な事情のある**場合には、**当該過誤による瑕疵は、当該処分を当然無効ならしめる**ものと解するのが相当である。08

〈解説〉 本判決では、本件課税処分は、課税所得の全くないところにこれがあるものとしてなされた点において、課税要件の根幹についての重大な過誤をおかした瑕疵を帯有するとした(重大な瑕疵)。さらに、Aに本件課税処分による不利益を甘受させることが著しく不当と認められるような例外的事情があると認定して、本件課税処分が無効であると結論付けた。

4 無効原因の具体例 発展

重大かつ明白な瑕疵という無効原因の判定基準は抽象的であるため、学説によって、①**主体**に関する瑕疵、②**内容**に関する瑕疵、③**手続**に関する瑕疵、④**形式**に関する瑕疵として類型化されている。

1 主体に関する瑕疵

①行政行為をした行政庁が当該行政行為について無権限の場合や、②合議体の行政庁(ex.委員会)が行政行為をするに際して定足数を欠いていたり無資格者が参加したりしていた場合は、当該行政行為の無効原因となると解されている。

2 内容に関する瑕疵

行政行為の内容が不明確である場合や、法律上又は事実上実現不可能である場合は、当該行政行為の無効原因となると解されている。

3 手続に関する瑕疵

手続に関する瑕疵は取消事由であり、無効事由とはならないのが原則であるとともに、行政行為の内容に影響を及ぼさないときは、手続に関する瑕疵が取消原因にも無効原因にもならないと解されている。

4 形式に関する瑕疵

行政行為の中には、法令によって書面、署名捺印、理由附記(行政行為をする理由の記載)といった形式を備えることを要件とする場合がある。それにもかかわらず、①書面によらない場合、②行政庁の署名捺印を欠いている場合、③理由附記を欠いている場合には、行政行為の無効原因となると解されている。

5 瑕疵の治癒・違法行為の転換・違法性の承継

瑕疵ある行政行為に関しては、瑕疵の治癒、違法行為の転換、違法性の承継という理論がある。瑕疵ある行政行為の効力を維持しようとする理論が**瑕疵の治癒**及び**違法行為の転換**である。これに対して、それ自体は瑕疵のない行政行為を瑕疵ある行政行為として扱おうとする理論が**違法性の承継**である。

1 瑕疵の治癒

意義 瑕疵の治癒とは、行政行為がなされた時点において適法要件が欠けていた(瑕疵があった)場合であっても、**事後的に適法要件が満たされた(瑕疵が追完された)ときに、当該行政行為を適法なもの(瑕疵がないもの)として扱う**ことである。09

① 瑕疵の治癒を認めた判例 発展

瑕疵の治癒を認めた判例として、農地買収計画につき異議・訴願の提起に対する決定・裁決を経ないで事後の買収手続を進行させたという瑕疵は、事後の決定・裁決によって治癒されるとしたものがある(最判昭36.7.14)。

② 瑕疵の治癒を認めなかった判例

瑕疵の治癒を認めなかった判例として、以下の判例がある。

判例 更正における附記理由の瑕疵の治癒（最判昭47.12.5）

〈事案〉

確定申告（青色申告）をしたAは、その後にX税務署長から増額更正をする旨の処分を受けたが、その際に示された附記理由は、具体的根拠を理解することが不可能な内容であった。Aは、附記理由に不備があるとしてY国税局長に審査請求をしたところ、Yは、本件更正の一部を取り消す旨の裁決をした。その際、取り消されなかった残部については、Yによって、その具体的根拠を理解することができる内容の附記理由が示された。そこで、Aは、後から裁決時に附記理由が備わっても更正の瑕疵は治癒されないことを主張して、更正の取消訴訟を提起した。

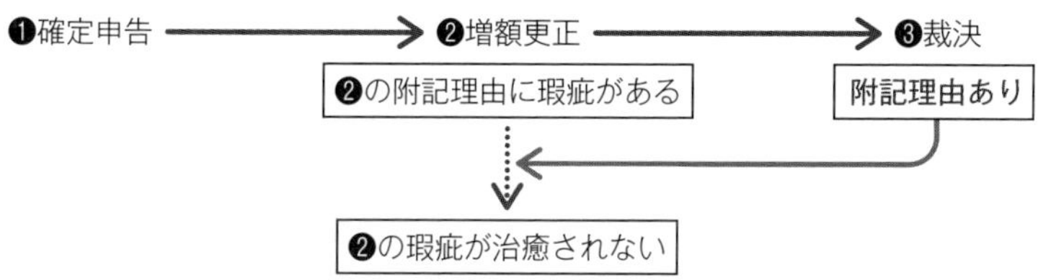

〈判旨〉

処分庁の判断の慎重、合理性を担保してその**恣意を抑制**するとともに処分の理由を相手方に知らせて**不服申立の便宜**を与えることを目的として更正に附記理由の記載を命じた前記法人税法の規定の趣旨にかんがみ、本件**更正の附記理由には不備の違法がある**ものというべきである。……

処分庁と異なる機関の行為により附記理由不備の瑕疵が治癒されるとすることは、処分そのものの慎重、合理性を確保する目的にそわないばかりでなく、処分の相手方としても、審査裁決によってはじめて具体的な処分根拠を知らされたのでは、それ以前の審査手続において十分な不服理由を主張することができないという不利益を免れない。……それゆえ、更正における附記理由不備の瑕疵は、**後日これに対する審査裁決において処分の具体的根拠が明らかにされたとしても、それにより治癒されるものではない**と解すべきである。10

2 違法行為の転換

意義 **違法行為の転換**とは、ある行政行為が適法要件を満たしていない（瑕疵がある）にもかかわらず、**別個の行政行為として見ると適法要件を満たしている場合に、その別個の行政行為であるとしてその効力を維持する**ことをいう。11

具体的には、行政行為Aに瑕疵があって本来は取消事由又は無効事由となるにもかかわらず、これを行政行為Bと見たときには瑕疵がない(適法要件を満たしている)場合に、行政行為Bとして有効なものと扱うことである。

3 違法性の承継

意義 違法性の承継とは、2つ以上の行政行為が連続して行われた場合において、先の行政行為(先行処分)に違法があるときは、その後の行政行為(後行処分)に当該違法が引き継がれることをいう。

違法性の承継が問題となるのは、先行行為の出訴期間経過後、後行処分の取消訴訟を提起してその違法を争おうとするときに、先行処分の違法を主張する場面である。

【違法性の承継】

先行処分 → 後行処分

●違法がある
●取消訴訟の出訴期間経過

●後行処分自体は適法

違法性の承継が認められるか？
- 認められる
  →後行処分は違法（取消可）
- 認められない
  →後行処分は適法（取消不可）

原則 違法性の承継は認められない。

→先行処分の違法は後行処分に引き継がれず、後行処分の取消訴訟において先行処分の違法を主張することはできない。

理由 行政上の法律関係の早期確定の要請から、行政行為には公定力及び不可争力が認められるところ、違法性の承継を認めると、これらの効力を認めた意味がなくなる。

例外 先行処分と後行処分が相互に関連しており、それぞれが同一の目的の実現を指向し、両者の間に手段目的の関係がある場合は、違法性の承継を認める。

→先行処分の違法が後行処分に引き継がれ、後行処分の取消訴訟において先行処分の違法を主張することができる。12

理由 上記の場合は、先行処分が後行処分の準備行為にすぎず、両者が相結合して一つの効果を形成する一連の行政行為である(両者が一連の手続である)と評価することができる。

【違法性の承継の否定例・肯定例】

原則 否定例	・**課税処分と滞納処分**(最判昭51.4.27) 13 **理由** 課税処分に基づいて納税しない場合に初めて滞納処分が検討されるので、両者は一連の手続ではない
例外 肯定例	・**自作農創設特別措置法に基づく農地の買収計画と買収処分**(最判昭25.9.15) **理由** 買収計画は買収手続の一段階をなす処分にすぎず、買収処分によって買収手続が完結する ・**東京都建築安全条例に基づく安全認定と建築基準法に基づく建築確認**(最判平21.12.17、東京都建築安全条例事件)

違法性の承継に関しては、これを肯定した判例である**東京都建築安全条例事件**(最判平21.12.17)が重要である。

判例 東京都建築安全条例事件(最判平21.12.17)

〈事案〉

東京都建築安全条例によると、接道義務について、床面積が一定の面積を超える建築物の敷地は、道路に8m以上接していなければならない旨の規制があるが、区長から安全認定(周囲の状況等から安全上支障がないと認める処分)を受けた場合、建築主は接道義務を免れる。建築主Aは、新宿区長から安全認定を受け、続けて建築確認を受けた上で、マンションの建築を始めた。これに対して、周辺住民は、建築確認の取消訴訟を提起し、安全認定が違法なので、安全認定を前提とする建築確認も違法であると主張した(**違法性の承継の主張**)。

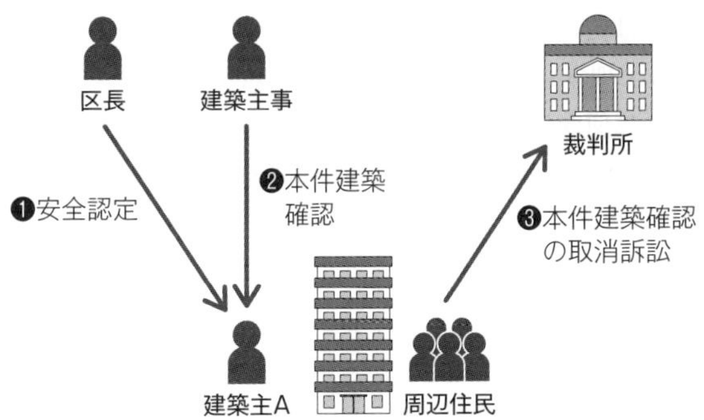

〈要旨〉

建築確認における接道要件充足の有無の判断と、安全認定における安全上の支障の有無の判断は、異なる機関がそれぞれの権限に基づき行うが、**両者はともに避難又は通行の安全の確保という同一の目的を達成するために行われる**。そして、前記のとおり、安全認定は、建築主に対し建築確認申請手続における一定の地位を与えるものであり、**建築確認と結合して初めてその効果を発揮する**のである。

他方、安全認定について、その適否を争うための手続的保障がこれを争おうとする者に十分に与えられているというのは困難である。……

以上の事情を考慮すると、安全認定が行われた上で建築確認がされている場合、**安全認定が取り消されていなくても、建築確認の取消訴訟において、安全認定が違法であるために、接道義務の違反があると主張することは許される**と解するのが相当である。

14

重要事項 一問一答

01 瑕疵ある行政行為とは何か？

違法な行政行為及び不当な行政行為の総称

02 行政行為の不存在とは何か？

行政行為としての外観が存在しないこと

03 無効な行政行為とは何か？

重大かつ明白な瑕疵が認められる違法な行政行為(重大な瑕疵と明白な瑕疵の双方が備わった行政行為)

04 重大な瑕疵とは何か？

行政行為がその根幹に関わる重要な要件に違反している場合

05 明白な瑕疵とは何か？(判例)

行政行為の成立の当初から誤認であることが外形上客観的に明白である場合(外見上一見明白説)

06 瑕疵の治癒とは？

適法要件を欠いている行政行為が事後的に適法要件を満たした際に、当該行政行為を適法なものとして扱うこと

07 違法行為の転換とは何か？

適法要件を満たしていない行政行為が、別個の行政行為として見ると適法要件を満たしている場合に、その別個の行政行為であるとしてその効力を維持すること

08 違法性の承継とは何か？

２つ以上の行政行為が連続して行われた場合において、先行処分に違法があるときは、後行処分に当該違法が引き継がれること

過去問チェック

01 瑕疵ある行政行為は、取消し得べき行政行為、無効の行政行為及び行政行為の不存在の三つに分類され、瑕疵が重大明白である場合には、行政行為としての外観を欠くため、その行政行為は行政行為の不存在に分類される。

×（区2010）「及び行政行為の不存在の三つ」「瑕疵が重大明白である場合には、行政行為としての外観を欠くため、その行政行為は行政行為の不存在に分類される」が誤り。

02 取り消しうべき瑕疵を有する行政行為は、裁判所によって取り消されることにより効力を失うものであり、取り消されるまでは、その行政行為の相手方はこれに拘束されるが、行政庁その他の国家機関は拘束されない。

×（区2017）「行政庁その他の国家機関は拘束されない」が誤り。

03 行政行為は、それに明白な瑕疵があれば当然に無効となり、国民は正式の取消手続を経るまでもなく、通常の民事訴訟により直接自己の権利を主張することができる。

×（区2008）「それに明白な瑕疵があれば当然に無効となり」が誤り。

04 重大かつ明白な瑕疵のある行政行為については、何人も、不服申立てや取消訴訟等特段の手続を踏むことなく、その無効を主張することができ、また、行政庁が引き続いて当該行政行為を前提とした行為を行うことを予防する目的で無効確認の訴えを提起することもできる。

×（税・労2001）「行政庁が引き続いて当該行政行為を前提とした行為を行うことを予防する目的で無効確認の訴えを提起することもできる」が誤り。無効確認の訴えは、何人でも提起できるわけではない。

05 行政行為が無効とされるのは、行政行為に内在する瑕疵が重要な法規違反であることと、瑕疵の存在が明白であることとの２つの要件を備えている場合である。

○（区2013）

06 行政処分が当然無効であるというためには、処分に重大かつ明白な瑕疵がなければならず、ここにいう「明白」とは、処分の外形上、客観的に一見して看取し得ることと解されるが、この明白性の要件は、処分成立の時点において満たされている必要はないとするのが判例である。

×（労・税2001）「処分成立の時点において満たされている必要はないとするのが判例である」が誤り。処分（行政行為）の成立の当初から瑕疵が明白であることを要する。

07 行政処分が当然無効であるというためには、処分に重大かつ明白な瑕疵がなければならないが、瑕疵が明白であるかどうかは、処分の外形上、客観的に誤認が一見看取し得るものかどうかだけではなく、行政庁が怠慢により調査すべき資料を見落としたかどうかといった事情も考慮して決すべきであるとするのが判例である。

×（財・労・税2019）「だけではなく、行政庁が怠慢により調査すべき資料を見落としたかどうかといった事情も考慮して決すべきであるとするのが判例である」が誤り。

08 課税処分に課税要件の根幹に関する内容上の過誤が存し、徴税行政の安定とその円滑な運営の要請を斟酌してもなお、不服申立期間の徒過による不可争的効果の発生を理由として被課税者に処分による不利益を甘受させることが著しく不当と認められるような例外的事情のある場合には、当該処分は、当然無効と解するのが相当であるとした。

○（区2019）

09 行政行為の瑕疵の治癒とは、ある行政行為に瑕疵があって本来は違法ないし無効であるが、これを別個の行政行為としてみると瑕疵がなく適法要件を満たしている場合に、別個の行政行為として有効なものと扱うことをいう。

×（区2013）「行政行為の瑕疵の治療とは」が誤り。

10 法人税の更正処分において附記理由が不備であった場合について、後日の当該処分に対する審査請求に係る裁決においてその処分の具体的根拠が明らかにされた場合には、当該附記理由不備の瑕疵は治癒されたこととなる。

×（労・税2008）「当該附記理由不備の瑕疵は治癒されたこととなる」が誤り。

11 違法行為の転換とは、行政行為がなされたときには、手続的な要件が欠けていたが、その後の事情の変更又は追完によって要件が充足され、瑕疵が無くなった場合に、その行政行為の効力を維持することをいう。

×（区2008）「違法行為の転換とは」が誤り。

12 先行行為と後行行為とが相結合して一つの効果を形成する一連の行政行為の場合であっても、先行行為を独立の行政行為として、これに対する争訟の機会が設けられているときには、先行行為の違法性は当該争訟において主張すべきものであり、後行行為の争訟において主張することが許される余地はない。

×(労・税2001)「先行行為の違法性は当該争訟において主張すべきものであり、後行行為の争訟において主張することが許される余地はない」が誤り。

13 租税の賦課とその滞納処分との関係は、それぞれが別個の目的を指向し相互の間に手段・目的の関係はないが、先行行為と後行行為が相互に関連していれば違法性の承継を容認できることから、租税の賦課が違法ならばその滞納処分も違法となる。

×(労・税1999)「先行行為と後行行為が相互に関連していれば違法性の承継を容認できることから、租税の賦課が違法ならばその滞納処分も違法となる」が誤り。

14 都建築安全条例の接道要件を満たしていない建築物について、同条例に基づき建築物の周囲の空地の状況その他土地及び周囲の状況により安全上支障がないと認める処分が行われた上で建築確認がされている場合、その安全認定が取り消されていなければ、建築確認の取消訴訟において、安全認定が違法であるために同条例違反があると主張することは許されないとした。

×(区2019)「その安全認定が取り消されていなければ、建築確認の取消訴訟において、安全認定が違法であるために同条例違反があると主張することは許されないとした」が誤り。

6 行政行為の取消しと撤回

公務員試験における頻出事項です。取消しと撤回は似た概念ですから、共通点と相違点に注意しながら押さえていきましょう。

1 総説

1 行政行為の取消しとは

意義 行政行為の取消しとは、**行政行為がその成立当初から瑕疵がある**ことが判明した場合、そのことを理由に**行政行為の効力を成立当初に遡って失わせる(遡及的消滅)**ことである。 01

趣旨 法律による行政の原理によれば、行政行為に瑕疵がある状態を放置することは許されず、その行政行為の効力を失わせることによって正しい状態を回復する(行政の適法性を回復する)ことが求められる(法律による行政の原理の回復)。 01

例えば、運転免許を取得することができる年齢に達しない者が、年齢を詐称して運転免許を取得したときに、その運転免許の取消しをする場合である。

〈解説〉 授益的行政行為の職権取消しは、その効果を無条件に過去に遡及させると、相手方の既得権益や信頼を害するので(詳細は本節❹項「職権取消し・撤回の制限」で扱う)、取消しの効果を将来に向かってのみ生じさせるとする余地があると解されている。 02

【行政行為の取消し】

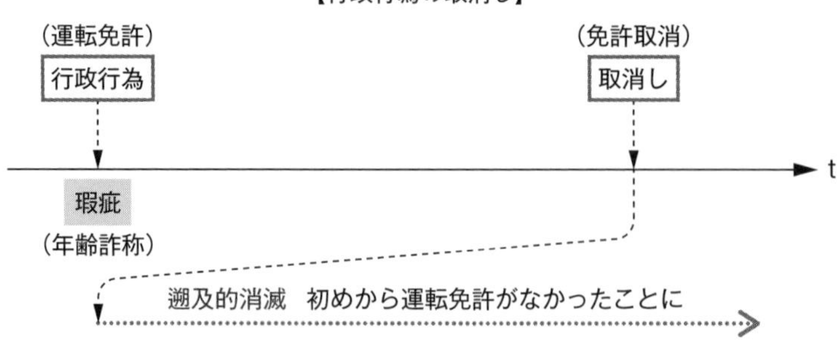

行政行為の取消しのうち、**行政庁**(処分庁・監督庁)**が自らの判断**によって行われ

る場合を**職権取消し**といい、**私人の申立てに基づく取消訴訟や不服申立て**によって行われる場合を**争訟取消し**という。

【行政行為の取消しの類型】

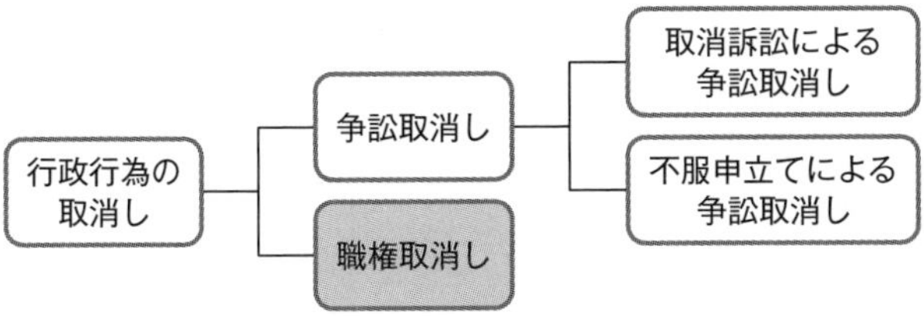

2 行政行為の撤回とは

意義 **行政行為の撤回**とは、**瑕疵なく成立した行政行為の効力を、以後の事情の変化により維持することが妥当でない（公益不適合）**と判断して、**処分庁が将来に向かって失わせる（将来的消滅）**ことである。03 04

趣旨 行政行為に公益不適合の状態が生じるに至ったときは、公益の管理者である処分庁が、その行政行為の効力を失わせることによって公益に適合する状態を回復することが求められる（合目的性の回復）。

例えば、瑕疵なく運転免許を取得した者が、その後に違反行為を積み重ねて免許取消基準に達したときに、その運転免許の取消しをする場合である。04

【行政行為の撤回】

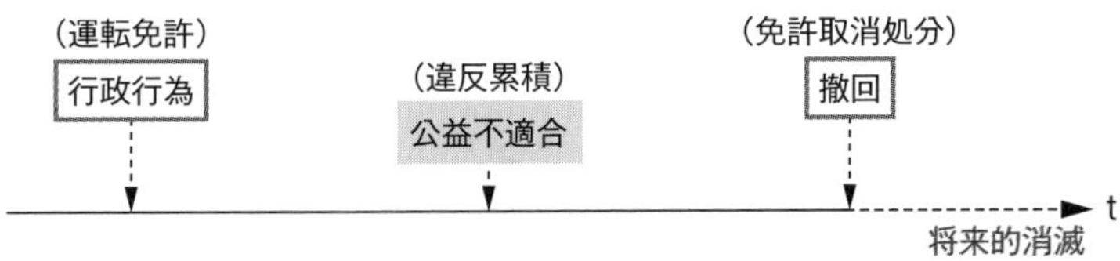

行政行為の取消しと撤回については、下表に掲げた**職権取消しと撤回の異同**が重要である。下表の③以降について、これから順に学習していく。

【職権取消しと撤回の異同】

	職権取消し	撤回
①原因	原始的瑕疵(行政行為の成立当初からの瑕疵)	後発的事情(後発的な公益不適合)
②効果	行政行為の遡及的消滅(遡及効)	行政行為の将来的消滅(将来効)
③主体	処分庁 監督庁(上級行政庁)	処分庁のみ
④法的根拠	法令上明文の根拠は不要	
⑤制限	授益的行政行為・二重効果的行政行為に関しては制限がある	

2 職権取消し・撤回の主体(取消権者・撤回権者)

1 職権取消しの主体

職権取消しについては、**処分庁**(行政行為をした行政庁)だけでなく、**その監督庁**(**上級行政庁**)も行うことができると解されている。

理由 法律による行政の原理の回復が職権取消しの趣旨であるから、処分庁のみならず、監督庁も**処分庁に対する監督権の行使**として、法律による行政の原理を回復するために職権取消しを行うことができる。

2 撤回の主体

撤回は**処分庁のみ**が行うことができる。 05

理由 撤回をする権限は行政行為をする権限の中に内包されており、新たな行政行為をすることが撤回であるから、処分庁のみが撤回を行うことができる。

3 職権取消し・撤回の法的根拠

1 職権取消しの法的根拠

職権取消しについては、**法令上明文の根拠がなくても**、行うことができる。 06

理由 法律による行政の原理の回復という職権取消しの趣旨に適合的である。

2 撤回の法的根拠

撤回については、**法令上明文の根拠がなくても**、行うことができる 07 。判例も、授益的行政行為の撤回について、法令上明文の根拠を不要とする(最判昭63.6.17、菊田医師事件参照)。

理由 合目的性の回復という撤回の趣旨に適合的である。

4 職権取消し・撤回の制限

1 行政行為の区分と職権取消し・撤回

行政行為は、国民の権利利益への影響に応じて、侵害的行政行為、授益的行政行為、二重効果的行政行為(複効的行政行為)に区分される。

このうち授益的行政行為及び二重効果的行政行為の職権取消し・撤回は、国民の権利利益(既得権益)を害する他、行政行為が存在することへの国民の信頼を害することがある。そこで、**国民の既得権益や信頼の保護**の観点から、どのような場面において職権取消し・撤回が制限されるのかを見ていく。

〈語句〉●**侵害的行政行為**とは、相手方の権利利益を侵害する行政行為である (例)課税処分、建築物除却命令、公務員の免職

●**授益的行政行為**とは、相手方に権利利益を与える行政行為である (例)各種の営業許可、運転免許、土地・建物の使用許可、公務員の任命

●**二重効果的行政行為(複効的行政行為)**とは、行政行為の相手方に権利利益を与えるものの、第三者に対しては権利利益を侵害することになる行政行為である。

① 侵害的行政行為の職権取消し・撤回の場合

侵害的行政行為の職権取消し・撤回の場合は、**制限なく、それらを自由に**行うことができる。 08

理由 侵害的行政行為の職権取消し・撤回をしても、国民の既得権益や信頼を害することはない。

② 授益的行政行為の職権取消し・撤回の場合

授益的行政行為の職権取消し・撤回の場合は、権利利益を与えられていた相手方の既得権益や信頼を害するので、**制限される**。

具体的には、①権利利益を与えられた**相手方の同意がある**場合、②職権取消し・撤回を必要とする事情が**相手方の責めに帰すべき事由によって生じた**場合(ex.相手

方が法令に規定する取消し・撤回の事由に該当する行為をした場合)、③**相手方の既得権益や信頼を保護する要請よりも公益上の必要が高い**と認められる場合に限り、授益的行政行為の職権取消し・撤回をすることができると解されている。

理由 ① 授益的行政行為の職権取消し・撤回は、それ自体が侵害的行政行為であるから、自由に行うことを認めるべきではない。

② 授益的行政行為の職権取消し・撤回の問題は、職権取消し・撤回を認めて法律による行政の原理の回復(職権取消しの場合)及び合目的性の回復(撤回の場合)を実現する価値と、職権取消し・撤回を認めないで国民の既得権益や信頼を保護する価値との利益衡量の問題である。

例えば、授益的行政行為の撤回について、**撤回によって相手方の被る不利益を考慮してもなお撤回すべき公益上の必要が高い**ときは、撤回について**法令上明文の根拠がなくとも**、授益的行政行為の権限を付与されている行政庁が、その権限において撤回することができるとした判例がある(最判昭63.6.17、菊田医師事件)。09

判例 **菊田医師事件**(最判昭63.6.17)

〈事案〉

A医師は妊娠中絶手術をすることができる医師として指定されていたが(指定医師の指定)、実子あっせん行為をしたため、B医師会は、Aに対する指定医師の指定を撤回した。これに対して、Aは、指定医師の指定の撤回の取消しを求める訴訟を提起した。

〈判旨〉

B医師会が指定医師の指定をした後に、Aが法秩序遵守等の面において指定医師としての適格性を欠くことが明らかとなり、Aに対する指定を存続させることが公益に適合しない状態が生じたというべきところ、**指定医師の指定の撤回によってAの被る不利益を考慮しても、なおそれを撤回すべき公益上の必要性が高い**と認められるから、**法令上その撤回について直接明文の規定がなくとも**、指定医師の指定の権限を付与されているB**医師会は、その権限においてAに対する当該指定を撤回することができる**ものというべきである。09

③ 発展 二重効果的行政行為の取消し・撤回の場合

授益的行政行為の場合と同様、取消し・撤回自由の原則をそのまま適用すると、権利利益が与えられた国民の既得権益や信頼を害するので、二重効果的行政行為の取消し・撤回は制限される。そして、二重効果的行政行為の職権取消し・撤回をすることができる場合については、授益的行政行為と同様に解することができる。

④ 争訟裁断作用を有する行政行為の取消し・撤回の場合

争訟裁断作用を有する行政行為を**職権取消し・撤回することはできない。** 08

理由 争訟裁断作用を有する行政行為は不可変更力を有する(最判昭29.1.21、本章1節3項「行政行為の効力」参照)。

2 職権取消し・撤回と行政手続法

授益的行政行為の職権取消し・撤回と、相手方に権利利益を与える**二重効果的行政行為の職権取消し・撤回**については、行政手続法が規定する「不利益処分」(同法2条4号)に該当し、かつ、不利益処分のうち「許認可等を取り消す不利益処分」(同法13条1項1号イ)に該当する。したがって、これらの職権取消し・撤回を行おうとするときは、原則として**聴聞の手続**を経なければならない(同法13条1項1号)。 10

5 職権取消し・撤回と損失補償

1 職権取消しと損失補償

職権取消しに対する**損失補償は不要**であると解されている。

理由 違法又は不当な行政行為に対して損失補償をする必要はない。

2 撤回と損失補償

撤回に対する損失補償は、公益上の必要を理由に撤回をする場合で、撤回による国民の既得権益の侵害が特別の犠牲にあたるときに、損失補償が必要になると解されている。

しかし、公益上の必要を理由に行政行為を撤回した場合であっても、それが**期間の定めのない目的外使用許可の撤回**であるときは、その撤回に対する**損失補償が不要**であるとした判例がある(最判昭49.2.5)。

判例 目的外使用許可の撤回と損失補償（最判昭49.2.5）

〈事案〉

Aは、東京都知事から、期間を定めることなく、都有行政財産である卸売市場内の土地の使用許可を受け、当該土地上に建物を建築して喫茶店を営んでいた。しかし、その後に東京都知事が、公益上の必要（卸売市場のために土地を使用する必要が生じたこと）を理由に、本件使用許可を撤回した。そこで、Aは、東京都を被告として、使用許可が撤回されたことによる損失の補償を求めて出訴した。

〈要旨〉

都有行政財産である土地について建物所有を目的とし期間の定めなくされた使用許可が当該行政財産本来の用途又は目的上の必要に基づき将来に向って取り消されたときは、使用権者は、**特別の事情のないかぎり**、右取消による**土地使用権喪失についての補償を求めることはできない**。 11

〈解説〉 本件使用許可は、本来は卸売市場のために使用する土地を、喫茶店の営業のために使用を許可するものであり、目的外使用許可に該当する。

重要事項 一問一答

01 行政行為の取消しとは何か？

成立当初から瑕疵があることを理由に行政行為の効力を成立当初に遡って消滅させること

02 職権取消しとは何か？

行政行為の取消しのうち行政庁が自らの判断によって取消しを行うこと

03 行政行為の撤回とは何か？

瑕疵なく成立した行政行為の効力を、以後の事情の変化により維持することが妥当でないと判断し、処分庁が将来に向かって失わせること

04 職権取消し・撤回の主体は？

職権取消しの主体は処分庁および監督庁（上級行政庁）、撤回の主体は処分庁のみ

05 職権取消し・撤回をするのに法令上明文の根拠は必要か？

不要である。

06 授益的行政行為の職権取消し・撤回を行おうとする場合、行政手続法が規定する手続を経ることが必要か？

原則として聴聞の手続を経ることが必要である。

過去問チェック

01 行政行為の取消しは、行政の適法性の確保を目的とするものであり、その効果は遡及効を有さず、行政行為は将来に向かって取り消されると一般に解されている。

×（財2014改題）「その効果は遡及効を有さず、行政行為は将来に向かって取り消されると一般に解されている」が誤り。

02 行政行為の取消しとは、行政行為が成立当初から違法であった場合に、行政行為を取り消すことをいい、いかなる授益的行政行為の場合であっても、必ず行政行為成立時まで遡って効力は失われる。

×（区2017改題）「いかなる授益的行政行為の場合であっても、必ず行政行為成立時まで遡って効力は失われる」が誤り。

03 撤回は、後発的事情を理由に行われるものであるが、職権による取消しと同様に、行政行為の効力をその成立時に遡って失わせる遡及効が認められる。

×（財2016）「職権による取消しと同様に、行政行為の効力をその成立時に遡って失わせる遡及効が認められる」が誤り。

04 行政行為の撤回とは、有効に成立した行政行為の効力を、行政行為の成立当初の違法性又は不当性を理由として行政庁が失わせることをいい、交通違反を理由とする運転免許の取消しは行政行為の撤回ではなく、職権取消である。

×（区2009）「行政行為の成立当初の違法性又は不当性を理由として行政庁が失わせること」「行政行為の撤回ではなく、職権取消である」が誤り。

05 行政行為の撤回は、公益に適合することから、撤回権者の範囲は広く認められ、処分庁のみならず監督庁もこれを行うことができると一般に解されている。

×（財2014）「撤回権者の範囲は広く認められ、処分庁のみならず監督庁もこれを行うことができると一般に解されている」が誤り。

06 行政行為に瑕疵があり、行政庁がこれを職権により取り消す場合、この場合における取消行為も行政行為であるため、当該職権取消しを認める法律上の明文の規定が必要である。

×（国般2022）「当該職権取消しを認める法律上の明文の規定が必要である」が誤り。

07 行政行為の成立時には瑕疵がなく、その後の事情の変化により、その行政行為から生じた法律関係を存続させることが妥当でなくなった場合であっても、法令上、撤回について直接明文の規定がないときは、当該行政行為を撤回することはおよそ許されない。

×（国般2020）「当該行政行為を撤回することはおよそ許されない」が誤り。

08 侵害的行政行為の撤回は、それが相手方の利益を損なうものではないことから、争訟の裁断行為のように不可変更力を備えている行政行為であっても、自由に行うことができる。

×（区2002）「争訟の裁断行為のように不可変更力を備えている行政行為であっても、自由に行うことができる」が誤り。

09 法令違反行為を行った指定医師の指定を撤回することによって当該医師の被る不利益を考慮しても、なおそれを撤回すべき公益上の必要性が高いと認められる場合には、法令上その撤回について直接の明文の規定がなくとも、当該医師の指定を行った医師会は、その権限において、当該医師に係る指定を撤回することができる。

○（労・税2008）

10 授益的行政行為の撤回を行うについては、行政手続法に定める不利益処分の手続が適用されることはない。

×（区2009）「行政手続法に定める不利益処分の手続が適用されることはない」が誤り。

11 行政財産である土地について建物所有を目的とし期間の定めなくされた使用許可が、当該行政財産本来の用途又は目的上の必要に基づき将来に向かって取り消されたときは、使用権者は、特別の事情のない限り、当該取消しによる土地使用権喪失についての補償を求めることができる。

×（国般2022）「当該取消しによる土地使用権喪失についての補償を求めることができる」が誤り。

7 行政手続法

行政手続法については、申請に対する処分と不利益処分に関する条文の理解が問われることが多いです。

1 総論

違法・不当な行政活動が行われると、**事後的統制**である行政救済(審査請求、取消訴訟、国家賠償請求など)によって国民の権利利益の保護を図ることになる。

しかし、国民の権利利益を保護する見地からより望ましいのは、**違法・不当な行政活動を予防する**ことである。そこで、違法・不当な行政活動が行われないようにするための**事前的統制**に位置付けられるのが**行政手続**である。そして、行政手続に関する一般的規律とされるのが**行政手続法**である。

【行政手続の位置付け】

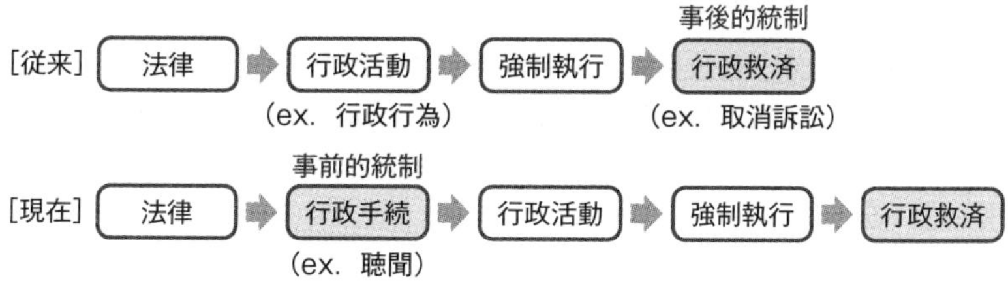

1 行政手続法の目的

行政手続法は、①行政運営における**公正の確保**と**透明性の向上**を図ること、②**国民の権利利益の保護**に資すること、の２つを目的とする(行政手続法１条１項、以下、行手法とする)。01

また、行政手続法は「処分、行政指導及び届出に関する手続並びに命令等を定める手続」に関する**一般法**であり、これらの手続に関する特別法の定めがある場合は、その定めが適用される(行手法１条２項)。01

2 適用対象の行政活動

行政手続法の適用対象となる行政活動は、①**処分**(**申請に対する処分**、**不利益処分**)、②**行政指導**、③**届出**、④**意見公募手続**(**命令等を定める手続**)の４つに限られる(行手法1条1項)。したがって、**行政計画、行政契約、行政調査に関しては、行政手続法の規定が適用されない**。

【行政手続法の全体像】

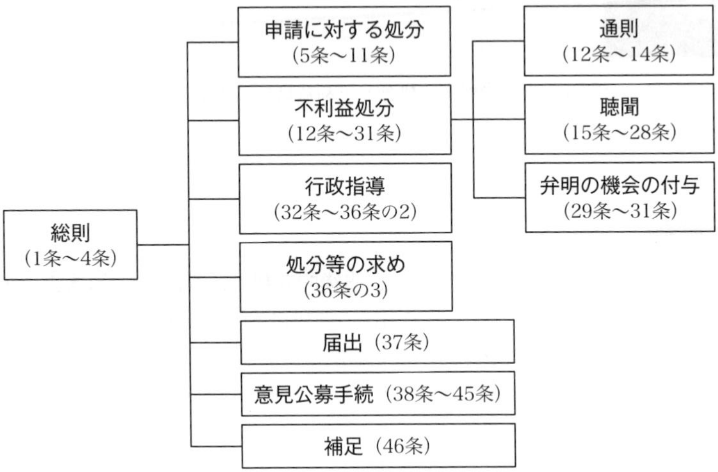

3 適用除外の行政活動

① 適用除外の処分・行政指導・命令等を定める行為 発展

行政手続法3条1項は処分及び行政指導について適用除外とするものを、行政手続法3条2項は命令等を定める行為について適用除外とするものを、それぞれ限定列挙している。

② 地方公共団体の機関についての適用除外

地方公共団体の機関がする**処分**及び地方公共団体の機関に対する**届出**については、**条例又は規則に根拠規定がある場合に行政手続法の適用除外**となる(行手法3条3項)。したがって、法律又は命令に根拠規定がある処分又は届出は、行政手続法が適用される。02

趣旨 地方自治を尊重するため、地方公共団体が定める条例・規則に基づく処分・届出のあり方は、当該地方公共団体において考慮すべきである。しかし、国の法令に基づく処分・届出のあり方は、国の責任において適正手続を確保すべきである。

これに対して、地方公共団体の機関がする**行政指導**及び地方公共団体の機関が**命令等を定める行為**については、**根拠規定に関係なく行政手続法の適用除外となる**(行手法3条3項)。03

趣旨 行政指導の方法が地域ごとに多様であることを考慮すべきである。

〈解説〉 地方公共団体は、行政手続法の適用除外とされた処分、行政指導、届出、命令等を定める行為に関する手続について、行政手続法の規定の趣旨にのっとり、行政運営における公正の確保と透明性の向上を図るため**必要な措置**(ex.行政手続条例の制定)**を講ずるよう努めなければならない**(行手法46条)。 02

【地方公共団体の機関についての適用除外】

	国の行政機関	地方公共団体の機関	
		法律又は命令に基づく場合	条例・規則に基づく場合
処分	○	○	×
届出	○	○	×
行政指導	○	×	×
命令等を定める行為	○	×	×

③ 国の機関等に対する処分等の適用除外 発展

国の機関又は地方公共団体若しくはその機関に対する処分(これらの機関又は団体がその固有の資格において当該処分の名あて人となるものに限る。)及び行政指導並びにこれらの機関又は団体がする届出(これらの機関又は団体がその固有の資格においてすべきこととされているものに限る。)については、行政手続法の適用除外となる(行手法4条1項)。

2 申請に対する処分

行政手続法では、処分に関する手続について、**申請**に対する処分と**不利益処分**とに区分し、それぞれの手続を規定している 04 。まず、申請に対する処分の手続を見ていくことにする。

1 申請に対する処分とは何か

意義 **申請に対する処分**とは、**国民が法令に基づいて許認可等を求める行為**(**申請**)**に対して、行政庁が諾否の応答をする処分**をいう。申請に対する処分のうち、**申請により求められた許認可等を拒否する処分**のことを**拒否処分**(**申請拒否処分**)という(行手法8条1項参照)。

申請に対する処分の代表例が、各種の法令に基づく営業許可又は営業不許可であり、営業不許可が拒否処分に該当する。

【申請に対する処分】

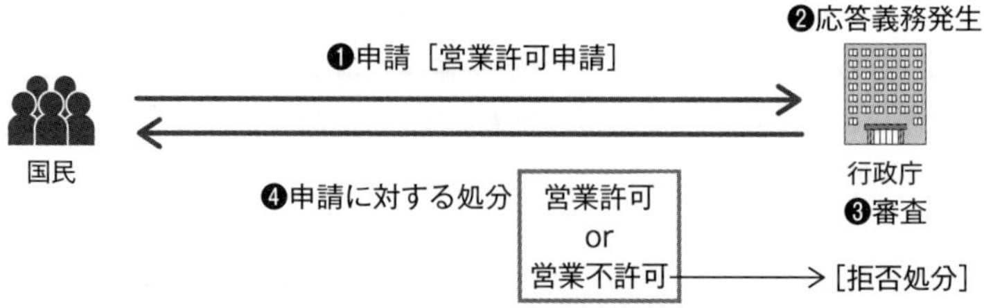

〈語 句〉●**申請**とは、**法令に基づき**、**許認可等**(**行政庁の許可、認可、免許その他の自己に対し何らかの利益を付与する処分**)**を求める行為**であって、当該行為に対して**行政庁が諾否の応答をすべきこととされているもの**をいう(行手法2条3号)。行政手続法上の「申請」は、①**申請が法令に基づいている**、②**行政庁に申請への応答義務が発生する**、というものだけが当てはまる。

2 審査基準の設定・公にすること

行政手続法では、**審査基準の設定**(策定)及び**公にすること**が**行政庁の行為義務**(**法的義務**)であると規定している(行手法5条)。05

趣旨 行政庁の恣意的判断を防止するとともに、国民に行政庁がどのような意思決定を行うのかについての予測可能性を与える。

① 審査基準の設定(策定)

行政庁は、審査基準を定めるものとする(行手法5条1項)とともに、審査基準を定めるにあたっては、**許認可などの性質に照らし、できる限り具体的なものとしなければならない**(行手法5条2項)。06

〈語 句〉●**審査基準**とは、申請により求められた**許認可等をするかどうかをその法令の定めに従って判断するために必要とされる基準**のことである(行手法2条8号ロ)。

② 審査基準を公にすること

行政庁は、**行政上特別の支障があるときを除き**、法令により申請の提出先とされている機関の事務所における備付けその他の適当な方法により、**審査基準を公にしておかなければならない**(行手法5条3項)。06

3 標準処理期間の設定・公にすること

行政庁は、**標準処理期間を定めるよう努める**とともに、**標準処理期間を定めたと**

きは、当該申請の提出先とされている機関の事務所における備付けその他の適当な方法により、**標準処理期間を公にしておかなければならない**(行手法6条) 07 。したがって、標準処理期間の**設定(策定)は努力義務**であるが、標準処理期間を設定した場合における**公にすることは行為義務(法的義務)**である。

趣旨 標準処理期間の設定・公にさせることによって、行政庁による恣意的な申請の放置を防止する。もっとも、標準処理期間を定めることが困難な申請もあり得るので、標準処理期間の設定は努力義務にとどめた。

〈語句〉●**標準処理期間**とは、申請が行政庁の事務所に到達してから当該申請に対する処分をするまでに通常要すべき標準的な期間のことである。

	定める	公にする
申請の審査基準	行為(法的)義務	行為(法的)義務
申請の標準処理期間	努力義務(困難なものもあるから)	行為(法的)義務
不利益処分の基準	努力義務(困難なものもあるから)	努力義務(脱法行為防止)

4 申請に対する審査

【申請に対する審査・応答の全体像】

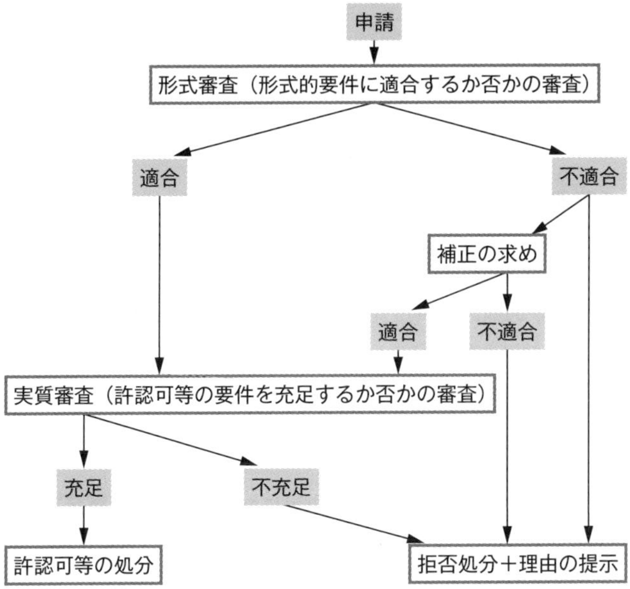

① 審査の開始

行政庁は、申請がその**事務所に到達**したときは、**遅滞なく審査を開始しなければならない**(行手法7条前段)。

趣旨 行政庁による申請の握りつぶしを防止するため、申請の到達によって形式審査・内容審査をする義務が発生する旨を明確にして、申請の「受理」という概念を否定した。08

② 形式的要件に適合しない申請

行政庁は、法令に定められた**申請の形式上の要件(形式的要件)に適合しない申請**については、**速やかに**、申請者に対し相当の期間を定めて**当該申請の補正**を求めるか、又は、当該申請により求められた**許認可等を拒否**しなければならない(行手法7条後段)。08 09

この規定から、行政庁は、形式的要件に適合しない申請があった場合、申請者に補正を求めることなく直ちに拒否処分をすることもできる。

〈解説〉 行政手続法では、申請の形式上の要件の具体例として、①申請書の記載事項に不備がないこと、②申請書に必要な書類が添付されていること、③申請をすることができる期間内にされたものであること、の3つを挙げている(行手法7条後段)。

③ 情報の提供 発展

行政庁は、申請者の求めに応じ、当該申請に係る審査の進行状況及び当該申請に対する処分の時期の見通しを示すよう努めなければならない(行手法9条1項)。

④ 公聴会の開催等

行政庁は、申請に対する処分であって、**申請者以外の者の利害を考慮すべきことが当該法令において許認可等の要件とされているもの**を行う場合には、必要に応じ、公聴会の開催その他の適当な方法により**当該申請者以外の者の意見を聴く機会を設けるよう努めなければならない**(行手法10条)。したがって、公聴会の開催等については行政庁の努力義務にとどめられている。10

5 申請に対する応答

行政庁は、申請により求められた許認可等について、**これを認諾するか、又は拒否するかの応答をしなければならない**(行手法2条3号参照)。前出の通り、申請に対する諾否の応答をすることが申請に対する処分である。

① 許認可を認諾する場合

許認可等を認諾する場合は、その理由を提示する必要がない。

② 許認可等を拒否する場合

許認可等を拒否する場合には、**同時に理由を提示**しなければならない(理由付記、行手法8条)。

原則 行政庁は、申請により求められた許認可等を**拒否する処分をする場合**は、申請者に対し、**同時に、当該処分の理由**を示さなければならない。

① 口頭による拒否処分→口頭又は書面で理由を示さなければならない。

② 書面による拒否処分→書面で理由を示さなければならない。 11

例外 法令に定められた許認可等の要件又は公にされた審査基準が数量的指標その他の客観的指標により明確に定められている場合であって、**当該申請がこれらに適合しないことが申請書の記載又は添付書類その他の申請の内容から明らか**であるときは、**申請者の求めがあったとき**に理由を示せば足りる。

趣旨 拒否事由の有無についての行政庁の判断の慎重と公正妥当を担保してその恣意を抑制するとともに、拒否処分の理由を申請者に知らせることによって、その不服申立てに便宜を与えるため(最判昭60.1.22、最判平4.12.10参照)。

6 拒否処分をする場合における理由の程度

拒否処分をする場合における理由の程度について、行政手続法は明文の規定を設けていない。この点については、以下の判例が参考となる。

判例 旅券発給拒否と理由付記(最判昭60.1.22)

〈事案〉

Aは、外務大臣に対し、❶一般旅券(パスポート)の発給を申請したところ、外務大臣は、Aに対し、❷単に「旅券法13条1項5号(当時:現在は7号)に該当する」との理由のみを付記した書面により、当該申請に係る一般旅券を発給しない旨を通知した(旅券発給拒否)。これに対して、Aは、❸旅券発給拒否の取消訴訟を提起した。

〈判旨〉

旅券法が一般旅券発給拒否通知書に拒否の理由を付記すべきものとしているのは、**拒否事由の有無についての外務大臣の判断の慎重と公正妥当を担保してその恣意を抑制するとともに、拒否の理由を申請者に知らせることによって、その不服申立てに便宜を与える趣旨**に出たものというべきであり、このような理由付記制度の趣旨にかんがみれば、一般旅券発給拒否通知書に付記すべき理由としては、**いかなる事実関係に基づきいかなる法規を適用して一般旅券の発給が拒否されたかを、申請者においてその記載自体から了知しうるもの**でなければならず、**単に発給拒否の根拠規定を示すだけでは**、それによって当該規定の適用の基礎となった事実関係をも当然知りうるような場合を別として、**旅券法の要求する理由付記として十分でない**。 12

3 不利益処分

1 不利益処分とは何か

意義 不利益処分とは、行政庁が、法令に基づき、**特定の者を名あて人として、直接に、これに義務を課し、又はその権利を制限する処分**のことである(行手法2条4号柱書本文)。 13

① 不利益処分に該当しないもの

不利益処分は「特定の者」に対する処分なので、**不特定の相手方に対する処分(一般処分)は不利益処分に含まれない**。 14

② 不利益処分から除外されているもの

また、「**申請により求められた許認可等を拒否する処分その他申請に基づき当該申請をした者を名あて人としてされる処分**」は、申請に対する処分に関する規定が適用されるので、**不利益処分から除外されている**(同法2条4号ただし書ロ)。 13

2 処分基準の設定・公にすること

行政庁は、処分基準を定め、かつ、これを公にしておくよう努めなければならない(行手法12条1項)。したがって、処分基準の**設定(策定)及び公にすること**は行政庁の**努力義務**である。 15

趣旨 不利益処分の全てに事前に画一的基準を定めることが困難である(処分基準の設定)。また、処分基準を公にすることは脱法的行為を助長しかねない(処分基準を公にすること)。

また、処分庁は、処分基準を定めるに当たっては、不利益処分の性質に照らして**できる限り具体的なものとしなければならない**(同法12条２項)。したがって、処分基準を設定する際の具体化は行政庁の**行為義務(法的義務)**である。 15

〈語 句〉●**処分基準**とは、**不利益処分をするかどうか、又はどのような不利益処分とするかについて、その法令の定めに従って判断するために必要とされる基準**のことである(同法２条８号ハかっこ書)。

3 意見陳述手続の種類

① 総説

行政庁は、不利益処分をしようとする場合には、当該不利益処分の名あて人となるべき者について、原則として意見陳述のための手続を執らなければならない(行手法13条１項柱書)。

趣旨 不利益処分は国民に対する義務の賦課又は権利の制限を伴うから、憲法31条の定める法定手続の保障に照らし、事前の告知、弁解、防御の機会を国民に与えるべきである。

行政手続法では、意見陳述手続として**聴聞**及び**弁明の機会の付与**を設けており、聴聞を必要とする不利益処分を列挙した上で、列挙されていない不利益処分については、聴聞よりも簡略化された手続である弁明の機会の付与で足りるものとしている(同法13条１項１号柱書、２号)。 16

【意見陳述手続の全体像】

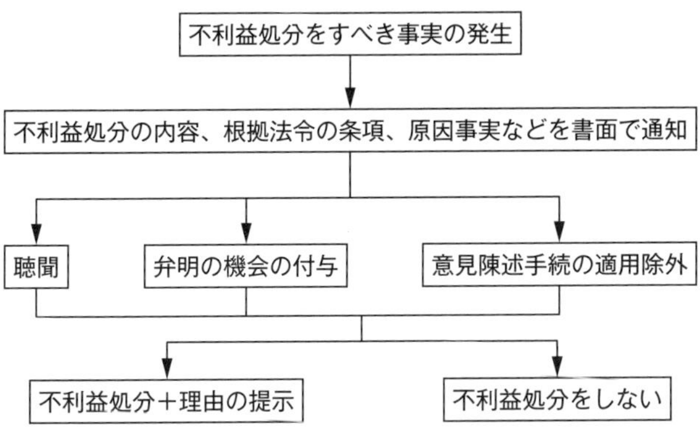

② 聴聞を必要とする不利益処分

聴聞を必要とするのは、次の①～④のいずれかの不利益処分をしようとする場合である(同法13条１項１号イ～ニ)。①の「許認可等を取り消す不利益処分」については、**行政法学上の職権取消しだけでなく撤回も含まれる**(本章 6 節「行政行為の取消しと撤回」参照)。

趣旨 ①～④に掲げる不利益処分は、国民が受ける**不利益の程度が大きい剥権的な処分**であるから、国民に手厚い手続的保障を与えている聴聞を経るべきである。

【聴聞を必要とする不利益処分】

① **許認可等を取り消す不利益処分**をしようとするとき (例)**営業許可の取消処分**、免許取消処分 17

② ①に規定するもののほか、**名あて人の資格又は地位を直接にはく奪する不利益処分**をしようとするとき (例)社会福祉法人の解散命令 17 18

③ 名あて人が法人である場合におけるその役員の解任を命ずる不利益処分、名あて人の業務に従事する者の解任を命ずる不利益処分又は名あて人の会員である者の除名を命ずる不利益処分をしようとするとき

④ ①～③に掲げる場合以外の場合であって行政庁が相当と認めるとき

③ 弁明の機会の付与を必要とする不利益処分

上記の①～④のいずれにも該当しない不利益処分(ex.**営業停止処分**、免許停止処分)をしようとするときは、聴聞ではなく弁明の機会の付与で足りることになる(同法13条1項2号)。

④ 意見陳述手続の適用除外

行政手続法13条2項では、不利益処分をしようとするときに**意見陳述手続を不要とする場合**が列挙されている。主な適用除外として、次の①～③が挙げられる。17

【意見陳述手続の適用除外】

① **公益上、緊急に不利益処分をする必要がある**ため、意見陳述手続を執ることができないとき 18

② 納付すべき金銭の額を確定し、一定の額の金銭の納付を命じ、又は金銭の給付決定の取消しその他の**金銭の給付を制限する不利益処分**をしようとするとき (例)年金支給の一時停止処分 19

③ 当該不利益処分の性質上、それによって課される**義務の内容が著しく軽微なもの**であるため名あて人となるべき者の意見をあらかじめ聴くことを要しないものとして政令で定める処分をしようとするとき

4 聴聞に関する手続

【聴聞に関する手続概観】

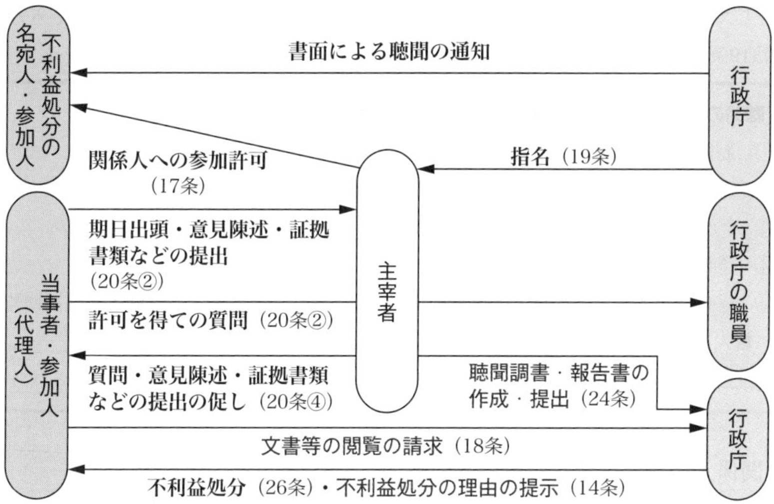

1 聴聞に関与する者・機関

聴聞に関する手続は、主として下表の者や機関が関与して行われる。

【聴聞に関与する者・機関】

行政庁	不利益処分をしようとしている行政庁
行政庁の職員	不利益処分をしようとしている行政庁の職員
主宰者	聴聞を主宰する者
当事者（相手方）	聴聞の通知を受けた不利益処分の名あて人となるべき者（16条１項、15条１項）
関係人	当事者以外の者であって、当該不利益処分の根拠となる法令に照らし、当該不利益処分につき利害関係を有するものと認められる者（17条１項）
参加人	聴聞に関する手続に参加する関係人（17条２項）
代理人	当事者又は参加人のために、聴聞に関する一切の行為をすることができる者（16条２項、17条３項）

① 主宰者の資格と欠格事由

聴聞は、**行政庁が指名する職員**その他政令で定める者が主宰する（行手法19条1項）。20

そして、次の①～⑥のいずれかに該当する者は、聴聞を主宰することができない（同法19条2項各号）。

【聴聞の主宰者となれない者】

① 聴聞の**当事者**又は**参加人** 21
② ①に規定する者の配偶者、4親等内の親族又は同居の親族
③ ①に規定する者の**代理人**又は**補佐人** 21
④ ③に規定する者であった者
⑤ ①に規定する者の後見人、後見監督人、保佐人、保佐監督人、補助人又は補助監督人
⑥ 参加人以外の関係人

② 関係人の聴聞に関する手続への参加

主宰者は、必要があると認めるときは、関係人に対し、①当該聴聞に関する手続に参加することを求めることができ、又は、②当該聴聞に関する手続への参加を許可することができる（行手法17条1項）。この規定に基づいて聴聞に関する手続に参加するのが**参加人**である（同法17条2項）。

③ 代理人の権限

当事者又は参加人は、代理人を選任することができ（行手法16条1項、17条2項）、**代理人は、各自、当事者又は参加人のために、聴聞に関する一切の行為をすることができる**（同法16条2項、17条3項）。もっとも、代理人の資格は、書面で証明しなければならない（同法16条3項、17条3項）。

2 聴聞の機会が付与される不利益処分の手続

【聴聞から不利益処分までの流れ】

①書面による聴聞の通知
↓
②聴聞＝意見陳述
↓
③主宰者による聴聞調書・報告書の作成・提出
↓
④聴聞を経てされる不利益処分の決定
↓
⑤不利益処分に対する理由の提示

① 書面による聴聞の通知

行政庁は、**聴聞を行うに当たっては**、聴聞を行うべき期日までに相当な期間をおいて、不利益処分の名あて人となるべき者に対し、次の①〜④に掲げる事項を**書面により通知**しなければならない(行手法15条1項各号)。この書面による通知を受けた者が**当事者**となる(同法16条1項)。

【通知される事項】
① 予定される不利益処分の内容及び根拠となる法令の条項 22
② 不利益処分の原因となる事実
③ 聴聞の期日及び場所
④ 聴聞に関する事務を所掌する組織の名称及び所在地

② 聴聞＝意見陳述

(ア) 審理の非公開

聴聞の期日における審理は、行政庁が**公開することを相当と認めるときを除き**、**公開しない**(行手法20条6項)。したがって、聴聞の期日における審理は**非公開**を原則とする。 23

(イ) 口頭審理主義

聴聞は、**原則として口頭でのやりとり**で行われ、当事者・参加人は、**聴聞期日に出頭して意見を述べ**、**証拠書類等を提出**できるほか、主宰者の許可を得て**行政庁の職員に質問**することができる(行手法20条2項)。また、当事者・参加人は、主宰者の許可を得て、**補佐人**(当事者・参加人を援助する者)とともに出頭することができる(同法20条3項)。

(ウ) 当事者等による文書等の閲覧

当事者等は、**聴聞の通知があった時から聴聞が終結する時までの間**、行政庁に対し、**不利益処分の原因となる事実を証する資料の閲覧**を求めることができる(行手法18条1項前段)。さらに、当事者等が聴聞の期日における審理の進行に応じて必要となった**資料の閲覧**を求めることもできる(同法18条2項)。24

これに対して、行政庁は、**第三者の利益を害するおそれがあるときその他正当な理由があるときでなければ**、**文書等の閲覧を拒む**ことができない(同法18条1項後段)。25

〈語句〉●**当事者等**とは、**当事者**及び**当該不利益処分がされた場合に自己の利益を害されることとなる参加人**のことである(同法18条1項前段)。

③ 主宰者による聴聞調書・報告書の作成・提出 発展

主宰者は、聴聞の審理の経過を記載した調書(**聴聞調書**)を作成し、また、不利益処分の原因となる事実に対する当事者等の主張に理由があるかどうかについての意見を記載した**報告書**を作成し、行政庁に提出しなければならない(行手法24条1項・3項)。

④ 不利益処分の決定

行政庁が不利益処分の決定をするときは、**聴聞調書**の内容や、**報告書**に記載された**主宰者の意見を十分に参酌**しなければならない(行手法26条)。

〈語句〉●**参酌**とは、参考にすることで拘束されない。

⑤ 不利益処分に対する理由の提示

原則 行政庁は、不利益処分をする場合には、その名あて人に対し、**同時に、当該不利益処分の理由**を示さなければならない(行手法14条1項本文)。26

① 口頭で不利益処分→口頭又は書面で理由を示さなければならない(同条項)。

② 書面で不利益処分→書面で理由を示さなければならない(同法14条3項)。

趣旨 不利益処分についての行政庁の判断の慎重と公正妥当を担保してその恣意を抑制するとともに、不利益処分の理由を申請者に知らせることによって、その不服申立てなどに便宜を与える。

例外 **理由を示さないで不利益処分をすべき差し迫った必要がある場合**においては、理由を示さなくてよい(同法14条1項ただし書)。26

例外の事後処理 行政庁は、名あて人の所在が判明しなくなったときその他不利益処分後において理由を示すことが困難な事情があるときを除き、**不利益処分後相当の期間内に、その理由を示さなければならない**(同法14条2項)。

⑥ 不利益処分の理由の程度 発展

不利益処分の理由の程度については、処分の相手方がその記載自体から理由を了知し得ることが必要であり、処分の性質や理由提示を命ずる各法律の趣旨目的ごとに判断をする必要がある。

3 審査請求の制限

行政手続法の聴聞に関する節の規定(行政手続法第3章第2節の規定)に基づく処分(ex.文書等の閲覧を拒否したこと)又はその不作為(ex.続行期日を指定しなかったこと)については、審査請求をすることができない(27条1項)。この規定は、**聴聞の手続中における処分及び不作為が審査請求の対象とならない**ことを意味する。27

趣旨 **聴聞を経た不利益処分に対して審査請求をすることができる**ので、聴聞の手続中における処分及び不作為については、不利益処分に対する審査請求を申し立てて争えばよい。

5 弁明の機会の付与

【弁明の機会が付与される不利益処分の手続の流れ】

①書面による弁明の通知

↓

②弁明＝意見陳述

↓

③不利益処分の決定と不利益処分に対する理由の提示

1 弁明の機会の対象となる不利益処分

弁明の機会の付与の対象となるのは、**聴聞を必要とする不利益処分として列挙されていない不利益処分**である(行手法13条1項柱書、2号)。

2 弁明の機会が付与される不利益処分の手続

① 書面による弁明の通知

行政庁は、弁明書の提出期限(口頭による弁明の機会の付与を行う場合は、その日時)までに相当な期間をおいて、**不利益処分の名あて人**となるべき者に対し、次の①～③の事項を**書面により通知**しなければならない(行手法30条各号)。

【通知される事項】

① 予定される不利益処分の内容及び根拠となる法令の条項
② 不利益処分の原因となる事実 28
③ 弁明書の提出先及び提出期限(口頭による弁明の機会の付与を行う場合には、その旨並びに出頭すべき日時及び場所)

② 弁明＝意見陳述(書面審理主義)

弁明は、行政庁が口頭ですること(**口頭で意見陳述**をすること)を認めたときを除き、**弁明書**(弁明を記載した書面)**を提出してするものとする**(行手法29条1項)。また、弁明をするときに**証拠書類等を提出**することもできる(同29条2項)。29

〈解説〉 弁明の機会の付与については、代理人に弁明を行わせることはできるが(31条、16条)、**文書等の閲覧**(18条)は保障されていない。30

③ 不利益処分の決定と不利益処分に対する理由の提示

前❹項2④「不利益処分の決定」、⑤「不利益処分に対する理由の提示」参照。

3 審査請求

弁明を経た不利益処分は、聴聞を経た不利益処分の場合と同様に、審査請求をすることができる。

【聴聞と弁明の異同】

	聴聞	弁明
口頭による陳述	口頭意見陳述権	原則：書面による弁明 例外：口頭による弁明
参加人	利害関係人の参加が許可される	なし
文書等の閲覧	当事者・参加人による文書等の閲覧請求	なし
審査請求	可能	可能

6 行政指導

行政指導については第4章**4**節「行政指導」で扱う。

7 届出

1 届出の意義

意義 届出とは、**行政庁に対し一定の事項の通知をする行為**(申請に該当するものを除く)であって、**法令により直接に当該通知が義務付けられているもの**(自己の期待する一定の法律上の効果を発生させるためには当該通知をすべきこととされているものを含む)のことをいう(行手法2条7号)。

2 届出の効果

届出が法令に定められた**届出の形式上の要件**(ex.届出書の記載事項に不備がない、届出書に必要な書類が添付されている)に適合している場合は、当該届出が法令により当該届出の提出先とされている機関の**事務所に到達したとき**に、当該届出をすべき**手続上の義務が履行された**ものとする(行手法37条)。31

趣旨 届出の不受理や届出に関する書類の返戻といった不適切・不透明な運用を行わせないようにするため、届出の「**受理**」という概念を否定した。

8 意見公募手続

詳細は第4章**1**節「行政立法」で扱う。

9 国民の権利利益の保護の充実のための手続

2014(平成26)年の行政手続法改正により、国民の権利利益の保護を充実させるための手続として、処分等の求めと行政指導の中止等の求めが整備された。

1 処分等の求め

① 処分等の求めの内容

何人も、**法令に違反する事実**がある場合において、**その是正のためにされるべき処分又は行政指導(その根拠規定が法律に置かれているものに限る)がされていない**と思料するときは、当該処分をする権限を有する行政庁又は当該行政指導をする権限を有する行政機関に対し、その旨を申し出て、**当該処分又は行政指導をすること**を**求めることができる**(行手法36条の3第1項)。32

② 手続

処分等の求めは、当該行政庁又は行政機関に対し、所定の事項を記載した**申出書**を提出してしなければならない(同法36条の3第2項)。

③ 申出を受けた行政庁又は行政機関の対応

処分等の求めを受けた当該行政庁又は行政機関は、**必要な調査**を行い、その結果に基づき**必要があると認める**ときは、当該**処分又は行政指導**をしなければならない(同法36条の3第3項)。

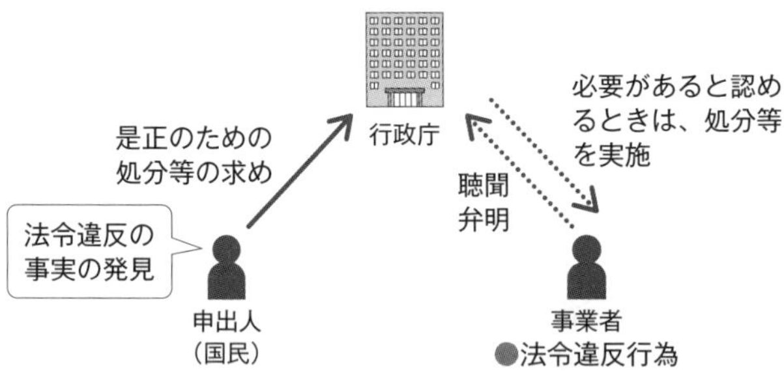

2 行政指導の中止等の求め

詳細は第4章4節「行政指導」で扱う。

重要事項 一問一答

01 行政手続法の適用対象となる行政活動は?

①処分、②行政指導、③届出、④意見公募手続

02 地方公共団体がする処分や行政指導は行政手続法の適用除外となるか?

処分は条例又は規則に根拠がある場合に適用除外となり、行政指導は根拠規定に関係なく適用除外となる。

03 行政庁による審査基準の設定・公にすることは行為義務(法的義務)か?

行為義務(法的義務)である。

04 審査基準を公にしなくてよい場合はあるか?

行政上特別の支障がある場合は公にしなくてよい。

05 行政庁による標準処理期間の設定・公にすることは行為義務(法的義務)か?

標準処理期間の設定は努力義務であるが、定めた標準処理期間を公にすることは行為義務(法的義務)である。

06 拒否処分をするときは理由を提示しなくてよいか？

原則として拒否処分と同時に理由を提示しなければならない。

07 不利益処分とは何か？

行政庁が、法令に基づき、特定の者を名あて人として、直接に、これに義務を課し、又はその権利を制限する処分をいう。

08 処分基準の設定・公にすることは行為義務（法的義務）か？

処分基準の設定・公にすることのいずれも努力義務にとどまる。

09 聴聞に係る不利益処分をしようとしている行政庁の職員は、聴聞の主宰者となることができるか？

欠格事由に該当しないので、聴聞の主宰者となることができる。

10 不利益処分をするときは理由を提示しなくてよいか？

原則として不利益処分と同時に理由を提示しなければならない。

過去問チェック

01 行政手続法は、行政手続に関する一般法であり、その目的として、行政運営における公正の確保と透明性の向上を図り、もって国民の権利利益の保護に資することに加えて、国民の行政の意思決定への参加を促進することについても規定している。

×（国般2021）「国民の行政の意思決定への参加を促進することについても規定している」が誤り。

02 地方公共団体の機関が法律や条例に基づいて行う処分については、当該地方公共団体において行政手続法の趣旨にのっとり必要な措置を講ずるよう努めることとされ、行政手続法の適用が除外されている。

×（労・税2011）「法律や」が誤り。

03 行政運営における公正の確保と透明性の向上を図るため、地方公共団体の機関が行う行政指導については、行政手続法の規定を適用するが、国の機関又は地方公共団体に対する行政指導については、行政手続法の規定を適用しない。

×（区2017）「行政手続法の規定を適用するが」が誤り。

04 行政手続法は、処分に関する手続について、申請に対する処分と不利益処分とに区分し、それぞれの手続について規定している。

○（国般2021）

05 申請に対する処分に関する基準については、できる限り具体的な基準を定め、これを公にすることが行政庁の努力義務にとどめられている。

×（国般2011改題）「行政庁の努力義務にとどめられている」が誤り。

06 行政庁は、申請により求められた許認可等をするかどうかを判断するための審査基準を定めるに当たっては、許認可等の性質に照らしてできる限り具体的なものとしなければならないが、審査基準を公にしておく必要はない。

×（労・税2009）「審査基準を公にしておく必要はない」が誤り。

07 行政庁は、申請が事務所に到達してから処分をするまでに通常要すべき標準的な期間を設定し、これを公にするよう努めなければならない。

×（財2018）「これを公にするよう努めなければならない」が誤り。

08 行政庁は、事務所に到達した申請が、申請書に必要な書類が添付されていないなど、申請の形式上の要件に適合しないものであるときは、申請を受理せず、申請書を申請者に返戻することとされている。

×（国般2011）「申請を受理せず、申請書を申請者に返戻することとされている」が誤り。

09 Xが提出したA県知事に対する飲食業の営業許可の申請に不備があった場合には、A県知事はXに対し相当の期間を定めて当該申請についての補正を求めなければならないとされているから、たとえ重大な不備があったとしても、A県知事は不備があったことを理由に拒否処分を行うことは許されない。

×（国般2003改題）「相当の期間を定めて当該申請についての補正を求めなければならないとされているから、たとえ重大な不備があったとしても、A県知事は不備があったことを理由に拒否処分を行うことは許されない」が誤り。

10 行政庁は、申請に対する処分であって、申請者以外の者の利害を考慮すべきことが当該法令において許認可等の要件とされているものを行う場合には、公聴会の開催その他適当な方法により当該申請者以外の者の意見を聴く機会を必ず設けなければならない。

×（国般2001）「必ず設けなければならない」が誤り。

11 行政庁は、申請により求められた許認可等を拒否する処分をする場合は、原則として、申請者に対して、同時に、その処分の理由を示さなければならず、その処分を書面でするときは、理由の提示も書面によらなければならない。
○（財2018）

12 行政手続法は、申請拒否処分に付記すべき理由の程度については規定していないが、例えば、旅券法が求める一般旅券発給拒否通知書に付記すべき理由としては、いかなる事実関係に基づきいかなる法規を適用したのかを、申請者が記載自体から了知し得るものである必要があるとするのが判例である。
○（国般2011）

13 不利益処分とは、行政庁が法令に基づき、特定の者を名宛人として、直接にこれに義務を課し、又はその権利を制限する処分をいい、申請を拒否する処分は不利益処分に含まれる。
×（財・労・税2015）「不利益処分に含まれる」が誤り。

14 行政上の不利益処分は、その処分を受ける者以外にも重大な権利侵害や義務を課す効果をもたらす場合があることから、相手方が不特定ないわゆる一般処分を行う場合であっても、行政手続法の不利益処分に関する規定が適用される。
×（財・労・税2012）「行政手続法の不利益処分に関する規定が適用される」が誤り。

15 行政庁は、不利益処分をするかどうかについて法令の定めに従って判断するために必要とされる基準を定め、かつ、必ずこれを公にしておかなければならず、その基準を定めるに当たっては、不利益処分の性質に照らしてできる限り具体的なものとするよう努めなければならない。
×（区2016）「定め、かつ、必ずこれを公にしておかなければならず」「努めなければならない」が誤り。

16 行政手続法は、不利益処分を行う場合に、当該処分の名あて人となるべき者について、意見陳述のための手続として、聴聞又は弁明の機会の付与を定め、原則として、不利益処分については聴聞の手続を保障し、例外として、軽微な不利益処分として限定列挙したものについては、弁明の機会の付与で足りることとしている。
×（国般2001）「原則として、不利益処分については聴聞の手続を保障し、例外として、軽微な不利益処分として限定列挙したものについては、弁明の機会の付与で足りることとしている」が誤り。

17 行政庁は、許認可等を取り消す不利益処分や名あて人の資格又は地位を直接にはく奪する不利益処分をしようとする場合には、当該不利益処分の名あて人となるべき者について、聴聞の手続を執らなければならないが、例外的に、聴聞の手続を要しない一定の場合も行政手続法上認められている。
○（労・税2011）

18 行政庁は、名あて人の資格又は地位を直接にはく奪する不利益処分をしようとするときは、当該不利益処分の名あて人となるべき者について、聴聞の手続を執らなければならないが、公益上、緊急に不利益処分をする必要があるため、当該手続を執ることができないときは、意見陳述手続の適用が除外されている。
○（区2016）

19 年金受給者に対して行う年金の支給を一時停止する処分が行われる場合、行政手続法上の聴聞が必要とされる。
×（国般2002）「行政手続法上の聴聞が必要とされる」が誤り。

20 聴聞は、行政庁が指名する職員その他政令で定める者が主宰するが、手続の公正や処分内容の適正を担保するため、行政手続法は、聴聞に係る不利益処分を行う行政庁の職員は聴聞の主宰者となることができないと規定している。
×（財・労2019）「聴聞に係る不利益処分を行う行政庁の職員は聴聞の主宰者となることができないと規定している」が誤り。

21 聴聞の当事者又は参加人である者が聴聞を主宰することができないだけでなく、当事者の補佐人又は参加人の補佐人も聴聞を主宰することができない。
○（労・税2008）

22 大臣Ｙは、聴聞後に聴聞の結果を踏まえ適切な処分を判断することができることから、予定するＸに対する法人の代表者の解任処分の内容を聴聞に先立ってＸに通知する必要はない。
×（国般2004改題）「聴聞に先立ってＸに通知する必要はない」が誤り。

23 大臣ＹがＸに対して法人の代表者の解任処分をしようとしている場合、聴聞は、公開することが公の秩序を害するおそれがあると大臣Ｙが判断した場合及びＸからの非公開とする請求に合理的な理由があった場合を除き、すべて公開して行わなければならない。
×（国般2004改題）「公開することが公の秩序を害するおそれがあると大臣Ｙが判断した場合及びＸ

からの非公開とする請求に合理的な理由があった場合を除き、すべて公開して行わなければならない」が誤り。

24 聴聞の通知があった時から聴聞が終結するまでの間、当事者は、行政庁に対し、当該事案についてした調査の結果に係る調書等の閲覧を求めることができ、さらに、聴聞の期日における審理の進行に応じて必要となった資料の閲覧をも求めることができる。

○（労・税2008）

25 行政庁は、聴聞及び弁明の機会の付与を行うに当たって、当事者から不利益処分の原因となる事実を証する資料の閲覧を求められた場合、第三者の利害を害するおそれがあるときに限り、その閲覧を拒むことができる。

×（区2016）「及び弁明の機会の付与」「第三者の利害を害するおそれがあるときに限り、その閲覧を拒むことができる」が誤り。

26 行政庁は、不利益処分をする場合には、その名宛人に対し、同時に、当該不利益処分の理由を示さなければならない。ただし、当該理由を示さないで処分をすべき差し迫った必要がある場合は、この限りでない。

○（国般2018）

27 行政庁又は聴聞の主宰者が行政手続法の聴聞に関する節の規定に基づいてした処分については、審査請求をすることができない。

○（労・税2008改題）

28 弁明の機会の付与は、聴聞と比較してより略式の手続であり、弁明の機会の付与を行う場合、行政庁は、不利益処分の名宛人となるべき者に対して、当該不利益処分の原因となる事実まで通知する必要はない。また、弁明は、原則として書面で行われる。

×（国般2018）「当該不利益処分の原因となる事実まで通知する必要はない」が誤り。

29 「聴聞」手続に比べ略式の手続である「弁明の機会の付与」手続は、簡易迅速の手続を確保すること等の理由により、弁明書、証拠書類等の書面の提出によって防御権を行使することとなっているから、当該手続において、口頭による意見陳述がなされることはない。

×（国般1999）「当該手続において、口頭による意見陳述がなされることはない」が誤り。

30 弁明の機会の付与手続は、聴聞手続と同じように当事者には文書閲覧権が認められている。

×（労・税2005改題）全体が誤り。

31 法令により一定事項の届出が義務付けられている場合、法令により届出の提出先とされている機関の事務所の職員が当該届出を受理したときに、届出をすべき手続上の義務が履行されたことになる。

×（労・税2009）「法令により届出の提出先とされている機関の事務所の職員が当該届出を受理したときに、届出をすべき手続上の義務が履行されたことになる」が誤り。

32 何人も、法令に違反する事実があり、その是正のためにされるべき行政指導がされていないと思料する場合は、当該行政指導の根拠となる規定が法律に置かれているときに限り、当該行政指導をする権限を有する行政機関に対し、その旨を申し出て、当該行政指導をすることを求めることができる。

○（国般2017）

過去問 Exercise

問題　行政法学上の行政行為の効力に関する記述として、妥当なのはどれか。　特別区2018［H30］

1. 行政行為の不可争力とは、一度行った行政行為について、行政庁が職権で取消し、撤回、変更をすることができなくなる効力であり、実質的確定力とも呼ばれている。

2. 行政行為の拘束力とは、行政行為がたとえ違法であっても、無効と認められる場合でない限り、権限ある行政庁が取り消すまでは、一応効力のあるものとして通用する効力であり、規律力とも呼ばれている。

3. 行政行為の不可変更力とは、一定期間が経過すると私人の側から行政行為の効力を裁判上争うことができなくなる効力であり、形式的確定力とも呼ばれている。

4. 行政行為には公定力が認められるが、公定力の実定法上の根拠は、国家権力に対する権威主義的な考えに求められ、取消訴訟の排他的管轄には求めることはできない。

5. 行政行為には公定力が認められるが、行政行為が違法であることを理由として国家賠償請求をするにあたり、あらかじめ取消判決や無効確認判決を得る必要はない。

解説

正解 5

---

❶ ✕　全体が妥当でない。行政行為の不可争力とは、一定期間の経過によって、行政行為の相手方(国民)がその効力を争えなくなるとする効力である。本記述の内容は不可変更力について述べられたものである。なお、実質的確定力とは、一度行った行政行為について、その行政行為をした行政庁(処分庁)だけでなく、処分庁の上級庁や裁判所も取消し、撤回、変更をすることができなくなる効力を意味すると解されている。

❷ ✕　全体が妥当でない。行政行為がたとえ違法であっても、無効である場合を除き、権限ある機関に取り消されるまでは有効と扱われる効力とは、行政行為の公定力の内容である。なお、拘束力とは、行政行為の内容が国民や行政庁を拘束する効力であると解されている。

❸ ✕　全体が妥当でない。行政行為がなされてから一定期間が経過すると、私人の側からの行政行為の効力を裁判上争えなくなる効力とは、行政行為の不可争力の内容である。

❹ ✕　「公定力の実定法上の根拠は、国家権力に対する権威主義的な考えに求められ、取消訴訟の排他的管轄には求めることはできない」という部分が妥当でない。通説は、行政行為の公定力の根拠を取消訴訟の排他的管轄に求めている。すなわち、公定力は行政行為そのものの効力ではなく、特に設けられた取消訴訟制度等によって取り消されるまでは、行政行為の効力を否定できないことの反射的な効力と把握されている。

❺ ○　判例により妥当である。判例は、行政行為が違法であることを理由として国家賠償の請求をするについては、あらかじめ、その行政行為につき取消しまたは無効確認の判決を得なければならないものではないとしている(最判昭36.4.21)。

第3章

行政上の強制手段

行政行為等によって義務を課してもそれが果たされないときに、公益を実現するために強制手段を用いることも必要になります。本章では強制手段を用いた行政活動を中心に扱います。各制度の概念をその異同に注意して整理しましょう。さらに行政調査は、特に令状主義との関係を押さえましょう。

【法律による行政（三段階構造モデル）】

[国会]		[行政]		[行政]
法律	→	**行政行為**	→	**強制行為**

- 行政上の強制執行　1節
- 行政罰　2節
- 即時強制・行政調査　3節

1 行政上の強制執行

行政上の強制執行のうち代執行は、条文を押さえることが重要です。その他の行政上の強制執行は、意義及び一般法の不存在（個別の法律が必要）を押さえておくと良いでしょう。

1 行政上の強制手段とは何か

1 国民に行政上の義務の不履行が生じている場合

例えば、Aが課税処分によって課された納税義務を履行しない場合、Aの財産を差し押さえ、それを競売にかけて金銭に換えることによって、納税義務の内容を実現することができる（**行政上の強制執行**）。また、BがX市からY市へと転入したのに、住民基本台帳法によって義務付けられている転入届を行わない場合、Bは過料に処せられることがある（**行政罰**）。このように、**行政行為や法令によって課せられた行政上の義務を履行しない国民**がいる場合、その国民に対しては**一定の強制力が行使**される。

〈**語句**〉●過料とは、行政上の義務を履行しない国民に金銭支払いを命じる制裁であり、**秩序罰**に該当する（詳細は本章**2**節「行政罰」で扱う）。

2 国民に行政上の義務が生じていない場合

例えば、消防法に基づく延焼防止のためのやむを得ない措置として、延焼のおそれのある建物を取り壊す（破壊消防）ように、**国民に行政上の義務が生じていない場合でも直ちに強制力が行使**される場合もある（**即時強制**）。

本章では、国民に対して強制力を行使する1 2をまとめて**行政上の強制手段**として扱う。その全体像を示すと、下表のようになる。

【行政上の強制手段の全体像】

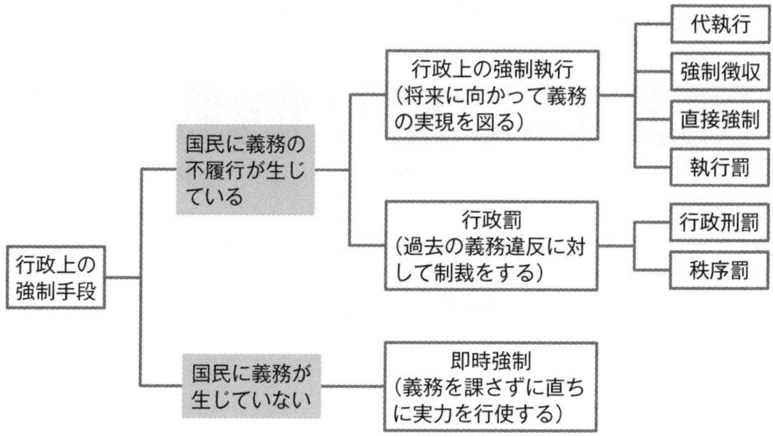

3 行政上の強制手段と法律の根拠

行政上の強制手段については、法律の優位及び法の一般原則による規律に服するほか、国民の意思に関係なく一方的に行われる権力的行為（権力的事実行為）であるから、法律の留保による規律にも服する。したがって、**行政法上の強制手段は行政行為とは別個の根拠法が必要となる。** 01

2 行政上の強制執行とは何か

1 概説

意義 **行政上の強制執行**とは、**行政行為又は法令によって課せられた行政上の義務が履行されない**場合に、**行政権が国民の身体又は財産に有形力を行使**することにより、**将来に向かって義務の内容を強制的に実現する**制度である。**行政強制**と呼ばれることもある。

2 民事上の強制執行との関係

行政上の強制執行と民事上の強制執行（民事執行）との関係については、次の２点が問題となる。

① 行政上の義務違反に対して行政上の強制執行を行うことが許されている場合に、民事上の強制執行を行うことは許されるのか

本論点については、以下の判例が参考となる。

判例 **農業共済掛金等請求事件（最大判昭41.2.23）**

〈事案〉

Yは A農業共済組合の組合員であり、AはX農業共済組合連合会の構成組合であった。❶AはYに対して共済掛金債権を有し、❷XはAに対して保険料債権を有していた。また、**AのYに対する共済掛金債権の徴収については、農業災害補償法**（現在の法律名は「農業保険法」である）**が行政上の強制徴収の手段が与えられていた。** Xは、Aに対する保険料債権を保全するため、Aに代位して、Yに対して共済掛金の支払いを請求する民事訴訟を提起した。

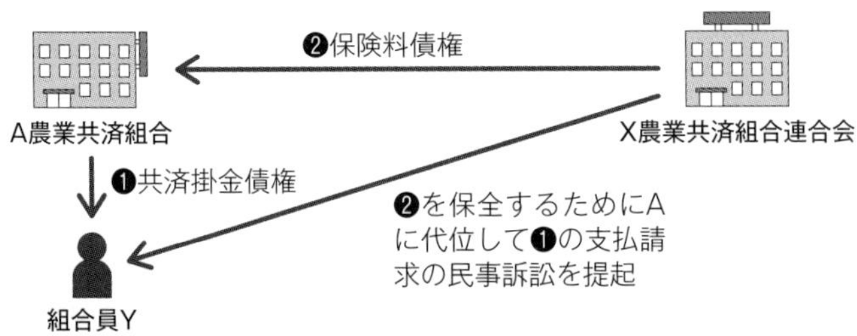

〈判旨〉

● **行政上の強制徴収の手段が与えられているのに、民事上の強制執行の手段を用いることは許されるか**

農業共済組合が組合員に対して有する共済掛金債権について、法が一般私法上の債権にみられない特別の取扱いを認めているのは、農業災害に関する共済事業の公共性に鑑み、その事業遂行上必要な財源を確保するためには、農業共済組合が強制加入制のもとにこれに加入する多数の組合員から収納する金銭につき、租税に準ずる簡易迅速な行政上の強制徴収の手段によることが、もっとも適切かつ妥当であるとしたからにほかならない。

したがって、**農業共済組合が、法律上独自の強制徴収の手段を与えられながら、この手段によることなく**、一般私法上の債権と同様、訴えを提起し、**民事上の強制執行の手段によって債権の実現を図ることは**、公共性の強い農業共済組合の権能行使の適正を欠くものとして**許されない**。 02

② 行政上の義務違反に対して行政上の強制執行を行うことが許されていない場合に、民事上の強制執行を行うことは許されるのか

本論点については、以下の判例が参考となる。

判例　宝塚市パチンコ条例事件（最判平14.7.9）

〈事案〉

Yがパチンコ店の建築を計画してX市に対して❶同意の申請をしたが、❷X市長は同意しなかった。しかし、Yは建築確認を得ることができたので、❸パチンコ店の建築工事に着手した。これに対して、X市長は、❹条例に基づいて建築中止命令を発したが、Yがこれに従わず工事を続行したため、X市長は、Yを被告として、❺パチンコ店の建築工事を続行してはならない旨の判決を求める訴訟（本件訴訟）を提起した。

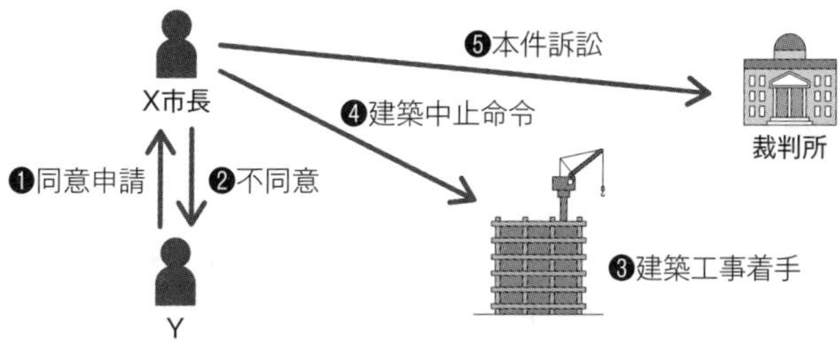

〈判旨〉

● **国・地方公共団体が専ら行政権の主体として国民に行政上の義務の履行を求める訴訟の提起は許されるか**

国又は公共団体が提起した訴訟であっても、財産権の主体として自己の財産上の権利利益の保護救済を求めるような場合には、法律上の争訟に当たるというべきであるが、**国又は地方公共団体が専ら行政権の主体として国民に対して行政上の義務の履行を求める訴訟**は、法規の適用の適正ないし一般公益の保護が目的であって、自己の権利利益の保護救済を目的とするとは言えないから、**法律上の争訟として当然に裁判所の審判の対象となるものではなく、法律に特別の規定がある場合に限り、提起することが許される**ものと解される。 03

〈解説〉 本件訴訟は「地方公共団体が専ら行政権の主体として国民に対して行政上の義務の履行を求める訴訟」であり、これを認める法律の特別の規定がないことから、**本件訴訟の提起は不適法として却下された。**

3 行政上の強制執行の類型

行政上の強制執行は、不履行の状態にある義務に応じて、**代執行（行政代執行）**、**強制徴収**、**直接強制**、**執行罰**の４種類に分けられる。行政代執行は代替的作為義務の不履行、強制徴収は金銭給付義務の不履行を対象とする。これに対して、直接強制及び執行罰は、不履行の状態にある義務の内容を問わない。

【義務の分類】

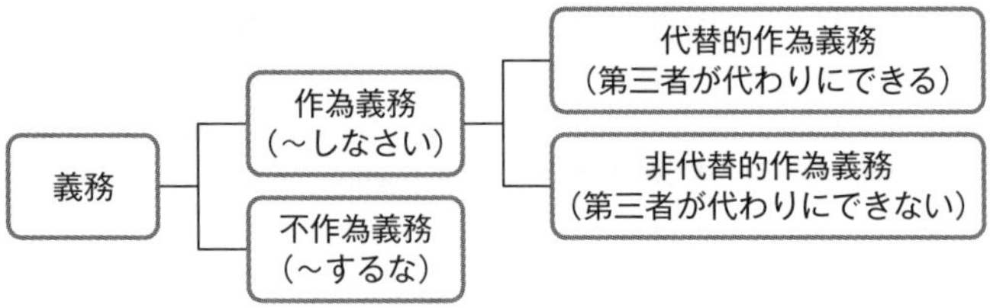

1 代執行（行政代執行）

① 代執行とは何か

意義 代執行（行政代執行）とは、行政上の**代替的作為義務を履行しない**義務者に代わって、行政庁が、**自ら当該義務を履行する**（又は**第三者に当該義務を履行させる**）とともに、その**費用を義務者から徴収**する制度をいう。04

代執行の具体例として、違反建築物の除却命令（建築基準法９条１項）による建築物除却義務に従わない場合に、行政庁が自ら違反建築物を取り壊すことが挙げられる。

理由 建築物除却義務は他人が代わりに行うことが可能であるから、行政上の代替的作為義務に該当し、代執行の対象となる。

② 代執行の根拠法

代執行の根拠法は行政代執行法であり、行政代執行法は行政上の代替的作為義務の不履行に対する代執行の**一般法**である（行政代執行法１条、以下、「代執法１条」とする）。したがって、行政庁は、行政上の代替的作為義務の不履行については、**個別の法律で定められていなくとも、行政代執行法を根拠法として代執行をすることができる**。05

③ 代執行の（実体的）要件と効果

代執行を行うためには、**次の要件を全て満たす**ことが必要である（代執法２条）。06

(実体的)要件	効果
① **代替的作為義務の不履行**があること 07 代替的作為義務は、**法律**(**法律の委任に基づく**命令・規則・**条例**を含む)**により**直接に命ぜられ、又は**法律に基づき行政庁により**命ぜられた行為である。08 ② **他の手段によってその履行を確保することが困難**であり、**且つ、その不履行を放置することが著しく公益に反する**と認められるとき	当該行政庁は、**自ら義務者のなすべき行為を**なし、又は**第三者をしてこれをなさしめ、**その**費用を義務者から徴収**することができる。

要件①について、庁舎の明渡義務・立退義務は、義務者自身が自らの意思に基づいて行うものであるから非代替的作為義務であり、代執行の対象にならない 07。また、営業停止処分や製造停止処分に基づく営業停止や製造停止の義務は不作為義務なので、これも代執行の対象にならない。09

④ 代執行の手続

【行政代執行の手続】

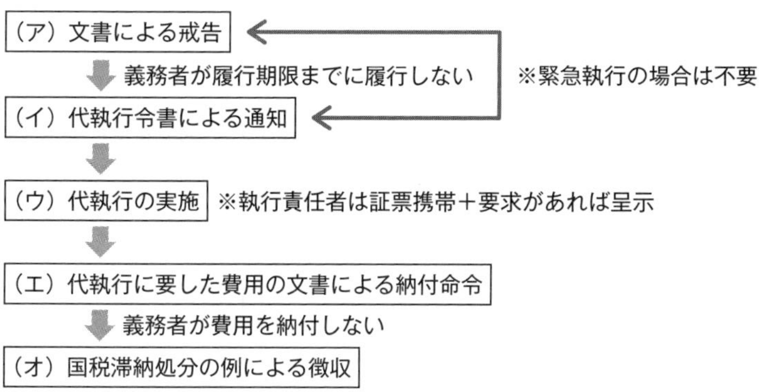

(ア) 文書による戒告

代執行をなすには、相当の履行期限を定め、その期限までに履行がなされないときは、代執行をなすべき旨を、**予め文書で戒告**しなければならない(代執法3条1項)。戒告は**文書**で行わなければならず、口頭で行うことはできない。10

戒告に不服がある場合、緊急執行については、次の(**イ**)で扱う。11

(イ) 代執行令書による通知

文書による戒告によっても義務者が履行しない場合、行政庁は、**代執行令書**によって義務者に**代執行を行うことを通知**する(代執法3条2項)。代執行令書も**文書**であり、口頭で通知を行うことはできない。

(a) 通知の内容

代執行をなすべき**時期**、代執行のために派遣する**執行責任者の氏名**及び代執行に要する**費用の概算による見積額**を通知する。

(b) 通知に不服がある場合

文書による戒告及び代執行令書による通知に不服のある者は、行政不服審査法に基づき**審査請求**をすることや、行政事件訴訟法に基づき**取消訴訟を提起**することができると解されている。12

理由 戒告・通知は義務者に新たな義務を課すものではなく、事実行為にすぎないが、違法な代執行を阻止するためには戒告・通知の段階で争うしかないので、義務者を救済する観点から、戒告・通知に処分性を認めるべきである。

(c) 緊急執行

文書による戒告及び代執行令書による通知について、**非常**の場合又は**危険切迫**の場合において、代執行の**急速な実施について緊急の必要**があり、代執行令書を義務者に**通知する手続をとる暇がない**ときは、その手続を経ないで代執行をすることができる(**緊急執行**)(代執法3条3項)。11

(ウ) 代執行の実施

(a) 代執行の方法

代執行の方法については、**行政庁が自ら義務者のなすべき行為をしてもよい**し、**行政庁が第三者に義務者のなすべき行為をさせてもよい**(代執法2条)。

(b) 証票の携帯と呈示

代執行の**執行責任者**は、本人であることを示す**証票を携帯**するとともに、**要求**があったら**証票を呈示**しなければならない(代執法4条)。13

(エ) 代執行に要した費用

(a) 代執行に要した費用の徴収

行政庁は、代執行に要した**費用を義務者から徴収**することができる(代執法2条)。

(b) 代執行に要した費用の納付命令

行政庁は、代執行に要した費用の徴収については、実際に要した費用の額及びその納期日を定め、義務者に対し、**文書をもって費用の納付**を命じなければならない(代執法5条)。14

(オ) 国税滞納処分の例による徴収

義務者が納付命令に応じないときは、代執行の費用を**国税滞納処分の例により徴収**することができる(代執法6条1項)。したがって、代執行の費用は**強制徴収**の対象となる。14

代執行に要した費用については、行政庁は、**国税及び地方税に次ぐ順位の先取特**

権を有する（代執法6条2項）。14

2 強制徴収

① 意義

意義 強制徴収（行政上の強制徴収）とは、行政上の**金銭給付義務が履行されない場合、強制的に義務者の財産を差し押さえて換価する**ことにより、当該義務が履行されたのと同一の状態を実現する制度である。15

② 強制徴収の根拠法

強制徴収の根拠法は、国税滞納処分（国税債権の強制徴収）の場合は、国税通則法及び**国税徴収法**であるが、それ以外の場合は、各法律における「**国税滞納処分の例**（による）」「**国税徴収法に規定する滞納処分の例**（による）」といった準用規定である。**国税通則法や国税徴収法は行政上の金銭給付義務に関する一般法ではない。** 16

〈解説〉 準用規定の具体例として、行政代執行法6条1項は「国税滞納処分の例により、これを徴収することができる」と規定し、地方税法48条1項は「国税徴収法に規定する滞納処分の例により滞納処分をすることができる」と規定している。

【国税滞納処分の流れ】

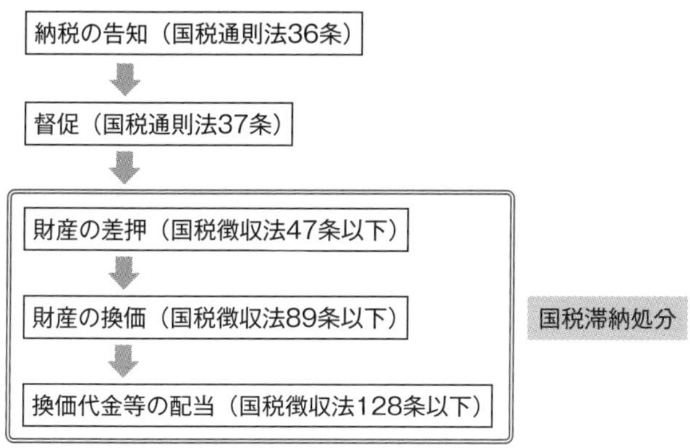

3 直接強制

① 意義

意義 直接強制（行政上の直接強制）とは、義務者が義務（**義務の内容は問わない**）を履行しない場合に、**直接、義務者の身体又は財産に実力**（有形力）を行使して、義務の履行があった状態を実現する制度である。17

② 直接強制の根拠法

直接強制に関する一般法は存在しないので、**個別の法律の規定がある場合に限り直接強制が許される** 18。具体例として、使用禁止命令に違反して多数の暴力主義的破壊活動者の集合の用に供している工作物を国土交通大臣が除去することが挙げられる(成田国際空港の安全確保に関する緊急措置法３条８項)。

問題点 条例を直接強制の根拠法とすることができるか。

結論 直接強制は、身体又は財産に直接実力を行使する点で即時強制と共通するが、**条例を根拠法とすることはできない**点で即時強制と異なる。19

理由 行政代執行法１条が、「行政上の義務の履行確保に関しては、別に**法律**で定めるものを除いては、この法律の定めるところによる」と規定しており、この規定が行政上の強制執行について法律の根拠を要求していると解される。

4 執行罰

① 意義

意義 **執行罰**(**行政上の執行罰**)とは、義務(**義務の内容は問わない**)を履行しない者に対し**過料**を課す旨を通告することで義務者に心理的圧迫を与え、義務の履行を間接的に強制する制度である。20 21

② 執行罰の根拠法

執行罰に関する一般法は存在せず、**個別の法律の規定がある場合に限り執行罰が許される**ことから、**条例を根拠法とすることはできない**(上記②「直接強制の根拠法」**理由**参照)。現行の法律では、土砂災害を防止するための法律である**砂防法36条**に唯一の例が存在するにとどまる。20 22

③ 反復して課すこと

また、執行罰には「罰」という表現があるものの、**義務が履行されるまで何度でも過料を課すことができる**。23

理由 執行罰は行政上の強制執行の一つであり、行政罰(詳細は本章**2**節「行政罰」で扱う)ではないから、反復して課しても二重処罰の禁止(憲法39条)に違反しない。23

重要事項 一問一答

01 行政上の強制執行とは何か？

行政上の義務が履行されない場合に、行政権が国民の身体又は財産に有形力を行使し、将来に向かって義務の内容を強制的に実現する制度

02 行政上の強制手段の種類は（3つ）？

行政上の強制執行、行政罰、即時強制

03 代執行とは何か？

行政上の代替的作為義務を履行しない義務者に代わり、行政庁が、自ら当該義務を履行するか、又は第三者に当該義務を履行させ、その費用を義務者から徴収する制度

04 代替的作為義務の不履行があれば、それだけで代執行をすることができるか？

他の手段による履行の確保が困難であり（補充性）、かつ、不履行の放置が著しく公益に反する場合に限り、代執行をすることができる（代執法２条）。

05 代執行に要した費用の納付命令に応じない場合に徴収する方法は？

国税滞納処分の例により徴収できる（代執法６条１項）。

06 強制徴収とは何か？

行政上の金銭給付義務が履行されない場合、強制的に義務者の財産を差し押さえて換価し、当該義務が履行されたのと同一の状態を実現する制度

07 直接強制とは何か？

義務者が義務を履行しない場合に、直接、義務者の身体又は財産に実力を行使し、義務の履行があった状態を実現する制度

08 執行罰とは何か？

義務を履行しない者に過料を課す旨を通告して義務者に心理的圧迫を与え、義務の履行を間接的に強制する制度

過去問チェック

01 義務の賦課を内容とする行政行為の権限を授権する法律は、同時に行政上の強制執行の権限をも授権するものであるから、この義務を直接的に実現させる強制執行を行うに際しては、独自の授権は必要とされない。

×（労・税2007）「同時に行政上の強制執行の権限をも授権するものであるから」「独自の授権は必要とされない」が誤り。

02 農業共済組合が、法律上特に独自の強制徴収の手段を与えられながら、この手段によることなく、一般私法上の債権と同様、訴えを提起し、民事執行の手段によって債権の実現を図ることは、当該法律の立法趣旨に反し、公共性の強い農業共

済組合の権能行使の適正を欠くものとして、許されないとするのが判例である。

○（国般2019）

03 国が提起する訴訟は、財産権の主体として自己の財産上の権利利益の保護救済を求めるものである場合は法律上の争訟に当たるが、専ら行政権の主体として国民に対して行政上の義務の履行を求めるものである場合は、当然に裁判所の審判の対象となるものではなく、法律に特別の規定がある場合に限り、国は当該訴訟を提起することができる。

○（労・税2010）

04 行政庁は、第三者に代執行を行わせることができ、その費用を義務者から徴収することができる。

○（区2004）

05 行政代執行法は行政上の強制執行に関する一般法であり、行政庁が自ら義務者のなすべき行為を行う場合には、個別法に特別な代執行の定めがなければならない。

×（区2012）「個別法に特別な代執行の定めがなければならない」が誤り。

06 法律に基づき行政庁により命ぜられた行為について義務者がこれを履行しない場合において、他の手段によってその履行を確保することが困難であるとき、又はその不履行を放置することが著しく公益に反すると認められるときは、当該行政庁は、自ら義務者のなすべき行為をなすことができる。

×（区2020）「又は」が誤り。

07 行政庁は、義務者が代替的作為義務を履行しない場合だけでなく、代替的不作為義務を履行しない場合でも、代執行を行うことができる。

×（区2004）「代替的不作為義務を履行しない場合でも、代執行を行うことができる」が誤り。

08 行政代執行の対象となる行為は、法律により直接に命ぜられ、又は法律に基づき行政庁により命ぜられた行為であり、他人が代わって行うことができるものに限られるが、ここでいう「法律」には条例は含まれない。

×（財2019）「条例は含まれない」が誤り。

09 行政代執行法に基づき代執行をなし得るのは、他人が代わってなすことのできる代替的作為義務が履行されない場合のほか、営業停止や製造禁止といった不作為義務が履行されない場合も含まれる。

×（国般2022）「営業停止や製造禁止といった不作為義務が履行されない場合も含まれる」が誤り。

10 行政庁は、代執行を行う場合、義務者に対し、相当の履行期限を定め、その期限までに義務が履行されないときは代執行をなすべき旨をあらかじめ必ず戒告しなければならないが、この戒告は口頭で行えば足りる。

×（区2004）「あらかじめ必ず戒告しなければならないが、この戒告は口頭で行えば足りる」が誤り。

11 代執行を実施する場合、緊急の必要があるときは、義務者に対する戒告を省略することができるが、義務者に対する代執行令書による通知は、代執行の時期や執行責任者の氏名が記載されるので省略することができない。

×（区2012）「省略することができない」が誤り。

12 行政庁は、期限までに履行がなされないときは代執行をなすべき旨を、予め文書で戒告しなければならないが、この戒告に対して不服のある者は、行政不服申立てをすることはできるが、取消訴訟を提起することはできない。

×（区2009）「取消訴訟を提起することはできない」が誤り。

13 代執行のために現場に派遣される執行責任者は、その者が執行責任者たる本人であることを示すべき証票を携帯し、要求がなくとも、これを呈示しなければならない。

×（区2020）「要求がなくとも」が誤り。

14 行政庁は、代執行に要した費用については、義務者に対し文書でその納付を命じなければならないが、義務者がこれを履行しないときは、国税滞納処分の例により徴収することができ、国税及び地方税に次ぐ順位の先取特権を有する。

○（区2009）

15 行政上の強制徴収とは、行政上の金銭給付義務が履行されない場合に、行政庁が一定の期限を示して過料を予告することで義務者に心理的圧迫を加え、その履行を将来に対して間接的に強制することをいう。

×（区2007）「行政庁が一定の期限を示して過料を予告することで義務者に心理的圧迫を加え、その履行を将来に対して間接的に強制することをいう」が誤り。

16 国税債権以外の行政上の金銭債権の徴収に当たり、国税徴収法の定める徴収手続を適用する場合には、個別の法律において国税徴収法の定める徴収手続を適用するための明文の規定は不要である。

×（国般2022改題）「個別の法律において国税徴収法の定める徴収手続を適用するための明文の規定は不要である」が誤り。

17 直接強制は、義務を命ずることによっては目的を達成しがたい場合に、相手方の義務の存在を前提とすることなく、行政機関が直接に身体又は財産に対して実力を行使する制度である。

×（財2022改題）「義務を命ずることによっては目的を達成しがたい場合に、相手方の義務の存在を前提とすることなく」が誤り。

18 直接強制は、義務を課した行政が自ら義務を強制執行するものであり、自力救済を禁止された国民には認められていない特別な手段であるため、直接強制を許容する一般法として行政代執行法が制定されている。

×（区2018）「直接強制を許容する一般法として行政代執行法が制定されている」が誤り。

19 地方公共団体は、条例に基づき行政庁により命ぜられた行為を義務者が履行しない場合に備えて、直接強制の規定を条例に置くことができる。

×（財・労2015）「直接強制の規定を条例に置くことができる」が誤り。

20 行政上の執行罰は、罰金に処することを予告することにより義務者に心理的圧迫を加え、義務の履行を確保しようとするものであり、その例として砂防法の間接強制がある。

×（区2002）「罰金」が誤り。

21 執行罰は、代替的作為義務又は非代替的作為義務の不履行に対して適用することはできるが、不作為義務の不履行に対して適用することはできない。

×（区2018）「不作為義務の不履行に対して適用することはできない」が誤り。

22 執行罰は、義務を履行しない義務者に対して過料を課す旨を通知することで心理的圧迫を与え、義務を履行させる制度であり、一般法として行政代執行法の適用を受ける。また、砂防法をはじめ執行罰を認める個別法が数多く存在する。

×（財2022）「一般法として行政代執行法の適用を受ける。また、砂防法をはじめ執行罰を認める個別法が数多く存在する」が誤り。

23 執行罰について、相手方が義務を履行するまでこれを反復して科すことは、二重処罰を禁止した憲法第39条に違反する。

×（国般2015）「二重処罰を禁止した憲法第39条に違反する」が誤り。

2 行政罰

行政上の義務違反に対する強制手段には、行政上の強制執行だけでなく行政罰もあります。行政刑罰と秩序罰との違いがポイントです。

1 総説

1 行政罰とは

① 意義

意義 行政罰とは、**行政上の義務違反**(行政上の義務の不履行)**に対して制裁として科せられる罰**のことをいう。

行政上の強制執行が**将来に向かって義務内容を実現させる**という性質を有するのに対し、行政罰は**過去の義務違反への制裁**という性質を有する点で、両者には違いがある。

② 分類

行政罰については、刑法が定める刑罰(ex.懲役、罰金)を科する**行政刑罰**と、刑罰以外の制裁(ex.過料)を科する**秩序罰**(**行政上の秩序罰**)とに分類されている。 01

2 通常の刑事罰との相違

① 処罰の根拠

通常の刑事罰	反社会的・反道義的性質の行為に対して、**行為者の道義責任の追及**のため又は**社会的悪性の矯正**のために科される(実質犯・自然犯)
行政罰	行政罰は、行政上の義務に違反していれば、**反社会的・反道徳的性質を有するか否かを問わず**科される(形式犯・法定犯) 02

② 処罰の対象

通常の刑事罰	違反行為をした自然人たる本人に限られる
行政罰	**自然人だけでなく法人も含まれ**、本人に加えて本人の所属する使用者や事業主が併せて処罰されることがある(**両罰規定**) 03

③ 過失犯の処罰

通常の刑事罰	本人に故意がある場合に限り処罰され、過失犯処罰規定がなければ過失犯は処罰されない(故意犯処罰の原則)
行政罰	過失犯処罰規定がなくとも過失があれば処罰が認められる場合がある(最判昭37.5.4参照) 04

3 併科の可否

1つの行為に対して複数の罰を科することを併科というが、行政罰に関しては、行政刑罰と秩序罰との併科は認められる(最判昭39.6.5)。05

理由 行政刑罰と秩序罰は目的、要件及び実現の手続を異にし、必ずしも二者択一の関係にあるものではなく併科を妨げないと解すべきであり、併科を認めても二重処罰の禁止(憲法39条後段)に違反しない。

2 行政刑罰

1 意義

意義 行政刑罰とは、**行政上の義務違反に対して科される刑法に刑名のある刑罰**のことである。**刑法以外の法律に規定された犯罪に科される制裁**という性質を有しており、重大な行政上の義務違反または直接に行政目的を侵害する行為に対して科せられることが多い。06

2 刑罰の内容

刑法に刑名のある刑罰とは、刑法9条が規定する「死刑、懲役、禁錮、罰金、拘留及び科料を主刑とし、没収を付加刑とする」のことである。07

3 刑法総則・刑事訴訟法の適用の有無

このように行政刑罰は刑法に刑名のある刑罰を科することから、法令に特別の規定がある場合(ex.道路交通法における反則金制度)を除き、**刑法総則の規定が適用**

されるとともに、**裁判所が刑事訴訟法の手続に従って科する**ことになる。06 07 08

〈解説〉 行政刑罰は刑法に刑名のある刑罰であるから、二重処罰の禁止(憲法39条後段)が適用され、同一の違反事実に対して繰り返して科することはできない。09

3 秩序罰(行政上の秩序罰)

1 意義

意義 秩序罰(行政上の秩序罰)とは、**行政上の義務違反に対して科される過料の制裁**のことである。軽微な行政上の義務違反または間接的に行政目的を侵害するにとどまる行為(ex.届出、登録、通知の手続を怠ること)に対して科せられることが多い。10 11

2 刑法総則・刑事訴訟法の適用の有無

過料は刑罰ではないから、行政刑罰とは異なり、刑法総則の規定は適用されず、刑事訴訟法の手続に従って科する必要はない。11 12

3 罰を科す手続

① 法令に基づく過料

法令に基づく過料は、裁判所が**非訟事件手続法の手続に従って**科する(非訟事件手続法119条以下)。

② 地方公共団体の条例又は規則に基づく過料

地方公共団体の条例又は規則に基づく過料は、地方公共団体の長が、あらかじめその旨を告知するとともに、弁明の機会を与えた上で、**行政処分の形式**でこれを科する(地方自治法14条3項、15条2項、255条の3)。13

【行政刑罰と秩序罰】

	行政刑罰	秩序罰
罰の種類	刑法に刑名のある刑罰	過料
刑法総則の適用	適用あり	適用なし
罰を科する手続	刑事訴訟法の手続により裁判所が科する 14	法令に基づく過料 →非訟事件手続法の手続により裁判所が科する 14 条例・規則に基づく過料 →地方公共団体の長が行政処分の形式で科する 13 14

4 その他の制裁手段

1 追徴税（加算税）

意義 追徴税（加算税）とは、**納税義務に違反した者に対して追加で納付が求められる税金**のことである。

追徴税の具体例として、過少申告者（納付すべき税金を少なく申告した者）に対して納付が求められる過少申告加算税、納税義務違反が隠ぺい又は仮装によって行われた場合に納付が求められる**重加算税**が挙げられる。同一行為に対して罰金（刑事罰）と追徴税とを併科することは認められるかに関して、以下の判例が参考となる。

判例 罰金と追徴税との併科（最大判昭33.4.30）

〈事案〉

X社はY税務署長に法人税の申告をしたが、この申告について、❶YがXに対して不足税額に対応する追徴税を課した（追徴税の賦課決定）。さらに、Xは逋脱犯（ほだつはん）（脱税犯）として刑事訴追され、❷罰金刑が確定した。

Xは、罰金刑が確定しているのに、重ねて追徴税を課するのは憲法39条が禁止する二重処罰に該当するとして、❸追徴税の賦課決定の取消しを求める訴訟を提起した。

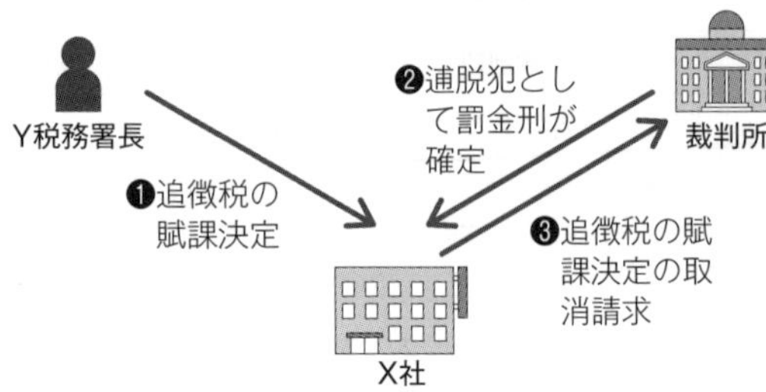

〈判旨〉

● **一つの法人税の申告に対して罰金と追徴税との併科は許されるか**

法人税法の逋脱犯に対する刑罰が、脱税者の不正行為の反社会性ないし反道義性に着目し、これに対する制裁として科せられるものであるのに反し、同法の追徴税（加算税）は、過少申告・不申告による納税義務違反の発生を防止し、もって納税の実を挙げようとする趣旨に出た行政上の措置である。そうすると、追徴税を課せられるべき納税義務違反者の行為を犯罪とし、これに対する刑罰として、これを課する趣旨でないことは明らかである。追徴税のかような性質にかんがみれば、憲法39条の規定は**刑罰たる罰金と追徴税とを併科することを禁止する趣旨を含むものでない**と解するのが相当である。
15

2 違反事実の公表 発展

意義 **違反事実の公表**とは、行政上の勧告又は命令に従わない者がある場合、社会的制裁を期待して、**その従わない事実を情報公開の一環として公表することによって、行政への協力を促す手法**のことである。

重要事項 一問一答

01 行政罰とは何か。種類は？

行政上の義務違反に対して制裁として科せられる罰。行政刑罰と秩序罰がある。

02 行政刑罰とは何か？

行政上の義務違反に対して科される刑法に刑名のある刑罰

03 行政刑罰が科されるときの手続は？

原則として裁判所が刑事訴訟法の手続に従って科する。

04 秩序罰とは何か？

行政上の義務違反に対して科される過料の制裁

05 **法令に基づく過料を科するときの手続は？**

裁判所が非訟事件手続法の手続に従って科する。

過去問チェック

01 行政罰は行政刑罰と行政上の秩序罰との２種類に分けられ、行政刑罰として禁錮、罰金、拘留、科料、没収を科すことはできるが、懲役を科すことはできない。

×（区2013）「懲役を科すことはできない」が誤り。

02 行政刑罰は、反社会的・反道義的性質の行為に対して、行為者の道義責任の追及のため又は社会的悪性の矯正のために科されるものである。

×（区2013）全体が誤り。

03 行政刑罰は、刑事罰とは異なり、違反行為者だけでなく、その使用者や事業主にも科刑されることがある。

○（区2013）

04 行政刑罰は、行政上の秩序を保つために、主観的悪性に対して科される制裁であるから、必ず犯意を要件とする。

×（区2005）「主観的悪性に対して科される制裁であるから、必ず犯意を要件とする」が誤り。

05 行政刑罰と行政上の秩序罰を併科することは、二重処罰を禁止した憲法第39条に違反する。

×（国般2015）「二重処罰を禁止した憲法第39条に違反する」が誤り。

06 行政刑罰は、刑法以外の法律に規定された犯罪に科される制裁であるが、懲役や罰金など刑法に刑名のある罰を科すものであるから、原則として刑事訴訟法の規定の適用がある。

○（財2022）

07 「行政刑罰」とは、行政上の義務違反に対して科される、懲役、禁錮、罰金、科料等の刑法に刑名のある刑罰をいうが、刑事罰のように、犯人の悪性に対する道義的責任の追及のために科されるものではないことから、刑事罰について定めた刑法総則の規定は原則として適用されない。

×（税2000）「刑事罰について定めた刑法総則の規定は原則として適用されない」が誤り。

08 行政刑罰は、行政上の義務違反に対し制裁として科せられるもので、いかなる場合においても刑法総則は適用されない。

×（区2005）「いかなる場合においても刑法総則は適用されない」が誤り。

09 行政刑罰では、二重処罰の禁止の原則は適用されないため、同一事実に対し行政上の目的を達するまで繰り返し科すことができる。

×（区2005）全体が誤り。

10 行政上の秩序罰は、行政上の義務が履行されない場合に、一定の期限を示して過料を科すことを予告することで義務者に心理的圧迫を加え、その履行を将来に対して間接的に強制するものである。

×（区2013）全体が誤り。

11 「秩序罰」とは、軽微な行政上の義務違反に対して過料を科すことをいい、当該制裁は刑罰ではないが、法律に基づいた適正手続の保障の観点から、これを科すには刑事訴訟の手続による必要がある。

×（税2000）「これを科すには刑事訴訟の手続による必要がある」が誤り。

12 行政上の秩序罰には刑法総則が適用され、裁判所が刑事訴訟法の手続に従って科刑する。

×（区2013）全体が誤り。

13 地方公共団体の条例・規則違反に対する過料は、非訟事件手続法の規定により、他の法令に別段の定めがある場合を除いて、過料に処せられるべき者の住所地の地方裁判所によって科されることになる。

×（国般2015）「非訟事件手続法の規定により、他の法令に別段の定めがある場合を除いて、過料に処せられるべき者の住所地の地方裁判所によって科されることになる」が誤り。

14 行政上の義務の違反に対して制裁を行うことを行政罰というが、そのうち、行政刑罰については、原則として刑事訴訟法の適用があるが、他方、行政上の秩序罰は、行政上の秩序に障害を与える危険がある義務違反に対して科される罰であり、刑事訴訟法の適用はない。

○（労・税2007）

15 法人税法が定めていた追徴税(当時)は、単に過少申告・不申告による納税義務違反の事実があれば、同法所定のやむを得ない事由のない限り、当該納税義務違反の法人に対し課せられるものであり、これによって、過少申告・不申告による納税義務違反の発生を防止し、もって納税の実を挙げようとする趣旨に出た行政上の措置と解すべきであるから、同法の定める追徴税と罰金とを併科することは、憲法第39条に違反しないとするのが判例である。

○（国般2022）

3 即時強制・行政調査

即時強制と行政調査については、即時強制と行政調査の異同に加え、行政上の強制執行や行政罰との相違点にも注意して学習していきましょう。

1 即時強制（即時執行）

1 総説

意義 即時強制（即時執行）とは、行政目的を達成するために、**行政上の義務の存在を前提とせず（行政上の義務を課することなく）、直接国民の身体又は財産に対して有形力を行使する**ことをいう。**行政上の即時強制**と呼ばれることもある。01

① 特徴

即時強制は、**義務の不履行を前提としない**のを特徴としており、義務の不履行を前提とする行政上の強制執行及び行政罰とは異なる。02 03

② 即時強制が行われる場合

実際に即時強制が行われるのは、①義務を課する時間的余裕のない場合や、②その性質上義務を課しても行政目的を達成することができない場合である。

①の具体例として、消防官が延焼防止を目的として火災現場周辺の建物を取り壊すこと（**破壊消防**）が挙げられる（消防法29条）。②の具体例として、警察官が精神錯乱者や泥酔者などを保護すること（**保護措置**）が挙げられる（警察官職務執行法３条）。

〈解説〉 わが国では、国民の身体又は財産への実力行使を認める立法の多くが即時強制に分類される。「義務の不履行→実力行使」という手順を踏む直接強制の方が人権に配慮した穏当な手段であるにもかかわらず、即時強制を認める立法が多いのは問題があるとされている。03

2 即時強制の根拠法

① 法律

即時強制を行うに当たっては**根拠法が必要である**と解されている。**法律が根拠法**

となることについては問題がない。(04)

理由 即時強制は、国民の意思に関係なく一方的に行われる権力的行為(権力的事実行為)であり、人権侵害を伴うおそれが強いから、法律の留保に服する。

② 条例

条例を根拠法とする即時強制が認められる(条例で即時強制の根拠を定めることが認められる)。(05)

理由 行政代執行法1条は、「行政上の義務の履行確保に関しては、別に法律で定めるものを除いては、この法律の定めるところによる」と規定しているが、**義務の存在を前提としない即時強制は、同条の「行政上の義務の履行確保」に該当しない**ので、根拠法を法律に限定することを要しない。

3 即時強制の手続

① 行政手続法の適用

行政手続法は即時強制の一般的手続に関する規定を置いておらず、即時強制の手続は個別の**法律・条例といった根拠法の規定による**ことになる。(06)

理由 行政手続法の適用対象は「処分、行政指導及び届出に関する手続並びに命令等を定める手続」(行政手続法1条1項)に限られる。

② 比例原則の適用

即時強制は人権侵害を伴うおそれが強いので**比例原則**が妥当し、即時強制における実力の行使は、行政目的を達成する上で、具体的事情に応じた**必要最小限度の強制力**を用いるものでなければならないと解されている(最判昭48.4.25参照)。(07)

③ 憲法35条1項(令状主義)の適用

また、刑事責任追及を目的とする手続でないとの理由のみで、当該手続における**一切の強制が当然に憲法35条1項(令状主義)による保障の枠外にあると判断することは相当でない**とする判例がある(最大判昭47.11.22、川崎民商事件。詳細は本節❷項4③「自己負罪拒否特権との関係」で扱う)。したがって、裁判官の令状が権限発動の要件となる即時強制が存在する余地がある。(08)

〈解説〉 即時強制は、時間的に切迫した状況で行われるのが一般的であるから、実際に裁判官の令状が要求される余地は少ないと考えられる。

4 即時強制に対する救済手段

① 取消訴訟又は不服申立てによる救済

即時強制が実施された結果、**継続して不利益状態に置かれている場合**(ex.人の収容、物の留置)には、その即時強制が継続的性質を有することから、**取消訴訟**(行政事件訴訟法3条2項)又は**不服申立て**(行政不服審査法1条)によって即時強制の違法性を主張し、そのような不利益状態の排除を求めることができる。09 10

② 差止めの訴えによる救済

即時強制が実施される前の救済手段としては、即時強制の**差止めの訴え**(行政事件訴訟法3条7項)を提起することができる(詳細は第6章1節「行政事件訴訟法の全体像」で扱う)。11

③ 国家賠償請求や損失補償請求による救済

即時強制の実施又は不実施により損害を受けた場合、それが違法であるときは**国家賠償法1条に基づく損害賠償**の問題となり、それが適法であるときは**損失補償**の問題となる(詳細は第5章1節「国家補償」で扱う)。

2 行政調査

1 総説

意義 **行政調査**とは、行政目的を達成するために、その準備活動として**行政機関が必要な情報を収集する活動**のことである。

① 調査の方法

行政調査の方法として、相手方(行政調査の対象者)に**書類や報告書の提出**を求める、相手方に質問をして**答弁を求める**、相手方の**物件を検査・収去する**、相手方の店舗・工場・家宅などに**立ち入って調べる**、といった行為がある。

② 即時強制との異同

	共通点	相違点
即時強制	行政上の義務の不履行を前提としない事実行為である	国民への有形力の行使を要素とする
行政調査		**必ずしも国民への有形力の行使を要素としない**

③ 行政手続法の適用

行政手続法は行政調査の一般的手続に関する規定を置いておらず、行政調査の手続は**個別の法律の規定による**ことになる。12

理由 行政手続法の適用対象は「処分、行政指導及び届出に関する手続並びに命令等を定める手続」(行政手続法1条1項)に限られているから。

2 行政調査の種類と法律の根拠

行政調査については、相手方の任意の協力の下で行われる**任意調査**と、相手方の意思に反してでも行われる**強制調査**に大きく分類される。そして、**任意調査については法律の根拠が不要**であるのに対し、**強制調査については法律の根拠が必要**であると解されている。13

理由 強制調査は国民の意思に関係なく一方的に行われる権力的行為(権力的事実行為)であるから、法律の留保に服する。しかし、任意調査は権力的行為に該当しないので、法律の留保に服さない。

【行政調査の分類】

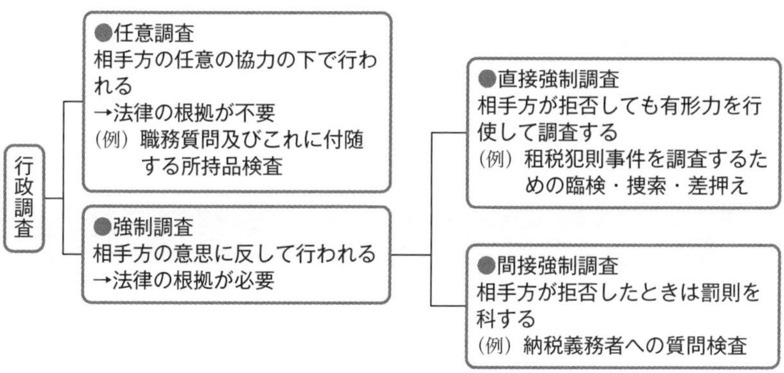

3 任意調査の限界 発展

任意調査に関しては、常に相手方の承諾を得ることが必要なのか、有形力の行使が認められるのかが問題となる。例えば、職務質問に付随する所持品検査に関して、捜索に至らない程度の行為は、**強制にわたらない限り、たとえ所持人の承諾がなくても、許される場合がある**とする判例(最判昭53.6.20)がある。

4 適正手続の保障・令状主義・自己負罪拒否特権との関係

① 適正手続の保障との関係

憲法31条は、手続の適正（告知・聴聞の保障）をも保障していると解されている。そして、判例の趣旨に照らすと、行政調査を当然に憲法31条の保障の枠外とすべきではないが、同条による保障が及ぶと解すべき場合であっても、**行政調査の相手方に対し、常に告知・聴聞の機会を与える必要があるわけではない**と解される（最大判平4.7.1、成田新法事件参照）。12

理由 行政調査は、刑事手続とその性質において自ずから差異があり、また行政目的に応じて多種多様である。

② 令状主義との関係

憲法35条１項は、令状がなければ、住居、書類及び所持品について、侵入、捜索及び押収を受けることのない権利を保障している。そして、行政調査に憲法35条が適用されるか否かについては、次の判例「川崎民商事件」で扱う。

③ 自己負罪拒否特権との関係

憲法38条３項は、自己に不利益な供述を強要されない、として自己負罪拒否権を規定する。行政調査に憲法38条３項の適用があるか否かについては、次の判例「川崎民商事件」で扱う。

判例 **川崎民商事件（最大判昭47.11.22）**

〈事案〉

収税官吏（税務職員）が所得税の過少申告の疑いにより、令状なしでXに対して旧所得税法（現在は国税通則法）に基づく検査や質問を行おうとしたが、Xが検査や質問に対する答弁を拒否したので、Xは質問検査拒否罪で起訴された。

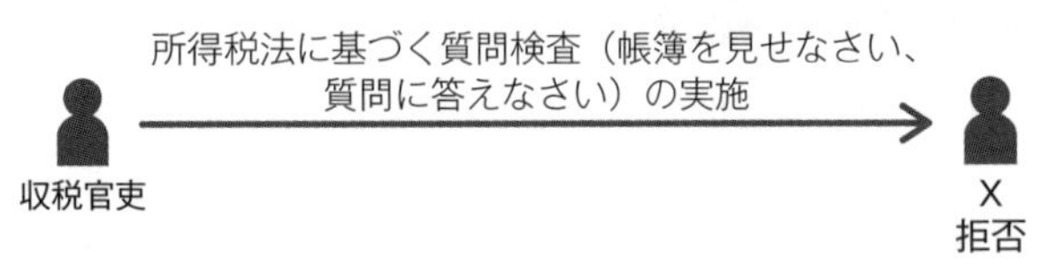

〈要旨〉

● 1　旧所得税法上の質問検査には憲法35条1項の保障が及ぶか

所得税法の規定する収税官吏の検査は、所得税の公平確実な賦課徴収のために必要な資料を収集することを目的とする手続であって、**刑事責任の追及を目的とする手続ではなく、また、そのための資料の取得収集に直接結びつく作用を一般的に有するものでもない**。したがって、当該検査は、あらかじめ裁判官の発する令状によることをその一般的要件としないからといって、これを**憲法35条の法意に反するものとすることはできない**（憲法35条の保障が及ばない）。14

● 2　旧所得税法上の検査質問には憲法38条1項の保障が及ぶか

旧所得税法の規定する検査や質問が刑事責任の追及を目的とせず、そのための資料の取得収集に直接結びつく作用を一般的に有しない以上、**憲法38条1項にいう「自己に不利益な供述」を強要するものとすることはできない**（憲法38条の保障が及ばない）。したがって、所得税法上の検査や質問を拒否した者を処罰する規定（質問検査拒否罪）は、憲法38条1項に違反しない。

重要事項 一問一答

01 即時強制とは何か？

行政上の義務の存在を前提とせず、直接国民の身体又は財産に対して有形力を行使すること

02 即時強制と行政上の強制執行との違いは？

即時強制は義務の不履行を前提としないのに対し、行政上の強制執行は義務の不履行を前提とする。

03 行政調査とは何か？

行政目的を達成するための準備活動として、行政機関が必要な情報を収集する活動

04 行政調査と即時強制との相違点は？

即時強制が行政目的を達成させるもので、有形力の行使を要素とするのに対し、行政調査が行政目的を達成するための準備活動にとどまり、必ずしも有形力の行使を要素とするわけではない。

05 強制調査の種類は（3つ）？

任意調査、直接強制捜査、間接強制捜査

過去問チェック

01 行政上の即時強制とは、行政行為によって命じられた相手方の義務の不履行を前提として、直接に国民の身体や財産に実力を加え、行政上必要な状態を作り出す作用である。

×（区2005）「行政行為によって命じられた相手方の義務の不履行を前提として」が誤り。

02 行政上の即時強制は、行政代執行法において、代執行によって目的を達することができない場合の強制執行の一般的手段としても認められている。

×（区2005）全体が誤り。行政上の即時強制と強制執行（行政上の強制執行）は異なるものである。

03 即時強制は、義務者の身体又は財産に直接実力を加え、義務の履行を確保する手続であり、即効的に義務を実現することができるが、その反面、人権侵害の危険が大きい。

×（区2011）「義務者の身体又は財産に直接実力を加え、義務の履行を確保する手続であり」が誤り。

04 即時強制は、行政上の必要性が極めて高い場合における緊急の措置として認められるものであるから、特に法律の根拠がなくても当然に許容されるが、行政調査については、いかなる場合であっても、法律の根拠が必要である。

×（国般2007）「特に法律の根拠がなくても当然に許容されるが」「いかなる場合であっても、法律の根拠が必要である」が誤り。

05 即時強制については、行政代執行法第1条が「行政上の義務の履行確保に関しては、別に法律で定めるものを除いては、この法律の定めるところによる」と規定していることから、条例により根拠規定を設けることはできないと一般に解されている。

×（財2017）「条例により根拠規定を設けることはできないと一般に解されている」が誤り。

06 即時強制は、私人の身体・財産に直接実力を加える作用であるから、行政手続法上の不利益処分に該当するため、同法に定められた不利益処分を行う際の手続にのっとって行われなければならない。

×（財2019）「行政手続法上の不利益処分に該当するため、同法に定められた不利益処分を行う際の手続にのっとって行われなければならない」が誤り。

07 行政上の即時強制には、比例原則が適用され、その実力の行使は、行政目的を達成する上で必要最小限度において用いられなければならない。
○（区2005）

08 最高裁判所の判例では、川崎民商事件において、即時強制は、緊迫した状況において展開される緊急措置であり、令状主義を機械的に適用するのは困難なので、その手続における一切の強制は、当然に憲法に規定する令状主義の保障の枠外にあるとした。
×（区2011）「その手続における一切の強制は、当然に憲法に規定する令状主義の保障の枠外にあるとした」が誤り。

09 身柄の収容や物の領置などの即時強制が実施され、継続して不利益状態におかれている者は、行政不服申立て又は取消訴訟によって不利益状態の排除を求めることができる。
○（区2011）

10 即時強制は事実行為であるため、権力的法行為である行政行為の取消しを目的として制度化されている取消訴訟は機能しにくいが、人の収容、物の留置といった継続的性質を有する即時強制については、違法であることを確認するための取消訴訟が意味を有する。
○（国般2007）

11 行政上の即時強制は、直接の法的効果をもたらさない事実行為であるから、その違法を主張し、差止めや原状回復を求めるには、必ず民事訴訟の手続によらなければならない。
×（区2005）「必ず民事訴訟の手続によらなければならない」が誤り。

12 行政調査は国民の権利・自由を不当に害するおそれがあることから、憲法における適正手続の規定が当然に適用されるほか、行政手続法においても、行政調査についての一般的手続の規定が置かれている。
×（財・労・税2012）「憲法における適正手続の規定が当然に適用されるほか、行政手続法においても、行政調査についての一般的手続の規定が置かれている」が誤り。

13 行政庁がある決定をするために行う調査に関しては、強制的に行う調査のほか、相手方の任意の協力をもってなされる行政調査についても、その調査に協力することによって当該相手方が不利益を被る可能性が否定できないことから、法律上の根拠が必要であると解されている。

×（財・労・税2012）「法律上の根拠が必要であると解されている」が誤り。

14 所得税法に基づく帳簿書類の検査は、性質上、刑事責任追及のための資料の取得収集に直接結び付く作用を一般的に有するものではあるが、専ら刑事手続に関するものである憲法第35条の規定は行政手続には適用されないことから、同条が当該検査に適用される余地はない。

×（労・税2003）全体が誤り。

過去問 Exercise

問題 行政強制に関するア～オの記述のうち、妥当なもののみを全て挙げているのはどれか。 財務・労基2015［H27］

ア 直接強制とは、行政上の義務を義務者が履行しない場合に、行政庁が義務者の身体又は財産に直接実力を加え、義務が履行されたのと同一の状態を実現することをいう。

イ 即時強制とは、あらかじめ課された義務の存在を前提とせず、行政上の目的を達するため、直接身体又は財産に対して有形力を行使することをいう。

ウ 即時強制は、時間的に切迫した状況で行われることから、いかなる場合であっても、裁判官の令状が権限発動の要件とされることはない。

エ 行政代執行の対象となる行政上の義務は、法律によって直接に命ぜられたものだけではなく、法律の委任に基づいて制定される条例による義務の場合も、行政代執行法に基づく代執行を行うことができる。

オ 地方公共団体は、条例に基づき行政庁により命ぜられた行為を義務者が履行しない場合に備えて、直接強制の規定を条例に置くことができる。

1. **ア、イ**
2. **イ、ウ**
3. **エ、オ**
4. **ア、イ、エ**
5. **ウ、エ、オ**

解説

正解 ❹

ア ◯　通説により妥当である。直接強制とは、義務者が行政上の義務を履行しない場合に、行政庁が義務者の身体・財産に直接実力を加え、義務内容を履行することをいう。

イ ◯　通説により妥当である。即時強制とは、目前急迫の必要があって義務を命じる暇がない場合、行政機関が相手方の義務の不履行を前提とすることなく、直接に、国民の身体や財産に実力を加え、行政上必要な状態を作り出す作用をいう。

ウ ✕　「いかなる場合であっても、裁判官の令状が権限発動の要件とされることはない」という部分が妥当でない。即時強制についても、著しい人権侵害の危険のあるものについては、裁判官の令状が権限発動の要件とされている。たとえば、警察官職務執行法３条３項は、警察官が24時間を超えて身柄を保護する場合には、簡易裁判所の裁判官の許可状を要すると規定している。

エ ◯　条文により妥当である。法律(法律の委任に基づく命令、規則及び条例を含む)により直接に命ぜられ、又は行政行為によって命ぜられた義務のうち、代替的作為義務の不履行がある場合であって、他の手段による履行確保が困難で、かつその不履行を放置することが著しく公益に反すると認められるとき、行政庁は代執行を行うことができる(行政代執行法２条)。

オ ✕　「直接強制の規定を条例に置くことができる」という部分が妥当でない。直接強制は個別法(個別の法律)に特別な定めがあるときに限り行うことができ、条例で直接強制の規定を置くことは認められない。

以上より、妥当なものは**ア**、**イ**、**エ**であり、正解は❹となる。

第4章

行政のその他の活動形式

本章では前章までで学んだ行政行為以外の活動形式について取り扱います。各々の概念、根拠法の要否、救済方法を中心にしながら、さらに判例・問題点まで学ぶことで理解を深めましょう。

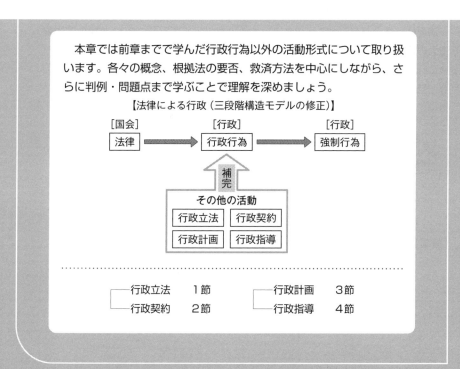

【法律による行政（三段階構造モデルの修正）】

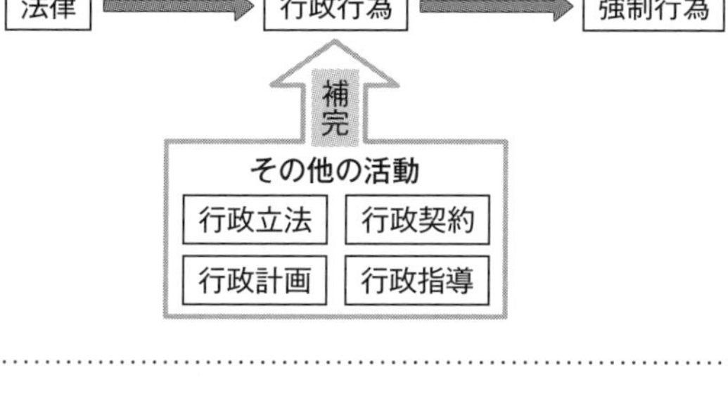

1 行政立法

立法権は通常は議会の権限とされています。ではなぜ行政機関が立法を行えるのでしょうか。まず分類図をしっかり理解しましょう。そして、委任命令に関する判例を押さえましょう。

1 総説

1 行政立法の意義

意義 **行政立法**とは、**行政機関が法条の形式をもって定めをする**ことをいう。

〈解説〉 行政立法の意義については、後述の法規命令及び行政規則を含めて整理したものにすぎない。

2 行政立法が必要とされる理由

法規は、議会が制定する法律によってのみ定立することができる（**法律の法規創造力の原則**）。もっとも、現代国家のもとでは行政の複雑化・専門化に対応するために行政機関自らが法規を含む立法を定立する必要に迫られている。すなわち、①専門技術的事項は必ずしも国会の審議になじまない、また、②状況の変化に迅速に対応する必要性、③政治的中立性を確保すべき事項が存在する。

【行政立法が必要とされる理由】

〈語句〉●**法規**とは、国民一般の権利義務に関係する法規範のことをいう。

3 行政立法の分類概観

【行政立法の分類概観】

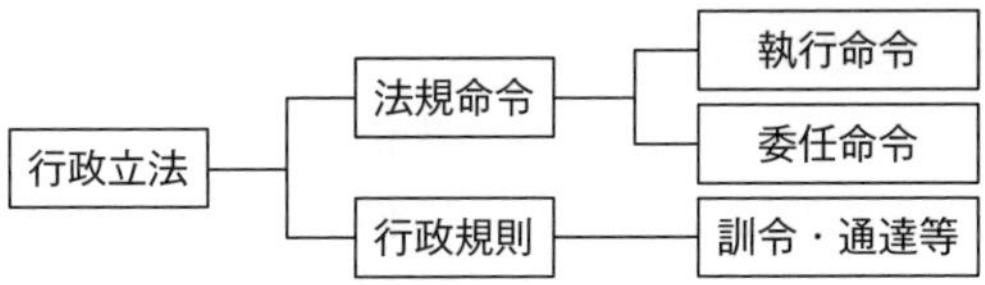

行政立法には、①法規たる性質を有する法規命令と、②法規たる性質を有しない**行政規則**がある。

種類	法規としての性質	国民への拘束力	法律の委任
法規命令	あり	あり	必要
行政規則	なし	なし	不要

2 法規命令

1 意義

意義 法規命令とは、行政機関が定める国民一般の権利義務に関係する規範をいう。01 02

〈語句〉●**命令**とは、行政機関が定める規範のことをいう。現行憲法下では、**執行命令・委任命令**(後述)のみが認められ、独立命令は、国会中心立法の原則に反し許されない。

●**独立命令**とは、法律とは無関係に、行政機関の独自の権限に基づき定められる命令をいう。03

2 性質

法規命令は、法規としての性質を有するので、外部効果を生じ、国民への拘束力が生じる。また、法規は議会が制定する法によってのみ定立することができる(法律の法規創造力の原則)。そこで、**法律の委任**(＝授権、根拠)がある場合に限り、法規命令を定めることができる。

3 種類

① 権限の所在による分類

権限(制定)の所在		内容
国	内閣(憲法73条6号、内閣法11条)	**政令** 04
	内閣総理大臣(内閣府設置法7条3項)	**内閣府令**
	各省大臣(国家行政組織法12条1項) 05	**省令** (例)法務省令
	外局(委員会・庁の長官)(国家行政組織法13条1項) 05	**外局規則** (例)公正取引委員会規則・国家公安委員会規則
	独立機関 (例)国家公務員法16条	独立機関の**規則** (例)人事院規則・会計検査院規則

〈語句〉●**外局**とは、国の行政機関で、府(内閣府)または省の所轄の下に置かれるが、その内部組織の外に設置される委員会(公正取引委員会など)および庁(国税庁など)をいう。

〈解説〉 ① 公正取引委員会規則・会計検査院規則・人事院規則の名称は「規則」であるが、直接国民の権利義務を規律する規定が多いので、一般には法規命令に分類される。 05

② 法規命令は、国民の権利義務を「一般的かつ抽象的」に規律する「行政立法」であり、行政行為ではないから、公定力の問題は生じない。 06

② 法律との関係からの分類

法規命令は、法律との関係に応じて委任命令と執行命令とに分類される。 07

種類	意義	委任の程度
執行命令	上級の法令の実施に必要な具体的な実施細目を定めるものである	法律の**一般的委任**が必要
委任命令	法律の委任に基づいて新たに国民の権利義務を定めるものである	法律の**個別的・具体的な委任**が必要

【権限の所在による分類】

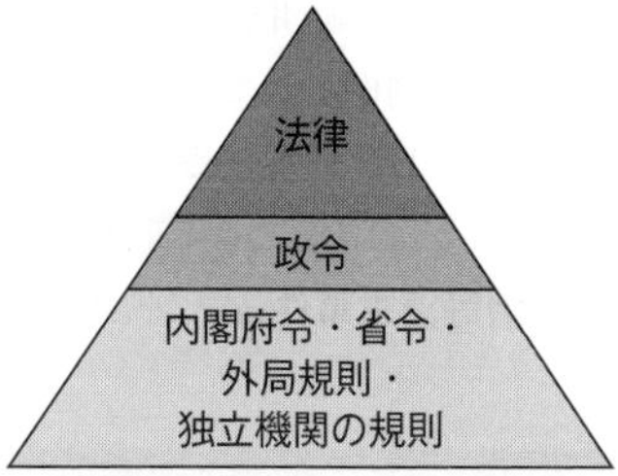

【法律との関係からの分類】

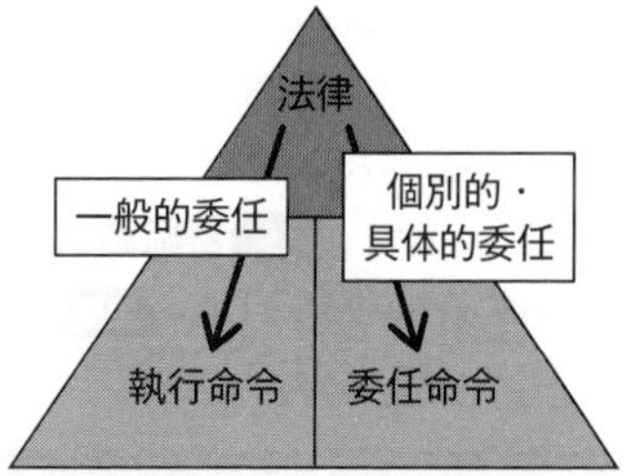

③ 執行命令の限界

執行命令に対する授権(委任)は、**法律の一般的委任**で足りる(「この法律の実施のために必要な事項は政令で定める」等)。個別的・具体的委任は不要である。

理由 国民の権利・義務の内容自体を新たに定めるものではないからである。

④ 委任命令の限界

委任命令に対する授権(委任)は、**法律の個別的・具体的委任**が必要となる。

理由 新たに国民の権利義務を定めるものだからである。

(ア) 委任の方法(委任する側)の限界

(a) 白紙委任の禁止

法律による行政の原理から、白紙委任は禁止され、法律の個別的・具体的な委任が必要である。08

(b) 罰則の委任の可否

罰則の委任をすることも可能であるが、罪刑法定主義の空洞化を防止するためにも、義務の主体、犯罪行為の内容、刑罰の種類・程度等を**個別的・具体的に規定することが必要**である。09

(c) 再委任の可否

再委任(法律→政令→省令)は、**委任した法律が再委任を許す趣旨であれば、許される**。授権法規と一体となって効力を発するので、根拠となった法律が失効した場合には、原則として(特別の法律の規定がある場合を除いて)、委任命令も失効する。

(イ) 委任の内容(委任される側)の限界

法律の委任を受けて制定された命令が、委任した法律の範囲を超えてはならない。委任した法律の範囲を超えていないか問題となった判例として、**幼年者接見不許可事件**(最判平3.7.9)、**サーベル登録拒否事件**(最判平2.2.1)、**児童扶養手当施行令事件**(最判平14.1.31)、発展 **解職請求代表者事件**(最大判平21.11.18)、発展 **医薬品ネット販売事件**(最判平25.1.11)、発展 **農地売渡処分取消等請求事件**(最大判昭46.1.20)がある。

判例 幼年者接見不許可事件(最判平3.7.9)

〈事案〉

監獄法は、在監者と外部の者との接見(面会)を原則として許すとしていたが、同法の委任に基づく監獄法施行規則は、14歳未満の者が在監者と接見をすることを原則として禁止していた。

〈判旨〉

被勾留者も当該拘禁関係に伴う一定の制約の範囲外においては原則として一般市民としての自由を保障されるのであり、幼年者の心情の保護は元来その監護に当たる親権者等が配慮すべき事柄であることからすれば、**法が一律に幼年者と被勾留者との接見を禁止することを予定し、容認しているものと解することは、困難である**。そうすると、規則120条(及び124条)は、原審のような限定的な解釈を施したとしても、なお法の容認する接見の自由を制限するものとして、**法50条の委任の範囲を超えた無効**のものというほかはない。 10

判例 サーベル登録拒否事件(銃刀法14条と委任の範囲)(最判平2.2.1)

〈事案〉

銃砲刀剣類所持等取締**法は登録制**と定めているが、銃砲刀剣類登録規則には登録の要件として日本刀であることが定められていた。Aは自己所有のサーベル(外国刀)について銃刀法14条所定の登録を申請したが、拒否され、拒否処分の取消を求めて提起した。

〈判旨〉

規則においていかなる基準を定めるかについては、法の委任の趣旨を逸脱しない範囲内において、所轄行政庁の専門技術的観点からの一定の裁量権が認められる。

規則が文化財的価値のある刀剣類の鑑定基準として、前記のとおり美術品として文化財的価値を有する日本刀に限る旨を定め、この基準に合致するもののみを我が国において前記の価値を有するものとして登録の対象にすべきものとしたことは、**法14条1項の趣旨に沿う合理性を有する鑑定基準を定めたものというべき**であるから、これをもって**法の委任の趣旨を逸脱する無効のものということはできない。** 11

判例 **児童扶養手当施行令事件（最判平14.1.31）**

〈事案〉

児童扶養手当の支給される児童の基準として、児童扶養手当法を受けた旧児童扶養手当法施行令1条の2第3号は、「母が婚姻によらないで懐胎した児童（父から認知された児童を除く。）」と規定していた。❶Xは、婚姻によらないで児童を懐胎、出産、監護しており、Y県知事から児童扶養手当の支給を受けていたが、❷父がこの児童を認知したため、❸Y県知事は、児童扶養手当受給資格喪失処分を行った。そこで、XはYに対し児童扶養手当法施行令1条の2第3号括弧書が法の委任の範囲を超える違法・無効なものであるとして、当該喪失処分の取消訴訟を提起した。

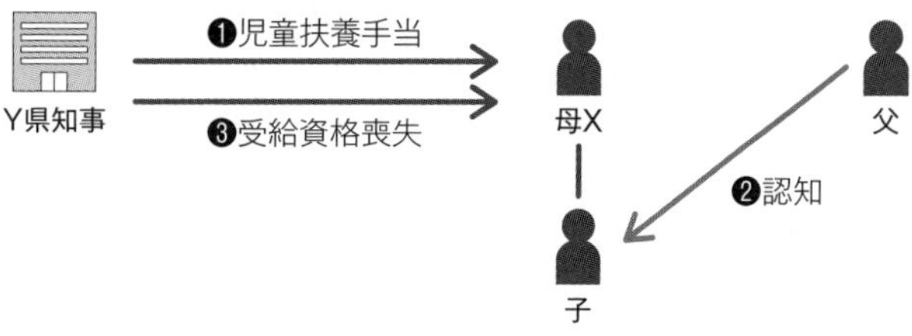

〈判旨〉

認知によって当然に母との婚姻関係が形成されるなどして世帯の生計維持者としての父が存在する状態になるわけでもない。また、父から認知されれば通常父による現実の扶養を期待することができるともいえない。……父から認知された婚姻外懐胎児童を児童扶養手当の支給対象となる児童の範囲から除外した本件括弧書は、**法の委任の範囲を逸脱した違法な規定として、無効**と解すべきものである。 12

4 法規命令の公布と発効

① 法規命令の発効時期

法規命令は、**外部に公示**されること（**公布**）及び**施行期日が到来**することによって、その効力を生じる。13

〈解説〉 法令の公布の方法について定めた一般的な法令は存在せず、**慣例により官報に掲載する方法**で行われ、官報に掲載されて公布の効力が発生する（最大判昭32.12.28）。

② 法規命令の効力の失効

授権した法律と一体となって効力を発するので、授権した法律の廃止、当該命令と矛盾する法律の制定、当該命令の終期の到来により効力を失う。14

3 行政規則

1 意義と種類

意義 **行政規則**とは、行政機関が策定する規範であって、**国民の権利義務に関する法規の性質を有しないもの**をいう。15

行政規則は、行政機関相互を拘束する内部効果しか生ぜず、国民への拘束力が生じない。また、行政規則は、法規ではないので**法律の委任は不要**である。したがって、行政規則は、行政機関が法律の根拠なく、自由に制定することができる16。

① 種類

行政規則は、以下のような種類がある。

種類	内容
①組織に関する定め	各省の事務組織、事務配分の定め等
②特別の関係を持つ者に関する定め	公務員に関する定め、公立学校の生徒に関する定め、公立図書館等の利用に関する定め等
③行政機関の行動の基準	法令の解釈基準・裁量基準に関する定め16
④給付規則	補助金等を交付する際についての給付基準
⑤指導要綱	行政指導の基準

② 形式

行政規則は、以下のような形式がある。もっとも、形式は必ずしも一定していない。

訓令・通達	上級行政機関が下級行政機関を指揮監督するために対して発せられる**命令**または示達（じたつ）のことである（国家行政組織法14条２項）。通達は、訓令を書面化したものが多い 行政機関内で伝えられるべき事柄の伝達や命令、行政機関内での法令の解釈基準や取扱いの統一性を保つ趣旨で発せられることが多い 17
告示	行政機関の所掌事務について**公示**することである（国家行政組織法14条１項）。告示の性質は、示された内容次第といわれ、**法規としての性質を有するもの**から（最判平2.1.18）、**行政規則としての性格を有するもの**もある 18
要綱	補助金等を給付する基準や行政指導に関する基準を定めたものである
内規	組織の内部に適用されるきまり

判例　伝習館高校事件（学習指導要領）（最判平2.1.18）

〈事案〉

福岡県立伝習館高校の教諭Xらは、学習指導要領の目標及び内容を逸脱した指導などを理由とした懲戒免職処分を受けたため、その取消を求めて出訴した。本件では「学習指導要領」の法的性質について問題になった。

〈判旨〉

本件学習指導要領は、学教法43条、106条1項、同法施行規則57条の2の委任に基づいて、文部大臣が、**告示として**、普通教育である高等学校の教育の内容及び方法についての基準を**定めたもので**、**法規としての性質を有するもの**ということができる。18

2 訓令・通達の特徴

① 法律の授権（委任）

訓令・通達を発するにあたっては、**法律の授権を要しない**。もっとも、法律に反することはできない。19

理由　訓令・通達は行政規則の一形式である。

② 拘束力

通達は、**行政組織内部の命令にすぎない**から、下級行政機関を拘束することはあっても、**一般の国民は直接これに拘束されるものではない**。

また、裁判所が通達に拘束されることはなく、**裁判所は、法令の解釈適用にあたっては、通達に示された法令の解釈とは異なる独自の解釈をすることができ**、通達に従った処分が法の趣旨に反するときは独自にその違法を判定することができる(最判昭43.12.24、墓地埋葬通達事件)。20

【通達の拘束力】

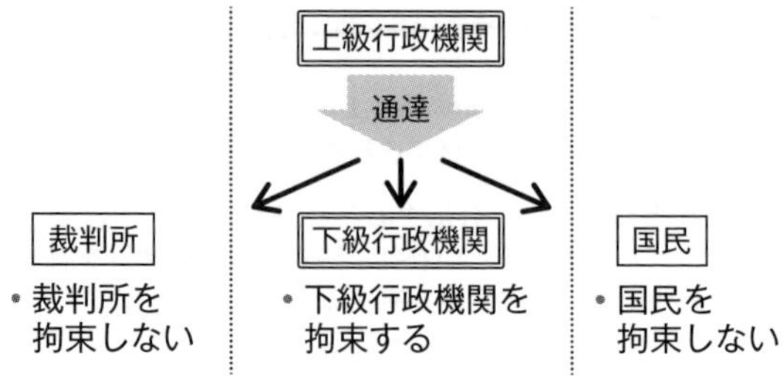

③ 瑕疵がある場合 発展

訓令・通達に瑕疵がある場合、それが重大かつ明白な瑕疵でない限り、受命機関(訓令・通達を受けた行政機関)はそれを拒否することはできないと解されている。

④ 処分性 発展

行政庁が、国民に対して、上級行政庁から下された訓令・通達に違反する行為を行っても、その行為が法令に違反していなければ、違法とはならず、取消訴訟で争うことはできない。すなわち、**通達の取消しを求める訴えを提起することはできない**(最判昭43.12.24、墓地埋葬通達事件)。

⑤ 訓令・通達の変更と不利益処分

法律の解釈をする訓令・通達の変更によって、それまで不利益を受けなかった者に不利益が及んでも、その変更が法律の正しい解釈の範囲内のものであれば、違法とはいえない(最判昭33.3.28、パチンコ球遊器事件)。

判例　パチンコ球遊器事件(最判昭33.3.28)

〈事案〉

旧物品税法の解釈について、当初は「遊戯具にはパチンコ球遊器は含まれない」という通達が出されていた。ところがその後、国税局長がその解釈を変更し、「遊戯具にはパチンコ球遊器も含まれる」という通達を発した。そこで税務署長Yは、通達によりパチンコ製造業者に課税したところそこで課税処分を受けたXが「通達の変更によっていままで課税されなかったものに新たに課税されるのは、租税法律主義に反し、違法である」として、処分の無効確認を求めた。

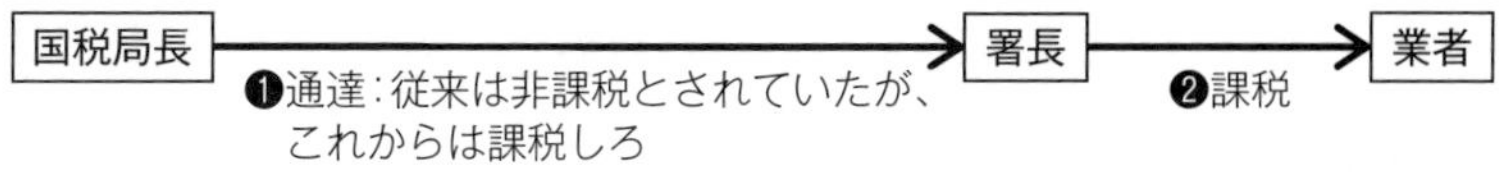

〈判旨〉

税務署長のパチンコ球遊器に対する課税処分が、たまたま国税庁の通達を機縁として行われたものであっても、その**通達が法律の正しい解釈に合致するもの**であれば、その課税**処分は法律に基づく**もので、違法であるとはいえない。 21

4 規制手続

行政立法に対しては、法律による授権を通じたコントロールのほかに、①議会による事後承認を停止条件とするような議会の関与、②審議会への諮問を要求する、③公聴会の開催、④広く国民の意見を聴取するパブリック・コメント制度(**意見公募手続**)がある。

5 意見公募手続

1 意見公募手続の意義

意義 **意見公募手続**とは、行政手続法上の義務として、行政機関(命令等制定機関)が命令等を定めようとする場合に、当該**命令等の案をあらかじめ公示し、広く一般の意見を求める**手続である。**パブリック・コメント**手続ともいう。

趣旨 国民の意見を広く募ることにより、行政運営の公正性の確保と透明性の向上を図り、国民の権利保護を図る。

2 意見公募手続の対象

意見公募手続は、行政機関(命令等制定機関)が制定する**命令等**を対象とする。命令等には、以下の種類がある。

【命令等の種類】

種類	内容
①法律に基づく命令又は規則	法律に基づいて内閣が制定する政令、各大臣が制定する府省令又は規則
②審査基準 22	申請により求められた許認可等をするかどうかをその法令の定めに従って判断するために必要とされる基準のこと
③処分基準 22	不利益処分をするかどうか又はどのような不利益処分とするかについてその法令の定めに従って判断するために必要とされる基準のこと
④行政指導指針 23	同一の行政目的を実現するため一定の条件に該当する複数の者に対し行政指導をしようとするときにこれらの行政指導に共通してその内容となるべき事項のこと

〈語 句〉●**命令等制定機関**とは、**命令等を定める機関**(閣議の決定により命令等が定められる場合にあっては、当該命令等の立案をする各大臣)のことをいう(行手法38条1項)。

3 命令等を定める場合の一般原則

命令等制定機関は、命令等を定めるに当たっては、**当該命令等がこれを定める根拠となる法令の趣旨に適合するものとなるようにしなければならない**(行手法38条1項)。

また、命令等制定機関は、命令等を定めた後においても、当該命令等の規定の実施状況、社会経済情勢の変化等を勘案し、必要に応じ、**当該命令等の内容について検討を加え、その適正を確保するよう努めなければならない**(同法38条2項)。24

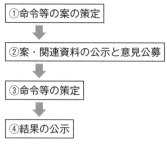

4 意見公募手続の概要

【意見公募手続の流れ】

①命令等の案の策定

↓

②案・関連資料の公示と意見公募

↓

③命令等の策定

↓

④結果の公示

① 命令等の案の策定

命令等の案は、具体的かつ明確な内容のものであって、かつ、当該命令等の題名及び当該命令等を定める根拠となる法令の条項が明示されたものでなければならない(行手法39条2項)。

〈語 句〉●**命令等の案**とは、命令等で定めようとする内容を示すもののことである(同法39条1項かっこ書)。

② 案・関連資料の公示と意見公募

命令等制定機関は、**命令等の案及びこれに関連する資料をあらかじめ公示**した上で、意見の提出先及び意見提出期間(意見の提出のための期間)を定めて、**広く一般の意見を求めなければならない**(行手法39条1項)。 25

(ア) 意見提出期間

意見提出期間は、原則として公示の日から起算して**30日以上**としなければならない(行手法39条3項)。

(イ) 意見公募手続の周知等 発展

命令等制定機関は、意見公募手続を実施して命令等を定めるに当たっては、必要に応じ、当該意見公募手続の実施について周知するよう努めるとともに、当該意見公募手続の実施に関連する情報の提供に努めるものとする(行手法41条)。

③ 命令等の策定

命令等制定機関は、意見公募手続を実施して命令等を定める場合には、意見提出期間内に提出された**当該命令等の案についての意見(提出意見)を十分に考慮**しなければならない(行手法42条)。 26

④ 結果の公示等

(ア) 命令等を定めた場合の公示

命令等制定機関は、意見公募手続を実施して命令等を定めた場合には、当該命令等の**公布(公布をしないものにあっては、公にする行為)と同時期**に、次の①～④の事項を**公示**しなければならない(行手法43条1項)。

【公示する内容】
① 命令等の題名
② 命令等の案の公示の日
③ **提出意見**（提出意見がなかった場合にあっては、その旨）27
④ 提出意見を考慮した結果（意見公募手続を実施した命令等の案と定めた命令等との差異を含む）及びその理由

なお、命令等制定機関は、必要に応じ、提出意見に代えて、提出意見を**整理**又は**要約したものを公示**することができるが、その場合においては、**公示後遅滞なく**、提出意見を命令等制定機関の事務所における備付けその他の適当な方法により**公にしなければならない**（行手法43条２項）。27

（イ）命令等を定めなかった場合の公示

命令制定機関は、意見公募手続を実施したにもかかわらず命令等を定めないこととした場合には、所定の事項を速やかに公示しなければならない（行手法43条４項）。28

5 公示の方法

命令等の案及びこれに関連する資料の公示（行手法39条１項）、命令等を定めた場合の公示（行手法43条１項）、命令等を定めなかった場合の公示（行手法43条４項）については、電子情報処理組織を使用する方法その他の情報通信の技術を利用する方法により行うものとする（行手法45条）。25

6 適用除外

公益上、制定に緊急を要する場合、金銭の納付（税など）にかかるもの、軽微な変更にかかるものなど一定の場合に、意見公募手続の適用を除外する規定を設けている。

また、地方公共団体の機関が命令等を定める行為に対しても、適用されない（行手法３条３項）。

重要事項 一問一答

01 行政立法の種類は（2つ）？

行政立法には、①法規たる性質を有する法規命令と、②法規たる性質を有しない行政規則がある。

02 法規命令の種類は（2つ）？

①執行命令、②委任命令

03 執行命令に対する授権（委任）は？

執行命令に対する授権(委任)は、法律の一般的委任で足りる。

04 委任命令に対する授権（委任）は？

委任命令に対する授権(委任)は、法律の個別的・具体的委任が必要となる。

05 法規命令の発効時期は？

法規命令は、外部に公示されること(公布)及び施行期日が到来することによって、その効力を生じる。

06 行政規則に対して法律の授権（委任）が必要か？

行政規則は、法規ではないので法律の委任は不要である。

07 行政規則の主な形式は（4つ）？

①訓令・通達、②告示、③要綱、④内規

08 意見公募手続の対象となる命令等とは何か（4つ）？

①法律に基づく命令又は規則、②審査基準、③処分基準、④行政指導指針(2条8号)。

過去問チェック

01 法規命令は、行政機関の定立する法規たる性質を有する法規範をいう。

○（区2005改題）

02 法規命令には、行政の内部的組織を定める訓令、行政事務の分配や処理に関する規定などが含まれる。

×（区2003）「法規命令には」が誤り。

03 現行憲法下では、法規命令のほか、行政権が法律に基づくことなく、独自の立場で国民の権利義務に関する一般的な定めを創設する独立命令が認められている。

×（区2003）「行政権が法律に基づくことなく、独自の立場で国民の権利義務に関する一般的な定めを創設する独立命令が認められている」が誤り。

04 法規命令は、政令、府省令、規則の形式をとるのが通例であるが、このうち政令は、内閣総理大臣が独自の判断で制定できるものであり、閣議における合意を要しない。

×（国般2012）「内閣総理大臣が独自の判断で制定できるものであり、閣議における合意を要しない」が誤り。

05 法規命令は、国民の権利義務に関係する一般的な法規範であり、内閣の制定する政令や各省大臣の発する省令はこれに当たるが、各省の外局に置かれる各行政委員会の制定する規則は当たらない。

×（区2015）「各省の外局に置かれる各行政委員会の制定する規則は当たらない」が誤り。

06 法規命令は、私人の法的利益を個別的又は具体的に規律する行政行為であり、公定力を有する。

×（区2007）全体が誤り。

07 法規命令は国民の権利義務にかかわる行政立法であり、その制定には法律の授権が必要とされるが、必要とされる授権の程度は委任命令と執行命令とで異なり、委任命令の制定は法律の一般的授権で足りる一方、執行命令の制定には具体的な法律の根拠が必要とされる。

×（国般2012）「委任命令の制定は法律の一般的授権で足りる一方、執行命令の制定には具体的な法律の根拠が必要とされる」が誤り。

08 法規命令のうち委任命令の制定についての法律の委任は、法律の法規創造力を失わせるような白紙委任が禁じられるが、一般的で包括的な委任は認められる。

×（区2015）「一般的で包括的な委任は認められる」が誤り。

09 法規命令のうち委任命令には、法律による具体的、個別的な委任があっても、罪刑法定主義の原則に反するため、罰則を設けることはできない。

×（区2005）「罪刑法定主義の原則に反するため、罰則を設けることはできない」が誤り。

10 旧監獄法は被勾留者の外部の者との接見を原則として許し、例外的に合理的な制限を認めているにすぎないが、同法の委任を受けた旧監獄法施行規則が原則として14歳未満の者との接見を許さないとしたのは、その委任の範囲を超えるものとまではいえない。

×（財・労2013）「その委任の範囲を超えるものとまではいえない」が誤り。

11 銃砲刀剣類登録規則が、銃砲刀剣類所持等取締法の登録の対象となる刀剣類の鑑定基準として、美術品としての文化財的価値を有する日本刀に限る旨を定め、この基準に合致するもののみを登録の対象にすべきものとしたことは、同法の趣旨に沿う合理性を有する鑑定基準を定めたものではないから、同法の委任の趣旨を逸脱する無効のものであるとした。

×（区2020）「同法の趣旨に沿う合理性を有する鑑定基準を定めたものではないから、同法の委任の趣旨を逸脱する無効のものであるとした」が誤り。

12 児童扶養手当法の委任に基づき児童扶養手当の支給対象児童を定める同法施行令が、母が婚姻(婚姻の届出をしていないが事実上婚姻関係と同様の事情にある場合を含む。)によらないで懐胎した児童から、父から認知された児童を除外したことは、同法の委任の範囲を逸脱しない適法な規定として有効であるとした。

×（区2020）「同法の委任の範囲を逸脱しない適法な規定として有効であるとした」が誤り。

13 法規命令は、外部に公示されること及び施行期日が到来することによってその効力を生じる。

○（区2003）

14 法規命令は、当該命令と矛盾する上級法令が制定されたときや、当該命令に付された終期の到来又は解除条件の成就があった場合は、その効力を失う。

○（区2007）

15 行政規則は、行政機関が定立する一般的な定めで、法規たる性質を有しないものをいう。

○（区2005）

16 行政庁がその裁量に任された事項について裁量権行使の準則を定める場合、国民の権利義務に影響を与えることから、その設定には法律の根拠が必要である。

×（国般2018）「その設定には法律の根拠が必要である」が誤り。

17 行政の統一性を確保するための、法令解釈の基準である解釈基準の定立権は、上級行政機関の有する指揮監督権に当然含まれると解されており、このような解釈基準としての通達は、下級行政機関を拘束する。

○（国般2012）

18 告示は、行政機関の意思決定や一定の事項を国民に周知させるための形式の一つであり、法規としての性質を有するものはないとするのが判例である。

×（財・労・税2016）「法規としての性質を有するものはないとするのが判例である」が誤り。

19 訓令・通達は、下級行政機関の権限行使を制約するのみでなく、実質的に国民の法的地位に重大な影響を及ぼすことがあるから、法律による行政の原理の観点から、上級行政機関が訓令・通達を発するには法律の授権を要するとするのが通説である。

×（国般1998）「実質的に国民の法的地位に重大な影響を及ぼすことがあるから、法律による行政の原理の観点から、上級行政機関が訓令・通達を発するには法律の授権を要するとするのが通説である」が誤り。

20 通達が示す法律の解釈に従って行われた行政行為に関し、その適法性が裁判で争われる場合には、通達それ自体は適法・違法の判断の基準とならず、当該法律自体についての裁判所の解釈がその基準となるとするのが判例である。

○（国般1998）

21 従来、非課税とされていたパチンコ球遊器につき、旧物品税法上の課税対象物品に当たる旨の通達が発せられたために、税務署長が法令の解釈を変更して行った課税処分は、法律の改正又は制定によらずに通達に基づいて国民に新たな不利益を課すものであり、違法である。

×（財・労2013）「法律の改正又は制定によらずに通達に基づいて国民に新たな不利益を課すものであり、違法である」が誤り。

22 行政機関は、法規命令を制定しようとする場合は行政手続法上の意見公募手続を行わなければならないが、許認可に当たっての審査基準や不利益処分についての処分基準を定めようとする場合に当該意見公募手続を実施するか否かの判断は、各機関の長に委ねられている。

×（国般2012）「各機関の長に委ねられている」が誤り。

23 行政手続法上、同一目的で複数の者に対し行政指導をしようとするときに行政機関が定めることとされている行政指導指針は、意見公募手続の対象となる「命令等」に含まれない。

×（税・財・労2014）「意見公募手続の対象となる『命令等』に含まれない」が誤り。

24 行政手続法上、命令等を定める機関は、命令等を定めた後においても、当該命令等の規定の実施状況、社会経済情勢の変化等を勘案し、必要に応じ、当該命令等の内容について検討を加え、その適正を確保するよう努めなければならないとされている。

○（国般2018）

25 法律に基づく命令等を定めようとする場合には、当該命令等の案及びこれに関連する資料をあらかじめ公示して、広く一般の意見を求めなければならず、その公示は、官報に掲載して行わなければならない。

×（区2022）「その公示は、官報に掲載して行わなければならない」が誤り。

26 意見公募手続を実施して法律に基づく命令等を定める場合には、意見提出期間内に提出された当該命令等の案についての意見を考慮する義務はない。

×（区2022）「考慮する義務はない」が誤り。

27 意見公募手続を実施して法律に基づく命令等を定めた場合には、当該命令等の公布と同時期に、提出意見を公示しなければならず、当該提出意見に代えて、意見を要約したものを公示することはできない。

×（区2022）「当該提出意見に代えて、意見を要約したものを公示することはできない」が誤り。

28 法律に基づく命令等を定めるに当たって意見公募手続を実施したにもかかわらず、当該命令等を定めないこととした場合、その旨を公示する必要はない。

×（区2022）「その旨を公示する必要はない」が誤り。

2 行政契約

行政庁が私人との間で権利義務を設定する場合は、行政行為の形式で行われる場合もあれば、場合によっては契約の形式で行われる場合もあります。意義・特色について整理しましょう。

1 意義と分類

1 意義

【行政契約】

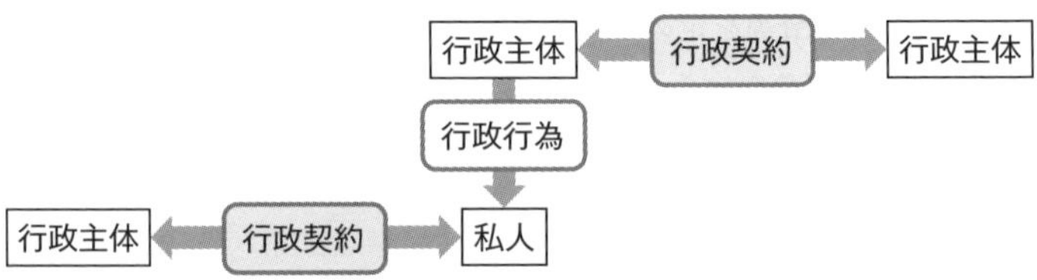

意義 **行政契約**とは、行政主体が対等の当事者として、私人または他の行政主体との間に結ぶ契約をいう。

行政契約は、契約によって権利義務関係が発生するから**法的行為**であり、この点は行政行為と共通するが、契約である以上、相互の自由意思に基づく申込みと承諾の合致があって初めて成立するから**非権力的行為**であり、この点が行政行為と異なる。01

2 分類（契約の当事者の相違による）

【行政契約の分類】

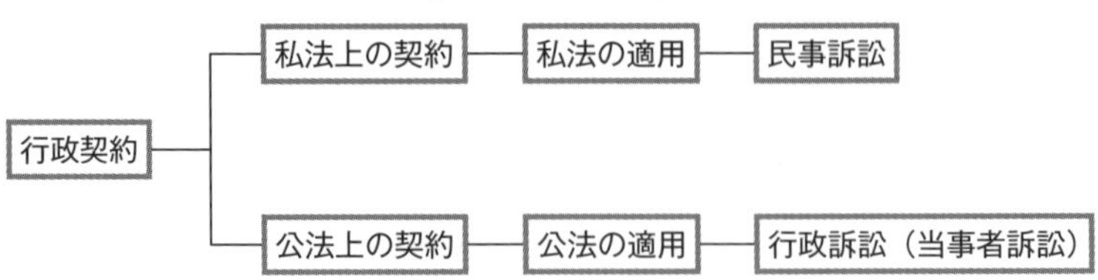

① 私法上の契約

意義 私法上の契約は、**行政主体が私人と異ならない立場で締結**する契約である。(例)公営の鉄道・バスの運送契約、公営住宅貸付契約、官庁用建物の建築請負契約等

私法上の契約には、**私法(民法・商法)の規定が適用**され、訴訟手続も**民事訴訟法**による。01

② 公法上の契約（狭義の行政契約）

意義 公法上の契約は、**行政主体が公益を目的として、公法上の手段として締結**する契約である。(例)公務員の勤務契約、公共用地取得のためになされる土地収用法上の協議、教育事務の委託契約のように行政主体間で結ばれるもの等

公法上の契約は、**公法(行政法)の規定が適用**される。訴訟手続も**行政事件訴訟法(当事者訴訟)**による。

2 行政契約の種類（行政作用による分類）

1 準備（調達）行政における行政契約

行政の物的手段を準備(調達)することを目的とする行政活動が準備(調達)行政である。例えば、国有財産の管理、庁舎建設請負契約、事務用品購入契約等がある。

原則 私法(民法・商法)が適用される。

例外 公法が適用される。国有財産の管理には会計法・国有財産法、地方の財産は地方自治法等が適用される。

2 給付行政における行政契約

① 給付行政

国民に対して一定の給付を行うことを目的とする行政活動が給付行政である。この分野では、行政行為という権力的な行為形式が用いられていた(生活保護の決定など)。しかし、現代行政においては、行政契約という非権力的な形式で、**行政主体と国民が対等な当事者として法律関係を形成**することが多くなっている(公営バス、電車等の運送契約、水道給水契約等)。

原則 私法(民法・商法)が適用される。

例外 公法が適用される。資金交付行政の領域では、国による補助金の交付は補助金適正化法により、社会保障の給付は国民年金法などにより、それぞ

れその**交付・給付決定は行政行為の形式**で行われている。02

② 特徴

給付行政上の行政契約も契約であるから民法規定により規律されるのが原則である。ただし、私人間の契約と異なり、公益とかかわりを持つところから、以下のような特徴を持つ。

特徴	内容
平等取扱いの原則	給付行政上の行政契約は国民の生活に深くかかわるものが多いため、**平等に締結**される必要がある。このため、契約の条件は、法令や条例、管理規則や供給規程などで、客観的・一般的に定められている。一般国民は、あらかじめ決められているこれらの条項に従って一律に契約を結ぶことになる。このような契約を**附合契約**という
契約締結の強制	役務・便益の提供にあたって、行政庁が**正当な理由がないのにそのような契約締結を拒むことは許されない**(水道法15条)。(例)武蔵野市長給水拒否事件、志免町水道給水拒否事件
契約解除の制限	給付行政は継続的かつ安定的に行われなくてはならないから、**正当な理由なく一方的に行政庁側から契約を解除することはできない**

③ 判例

給付行政における行政契約に関する判例として、**武蔵野市長給水拒否事件**(最決平1.11.8)と、**志免町水道給水拒否事件**(最判平11.1.21)がある。

判例　武蔵野市長給水拒否事件(最決平1.11.8)

〈事案〉

武蔵野市は市の宅地開発指導要綱(以下、「要綱」とする。)を定めて、中高層建築物を建設する事業主に一定の行為を求めるとともに、これに従わない事業主に対して市は上下水道に関する必要な協力を行わないものとした。同市内で高層マンションを建築することとなったA建設は、給水契約等を繰り返し市に申請していたが、市は要綱に従わねば申込書を受理しないと応答して、その受理を拒み続けてきた。そこで、市の宅地開発指導要綱を順守させるため、給水契約の締結を留保した行為が、水道法15条1項にいう拒んだ行為に当るかが問題となった。なお、水道法15条1項は、水道事業者は「正当な理由」がなければ給水契約の締結を拒否してはならない、と規定している。

〈判旨〉

既に、A建設は、武蔵野市の宅地開発に関する指導要綱に基づく行政指導には従わない意思を明確に表明し、マンションの購入者も、入居に当たり給水を現実に必要としていたというのである。そうすると、このような時期に至ったときは、水道法上給水契約の締結を義務づけられている水道事業者としては、たとえ右の**指導要綱を事業主に順守させるため行政指導を継続する必要があったとしても、これを理由として事業主らとの給水契約の締結を留保することは許されない**というべきであるから、これを留保した被告人らの行為は、**給水契約の締結を拒んだ行為に当たる。** 03

判例 志免町水道給水拒否事件（最判平11.1.21）

〈事案〉

水道事業者である町が水道水の需要の増加を抑制するため、マンション分譲業者との給水契約の締結を拒否したことで、水道法15条1項にいう「正当の理由」があるかどうか問題となった。

〈要旨〉

水道事業を経営する町がマンション分譲業者からの420戸分の給水契約の申込みに対し契約の締結を拒んだことは、当該町が、全国有数の人口過密都市であり今後も人口の集積が見込まれ、認可を受けた水源のみでは現在必要とされる給水量を賄うことができず、このまま漫然と新規の給水申込みに応じていると**近い将来需要に応じきれなくなり深刻な水不足を生ずることが予測される**という判示の事実関係の下においては、新たな給水申込みのうち、需要量が特に大きく、住宅を供給する事業を営む者が住宅を分譲する目的であらかじめしたものについて給水契約の締結を拒むことにより、**急激な水道水の需要の増加を抑制するためのやむを得ない措置**であって、右の措置には**水道法15条1項にいう「正当の理由」がある**ものというべきである。 04

3 規制（取締）行政における行政契約

① 規制（取締）行政

国民の権利・自由を制限する行政活動が規制（取締）行政である。この分野では行政行為という権力的な形式が中心となる。ところが、現代行政では法律や条例では規制が不十分な分野について、行政契約による手法が利用されるようになっている。その顕著な例が公害防止協定である。

② 公害防止協定

意義 公害防止協定とは、地方公共団体が、公害を発生させるおそれのある事業活動を営む事業者と**公害防止に関する措置について協議し、事業者に公害防止措置を約束させる協定**をいう。

規制行政に契約的手法を用いると、民主的コントロールが不十分になるおそれがありうる。そこで公害防止協定の法的性質が議論されている。

問題点 公害防止協定の法的性質をどのように解するか問題となる。

《A説》 紳士協定説

協定は紳士協定であって、**法的拘束力はない**。

理由 行政上の規制はあくまで法律または条例に基づいて平等に実施されなければならない。

《B説》 契約説(最判平21.7.10)

協定に**法的拘束力を認め**、協定上の義務の不履行に対して**裁判手続による強制を可能**とする。

理由 行政機関が相手方の同意を得て処分可能な利益の譲歩を求めることは許されてよい。

もっとも、契約によって、違反に対する**刑罰や立入検査権**を定めることはできない。これらの実力行使には法律の根拠が必要であり、相手方の同意をもって法律に代えることはできない。

判例 産業廃棄物最終処分場使用差止請求事件(最判平21.7.10)

〈事案〉

知事の許可を得て産業廃棄物の最終処分場を設置しているAが、町と公害防止協定を締結したところ、最終処分場の使用期限を定めた協定の条項は、廃棄物処理法の趣旨に反し、法的拘束力が否定されるかが問題となった。

〈要旨〉

町とその区域内に産業廃棄物処理施設を設置している産業廃棄物処分業者とが締結した**公害防止協定**における、上記施設の使用期限の定め及びその期限を超えて産業廃棄物の処分を行ってはならない旨の定めは、**産業廃棄物処分業者自身の自由な判断で行える事項**であるから、これらの定めにより、廃棄物処理法に基づき上記業者が受けた知事の**許可が効力を有する期間内にその事業又は施設が廃止されることがあったとしても、同法の趣旨に反しない**。

……本件期限**条項の法的拘束力を否定することはできない**。 05

〈解説〉 原審は、使用期限の定めは知事の専権事項である許可に制約を加える点で同法の趣旨に反するとしていた。これに対して本判例が同法の趣旨に反しないとした点については、廃棄物処理法上、処分業者は知事の許可を受けたとしても、事業をいつでもやめることができる(届出で足りる)ことから、事前に使用期限を定めたとしても知事の許可権限を制約することにならないことを踏まえたものとされている。

③ その他の規制的契約

その他の規制行政における行政契約としては、建築協定・緑化(緑地)協定、宅地開発の許可と開発協力金・負担金の納付契約がある。

(ア) 建築協定

意義 **建築協定**とは、敷地や建築物に関して地域の**土地所有権者等の全員が合意により協定を締結**し、行政庁(知事・市長など)の**認可**を受けることによって、**第三者効が発生**するものをいう。 06

趣旨 住民が主体となって、統一的に良好なまちづくりを進めることを目的とする。

【建築協定と第三効】

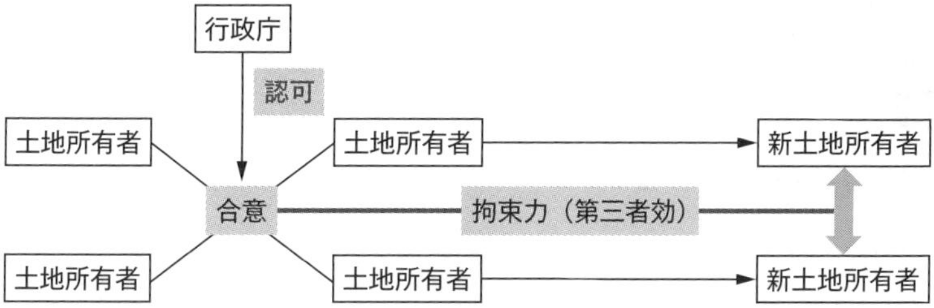

(イ) 緑化協定

意義 **緑化(緑地)協定**とは、緑地の保全や緑化に関して**土地所有者等の全員の合意により協定を締結**し、**市町村長の認可**を受けることによって、**第三者効が発生**するものをいう。

趣旨 住民が主体となって、まちの緑や、宅地における緑の配置を取り決め、緑豊かな潤いのあるまちづくりを進めるためのものである。

4 行政主体間の行政契約

行政主体間の行政契約には、国有財産の地方公共団体への売渡し、道路・河川の管理費用の負担割合、事務の委託の協議がある。07

原則として、民法が適用されるが、事務の委託は権限の変動があるため**法律の根拠が必要**となる。

【行政主体間の行政契約】

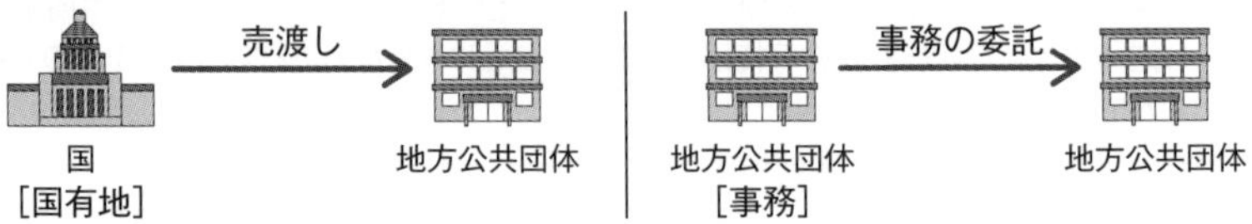

3 行政契約の統制

1 法的統制

① 法律の優位の原則

法の一般原則である信義則、平等原則、比例原則に反する行政契約は認められない。08

理由 法律の優位の原則はあらゆる行政活動に妥当する。

② 法律の留保の原則

法律の根拠がなくても、行政契約を締結することができる。

理由 行政契約は、非権力的作用である。

2 手続的統制

行政契約については、原則として法律の根拠を要することなく締結することができるので、行政契約を適切に統制する手段として、手続的規制が重要となる。

① 議会の議決を要する契約

地方公共団体が締結する契約について、**議会の議決が必要**とされる場合がある(地自法96条1項5号)。

② 入札による契約

原則 一般競争入札

例外 指名競争入札、随意契約、せり売り

(ア) 原則

国及び地方公共団体の契約は、原則として一般競争入札によらなければならない(会計法29条の3、地自法234条)。 09

理由 行政と特定業者たる私人の癒着を防止し、契約関係の公正を確保する。

〈語句〉●**入札**とは、契約の競争締結の際、競争参加者に文書(入札書)により価格等について意思を表示させることをいう。最も有利な内容を表示した者が相手方として契約を締結する。せり売りと異なり、競争者は相互に他の者の表示する内容を知り得ない。

●**一般競争入札**とは、入札情報を公告して参加申込を募り、希望者同士で競争に付して契約者を決める。

●**指名競争入札**とは、特定の条件により発注者側が指名した者同士で競争に付して契約者を決める。

(イ) 例外

契約の性質または目的が競争を許さない場合、緊急の必要により一般競争入札によることができない場合などは、指名競争入札、**随意契約**、せり売りで行うことができる。

〈語句〉●**随意契約**とは、入札によらずに行う契約のこと。

●**せり売り**とは、入札によらずに複数の買い手に価格競争をさせて売買取引を行う方法のこと。

指名競争入札に関して、以下の判例が参考となる。

判例 木屋平村指名回避事件(最判平18.10.26)

〈事案〉

徳島県に属する旧木屋平村(以下「木屋平村」という。)の発注する公共工事の指名競争入札に平成10年度まで継続的に参加していたAが、同11年度から同16年度までの間指名回避措置がとられたことから、逸失利益等の損害賠償を求めて提訴した。なお、以下の判決要旨は12年度以降の措置に関するものである。

〈要旨〉

地方自治法等の法令の趣旨に反する運用基準の下で、主たる営業所が村内にないなどの事情から形式的に村外業者に当たると判断し、そのことのみを理由として、他の条件いかんにかかわらず、およそ一切の工事につき平成12年度以降全く上告人を指名せず指名競争入札に参加させない措置を採ったとすれば、それは、考慮すべき事項を十分考慮することなく、一つの考慮要素にとどまる村外業者であることのみを重視している点において、**極めて不合理であり、社会通念上著しく妥当性を欠く**ものといわざるを得ず、そのような措置に**裁量権の逸脱又は濫用があったとまではいえないと判断することはできない**。 10

重要事項 一問一答

01 行政契約とは？

行政契約とは、行政主体が対等の当事者として、私人または他の行政主体との間に結ぶ契約をいう。

02 私法上の契約とは？　私法上の契約の訴訟手続は？

私法上の契約は、行政主体が私人と異ならない立場で締結する契約である。私法の規定が適用されるから、訴訟手続も民事訴訟法による。

03 公法上の契約とは？　公法上の契約の訴訟手続は？

公法上の契約は、行政主体が公益を目的として、公法上の手段として締結する契約である。訴訟手続は行政事件訴訟法(当事者訴訟)による。

04 公害防止協定の法的性質は？

協定に法的拘束力を認め、協定上の義務の不履行に対して裁判手続による強制を可能とする(契約説)。

05 国・地方公共団体が行政契約を締結する場合、一般競争入札、指名競争入札と随意契約のいずれが原則か？

国及び地方公共団体の契約は、原則として一般競争入札によらなければならない。

過去問チェック

01 行政契約は行政作用の一形式であるため、行政契約の一方当事者である私人は、契約に関して訴訟を提起する場合、他の行政の行為形式の場合と同様に、行政事件訴訟法に定める抗告訴訟によらなければならない。

×(財2022)「他の行政の行為形式の場合と同様に、行政事件訴訟法に定める抗告訴訟によらなければならない」が誤り。

02 給付行政については、特別の規定がない限り契約方式を採ることとされており、国による補助金の交付や社会保障の給付は、いずれも給付を受ける相手方との契約に基づいて行われている。

×(国般2011)「いずれも給付を受ける相手方との契約に基づいて行われている」が誤り。

03 給水契約は、水道事業者である行政主体が私人と対等の地位において締結する私法上の契約であることから、行政主体は、契約自由の原則に基づき、自らの宅地開発に関する指導要綱を遵守させるための手段として、水道事業者が有している給水の権限を用い、当該指導要綱に従わない建設会社らとの給水契約の締結を自由に拒むことができるとするのが判例である。

×（国般2019）全体が誤り。

04 近い将来深刻な水不足を生ずることが予測されるひっ迫した状況の下において、水道事業者が、新たな給水申込みのうち、需要量が特に大きく、住宅を供給する事業を営む者が住宅を分譲する目的であらかじめ申込みしたものについて契約の締結を拒むことにより、急激な水道水の需要の増加を抑制する施策を講ずることは、やむを得ない措置として許されるものというべきでなく、給水契約の申込みを拒んだことは水道法にいう正当な理由がないとした。

×（区2021）「やむを得ない措置として許されるものというべきでなく、給水契約の申込みを拒んだことは水道法にいう正当な理由がないとした」が誤り。

05 廃棄物の処理及び清掃に関する法律には、処分業者による事業の廃止、処理施設の廃止については、知事に対する届出で足りる旨が規定されているものの、処分業者が、公害防止協定において、協定の相手方に対し、その事業や処理施設を将来廃止する旨を約束することは、処分業者自身の自由な判断で行えることではなく、その結果、同法に基づく知事の許可が効力を有する期間内に事業や処理施設が廃止されることがあったときは、知事の専権に属する許可権限を制約することになり、同法に抵触するとするのが判例である。

×（国般2015）「処分業者自身の自由な判断で行えることではなく」「知事の専権に属する許可権限を制約することになり、同法に抵触するとするのが判例である」が誤り。

06 行政契約は、契約や協定の当事者のみを拘束するのが原則であるが、建築基準法上の建築協定や、都市緑地法上の緑地協定等のように、私人間で協定を締結し、行政庁から認可を受けることにより、協定の当事者以外の第三者に対しても効果を持つものがある。

○（国般2015）

07 地方公共団体は、協議により規約を定め、その事務の一部を他の地方公共団体に委託することができるが、これは行政主体間において契約方式を採っている一例である。

○（国般2011）

08 行政契約には、基本的には民法の契約法理が適用されるが、その契約が私人間で一般的に用いられている売買契約であったとしても、契約自由の原則がそのまま貫徹されるわけではなく、平等原則等の行政法の一般原則が適用される。

○（国般2015）

09 国の契約等を規律する会計法では、入札参加者を限定しないで競争入札を行い、予定価格の範囲内で国にとって最も有利な価格を提示した者を落札させる一般競争入札が原則となっていたが、不誠実な者が落札する場合が増加していることに鑑み、同法が改正され、現在では、不誠実な者を排除し、信頼性の高い者を選択することができることが長所とされる指名競争入札が原則となっている。

×（国般2015）「同法が改正され、現在では、不誠実な者を排除し、信頼性の高い者を選択することができることが長所とされる指名競争入札が原則となっている」が誤り。

10 地方自治法等の法令の趣旨に反する運用基準の下で、主たる営業所が村内にない等の事情から形式的に村外業者に当たると判断し、そのことのみを理由として、公共工事の指名競争入札に平成10年度まで継続的に参加していた施工業者をおよそ一切の工事につき平成12年以降全く指名せず指名競争入札に参加させない措置を採ったことは、社会通念上著しく妥当性を欠くものとまではいえず、そのような措置に裁量権の逸脱又は濫用があったとはいえないとした。

×（区2021）「社会通念上著しく妥当性を欠くものとまではいえず、そのような措置に裁量権の逸脱又は濫用があったとはいえないとした」が誤り。

3 行政計画

行政実務では「計画による行政」といわれるように行政計画が多用されています。行政計画の意義、問題点、救済手段について整理しましょう。特に行政計画の処分性に関する判例に注意しましょう。

1 意義と分類

1 意義

意義 **行政計画**とは、**行政庁が一定の目的のために目標を設定**し、その**目標を達成するための手段を総合的に提示**するものをいう 01 。(例)地域防災計画、交通安全計画等

現代行政では、行政の対象が多様化・広範化・複雑化しているため、行政目的を効果的に達成するためには、具体的な行政目標とその実現のための施策(手段)を体系的に示したプログラム(プラン)を設定しなければならない。

2 分類

① 法律の根拠の有無

法定計画	法律の規定に基づき策定される計画のこと
事実上の計画	法律の根拠のない事実上の計画のこと

② 法的拘束力の有無

拘束的計画	利害関係人に対して法的拘束力を生じる計画のこと (例)都市計画、土地区画整理事業等 02
非拘束的計画	国民の権利義務に影響を及ぼさない計画 (例)政策的指針、ガイドライン等

③ 計画の対象とする期間

計画の対象とする期間に応じて、**長期計画**、**中期計画**、**短期計画**に分類することができる。

④ 計画の及ぶ地域

計画の及ぶ地域に応じて、**全国計画、地方計画、地域計画**に分類することができる。

3 行政計画の具体例

本試験において出題されている行政計画について、具体的なイメージをつかむために都市計画について説明する。

① 都市計画

意義 **都市計画**とは、**都市の健全な発展と秩序ある整備を図るための土地利用、都市施設の整備及び市街地開発事業に関する計画**で、都市計画法に基づいて定められるものをいう。

主な都市計画は、①市街化区域と市街化調整区域の**線引き**、第一種低層住居専用地域、商業地域、工業地域等の**用途地域の設定**などの**土地利用に関する計画**、②道路、公園、下水道その他の**都市施設の整備に関する計画**、③土地区画整理事業その他の**面的開発事業に関する計画**などを定めている。

〈語句〉●**市街化区域**とは、すでに市街地を形成している区域及びおおむね10年以内に優先的かつ計画的に市街化を図るべき区域をいう。**市街化調整区域**とは、市街化を抑制すべき区域をいう。

② 土地区画整理事業

意義 **土地区画整理事業**とは、土地区画整理法に基づいて行われる**土地の区画形質の変更及び公共施設の新設・変更の事業**のことをいう。都市計画区域内の土地について、公共施設の整備及び宅地利用の増進を図るため行われる。

【土地区画整理事業】

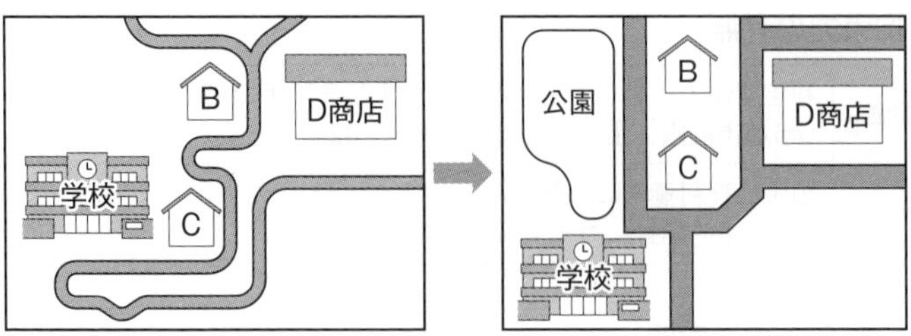

土地区画整理事業計画前　　計画後

③ 土地区画整理組合

意義 土地区画整理組合とは、**土地区画整理法に基づいて設立される組合**で、法人格を有するものをいう。事業の施行地区となるべき宅地の所有権者、借地権者の３分の２以上の同意を得た上、事業計画書の縦覧、意見書の提出・処理など所定の手続を経て都道府県知事の認可を受けて設立され、その効果として、施行地区内の宅地の所有権者、借地権者はすべてその組合員となる。

④ 土地改良事業

意義 **土地改良事業**とは、**農業農村を整備する事業のうち、農業生産基盤の整備を行う事業**のことをいう。

⑤ 都市再開発事業

意義 **都市再開発事業**とは、都市計画法及び都市再開発法に定めるところに従って行われる**建築物及び建築物の敷地の整備並びに公共施設の整備に関する事業並びにこれに附帯する事業**のことである。

市街地の土地の合理的かつ健全な高度利用と都市機能の更新を図ることを目的とし、権利変換手続(建物、土地所有者等の権利を再開発ビルの床に関する権利に原則として等価で変換する)により行われる**第一種市街地再開発事業**と、管理処分手続(施行地区内の建物・土地等を施行者が買収又は収用し、買収又は収用された者が希望すれば、その買収代金に代えて再開発ビルの床を与える)により行われる**第二種市街地再開発事業**とがある。

2 行政計画に対する統制

1 法律の根拠の要否

行政計画に法律の根拠が必要か否かは、策定しようとする計画が私人の権利義務に影響を与えるか否かによる。すなわち、私人に対して**法的拘束力を生じる計画(拘束的計画)であれば、法律の根拠が必要**となり、**法的拘束力を生じない計画(非拘束的計画)であれば、法律の根拠は不要**となる。03

2 計画裁量と統制の必要性

行政計画の策定には、行政機関に広い裁量が与えられるのが一般的である(**計画裁量**)。そのため、計画により規制を受ける住民を保護し、住民の意思を計画に反映させる必要がある。そこで、行政計画に対する手続的統制が重要となる。

行政計画に対する手続的統制に、一般的法律は存在せず、個別の法律による規制しかない。したがって、**行政手続法の適用はない**。04

以下、個別の法律における主な手続について説明する。

① 公告・縦覧・意見書の提出

計画案を一定期間公告して、利害関係人の縦覧に供し、不服のある者に意見書を提出させる手続である 04。(例)土地区画整理事業計画の策定に際し、利害関係人(計画区域内の土地所有者等)に原案を縦覧してその意見を聴取する。

② 公聴会

公共事業や公共施設の設置などに関する計画の策定の際に、広く一般利害関係人の意見を聞く手続である 04。(例)飛行場設置の許可の際に国土交通大臣が行う公聴会、都市計画案作成に際しての公聴会

③ 審議会

行政庁が計画策定に際して、専門技術的な事項や利害の錯綜する事柄について諮問する機関である。(例)土地区画整理事業計画策定についての審議会

3 行政計画に対する救済

1 行政計画と取消訴訟

行政計画の内容によっては、計画の策定・公告により利害関係人は不利益を被るおそれがある。このため、利害関係人には、このような行政計画を取消訴訟によって取り消すことができないか、行政計画に処分性(行政事件訴訟法３条２項)が認められるのか問題となる。

判例は、**取消訴訟の対象となる「行政庁の処分」**(行政事件訴訟法３条２項)とは、「行政庁の法令に基づく行為のすべてを意味するものではなく、公権力の主体たる国または公共団体が行う行為のうち、その行為によって、**直接国民の権利義務を形成しまたはその範囲を確定することが法律上認められているもの**をいう」としている(最判昭39.10.29、詳細は第６章 2 項 1「処分の取消しの訴え」で扱う)。

① 処分性を否定した判例

判例は、多くの行政計画について、一般的抽象的行為の色彩が強く、具体性を欠

くため、処分性が認められないとしている。

判例　盛岡広域都市計画用途地域指定の無効確認請求（最判昭57.4.22）

〈事案〉

❶Y（岩手県知事）は、都市計画法に基づき東見前地区を工業地域に指定すること等を内容とする盛岡広域都市計画用途地域の決定をした。❷同地区に土地を所有し、病院を経営するXは、当該工業地域の指定により将来的に予定していた病院施設の拡張が困難になったことから、工業地域の指定の無効確認ないし取消しを求めて出訴した。

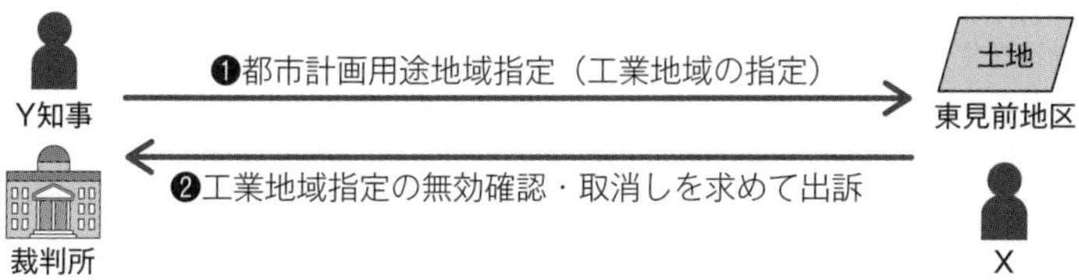

〈要旨〉

都市計画区域内において工業地域を指定する決定が、当該地域内の土地所有者等に建築基準法上新たな制約を課し、その限度で一定の法状態の変動を生ぜしめるものであることは否定できないが、かかる効果は、あたかも新たに右のような制約を課する法令が制定された場合におけると同様の**当該地域内の不特定多数の者に対する一般的抽象的な効果**にすぎず、このような効果を生ずるということだけから直ちに右地域内の個人に対する具体的な権利侵害を伴う処分があったものとして、これに対する**抗告訴訟を肯定することはできない**。 05

② 処分性を肯定した判例

最高裁は近時、行政計画の内容や法的位置づけ等から処分性を肯定している。

判例　大阪市都市再開発事業計画の決定取消訴訟（最判平4.11.26）

〈事案〉

❶Y（大阪市）が、大阪都市計画事業阿倍野A１地区第二種市街地再開発事業の事業計画を決定・公告したところ、❷当該地区に土地・建物を所有するXは、当該事業計画の決定は違法であるとして取消しを求めて出訴した。

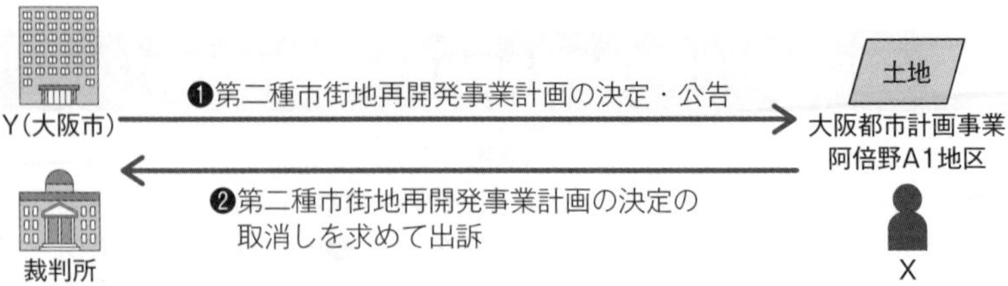

〈判旨〉

再開発事業計画の決定は、その**公告の日から、土地収用法上の事業の認定と同一の法律効果を生ずるもの**であるから、市町村は、右決定の公告により、同法に基づく収用権限を取得するとともに、その結果として、施行地区内の土地の所有者等は、特段の事情のない限り、**自己の所有地等が収用されるべき地位に立たされる**こととなる。……そうであるとすると、公告された再開発事業計画の決定は、施行地区内の土地の所有者等の法的地位に直接的な影響を及ぼすものであって、**抗告訴訟の対象となる行政処分に当たる**と解するのが相当である。 06

判例 浜松市土地区画整理事業計画事件（最大判平20.9.10）

〈事案〉

❶Y（浜松市）が、西遠広域都市計画事業上島駅周辺土地区画整理事業の事業計画を決定・公告したところ、❷土地区画整理事業の施行地区内に土地を所有するXは、当該事業計画の決定は違法であるとして取消しを求めて出訴した。

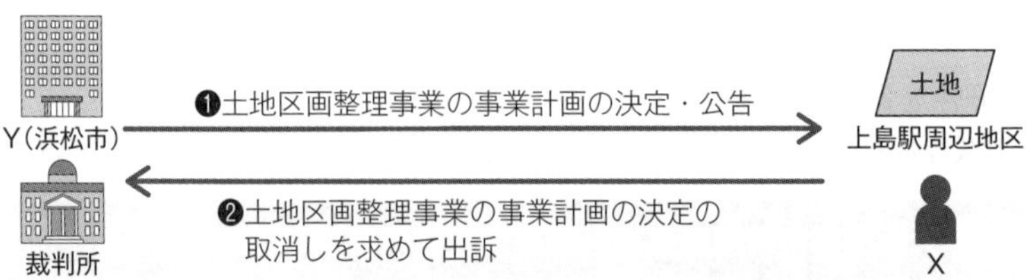

〈判旨〉

市町村の施行に係る土地区画整理事業の事業計画の決定は、**施行地区内の宅地所有者等の法的地位に変動をもたらすもの**であって、抗告訴訟の対象とするに足りる法的効果を有するものということができ、**実効的な権利救済を図るという観点**から見ても、これを対象とした抗告訴訟の提起を認めるのが合理的である。したがって、上記事業計画の決定は、行政事件訴訟法3条2項にいう「**行政庁の処分その他公権力の行使に当たる行為**」**に当たる**と解するのが相当である。 07

2 計画の変更と金銭的救済

行政計画の変更によって、協力していた私人に不測の金銭的救済を与える場合がある。もとより、行政主体が決定した施策が社会情勢の変動等に伴って変更されることがあることは当然であって、行政主体は原則として当該決定に拘束されるものではない。他方、協力者である私人に一方的に不利益を受忍させるわけにもいかない。そこで、このような私人には、一定の範囲で信頼保護の利益が保障される必要がある。以下の判例が重要である。

判例 宜野座村事件（最判昭56.1.27）

〈事案〉

地方公共団体Y村が、工場誘致計画に基づいて業者Xに製紙工場の誘致をし、業者は当該地域に工場の建設を開始したところ、工場誘致反対の新村長が就任したため誘致計画は変更、工場建設への協力は中止されることになった。このため業者Xは、計画を信頼して工場建設を進めたのにもかかわらず、その変更によって不測の損害を受けたとして、Y村に対して損害賠償の請求をした。

〈要旨〉

たとえ地方公共団体の勧告ないし勧誘に基づいて特定者と当該地方公共団体との間に地方公共団体の施策の維持を内容とする**契約が締結されたものとは認められない場合であっても**、密接な交渉を持つに至った当事者間の関係を規律すべき信義衡平の原則に照らし、その**施策の変更にあたってはかかる信頼に対して法的保護が与えられなければならない**ものというべきである。すなわち、施策が変更されることにより、勧告等に動機づけられて前記のような活動に入った者がその信頼に反して所期の活動を妨げられ、社会観念上看過することのできない程度の積極的損害を被る場合に、地方公共団体においてその**損害を補償するなどの代償的措置を講ずることなく施策を変更**することは、それがやむをえない客観的事情によるのでない限り、**当事者間に形成された信頼関係を不当に破壊するものとして違法性を帯び、地方公共団体の不法行為責任を生ぜしめる**ものといわなければならない。08

重要事項 一問一答

01 行政計画に法律の根拠が必要となるのか？

利害関係人に対して法的拘束力を生じる計画には、法律の根拠が必要となる。

02 行政計画に対する手続的統制のために、行政手続法の適用があるのか？

ない。

03 行政計画に対する取消しを求める抗告訴訟を認めた判例は（2つ）？

判例は、第二種市街地再開発事業計画や土地区画整理事業計画の決定に対する取消しを求める抗告訴訟を認めている。

04 行政計画の変更によって不利益を受けた者に対して金銭的救済を認めることができるか（判例は）？

判例は、損害の賠償請求ができる場合があるとする。

過去問チェック

01 行政計画とは、行政権が一定の公の目的のために目標を設定し、その目標を達成するための手段を総合的に提示するものである。

○（財・労2021改題）

02 行政計画とは、行政機関が定立する計画であって、一定の行政目標を設定しその実現のための手段・方策の総合的調整を図るものであり、法的拘束力の有無により拘束的計画と非拘束的計画とに分類でき、非拘束的計画の例としては、都市計画や土地区画整理事業計画がある。

×（区2009）「都市計画や土地区画整理事業計画がある」が誤り。

03 行政計画とは、行政権が一定の目的のために目標を設定し、その目標を達成するための手段を総合的に提示するものであり、私人に対して法的拘束力を持つか否かにかかわらず、法律の根拠を必要としない。

×（区2016）「私人に対して法的拘束力を持つか否かにかかわらず、法律の根拠を必要としない」が誤り。

04 行政計画の策定において、計画策定権者に対して広範囲な裁量が認められるため、手続的統制が重要になることから、公聴会の開催や意見書の提出などの計画策定手続は、個別の法律のみならず行政手続法にも規定されている。

×（区2016）「のみならず行政手続法にも」が誤り。

05 都市計画区域内において工業地域を指定する決定は、当該地域内の土地所有者等に建築基準法上新たな制約を課し、その限度で一定の法状態の変動を生ぜしめるものであることは否定できないが、その効果は、新たに当該制約を課する法令が制定された場合と同様の当該地域内の不特定多数の者に対する一般的抽象的なものにすぎず、抗告訴訟の対象となる処分には当たらないとするのが判例である。

○（財・労2021）

06 最高裁判所の判例では、都市再開発法に基づく第二種市街地再開発事業の事業計画の決定は、施行地区内の土地の所有者の法的地位に直接的な影響を及ぼすものであっても、抗告訴訟の対象となる行政処分には当たらないとした。

× (区2009)「抗告訴訟の対象となる行政処分には当たらないとした」が誤り。

07 最高裁判所の判例では、西遠広域都市計画事業上島駅周辺土地区画整理事業の事業計画の決定は、施行地区内の宅地所有者等の法的地位に変動をもたらすものであって、抗告訴訟の対象とするに足りる法的効果を有し、行政庁の処分その他公権力の行使に当たる行為と解するのが相当であるとした。

○ (区2016)

08 最高裁判所の判例では、地方公共団体の工場誘致施策について、施策の変更があることは当然であるから、損害を補償するなどの代償的措置を講ずることなく施策を変更しても、当事者間に形成された信頼関係を不当に破壊するものとはいえず、地方公共団体に不法行為責任は一切生じないとした。

× (区2016)「当事者間に形成された信頼関係を不当に破壊するものとはいえず、地方公共団体に不法行為責任は一切生じないとした」が誤り。

4 行政指導

1993（平成5）年に成立した行政手続法で、行政指導が初めて規制されました。行政手続法の条文とこれまでの判例の流れを確認しましょう。

1 意義と分類

1 意義

意義 **行政指導**とは、行政機関がその**任務又は所掌事務の範囲内**において、一定の行政目的を実現するため、**特定の者**に一定の作為又は不作為を求める**指導、勧告、助言その他の行為**であって**処分に該当しないもの**をいう（行政手続法2条6号、以下行手法とする）。01

① 特徴

非権力的行為	事実行為
相手方（対象者）に対して命令・強制する力はなく、相手方の任意の協力により行われる 02	行政行為と異なり、権利・義務といった法律上の効果を伴わない

② 長所と短所

長　所	短　所
・法律の根拠なく行うことができ、**行政需要に迅速に対応**できる ・命令や強制がないため、対象者との**抵抗や摩擦が少ない**	・本来法律に基づく規制が、規制的行政指導として事実上強制される ・誤った行政指導により損害を受けた私人の救済が困難である ・監督官庁と対象者との癒着により行政が腐敗し、一般国民が不利益を受ける

2 分類

行政指導はその内容に応じて以下のように分類される。これは行政行為の種類に対応している。

分類	内容
規制的行政指導	私人の**権利・自由を規制**する目的で行う行政指導である。 (例)住環境の維持の観点からなされる行政指導(最判昭60.7.16)、石油料金値上げのための行政指導(最判昭57.3.9)などがある
調整的行政指導	私人間の**利害の調整や紛争を解決**するために行う行政指導である。 (例)マンション建築主と近隣住民の建築紛争の調整。建築主には規制的行政指導ともなり得る
助成的行政指導	私人に対する**情報を提供**し、私人の**活動を助成**するために行う行政指導である。 (例)税務署の申告相談、農家に対する技術的助言がある

2 行政指導と法的統制

1 法律の優位の原則との関係

法律の優位の原則は、あらゆる行政活動に適用されるから、行政指導にも全面的に妥当する。

① 制定法との関係

制定法の**趣旨・目的に抵触する行政指導は違法**である(最判昭59.2.24)。03

② 法の一般原則との関係

法の一般原則に反する行政指導は違法である。すなわち、平等原則、**比例原則**、**禁反言**、**信頼保護の法理**などが行政指導にも妥当する(最判昭56.1.27、宣野座村事件参照)。04

判例 制定法の趣旨・目的に抵触する行政指導(最判昭59.2.24)

〈事案〉

通産省による灯油等の価格形成の行政指導が独占禁止法に抵触しないかが問題となった。

〈判旨〉

流動する事態に対する円滑・柔軟な行政の対応の必要性にかんがみると、石油業**法に直接の根拠を持たない価格に関する行政指導**であっても、これを必要とする事情がある場合に、これに対処するため社会通念上相当と認められる方法によって行われ、「一般消費者の利益を確保するとともに、国民経済の民主的で健全な発達を促進する」という独禁**法の究極の目的に実質的に抵触しないものである限り、これを違法とすべき理由は**ない。05

〈解説〉 この判例より、法律の趣旨・目的に抵触する行政指導は違法と判断されることになる。

2 法律の留保の原則との関係

行政手続法は、行政指導に法律の根拠を要求していない。 06

問題点 法律の留保の原則との関係で、行政指導に法律の根拠が必要となるのか。

結論 行政指導に法律の根拠は必要とされない(通説)。

理由 ① 行政指導は、事実行為であり、相手方に対する直接の強制力もない(侵害留保説)。

② 行政指導は、非権力的行為である(権力留保説)。

〈解説〉 ① **最高裁**は、規制的行政指導である建築確認に際しての行政指導(行政指導による建築確認の留保)について、**法律の具体的根拠を必要としない**としている(最判昭60.7.16) 07。学説には、規制的行政指導については、原則として法律の根拠が必要とする見解も有力である。

② 法律の根拠がある行政指導もある(国土法24条)。

③ 行政の統一を図る見地から、宅地開発指導要綱などの行政規則に基づいてなされる行政指導もある。

3 行政手続法による規律

1 手続的規制の趣旨

行政指導が理論上は非権力的行為であるにもかかわらず、実際上は権力的に、しかも責任の所在を曖昧にしたままに行われてきたことから、行政手続法は、**責任の所在の明確化**と行政指導の**権力化を阻止**する目的でいくつかの手続的規制を設けている。

2 行政指導の一般原則（権力化の阻止）

① 行政指導の権限と限界

行政指導に携わる者は、いやしくも**当該行政機関の任務又は所掌事務の範囲を逸脱してはならない**（行手法32条１項前段）。08

趣旨 **権力化の阻止**のために、行政指導の権限と限界を示した。

② 行政指導の任意性

行政指導に携わる者は、行政指導の内容があくまでも**相手方の任意の協力によってのみ実現**されるものであることに留意しなければならない（行手法32条１項後段）。09

趣旨 行政指導には事実上の強制力があるため、権力化の阻止を図る。

③ 不利益取扱いの禁止

行政指導に携わる者は、その相手方が**行政指導に従わなかったことを理由として不利益な取扱いをしてはならない**（行手法32条２項）。09

趣旨 行政指導には事実上の強制力があるため、権力化の阻止を図る。

3 申請に関連する行政指導

申請の取下げ又は内容の変更を求める行政指導にあっては、行政指導に携わる者は、**申請者が当該行政指導に従う意思がない旨を表明した**にもかかわらず**当該行政指導を継続すること等により当該申請者の権利の行使を妨げるようなことをしてはならない**（行手法33条）。10

要約 申請の取下げ又は内容の変更を求める行政指導に従わない旨の表明があったら、行政指導を止めなければならない。

申請に関する行政指導については、品川マンション事件（最判昭60.7.16）が重要である。

判例 **品川マンション事件（行政指導の限界）（最判昭60.7.16）**

〈事案〉

A社はマンション建設のため都の建築主事に建築確認を申請したが、日照阻害などを理由に近隣住民が反対運動を始めたため、都は両者間で話し合いによる円満解決を指導した。建築主事も話し合いの結果を見守るため建築確認を留保した。しかし話し合いで合意にいたらなかったためAは行政指導に服さない意思を明らかにし、確認の遅延により生じた損害を都に請求した。

〈要旨〉

当該地域の生活環境の維持、向上を図るために、建築主に対し、当該建築物の建築計画につき一定の譲歩・協力を求める行政指導を行い、**建築主が任意にこれに応じているものと認められる**場合においては、**社会通念上合理的と認められる期間建築主事が申請に係る建築計画に対する確認処分を留保**し、行政指導の結果に期待することがあったとしても、これをもって直ちに**違法な措置であるとまではいえない。** 11

建築主において自己の申請に対する確認処分を留保されたままでの**行政指導には応じられないとの意思を明確にしている**場合には、かかる建築主の明示の意思に反してその受忍を強いることは許されない筋合のものであるといわなければならず、当該建築主が受ける不利益と右行政指導の目的とする公益上の必要性とを比較衡量して、行政指導に対する建築主の不協力が社会通念上正義の観念に反するものといえるような**特段の事情が存在しない限り、行政指導が行われているとの理由だけで確認処分を留保することは、違法**であると解するのが相当である。 12

4 許認可などの権限に関連する行政指導

許認可等をする権限又は許認可等に基づく処分をする権限を有する行政機関が、当該**権限を行使することができない場合**又は**行使する意思がない場合**においてする行政指導にあっては、行政指導に携わる者は、当該**権限を行使し得る旨を殊更に示すことにより相手方に当該行政指導に従うことを余儀なくさせるようなことをしてはならない**(行手法34条)。 13

要約 行政機関が許可できない・許可する意思がないにもかかわらず、「行政指導に従えば許可するよ」という行政指導をしてはいけない。

趣旨 本来的には許されない許認可権限の行使をほのめかすことによって、行政指導への服従を強いることを禁止する。

5 行政指導の方式

① 明確化の原則

(ア) 全ての行政指導

行政指導に携わる者は、その相手方に対して、当該**行政指導の趣旨及び内容並びに責任者**を明確に示さなければならない(行手法35条1項)。 14

趣旨 行政指導の相手方が指導の趣旨・内容等を十分に理解できるようにする。

(イ) 権限濫用型行政指導の場合

行政指導に携わる者は、当該行政指導をする際に、行政機関が許認可等をする権限又は許認可等に基づく処分をする権限を行使し得る旨を示すときは、その相手方に対して、以下の事項を示さなければならない。(行手法35条2項) 15

【相手方に示す事項】
一　当該権限を行使し得る根拠となる法令の条項
二　前号の条項に規定する要件
三　当該権限の行使が前号の要件に適合する理由

〈語 句〉●**権限濫用型行政指導**とは、行政機関の有する許認可等の権限を濫用するかたちで相手方に行政指導の内容の履行を余儀なくさせるタイプの行政指導のことをいう。

② 行政指導の方式

原則 ①　書面による行政指導の場合
書面に当該**行政指導の趣旨及び内容並びに責任者**を明確に示さなければならない。
②　口頭による行政指導の場合(行手法35条3項) 16
相手方から当該行政指導の趣旨及び内容並びに責任者を明確に記載した**書面の交付を求められた**ときは、当該行政指導に携わる者は、**行政上特別の支障がない限り、書面を交付**しなければならない(書面交付義務)。 17

例外 以下のいずれかの場合には、書面の交付は不要となる(同条4項)。 18
①　災害時における緊急避難勧告のような**相手方に対しその場において完了する行為を求める行政指導**
②　既に文書又は電磁的記録によりその**相手方に通知されている事項と同一の内容を求める行政指導**

6 複数の者を対象とする行政指導

同一の行政目的を実現するため、一定の条件に該当する**複数の者に対し行政指導**をしようとするときは、行政機関は、**あらかじめ**、事案に応じ、**行政指導指針を定め、かつ、**行政上特別の支障がない限り、これを**公表**しなければならない(行手法36条)。**行政指導指針の設定**と**公表は、行為義務**である。 19

趣旨 一定目的のために複数の者に対する行政指導について、内容の具体化・類型化に努めると共に行政の透明性と公平性を確保する。

本条に規定する行政指導指針は、意見公募手続の対象となる命令等に含まれる(行手法2条8号ニ)。 20

4 要綱行政

1 意義

意義 要綱とは、行政機関が制定する、**行政指導の基準に関する行政内部での行政規則**であって、法律や条例といった**正式の法規ではないもの**をいう。

地方公共団体においては、1970年以降、地域社会の健全な形成のために、行政指導の基準として要綱を作り、建築行為、宅地開発、大規模店舗の出店規制などについて、組織的に行政指導を展開した。

趣旨 行政指導が個々の職員によって不統一に行われると行政目的を達しえないおそれがあるので、行政の統一を図るために定められる。

2 限界

行政指導は、たとえ要綱に基づいているとしても法的拘束力を欠く。したがって行政庁が公権力を発動してその実効性を貫くことは違法である。以下の判例が重要である。

判例 武蔵野市長給水拒否事件（最決平1.11.8）

〈事案・判旨〉

本章 **2** 節「行政契約」参照 21

〈解説〉 本判例は、水道法に基づき給水契約の締結を拒むことができる「正当の理由」もないと判示している。

5 救済方法

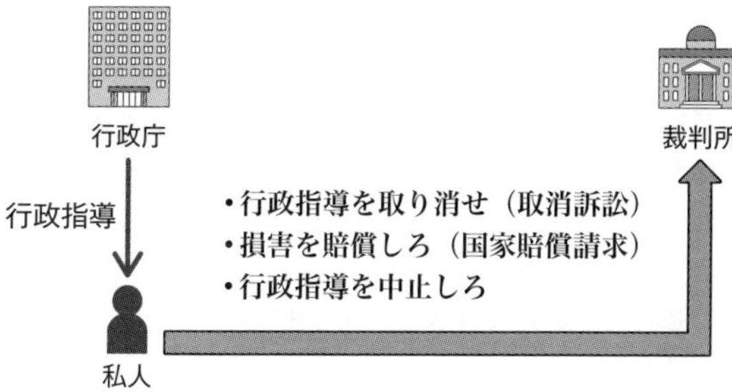

違法な行政指導を受ける私人をどのようにして救済するか問題となる。

1 取消訴訟

問題点 違法な行政指導を取消訴訟で争うことができるか。

原則 **取消訴訟で争うことはできない**(最判昭38.6.4)。22

理由 行政指導は「処分」ではない、すなわち、行政指導は、非権力的な事実行為であって、直接的な法的効果をもたらさないから「行政庁の処分その他公権力の行使に当たる行為」に当たらない。

例外 取消訴訟で争うことが**できる場合もある**。

判例には、医療法の規定に基づき都道府県知事が行う病院開設の中止の勧告につき、処分性を認めたものがある(最判平17.7.15)。詳細は第6章 2 節「取消訴訟の訴訟要件①」で扱う。

2 国家賠償請求

問題点 違法な行政指導に対して国家賠償請求をすることができるか。

結論 行政指導が国家賠償法1条の「公権力の行使」に当たり**違法と評価**できれば、国家賠償請求をすることができる(最判平5.2.18参照)。23

理由 国家賠償法1条は「公権力の行使」を要件としているが、これは非権力的行為を含めて広く公行政活動を含むと解されているからである(ただし、純粋な私経済活動と国賠法2条が適用される場合は除く)。

行政指導と国家賠償請求に関連する判例として、**教育施設負担金返還請求訴訟**(最判平5.2.18)、発展 **第一次石油連盟事件**(最判昭57.3.9)、**宜野座村事件**(最判昭56.1.27)がある。

判例 **教育施設負担金返還請求訴訟（最判平5.2.18）**

〈事案〉

市がマンションを建築しようとする事業主に対して宅地開発指導要綱に基づく行政指導により教育施設負担金の納付をしたが、それが寄付を強要する違法なものであるとして事業主が返還請求をした。

〈要旨〉

市が行政指導として教育施設の充実に充てるために事業主に対して寄付金の納付を求めること自体は、**強制にわたるなど事業主の任意性を損うことがない限り、違法ということはできない。** 24

しかし、市がマンションを建築しようとする事業主に対して指導要綱に基づき教育施設負担金の寄付を求めた場合において、右指導要綱が、これに従わない事業主には水道の給水を拒否するなどの制裁措置を背景として義務を課することを内容とするものであって、右行為が行われた当時、これに従うことのできない事業主は事実上建築等を断念せざるを得なくなっており、現に指導要綱に従わない事業主が建築したマンションについて水道の給水等を拒否していたなど判示の事実関係の下においては、右行為は、**行政指導の限度を超え、違法な公権力の行使に当たる。** 25

判例 **宜野座村事件（最判昭56.1.27）**

〈事案・判旨〉

本章**3**節「行政計画」参照 04

3 行政指導の中止等の求め

① 行政指導の中止等の求めの内容

原則 **法令に違反する行為の是正を求める行政指導**（その根拠規定が法律に置かれているものに限る）**の相手方**は、当該行政指導が**当該法律に規定する要件に適合しない**と思料するときは、当該行政指導をした行政機関に対し、その旨を申し出て、**当該行政指導の中止その他必要な措置をとることを求めることができる**（行手法36条の２第１項本文）。26

例外 行政指導がその相手方について**弁明その他意見陳述のための手続を経てされたもの**であるときは、当該行政指導について行政指導の**中止等の求めをすることはできない**（36条の２第１項ただし書）。26

② 手続

行政指導の中止等の求めは、当該行政機関に対し、所定の事項を記載した申出書を提出してしなければならない(行手法36条の2第2項)。

③ 申出を受けた行政機関の対応

行政指導の中止等の求めを受けた当該行政機関は、**必要な調査**を行い、申出に係る**行政指導が法律に規定する要件に適合しないと認める**ときは、当該行政指導の**中止その他必要な措置**をとらなければならない(行手法36条の2第3項)。27

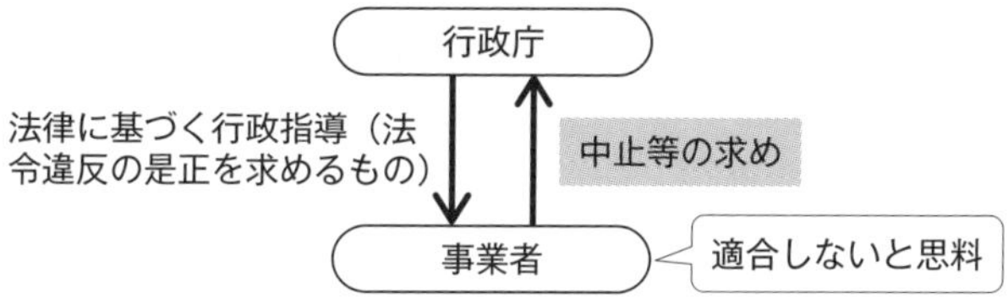

重要事項 一問一答

01 行政指導とは？

行政指導とは、行政機関がその任務又は所掌事務の範囲内において、一定の行政目的を実現するため、特定の者に一定の作為又は不作為を求める指導、勧告、助言その他の行為であって処分に該当しないものをいう。

02 行政指導の特徴は（2つ）？

非権力的行為であり、事実行為である。

03 法律の優位の原則は、行政指導に妥当するのか？

全面的に妥当する。

04 法律の留保の原則との関係で、行政指導に法律の根拠が必要か？

法律の根拠を必要としない。

05 行政指導の一般原則（権力化阻止）の内容は（3つ）？

①行政指導の権限と限界、②行政指導の任意性、③不利益取扱いの禁止

06 口頭の行政指導をして、相手方から当該行政指導の趣旨等について書面の交付を求められた場合は？

行政上特別の支障がない限り、行政指導の趣旨及び内容並びに責任者を明確に記載した書面を交付しなければならない。

07 同一の行政目的で複数の者に対して行政指導をしようとする場合、何をすべきか？

行政機関は、あらかじめ、事案に応じ、行政指導指針を定め、かつ、行政上特別の支障がない限り、これを公表しなければならない。

08 **違法な行政指導について取消訴訟で争うことができるか？**

行政指導は「処分」ではないから、原則として、取消訴訟で争うことができない。

09 **違法な行政指導に対して国家賠償請求をすることができるか？**

行政指導が公権力の行使に当たり、違法と評価できれば、国家賠償請求が可能である。

過去問チェック

01 行政指導とは、行政機関がその任務において一定の行政目的を実現するため、特定の者に一定の作為又は不作為を求める指導、勧告、処分、助言に該当する行為である。

×（区2011）「処分」が誤り。

02 行政指導は、相手方に対する直接の強制力を有するものではないが、相手方にその意に反して従うことを要請するものであり、私人の権利又は利益を侵害するものであるから、法律の具体的根拠に基づいて行われなければならない。

×（国般2021）「相手方にその意に反して従うことを要請するものであり、私人の権利又は利益を侵害するものであるから、法律の具体的根拠に基づいて行われなければならない」が誤り。

03 行政指導は、法律の根拠は必要ないから、行政機関がその任務又は所掌事務の範囲を逸脱せずに行い、かつ、その内容があくまでも相手方の任意の協力によって実現されるものであれば、制定法の趣旨又は目的に抵触するようなものであっても、違法とはならない。

×（国般2013）「制定法の趣旨又は目的に抵触するようなものであっても、違法とはならない」が誤り。

04 地方公共団体が継続的な施策を決定した後に社会情勢の変動等により施策が変更された場合、当該決定が特定の者に対し特定内容の活動を促す勧告・勧誘を伴い、その活動が相当長期にわたる当該施策の継続を前提としてはじめてこれに投入する資金等に相応する効果を生じ得る性質のものである等の事情があるときであっても、その者との間に当該施策の維持を内容とする契約が締結されていないときは、当該変更によりその者に損害が生じた場合であっても、地方公共団体の不法行為責任は生じないとするのが判例である。

×（労・税2010）「地方公共団体の不法行為責任は生じないとするのが判例である」が誤り。

05 法律に直接の根拠を持たない製品価格に関する行政指導であっても、これを必要とする事情がある場合に、これに対処するため社会通念上相当と認められる方法によって行われ、一般消費者の利益を確保するとともに、国民経済の民主的で健全な発達を促進するという独禁法の究極の目的に実質的に抵触しないものである限り、違法とはいえない。
○（財・労・税2018）

06 行政指導のうち、知識や情報などを提供するいわゆる助成的指導については法律の根拠は特に要しないが、相手方の権利・利益を実質的に制限するいわゆる規制的指導については、行政手続法において、具体的な法律上の根拠を必要とする旨が定められている。
×（労・税2001）「行政手続法において、具体的な法律上の根拠を必要とする旨が定められている」が誤り。

07 行政指導は事実行為であるが、行政目的達成のための手段として用いられているのであるから、法律による行政の原理との関係から、行政指導は、一般に法律の具体的根拠に基づく必要があるとするのが判例である。
×（財・労・税2014）「法律による行政の原理との関係から、行政指導は、一般に法律の具体的根拠に基づく必要があるとするのが判例である」が誤り。

08 行政指導の最大の効用は、法律の不備や欠陥を補って新しい行政需要に機敏に対応するところにあるため、行政機関の所掌事務の範囲外の事項でも行政指導を行うことができる。
×（区2011）「行政機関の所掌事務の範囲外の事項でも行政指導を行うことができる」が誤り。

09 行政手続法は、行政指導の内容はあくまでも相手方の任意の協力によってのみ実現されるものであり、行政指導に携わる者は、その相手方が行政指導に従わなかったことを理由として、不利益な取扱いをしてはならない旨を定めている。
○（財・労・税2014）

10 行政手続法上、行政庁は、申請がその事務所に到達したとき、申請書の記載事項に不備があるなど法令に定められた申請の形式上の要件に適合しない申請について、申請者の便宜を図るため、申請者に対し申請の補正を求め、又は申請により求められた許認可等を拒否することなしに、要件に適合するまで申請しないよう行政指導をすることができ、また、申請者が行政指導に従う意思がない旨を表明した場合であっても、申請書を受理せず返戻することが認められている。
×（国般2013）「申請書を受理せず返戻することが認められている」が誤り。

11 行政指導は強制にわたってはならないのであるから、行政指導の相手方が指導に従わない明確な意思を表明するまでの間処分を留保することは、いかなる場合であっても違法となるとするのが判例である。

×（労・税2006）「いかなる場合であっても違法となるとするのが判例である」が誤り。

12 建築主と付近住民との間に紛争が生じたことから、行政機関が当該建築主に対し、付近住民との話合いによって紛争を解決するよう行政指導を行い、その間建築確認を留保した場合において、当該建築主が当該行政指導にもはや応じないという明確な意思を表明した後であっても、行政指導が行われているとの理由から建築確認を留保することは原則として違法ではないとするのが判例である。

×（財2012）「行政指導が行われているとの理由から建築確認を留保することは原則として違法ではないとするのが判例である」が誤り。

13 許認可等をする権限を有する行政機関が、当該権限を行使することができない場合においてする行政指導にあっては、行政指導に携わる者は、当該権限を行使し得る旨を殊更に示すことにより相手方に当該行政指導に従うことを余儀なくさせるようなことをしてはならない。

○（区2017）

14 行政手続法上、行政指導に携わる者は、その相手方に対して、当該行政指導の内容及び責任者を明確に示さなければならないが、当該行政指導の趣旨については示さなくてもよいとされている。

×（財・労2016）「当該行政指導の趣旨については示さなくてもよいとされている」が誤り。

15 行政指導に携わる者は、当該行政指導をする際に、行政機関が許認可等に基づく処分をする権限を行使し得る旨を示すときは、その相手方に対して、当該権限を行使し得る根拠となる法令の条項、当該法令の条項に規定する要件を示せば足りる。

×（区2019）「示せば足りる」が誤り。

16 行政手続法は、行政指導に携わる者は、その相手方に対し、書面で当該行政指導の趣旨、内容及び責任者を明確にしなければならない旨を定めており、口頭で行政指導を行うことは認められない。

×（財・労・税2014）「書面で当該行政指導の趣旨、内容及び責任者を明確にしなければならない旨を定めており、口頭で行政指導を行うことは認められない」が誤り。

17 行政手続法上、行政指導が口頭でされた場合において、その相手方から当該行政指導の内容等を記載した書面の交付を求められたときは、当該行政指導に携わる者は、行政上特別の支障がない限り、原則としてこれを交付しなければならないとされている。

○（財・労2016）

18 行政手続法によれば、行政指導は必ずしも書面によって行う必要はないが、口頭で行った場合に相手方から当該行政指導の趣旨及び内容並びに責任者を記載した書面の交付を求められたときは、指導内容の如何を問わず、行政上特別の支障がない限り、これを交付しなければならない。

×（労・税2001）「指導内容の如何を問わず」が誤り。

19 同一の行政目的を実現するため一定の条件に該当する複数の者に対し行政指導をしようとするときは、行政機関は、あらかじめ、事案に応じ、行政指導指針を定めるよう努めなければならず、かつ、行政上特別の支障がない限り、これを公表するよう努めなければならない。

×（財・労・税2021）「行政指導指針を定めるよう努めなければならず」「これを公表するよう努めなければならない」が誤り。

20 行政手続法上、同一目的で複数の者に対し行政指導をしようとするときに行政機関が定めることとされている行政指導指針は、意見公募手続の対象となる「命令等」に含まれない。

×（財・労・税2014）「意見公募手続の対象となる『命令等』に含まれない」が誤り。

21 水道法上、水道事業者である市は、給水契約の申込みを受けた場合、正当の理由がなければこれを拒むことができないが、申込者が行政指導に従わない意思を明確に表明しているときは、正当の理由が存在するとして、給水契約の締結を拒むことができる。

×（国般2021）「正当の理由が存在するとして、給水契約の締結を拒むことができる」が誤り。

22 行政指導は、行政行為と異なり事実行為である表示行為とされるので、行政指導が違法であるとしても、相手方はその取消しを求めて取消訴訟を提起することは原則として認められないと一般に解されている。

○（財・労2016）

23 行政指導は事実行為であり、相手方にはこれに従うべき法的義務がないため、行政指導に従ったことにより損害が発生した場合には、それが違法な行政指導であったとしても、損害賠償請求は認められないとするのが判例である。

×（財・労2016）「損害賠償請求は認められないとするのが判例である」が誤り。

24 行政庁が、行政指導として教育施設の充実に充てるために、マンションを建設しようとする事業主に対して寄付金の納付を求めること自体は、強制にわたるなど事業主の任意性を損なうことがない限り、違法ということはできないとするのが判例である。

○（労・税2006）

25 市がマンションを建築しようとする事業主に対して指導要綱に基づき教育施設負担金の寄付を求めた場合において、当該指導要綱の内容が、これに従わない事業主には水道の給水を拒否するなどの制裁措置を背景として義務を課するもので、市が当該負担金の納付を求めた当時、これに従うことのできない事業主は事実上建築等を断念せざるを得なくなっており、現に指導要綱に従わない事業主が建築したマンションについて水道の給水等を拒否していたときは、市が当該負担金の納付を求める行為は行政指導の限度を超え、国家賠償法第1条第1項の違法な公権力の行使に当たる。

○（財・労・税2018）

26 法令に違反する行為の是正を求める行政指導であって、その根拠となる規定が法律に置かれているものの相手方は、当該行政指導がその相手方について弁明その他意見陳述のための手続を経てされた場合を除き、当該行政指導が当該法律に規定する要件に適合しないと思料するときは、当該行政指導をした行政機関に対し、その旨を申し出て、当該行政指導の中止その他必要な措置をとることを求めることができる。

○（財・労・税2021）

27 行政指導の中止の求めを受けた行政機関は応答義務を負うと一般に解されている。

×（国般2017改題）「応答義務を負うと一般に解されている」が誤り。

過去問 Exercise

問題 行政手続法に規定する行政指導に関する記述として、妥当なのはどれか。 特別区2017［H29］

1 行政指導に携わる者は、常に申請の取下げを求める行政指導をしてはならず、また、その相手方が行政指導に従わなかったことを理由として、不利益な取扱いをしてはならない。

2 行政指導に携わる者は、当該行政指導をする際に、行政機関が許認可等をする権限を行使し得る旨を示すときは、その相手方に対して、当該行政指導の趣旨を示さなければならないが、当該権限を行使し得る根拠となる法令の条項を示す必要はない。

3 行政指導が口頭でされた場合において、その相手方から当該行政指導の内容及び責任者を記載した書面の交付を求められたときは、当該行政指導に携わる者は、必ずこれを交付しなければならない。

4 許認可等をする権限を有する行政機関が、当該権限を行使することができない場合においてする行政指導にあっては、行政指導に携わる者は、当該権限を行使し得る旨を殊更に示すことにより相手方に当該行政指導に従うことを余儀なくさせるようなことをしてはならない。

5 行政運営における公正の確保と透明性の向上を図るため、地方公共団体の機関が行う行政指導については、行政手続法の規定を適用するが、国の機関又は地方公共団体に対する行政指導については、行政手続法の規定を適用しない。

解説

正解 ❹

❶ ×　「常に申請の取下げを求める行政指導をしてはならず」という部分が妥当でない。申請の取下げを求める行政指導をすること自体は可能である。申請の取下げを求める行政指導をする際は、「申請者が当該行政指導に従う意思がない旨を表明したにもかかわらず当該行政指導を継続すること等により当該申請者の権利の行使を妨げる」ことが禁止されるにすぎない(行政手続法33条)。これに対し、行政指導の相手方が行政指導に従わなかったことを理由に、不利益な取扱いをしてはならないとする後半の記述は妥当である(同法32条２項)。

❷ ×　「当該権限を行使し得る根拠となる法令の条項を示す必要はない」という部分が妥当でない。行政指導に携わる者は、当該行政指導の方式を問わず、その相手方に対して「当該行政指導の趣旨及び内容並びに責任者」を示さなければならない(行政手続法35条１項)。さらに、行政指導をする際に、行政機関が許認可等をする権限を行使し得る旨を示すときは、その相手方に対して「当該権限を行使し得る根拠となる法令の条項」等も示さなければならない(同法38条２項)。

❸ ×　「必ずこれを交付しなければならない」という部分が妥当でない。行政指導が口頭でされた場合において、その相手方から所定の事項が記載された書面の交付を求められたときは、当該行政指導に携わる者は、行政上特別の支障がない限り、当該書面を交付しなければならない(行政手続法35条３項)。したがって、行政上特別の支障があれば、書面の交付が免除される。

❹ ○　条文により妥当である。許認可等をする権限又は許認可等に基づく処分をする権限を有する行政機関が、当該権限を行使することができない場合又は行使する意思がない場合においてする行政指導にあっては、行政指導に携わる者は、当該権限を行使し得る旨を殊更に示すことにより相手方に当該行政指導に従うことを余儀なくさせるようなことをしてはならない(行政手続法34条、許認可等の権限に関連する行政指導)。

❺ ×　「地方公共団体の機関が行う行政指導については、行政手続法の規定を適用する」という部分が妥当でない。地方公共団体の機関が行う行政指導については、行政手続法第２章～第６章の規定が適用されない(行政手続法３条３項)。

第5章

国家補償

本章では行政救済の柱の１つである国家補償について学んでいきます。国家賠償法については意義、成立要件はもちろん、判例を整理すること、また、損失補償については補償の要否・内容を理解することがポイントになります。

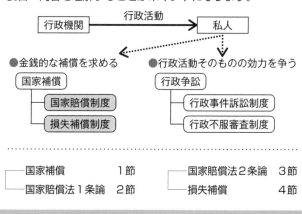

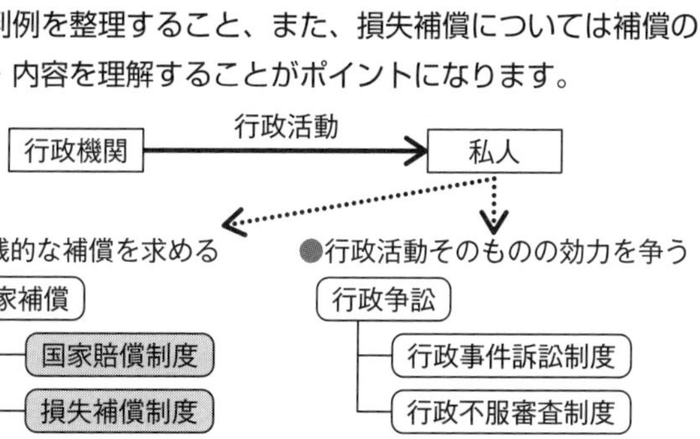

国家補償　１節
国家賠償法１条論　２節
国家賠償法２条論　３節
損失補償　４節

1 国家補償

行政救済法及び国家補償の全体像を理解するとともに、国家賠償法３条～６条について押さえましょう。

1 行政救済法の全体像

意義 **行政救済法**とは、**行政活動によって国民の権利又は自由に対する侵害が現に生じているか、又は生じようとしている**場合に、そのような状態にある**国民を救済するための制度を規定した法律**を総称したものである。

【行政救済法の全体像】

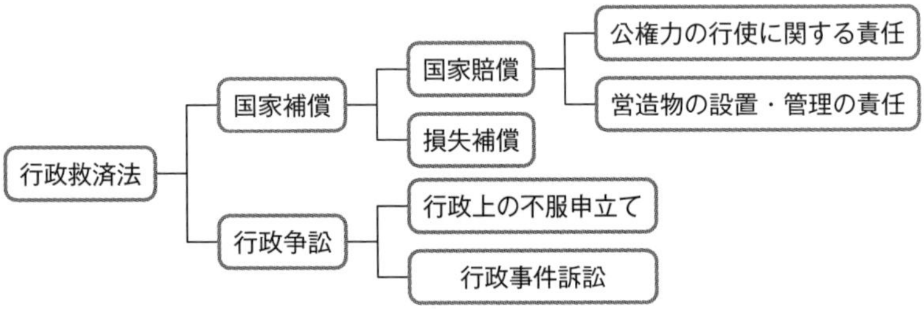

行政救済法は、国民が**金銭的救済を求める**方法である**国家補償**、国民が**行政活動それ自体の効力を争う**方法である**行政争訟**、の２つに大きく分類される。

そして、前者の国家補償は、**国家賠償法**を根拠法とする**国家賠償**(国家賠償法)と、**憲法29条３項**を根拠法とする**損失補償**(詳細は本章4節「損失補償」で扱う)とに分けられる。また、後者の行政争訟は、**行政機関**に申立てを行う**行政上の不服申立て**(詳細は第７章「行政上の不服申立て」で扱う)と、**裁判所**に訴えを提起する**行政事件訴訟**(詳細は第６章「行政事件訴訟法」で扱う)とに分けられる。

さらに、国家補償のうちの国家賠償については、**国家賠償法１条**に基づく公務員の**違法行為**に対する金銭的救済である**公権力の行使に関する責任**(詳細は本章2節「国家賠償法１条論」で扱う)と、**国家賠償法２条**に基づく**営造物の瑕疵**(欠陥)に対する金銭的救済である**営造物の設置・管理の責任**(詳細は本章3節「国家賠償法２条論」で扱う)の２つに分けられる。これに対して、損失補償は、公務員の**適法行為**に対する金銭的救済である。

❷ 国家賠償法総論

国賠法においては、共通して適用される規定を併せて設けている(国賠法3条～6条)。なお、3条は本章❸節「国家賠償法2条論」で扱う。

1 民法の適用(国賠法4条)

国又は公共団体の損害賠償の責任については、国賠法1、2、3条の規定によるの外、民法の規定による(国賠法4条)。

① 国家賠償法と民法の振り分け

国又は公共団体の損害賠償責任について、国賠法1条、2条に基づいて請求することができない場合(要件を満たさない場合)には、民法の規定を根拠として損害賠償を請求することができる。

② 民法の補充的適用

国賠法1条、2条に基づく損害賠償についても、民法の規定が補充的に適用される 01 。そして、国賠法4条にいう「**民法**」には**失火責任法**(**失火ノ責任ニ関スル法律**)**も含まれる**とした上で、**公務員の失火による国又は公共団体の損害賠償責任についても失火責任法が適用され、当該公務員に重過失があることを要する**とした判例がある(最判昭53.7.17)。 02

第5章 国家補償

判例　国賠法4条と失火責任法（最判昭53.7.17）

〈事案〉

❶A市の消防職員による残り火の点検ミスにより、X所有の家屋が全焼した。❷Xから国家賠償請求訴訟を提起されたA市は、❸失火責任法の適用によりA市はXに対する損害賠償責任を免れると主張した。

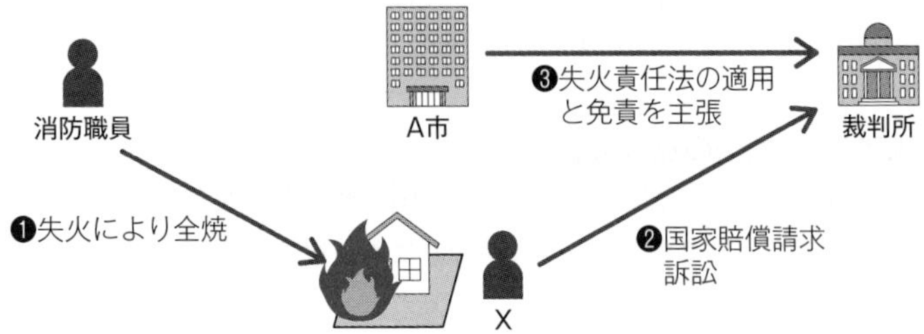

〈要旨〉

国又は公共団体の損害賠償の責任について、国賠法4条は、同法1条1項の規定が適用される場合においても、民法の規定が補充的に適用されることを明らかにしているところ、**失火責任法は、失火者の責任条件について民法709条の特則を規定したものであるから、国賠法4条の「民法」に含まれると解するのが相当である**。したがって、**公権力の行使にあたる公務員の失火による国又は公共団体の損害賠償責任については、国賠法4条により失火責任法が適用され、当該公務員に重大な過失のあることを必要とする**ものといわなければならない。［02］

2 民法以外の特別法の適用（国賠法５条）

国又は公共団体の損害賠償の責任について民法以外の**他の法律に別段の定**があるときは、その規定が**優先して適用**される（国賠法５条）。例えば「他の法律に別段の定」には、国又は公共団体の過失責任を定めた規定（ex.消防法６条３項）がある。

3 相互保証主義（国賠法６条）

国賠法６条は、日本国民が外国において公権力から被害を受けたときに、**当該外国から国家賠償を受けることができる場合**に限り、当該外国人に対する国家賠償法の適用を認める旨を規定している。これを**相互保証主義**という。［03］

例えば、日本国民がＡ国から国家賠償を受けることができる場合、Ａ国の国民は日本国（国又は公共団体）から国家賠償を受けることができる。これに対して、日本国民がＢ国から国家賠償を受けることができない場合、Ｂ国の国民は日本国から国家賠償を受けることができない。

【相互保証主義】

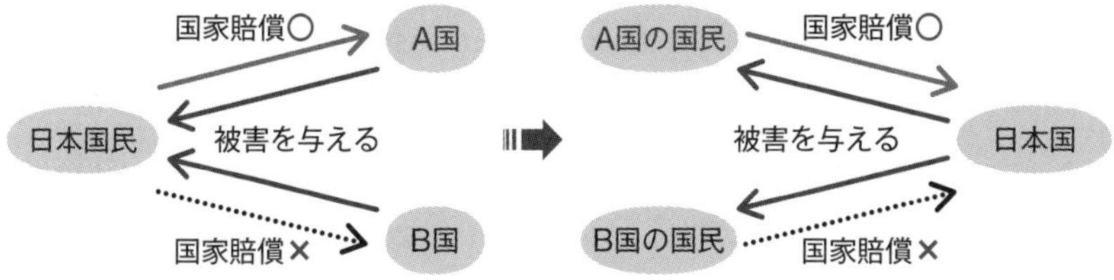

重要事項 一問一答

01 国家補償はどのように分けられるか(2つ)?

国家賠償、損失補償

02 行政争訟はどのように分けられるか(2つ)?

行政上の不服申立て(行政不服申立て)、行政事件訴訟

03 国賠法1条、2条に基づく損害賠償について、民法の規定は適用されないのか?

民法の規定が補充的に適用される(4条)。

04 外国人が違法な公権力の行使によって損害を受けた場合は?

国賠法は、外国人が被害者である場合には、相互の保証があるときに限り、これを適用する旨を規定している。

過去問チェック

01 国又は公共団体の損害賠償の責任について、国家賠償法は、同法第1条第1項の規定が適用される場合においては、民法の規定が補充的に適用されることはないことを定めている。

×(財・労・税2012)「民法の規定が補充的に適用されることはないことを定めている」が誤り。

02 失火責任法は、失火者の責任条件について民法第709条の特則を規定したものであるから、国家賠償法第4条の「民法」に含まれると解されるが、他方、公務員である消防署職員の消火活動には高度の注意義務が課せられており、その活動上の過失については失火責任法の適用はないと解すべきである。したがって、消防署職員の失火による国又は公共団体の損害賠償責任については、失火責任法は適用されず、当該職員に重大な過失がなくても、国又は公共団体は国家賠償法第1条に基づく賠償責任を負う。

×（国般2021）「公務員である消防署職員の消火活動には高度の注意義務が課せられており、その活動上の過失については失火責任法の適用はないと解すべきである。したがって、消防署職員の失火による国又は公共団体の損害賠償責任については、失火責任法は適用されず、当該職員に重大な過失がなくても、国又は公共団体は国家賠償法第1条に基づく賠償責任を負う」が誤り。

03 日本国憲法の基本的人権は外国人にも保障されるので、公務員の不法行為による被害者が外国人であるときは、いかなる場合であっても国家賠償法の規定は適用される。

×（区2014）「いかなる場合であっても国家賠償法の規定は適用される」が誤り。

2 国家賠償法１条論

国家賠償法１条は公務員試験において最頻出分野の１つです。法的性質、成立要件、効果を正確に押さえましょう。

1 国賠法１条の法的性質

【国家賠償法第１条】

① 国又は公共団体の公権力の行使に当る公務員が、その職務を行うについて、故意又は過失によつて違法に他人に損害を加えたときは、国又は公共団体が、これを賠償する責に任ずる。

② 前項の場合において、公務員に故意又は重大な過失があつたときは、国又は公共団体は、その公務員に対して求償権を有する。

国賠法１条は、加害公務員による不法行為について、行政主体(国又は公共団体)に損害賠償責任を負わせている。このように、不法行為をしたのが公務員個人であるにもかかわらず、行政主体が損害賠償責任を負うことにしているのか。これが**国賠法１条の法的性質**という問題点であり、**自己責任説**と**代位責任説**(判例・通説)が主張されている。

【国賠法１条の法的性質】

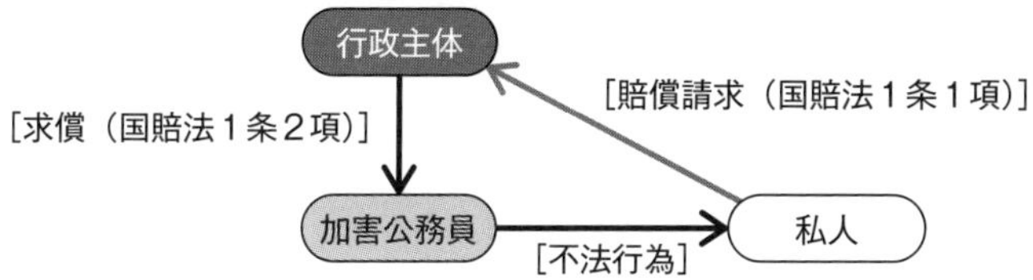

- 自己責任説……行政主体が自らの責任として損害賠償責任を負う
- 代位責任説（判例）……行政主体が当該公務員に代わって損害賠償責任を負う

1 自己責任説 発展

国賠法１条の法的性質について、公務員は国又は公共団体の手足になって行動したにすぎず、**国又は公共団体自身の損害賠償責任(自己責任)**であると理解する見解である。

2 代位責任説（判例・通説）

国賠法１条の法的性質について、本来損害賠償責任を負うべき者が公務員であることを前提に、**その損害賠償責任を国又は公共団体が当該公務員に代わって負担するもの**（代位責任）であるとする見解である。01

理由 ① 国賠法１条１項は「公務員が、その職務を行うについて、故意又は過失によつて」と規定し、公務員の故意又は過失を要件としており、故意又は過失は公務員個人に関して判断されるべきである。

② 国賠法１条２項において、加害公務員に対する求償権を国又は公共団体に認めていることが代位責任に適合する（自己責任説とすれば求償権の規定が存在しないはずである）。02

代位責任説によれば、加害公務員に不法行為の成立要件が備わる必要があると解することになるため、加害公務員を特定する必要がある。もっとも、加害公務員の特定について被害者に過度な立証責任を負わせないように、加害公務員の特定を厳密に要求しないものとした判例がある（最判昭57.4.1）。

判例 加害公務員の特定（最判昭57.4.1）

〈事案〉

税務署職員Ｘが税務署長の実施する定期健康診断を受けたものの、その結果について税務署長から健康上の指示を受けなかったが、翌年に実施された同様の定期健康診断で肺結核に罹患していることが発覚し、長期療養を余儀なくされた。Ｘは、担当した医師を含め、健康診断及びその結果に基づく措置に関する事務を担当したいずれの者の加害行為（**どの加害行為があったかを特定することができなかった**）が原因で、自らが長期療養を余儀なくされたとして、国に対して国家賠償請求訴訟を提起した。

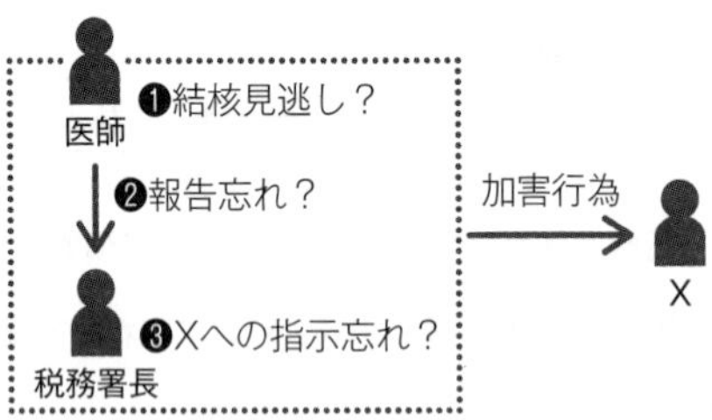

〈判旨〉

国又は公共団体の公務員による一連の職務上の行為の過程において他人に被害を生ぜしめた場合において、**それが具体的にどの公務員のどのような違法行為によるものであるかを特定することができなくても**、一連の行為のうちのいずれかに行為者の故意又は過失による違法行為があったのでなければ被害が生ずることはなかったであろうと認められ、かつ、それがどの行為であるにせよこれによる被害につき行為者の属する国又は公共団体が法律上賠償の責任を負うべき関係が存在するときは、**国又は公共団体は、加害行為不特定の故をもつて国家賠償法又は民法上の損害賠償責任を免れることができない**と解するのが相当である。03

しかしながら、この法理が肯定されるのは、それらの**一連の行為を組成する各行為のいずれもが国又は同一の公共団体の公務員の職務上の行為にあたる場合に限られ、一部にこれに該当しない行為が含まれている場合には、もとよりこの法理は妥当しない**のである。04

2 成立要件

国賠法1条に基づく損害賠償責任が認められるには、下表の成立要件をすべて満たすことが必要である。

【国賠法1条に基づく損害賠償責任の成立要件】

① **公務員**の行為であること
② **公権力の行使**であること
③ **職務行為**であること(**職務を行うについて**)
④ **故意又は過失**による行為であること
⑤ **違法**な行為であること(**違法性**)
⑥ **損害**が発生すること
⑦ 行為と損害との間に**因果関係**があること

(④〜⑦)→ 不法行為(民法709条)の成立要件

1 公務員

公務員については、**公務員の身分を有する者**(ex.国家公務員、地方公務員)に限定されず、**国又は公共団体から公権力の行使を委ねられている者**(ex.権力的な行政の権限を委任された民間人)を広く含むと解されている05。後者の例として、都道府県から公的権限を委譲された民間の児童養護施設(社会福祉法人が運営)の職員が、国賠法1条1項の「公務員」に該当するとした判例がある(最判平19.1.25)。

判例 児童養護施設の不法行為責任(最判平19.1.25)

〈事案〉

愛知県が、児童福祉法27条1項3号(3号措置)に基づき、要保護児童Xを社会福祉法人Aの設置運営する児童養護施設Bに入所させた。その後、Xが、❶施設Bに入所していた他の児童から暴行を受け、❷高次脳機能障害などの後遺症を負った。そこで、Xは、施設Aの職員に保護監督義務を怠った過失があるとして、❸愛知県に対して国家賠償請求訴訟を提起するとともに、❹施設Bを設置している社会福祉法人Aに対して民法715条の使用者責任を追及する訴訟を提起した。

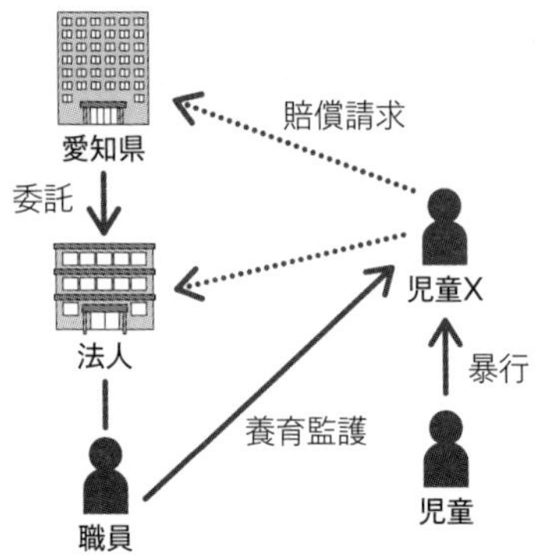

〈要旨〉

都道府県による3号措置に基づき社会福祉法人の設置運営する児童養護施設に入所した児童に対する当該施設の職員等による養育監護行為は、都道府県の公権力の行使に当たる公務員の職務行為と解するのが相当である。 06

国又は公共団体以外の者の被用者が第三者に損害を加えた場合であっても、**当該被用者の行為が国又は公共団体の公権力の行使に当たるとして国又は公共団体が被害者に対して同項に基づく損害賠償責任を負う場合**には、**被用者個人が民法709条に基づく損害賠償責任を負わない**のみならず、**使用者も同法715条に基づく損害賠償責任を負わない**と解するのが相当である。 07

2 公権力の行使

公務員の職務行為が「公権力の行使」に該当する必要がある。該当しなければ、民法715条等の不法行為規定の適用を受けることになる。

国賠法1条1項の「公権力の行使」の意義については、主として広義説と狭義説の対立があるものの、**広義説が判例・通説**とされている。 08

【公権力の行使に該当するもの】

<table>
<tr><th colspan="2"></th><th>狭義説</th><th>広義説(判例・通説)</th><th>最広義説</th></tr>
<tr><td colspan="2">内　容</td><td>命令・強制等の権力作用に限定する</td><td>**私経済作用と国賠法２条の営造物の設置管理作用を除くすべての作用が含まれる** 08</td><td>純粋な私経済作用まで含まれる</td></tr>
<tr><td colspan="2">権力作用</td><td>○(該当する)</td><td>○(該当する)</td><td rowspan="3">○(該当する)</td></tr>
<tr><td rowspan="2">非権力作用</td><td>公益的作用</td><td rowspan="2">×(民法715条による)</td><td>**公立学校の教育活動・行政指導は○** 08</td></tr>
<tr><td>私経済作用</td><td>×(民法715条による)</td></tr>
</table>

〈解説〉 発展 国公立病院における医療行為(ex.医療過誤)は、私立病院における医療行為と基本的には変わらず、純粋な私経済作用に含まれるので、広義説によっても「公権力の行為」に含まれないと解されている(最判昭36.2.16参照)。

【判例が「公権力の行使」に含まれるとした作用】

① 公立学校における体育授業中の教師の教育活動(最判昭62.2.6)

② 公立学校における課外クラブ活動中の教師の監視指導活動(最判昭58.2.18)

③ 行政指導(最判平5.2.18)

④ 区役所が前科照会に漫然と回答する行為(最判昭56.4.14、前科照会事件)

⑤ 保健所に対する国の嘱託に基づき、地方公共団体の職員である保健所勤務の医師が国家公務員の定期健康診断の一環としての検診を行うこと(最判昭57.4.1)(本節❶項 2 「代位責任説」参照)

⑥ 都道府県が児童福祉法に基づき社会福祉法人の設置運営する児童養護施設に入所させた要保護児童を当該児童福祉施設の職員が養育監護する行為(最判平19.1.25)(本項 1 「公務員」参照)

⑦ 立法作用(詳細は本項 5 ③「国会議員の違法性」で扱う)

⑧ 司法作用(詳細は本項 5 ④「裁判官の違法性」で扱う)

⑨ 検察作用(詳細は本項 5 ⑤「検察官の違法性」で扱う)

判例 課外クラブ活動けんか失明事件(最判昭58.2.18)

〈事案〉

Ａ町立中学校で、顧問の教師が課外クラブ活動に立ち会わなかったところ、その間に、生徒同士の喧嘩が発生し、一人の生徒が左眼を失明した。そこで、課外クラブ活動中における監視義務を教師が怠った過失があるとして、Ａ町に対して国家賠償請求訴訟を提起した。

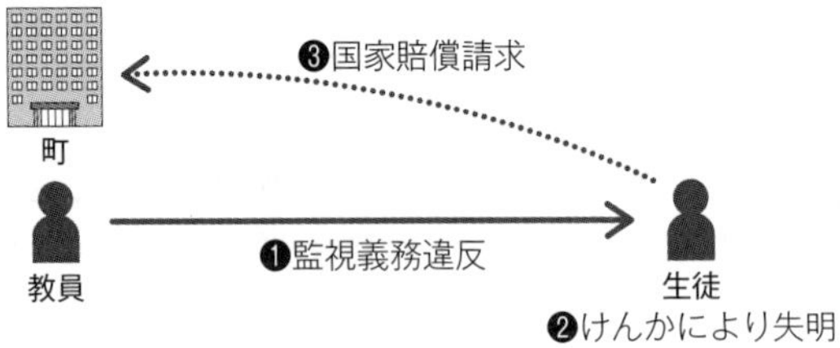

〈判旨〉

課外のクラブ活動であっても、それが学校の教育活動の一環として行われるものである以上、その実施について、顧問の教諭を始め学校側に、生徒を指導監督し**事故の発生を未然に防止すべき一般的な注意義務のある**ことを否定することはできない。

しかしながら、課外のクラブ活動が本来生徒の自主性を尊重すべきものであることに鑑みれば、何らかの事故の発生する危険性を具体的に予見することが可能であるような**特段の事情のある場合は格別、そうでない限り、顧問の教諭としては、個々の活動に常時立会い、監視指導すべき義務までを負うものではない**と解するのが相当である(損害賠償の請求は否定)。 09

判例 教育施設負担金返還請求訴訟(最判平5.2.18)

〈事案・判旨〉

第4章 4 節 5 項 2 「国家賠償請求」参照 10

3 職務行為(職務を行うについて)

公務員の行為が、「**その職務を行うについて**」なされたものでなければならない。例えば、公務員が私生活において他人に損害を与えても、職務行為に該当しない。

もっとも、実際には職務行為でなくても、**客観的に職務行為の外形を備える行為**については職務行為に該当する(**外形標準説**)(最判昭31.11.30)。

判例 **非番警察官強盗殺人事件（最判昭31.11.30）**

〈事案〉

警視庁の巡査Aは、専ら自己の利をはかる目的で、❶制服着用の上、警察官の職務執行を装い、Xに対し職務質問の上、犯罪の証拠物名義でXの所持品を預かり、しかも連行の途中、当該所持品を不法に領得するため、所持の拳銃でXを射殺した（強盗殺人）。そこで、被害者の遺族Xが、❷東京都に対して国家賠償請求訴訟を提起した。

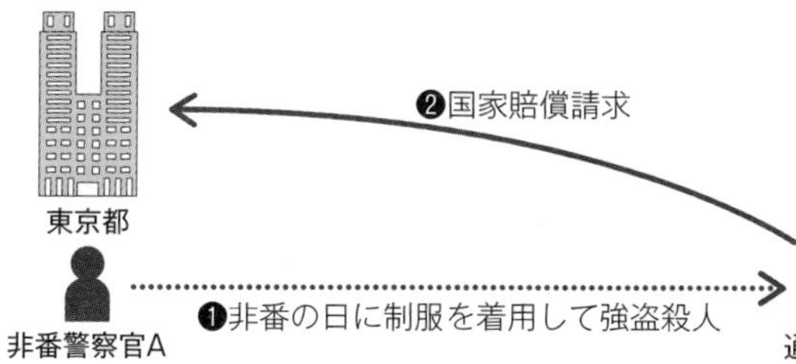

〈要旨〉

本事案の巡査Aの行為は、国賠法1条にいう、公務員がその職務を行うについて違法に他人に損害を加えた場合にあたるものと解すべきである。

けだし、同条は公務員が主観的に権限行使の意思をもってする場合にかぎらず、**自己の利をはかる意図をもってする場合でも、客観的に職務執行の外形をそなえる行為をしてこれによって、他人に損害を加えた場合には、国又は公共団体に損害賠償の責を負わしめて、ひろく国民の権益を擁護する**ことをもって、その立法の趣旨とするものと解すべきであるからである。 11

4 故意又は過失による行為

判例・通説の立場である代位責任説（本節❶項 2 「代位責任説」参照）によると、国賠法１条責任の成立要件として**加害公務員の故意又は過失**を要求される（**過失責任主義**）。

過失とは、**注意義務違反**（不注意）のことである。注意義務を果たしたかどうかについては、加害公務員を基準として、当該公務員に期待される注意義務を果たしたかどうかによって判断される（主観的注意義務）のではなく、**平均的な公務員を基準として、職務上通常期待される注意義務を果たしたかどうか**によって判断される（客観的注意義務）。

過失による行為の有無について判断した判例として、以下のものがある。

ある事項に関する法律解釈(本件では、在留資格を有しない外国人が国民健康保険の適用対象となるか)につき異なる見解が対立し、実務上の取扱いも分かれていて、そのいずれについても相当の根拠が認められる場合に、公務員がその一方の見解を正当と解しこれに立脚して公務を遂行したときは、後にその執行が違法と判断されたからといって、**直ちに上記公務員に過失があったものとすることは相当ではない**(最判平16.1.15)。12

5 違法な行為(違法性)

①「違法」の捉え方

「**違法**」とは**客観的な法規範に対する違背**(=法に違反すること)をいう。そして、結果の違法ではなく**行為の違法**(**行為不法説**)を意味する。判例の多くは、**行為不法説を前提にして、公務員が職務上通常尽くすべき注意義務を懈怠したかどうかに**よって、違法性の有無を判断している(**職務行為基準説**)。

職務行為基準説の立場によると、国賠法1条1項の「違法」が認められるのは、公務員が職務上通常尽くすべき注意義務を懈怠したときであるから、**取消訴訟において処分の違法性が認められても、国家賠償請求訴訟においては違法性が認められないことがあり得る**。

例えば、取消訴訟において所得税の更正処分の違法性が認められ、当該処分の一部が取り消されていた事案について、**国家賠償請求訴訟において国賠法1条1項の「違法」を認めなかった判例**がある(最判平5.3.11)。13

判例　所得税更正処分と国家賠償法1条の違法(最判平5.3.11)

〈事案〉

奈良税務署長Aは、Xの所得税の更正処分をしたが、取消訴訟において所得金額の過大認定を理由に更正処分が一部取り消された。そこで、Xは、Aによる本件更生処分が国賠法1条1項にいう違法の評価を受けるとして、国に対して国家賠償請求訴訟を提起した。

〈要旨〉

税務署長のする所得税の更正は、**所得金額を過大に認定していたとしても、そのことから直ちに国賠法1条1項にいう違法があったとの評価を受けるものではなく**、税務署長が資料を収集し、これに基づき課税要件事実を認定、判断する上において、**職務上通常尽くすべき注意義務を尽くすことなく漫然と更正をしたと認め得るような事情がある場合に限り、同条項にいう違法の評価を受ける**ものと解するのが相当である。14

本件更正処分における所得金額の過大認定は、**専らXにおいて申告書に必要経費を過少に記載し、本件更正処分に至るまで訂正しようとしなかったことに起因する**ものということができ、**奈良税務署長Aがその職務上通常尽くすべき注意義務を尽くすことなく漫然と更正をした事情は認められない**から、**本件更正処分に国賠法1条1項にいう違法があったということは到底できない。**

② 違法性に関する判例の全体像

国賠法1条1項の「違法」については、多くの判例がある。したがって、本書においては、下表の類型に応じて判例をまとめている。

【違法性に関する判例】

類　型	判　例
国会議員の違法性	・在宅投票制度廃止事件(最判昭60.11.21) ・在外日本人選挙権訴訟(最大判平17.9.14) ・国会議員の名誉毀損的発言(最判平9.9.9)
裁判官の違法性	・裁判官による争訟の裁判の違法性(最判昭57.3.12) ・再審により無罪判決が確定した場合における裁判所の裁判の違法性(最判平2.7.20) 発展 ・裁判長による法廷警察権の行使(最大判平1.3.8) 発展 ・裁判官による逮捕状の更新が繰り返されている場合(最判平5.1.25) 発展
検察官の違法性	・検察官による公訴提起の違法性(最判昭53.10.20) ・検察官による不起訴処分の違法性(最判平2.2.20)
警察官・刑務所長の違法性	・パトカー追跡事件(最判昭61.2.27) ・司法警察職員による犯罪被害者から任意提出された証拠物の廃棄処分(最判平17.4.21) 発展 ・弁護士会設置の人権擁護委員会の所属弁護士による接見申入れに対する刑務所長の不許可処分(最判平20.4.15) 発展
その他の行政機関の違法性	・個室付浴場業の開業の阻止を主たる目的とする児童遊園設置認可処分(最判昭53.5.26) 発展 ・公立図書館の職員による図書の廃棄(最判平17.7.14) 発展 ・給水装置新設工事申込みを受理せず申込書を返戻した行為(最判昭56.7.16) 発展

また、公務員による積極的な加害行為に限らず、**公務員による権限不行使(不作為)についても違法性が認められる余地がある**。公務員による権限不行使の違法性が争われた主な判例として、下表のものがある。

【権限不行使の違法性に関する判例】

・宅建業法事件(最判平1.11.24)
・クロロキン薬害訴訟(最判平7.6.23)
・関西水俣病訴訟(最判平16.10.15)
・筑豊じん肺訴訟(最判平16.4.27)
・水俣病認定遅延事件(最判平3.4.26) 発展
・警察官がナイフの一時保管措置をとらなかったことの違法性(最判昭57.1.19) 発展
・旧陸軍砲弾事件(最判昭59.3.23) 発展

③ 国会議員の違法性

国会議員には免責特権が保障されているので(憲法51条)、国会議員の活動(ex.立法行為、立法不作為、名誉毀損的発言)について違法性が認められるのは例外的場合に限られる。ただし、**在外日本人選挙権訴訟**(最大判平17.9.14)のように、**国会議員の立法不作為について違法性を認めた判例も存在する**。

判例　在宅投票制度廃止事件(最判昭60.11.21)

〈事案〉

公職選挙法の改正によって在宅投票制度が廃止され、その後も復活されることがなかった(以下「本件立法行為」という)。Aは、本件立法行為によって複数回の選挙に際して投票できず、それにより精神的損害を被ったことを理由に、国に対して国家賠償請求訴訟を提起した。

〈要旨〉

●1　国会議員は立法に関して法的義務を負っているのか

憲法51条が国会議員の発言・表決につきその法的責任を免除しているのは、国会議員の立法過程における行動は政治的責任の対象とするにとどめるのが国民の代表者による政治の実現を期するという目的にかなうからである。

したがって、国会議員は、立法に関しては、原則として、国民全体に対する関係で政治的責任を負うにとどまり、**個別の国民の権利に対応した関係での法的義務を負うものではない。** 15

●2　国会議員の立法行為が国賠法1条1項の違法の評価を受けるのは

国会議員の立法行為は、**立法の内容が憲法の一義的な文言に違反しているにもかかわらず国会があえて当該立法を行う**というごとき、**容易に想定し難いような例外的な場合で**ない限り、国賠法1条1項の規定の適用上、違法の評価を受けない。 15

判例　在外日本人選挙権訴訟（最大判平17.9.14）

〈事案〉

従来、在外国民は選挙人名簿に登録されていなかったため、在外国民であるAは、平成8年に実施された衆議院議員総選挙において一切の投票ができなかった。Aは、これにより精神的苦痛を受けたとして、国を被告として国家賠償請求訴訟を提起した。

〈要旨〉

立法の内容又は立法不作為が国民に憲法上保障されている権利を違法に侵害するものであることが明白な場合や、国民に憲法上保障されている権利行使の機会を確保するために所要の立法措置を執ることが必要不可欠であり、それが明白であるにもかかわらず、国会が正当な理由なく長期にわたってこれを怠る場合などには、例外的に、**国会議員の立法行為又は立法不作為は、国賠法1条1項の規定の適用上、違法の評価を受ける。** 16

Aは本件選挙において投票をすることができず、これによる**精神的苦痛を被った**というべきであるから、**上記の違法な立法不作為を理由とする国家賠償請求はこれを認容すべきである。** 16

第5章　国家補償

判例　国会議員の名誉毀損的発言（最判平9.9.9）

〈事案〉

衆議院議員が、衆議院の委員会において発言した内容により、夫（病院長）の名誉が毀損され自殺したとして、妻が国に対して国家賠償請求の訴えを提起した。

〈要旨〉

国会議員が国会で行った質疑等において、個別の国民の名誉や信用を低下させる発言があったとしても、これによって**当然に国賠法1条1項の規定にいう違法な行為があったものとして国の損害賠償責任が生ずるものではなく**、当該責任が肯定されるためには、当該国会議員が、その職務とはかかわりなく違法又は不当な目的をもって事実を摘示し、あるいは、虚偽であることを知りながらあえてその事実を摘示するなど、**国会議員がその付与された権限の趣旨に明らかに背いてこれを行使したものと認め得るような特別の事情があることを必要とする。** 17

④ 裁判官の違法性

裁判官には職権行使の独立が保障されているので（憲法76条3項）、裁判官の活動（ex.判決の言渡し、法廷警察権の行使、逮捕状の発付）について違法性が認められるのは特別の事情がある場合に限られる。

〈語句〉●**職権行使の独立**とは、**裁判官が裁判をするに際して独立して職権を行使すること**であり、司法権の独立として保障されているものである（『過去問攻略Vテキスト③憲法 第2版』第10章**2**節「司法権の独立・裁判所①」参照）。

判例　裁判官による争訟の裁判の違法性（最判昭57.3.12）

〈事案〉

確定した前訴判決において敗訴したXが、前訴裁判官が本来適用すべき法令の規定を適用せず違法な判決を言い渡してXを敗訴させたとして、国に対して国家賠償請求訴訟を提起した。

〈判旨〉

裁判官がした争訟の裁判に上訴等の訴訟法上の救済方法によって是正されるべき瑕疵が存在したとしても、これによって当然に国賠法1条1項の規定にいう違法な行為があったものとして国の損害賠償責任の問題が生ずるわけのものではなく、当該責任が肯定されるためには、当該裁判官が違法又は不当な目的をもって裁判をしたなど、**裁判官がその付与された権限の趣旨に明らかに背いてこれを行使したものと認めうるような特別の事情があることを必要とする**と解するのが相当である。18

したがって、仮に前訴判決に法令の解釈・適用の誤りがあったとしても、それが**上訴による是正の原因となる**のは格別、それだけでは**未だ特別の事情がある場合にあたるものとすることはできない。**

⑤ 検察官の違法性

検察官の活動(ex.公訴の提起、不起訴処分)についても、その違法性が認められる場面は限定される傾向がある。

判例 検察官による公訴提起の違法性(最判昭53.10.20)

〈事案〉

検察官が公訴提起(起訴)をした被告人Xにつき、無罪判決が確定したことから、Xが、検察官が違法な公訴提起を行ったとして、国に対して国家賠償請求訴訟を提起した。

〈判旨〉

刑事事件において無罪の判決が確定したというだけで直ちに起訴前の逮捕・勾留、公訴の提起・追行、起訴後の勾留が違法となるということはない。

けだし、逮捕・勾留はその時点において犯罪の嫌疑について相当な理由があり、かつ、必要性が認められるかぎりは適法であり、公訴の提起は、検察官が裁判所に対して犯罪の成否、刑罰権の存否につき審判を求める意思表示にほかならないのであるから、**起訴時あるいは公訴追行時における検察官の心証は**、その性質上、判決時における裁判官の心証と異なり、**起訴時あるいは公訴追行時における各種の証拠資料を総合勘案して合理的な判断過程により有罪と認められる嫌疑があれば足りる**ものと解するのが相当であるからである。19

判例　検察官による不起訴処分の違法性（最判平2.2.20）

〈事案〉

犯罪の被害者又は告訴人であるXが、❶捜査機関の捜査が適正を欠くこと、又は❷検察官の不起訴処分が違法であることを理由に、❸国に対して国家賠償請求訴訟を提起した。

〈判旨〉

犯罪の捜査及び検察官による公訴権の行使は、国家及び社会の秩序維持という公益を図るために行われるものであって、犯罪の被害者の被侵害利益ないし損害の回復を目的とするものではなく、また、告訴は、捜査機関に犯罪捜査の端緒を与え、検察官の職権発動を促すものにすぎないから、**被害者又は告訴人が捜査又は公訴提起によって受ける利益は、公益上の見地に立って行われる捜査又は公訴の提起によって反射的にもたらされる事実上の利益にすぎず、法律上保護された利益ではない**というべきである。

したがって、**被害者ないし告訴人は、捜査機関による捜査が適正を欠くこと又は検察官の不起訴処分の違法を理由として、国家賠償法の規定に基づく損害賠償請求をすることはできない**というべきである。20

⑥ 警察官・刑務所長の違法性

判例　パトカー追跡事件（最判昭61.2.27）

〈事案〉

❶T県内において警察官がパトカーで違反車両を追跡中、❷違反車両が第三者Xの車両と衝突し、❸これにより損害を被ったXが、T県に対して国家賠償請求訴訟を提起した。

〈判旨〉

警察官が職責を遂行する目的のために交通法規等に違反して車両で逃走する者をパトカーで追跡する職務の執行中に、逃走車両の走行により第三者が損害を被った場合において、追跡行為が違法であるというためには、**追跡が当該職務目的を遂行する上で不必要であるか**、又は逃走車両の逃走の態様及び道路交通状況等から予測される被害発生の具体的危険性の有無及び内容に照らし、**追跡の開始・継続若しくは追跡の方法が不相当であることを要する**ものと解すべきである。21

⑦ その他の行政機関の違法性 発展

以上の他にも、様々な行政機関の行為の違法性の有無について判断した判例が存在する（判例名について本項 5 ②「違法性に関する判例の全体像」参照）。

⑧ 権限不行使（不作為）

（ア）消極的権限濫用論

権限不行使（不作為）の違法性が問題となるのは、主として**行政庁が法令に基づいた規制権限を有しているにもかかわらず、その規制権限を行使しなかった結果として、国民に損害が発生している場合**である。

多くの判例は、法令により規制権限が付与された趣旨・目的に照らし、具体的事情の下において、**その規制権限を行使しないこと（権限不行使）が著しく合理性を欠いている場合に違法となる**と判断している（**消極的権限濫用論**）。

例えば、①**宅建業法事件**（最判平1.11.24）、②**クロロキン薬害訴訟**（最判平7.6.23）、③**関西水俣病訴訟**（最判平16.10.15）、④**筑豊じん肺訴訟**（最判平16.4.27）が消極的権限濫用論を採用していると解される。

判例　宅建業法事件（最判平1.11.24）

〈事案〉

宅地建物取引業者（宅建業者）Aの不正行為によって損害を受けたXが、Aに対して免許を付与した京都府に対して国家賠償請求訴訟を提起した。

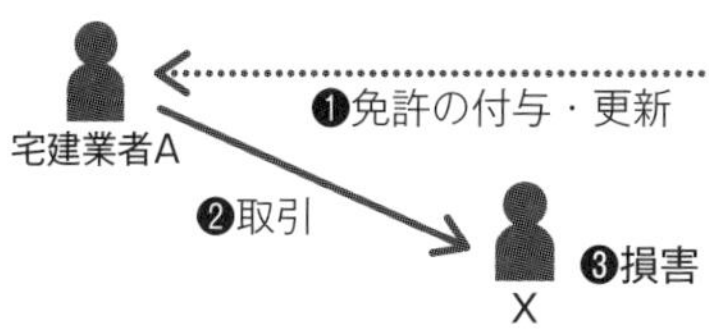

〈要旨〉

● 1　免許基準に適合しない免許の付与ないし更新は違法となるか

免許制度が、免許を付与した宅建業者の人格・資質等を一般的に保証し、ひいては当該業者の不正な行為により個々の取引関係者が被る具体的な損害の防止、救済を制度の直接的な目的とするものとはにわかに解し難く、かかる損害の救済は一般の不法行為規範等に委ねられているというべきである。

したがって、**知事等による免許の付与ないし更新それ自体は、宅建業法所定の免許基準に適合しない場合であっても、当該宅建業者との個々の取引関係者に対する関係において直ちに国賠法1条1項にいう違法な行為に当たるものではない**というべきである。
22

● 2　知事による監督処分権限の不行使は違法となるか

知事が宅建業者に対し宅建業法所定の業務停止処分ないし免許取消処分をしなかった（監督処分権限を行使しなかった）場合であっても、知事の監督処分権限の不行使は、具体的事情の下において、**その権限が付与された趣旨・目的に照らして著しく不合理と認められるときでない限り、宅建業者の不正な行為により損害を被った取引関係者に対する関係において国賠法1条1項の適用上違法の評価を受けない。**

判例　クロロキン薬害訴訟（最判平7.6.23）

〈事案〉

クロロキン製剤（抗マラリア薬）を服用した患者Xらが、その副作用であるクロロキン網膜症に罹患したことから、厚生大臣（当時）が副作用による被害発生を防止するために薬事法（当時）に基づく権限を行使しなかったとして、国に対して国家賠償請求訴訟を提起した。

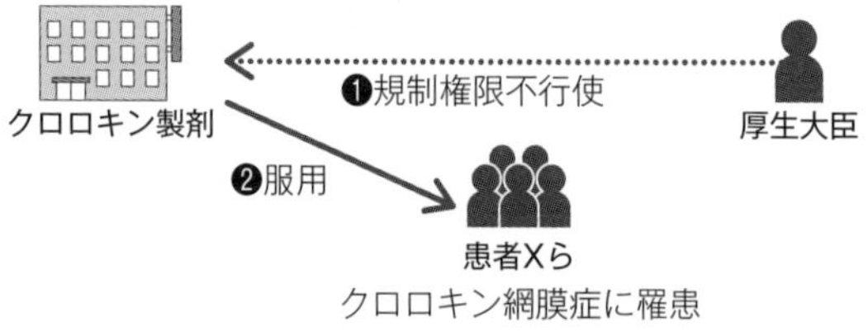

〈判旨〉

医薬品の副作用による被害が発生した場合であっても、**厚生大臣が当該医薬品の副作用による被害の発生を防止するための権限を行使しなかったことが直ちに国賠法1条1項の適用上違法と評価されるものではなく**、副作用を含めた当該医薬品に関するその時点における医学的、薬学的知見の下において、薬事法の目的及び厚生大臣に付与された権限の性質等に照らし、**権限の不行使がその許容される限度を逸脱して著しく合理性を欠くと認められるときは、その不行使は、副作用による被害を受けた者との関係において同項の適用上違法となる**ものと解するのが相当である。23

判例 筑豊じん肺訴訟（最判平16.4.27）

〈事案〉

❶炭鉱で粉じん作業に従事して粉じんを吸入し、それが原因でじん肺に罹患した炭鉱労働者Xらが、❷通商産業大臣（当時）がじん肺の発生又はその増進を防止するために鉱山保安法に基づく規制権限の行使を怠ったことが違法であるとして、❸国に対して国家賠償請求訴訟を提起した。

〈判旨〉

昭和35年3月31日の時点までに、保安規制の権限（省令改正権限等）が適切に行使されていれば、それ以降の炭鉱労働者のじん肺の被害拡大を相当程度防ぐことができたものということができる。

以上の事情を総合すると、**昭和35年4月以降、鉱山保安法に基づく保安規制の権限を直ちに行使しなかったことは、その趣旨、目的に照らし、著しく合理性を欠くものであって、国家賠償法1条1項の適用上違法というべきである。** 24

（イ）消極的権限濫用論を採用していない判例 発展

警察官がナイフの一時保管措置をとらなかったことの違法性（最判昭57.1.19）、**旧陸軍砲弾事件**（最判昭59.3.23）については、現実の危険があったことから、公務員の不作為を端的に違法であると評価しており、消極的権限濫用論が採用されていないと解されている。

(ウ) 法令に基づく申請に関する不作為

法令に基づく申請に対して応答しないという不作為の違法性については、発展 水俣病認定遅延事件(最判平3.4.26)がある。

6 損害の発生

不法行為の場合と同じく、発生する「損害」については、財産的損害(経済的不利益)のみならず、精神的損害(被害者の感じた精神的苦痛)も含まれる。

7 因果関係

不法行為の場合と同じく、加害行為と損害との間に因果関係(原因と結果との関係)のあることが必要である。ここで「因果関係」のあることとは、加害行為と損害との間に、①事実的因果関係があることを前提として、②相当因果関係の範囲内の損害が賠償の範囲に含まれることをいう。

3 効果

以上の成立要件を全て満たす場合、被害者は、**国又は公共団体**に対して損害賠償請求をすることができる(国賠法1条1項)。すなわち、責任を負うのは国又は公共団体であり、**国又は公共団体と加害公務員とが被害者に対して連帯責任を負うわけではない**。25

1 被害者から加害公務員に対する損害賠償請求

判例は、故意又は過失(過失の程度を問わない)のある加害公務員は、**行政機関としての地位において損害賠償責任を負うものではない**とともに、**個人としても損害賠償責任を負うものではない**としている(最判昭30.4.19)。したがって、**被害者から加害公務員に対する直接の損害賠償請求は認められない**ことになる。26

理由 国又は公共団体が被害者に対して損害賠償責任を果たせば、被害者の救済としては十分である。

〈解説〉 国又は公共団体以外の者の被用者が他人に損害を加えても、当該被用者の行為が公権力の行使に当たるとして国又は公共団体が当該他人(被害者)に対して国家賠償法1条1項に基づく責任を負う場合には、**被用者個人が民法709条に基づく損害賠償責任を負わないのみならず、使用者も同法715条に基づく損害賠償責任を負わない**(最判平19.1.25、本節❷項1「公務員」参照)。

2 国又は公共団体から加害公務員への求償

被害者に対する損害賠償責任を果たした国又は公共団体は、**加害公務員に故意又は重過失がある場合**に限り、当該公務員に対して求償権を行使することができる(国賠法1条2項)。27

理由 重大でない過失にとどまる場合も含めて加害公務員が金銭的責任を負担するとなれば、職務執行による損害の発生を恐れて「事なかれ主義」に陥り、国又は公共団体の活動が停滞しかねない。

重要事項 一問一答

01 国賠法1条1項の法的性質のうち代位責任説とは何か？

本来損害賠償責任を負うべき者が公務員であることを前提に、その損害賠償責任を国又は公共団体が当該公務員に代わって負担するもの(代位責任)であるとする見解

02 「公務員」は、公務員の身分を有する者に限定されるか？

公務員の身分を有する者に限定されず、国又は公共団体から公権力の行使を委ねられている者を広く含む。

03 国家賠償法1条1項に基づく責任は過失責任主義を採用しているか？

国家賠償法1条1項に基づく責任の成立要件として加害公務員の故意又は過失を要求しているので、過失責任主義を採用している。

04 国賠法1条1項の成立要件を満たす場合、被害者に対して損害賠償責任を負うのは誰か？

国又は公共団体(1条1項)

05 加害公務員は、行政機関としての地位において、又は個人として、被害者に対して損害賠償責任を負うか？

加害公務員は、行政機関としての地位において損害賠償責任を負うものではないとともに、個人としても損害賠償責任を負うものではない(判例)。

06 被害者に対する損害賠償責任を果たした国又は公共団体は、重大でない過失のある加害公務員に対して求償権を行使できるか？

行使できない。求償権を行使するには、加害公務員に故意又は重過失があることを要する(1条2項)。

過去問チェック

01 代位責任説とは、国の賠償責任の性質について、公権力の行使として行われる公務の執行には違法な加害行為を伴う危険が内在しているので、この危険の発現

である損害は、危険を引き受けた国が自ら責任を負うと解する説である。
×（区2008）「代位責任説とは」が誤り。自己責任説の説明である。

02 国家賠償法第１条第２項は国の加害公務員に対する求償権を認めていることは、代位責任説の根拠とならない。
×（国般2000改題）「代位責任説の根拠とならない」が誤り。

03 加害行為及び加害行為者の存在は、損害賠償責任の発生の根幹となる事実であり、国又は公共団体の公務員による一連の職務上の行為の過程において他人に被害を生ぜしめた場合において、それが具体的にどの公務員のどのような違法行為によるものであるかを特定することができないときは、国又は公共団体が損害賠償責任を負うことはない。
×（国般2008）「国又は公共団体が損害賠償責任を負うことはない」が誤り。

04 国又は公共団体の公務員らによる一連の職務上の行為の過程において他人に被害を生ぜしめた場合において、その一連の行為のうちいずれかに行為者の故意又は過失による違法行為があったのでなければ当該被害が生ずることはなかったであろうと認められるときは、その一連の行為の一部に国又は公共団体の公務員の職務上の行為に該当しない行為が含まれる場合であっても、国又は公共団体は、加害行為の不特定を理由に国家賠償法上の損害賠償責任を免れることはできない。
×（財・労・税2013）「国又は公共団体は、加害行為の不特定を理由に国家賠償法上の損害賠償責任を免れることはできない」が誤り。

05 国家賠償法で規定する公務員には、身分上の公務員である国家公務員又は地方公務員だけでなく、国又は地方公共団体から権力的な行政の権限を委任された民間人も含まれる。
○（区2008）

06 都道府県が行った児童福祉法に基づく入所措置によって社会福祉法人の設置運営する児童養護施設に入所した児童に対する当該施設の職員による養育監護行為については、当該施設の職員が都道府県の職員ではない以上、都道府県の公権力の行使に当たる公務員の職務行為と解することはできない。
×（国般2019）「都道府県の公権力の行使に当たる公務員の職務行為と解することはできない」が誤り。

07 国又は公共団体以外の者の被用者が第三者に損害を加えた場合であっても、当該被用者の行為が国又は公共団体の公権力の行使に当たるものとして、国又は公共団体が、被害者に対して国家賠償法第１条第１項に基づく損害賠償責任を負うときには、被用者個人が民法第709条に基づく損害賠償責任を負わないのみならず、その使用者も同法第715条に基づく損害賠償責任を負わない。

○（財・労・税2013）

08 国家賠償法第１条第１項にいう「公権力の行使」とは、国家統治権の優越的な意思の発動たる作用を指すため、非権力的行為である行政指導や公立学校における教師の教育活動は「公権力の行使」に当たらないとするのが判例である。

×（財・労・税2013改題）全体が誤り。

09 町立中学校の生徒が課外のクラブ活動中の生徒とした喧嘩により左眼を失明した事故について、課外のクラブ活動が本来生徒の自主性を尊重すべきものであることに鑑みれば、何らかの事故の発生する危険性を具体的に予見することが可能であるような特段の事情のある場合は格別、そうでない限り、顧問の教諭としては、個々の活動に常時立会い、監視指導すべき義務までを負うものではないとした。

○（区2020）

10 市がマンションを建築しようとする事業主に対して指導要綱に基づき教育施設負担金の寄付を求めた場合において、当該指導要綱の内容が、これに従わない事業主には水道の給水を拒否するなどの制裁措置を背景として義務を課するもので、市が当該負担金の納付を求めた当時、これに従うことのできない事業主は事実上建築等を断念せざるを得なくなっており、現に指導要綱に従わない事業主が建築したマンションについて水道の給水等を拒否していたときは、市が当該負担金の納付を求める行為は行政指導の限度を超え、国家賠償法第１条第１項の違法な公権力の行使に当たる。

○（財・労・税2018）

11 公務員が、客観的に職務執行の外形を備える行為によって他人に被害を生ぜしめた場合において、当該公務員が自己の職務権限を行使する意思を有していたときは、国又は公共団体は損害賠償責任を負うが、当該公務員が自己の利を図る意図を有していたにすぎないときは、国又は公共団体は損害賠償責任を負わない。

×（国般2019）「国又は公共団体は損害賠償責任を負わない」が誤り。

(12) ある事項に関する法律解釈につき異なる見解が対立し、実務上の取扱いも分かれていて、そのいずれについても相当の根拠が認められる場合に、公務員がその一方の見解を正当と解してこれに立脚して公務を執行したときは、後にその執行が違法と判断されたからといって、直ちに当該公務員に国家賠償法第1条第1項にいう過失があったものとすることは相当でない。

○（国般2018）

(13) 税務署長が職務上通常尽くすべき注意義務を尽くして所得税の更正処分を行った場合であっても、当該更正処分が裁判等において取り消されたときは、当該更正処分は、国家賠償法第1条第1項にいう違法な行為に当たる。

×（労・税2010）「当該更正処分は、国家賠償法第1条第1項にいう違法な行為に当たる」が誤り。

(14) 税務署長が行う所得税の更正は、課税要件事実を認定・判断する上において、必要な資料を収集せず、職務上通常尽くすべき注意義務を尽くすことなく漫然と更正をしたと認め得るような場合は当然のこと、所得金額を過大に認定し更正処分を行った場合においては、そのことを理由として直ちに国家賠償法第1条第1項にいう違法の評価を受ける。

×（財・労・税2021）全体が誤り。

(15) 国会議員は、立法に関し、国民全体に対する政治的責任のみならず、個別の国民の権利に対応した関係での法的義務も負っていることから、立法の内容が憲法の一義的な文言に違反しているにもかかわらず国会があえて当該立法を行ったというような特別の事情がなくても、法律の内容が違憲である場合は当該立法が違法となるため、国会議員の立法行為は原則として国家賠償の対象となる。

×（国般2017）「個別の国民の権利に対応した関係での法的義務も負っていることから」「法律の内容が違憲である場合は当該立法が違法となるため、国会議員の立法行為は原則として国家賠償の対象となる」が誤り。

(16) 国会議員による立法不作為についても、国家賠償法第1条第1項の適用上、違法の評価を受けることがあり、国会が在外選挙制度を設けるなどの立法措置を長期にわたって執らなかったことはこれに該当するが、在外国民が選挙権を行使できなかった精神的苦痛は金銭賠償にはなじまないから、国は賠償責任を負わない。

×（国般2013）「在外国民が選挙権を行使できなかった精神的苦痛は金銭賠償にはなじまないから、国は賠償責任を負わない」が誤り。

17 国会議員が国会で行った質疑等において、個別の国民の名誉や信用を低下させる発言があったとしても、これによって当然に国家賠償法第１条第１項の規定にいう違法な行為があったものとして国の損害賠償責任が生ずるものではなく、当該責任が肯定されるためには、当該国会議員が、その職務とは関わりなく違法又は不当な目的をもって事実を摘示し、あるいは、虚偽であることを知りながらあえてその事実を摘示するなど、国会議員がその付与された権限の趣旨に明らかに背いてこれを行使したものと認め得るような特別の事情があることが必要である。

○（国般2019）

18 裁判官がした争訟の裁判に上訴等の訴訟法上の救済方法によって是正されるべき瑕疵が存在したとしても、これによって当然に国家賠償法第１条第１項のいう違法な行為があったものとして国の損害賠償責任の問題が生じるものではないが、国の損害賠償責任が肯定されるために、当該裁判官がその付与された権限の趣旨に明らかに背いてこれを行使したものと認められるような特別の事情があることまで必要となるものではない。

×（国般2014）「当該裁判官がその付与された権限の趣旨に明らかに背いてこれを行使したものと認められるような特別の事情があることまで必要となるものではない」が誤り。

19 刑事事件において無罪の判決が確定した場合には、判決時と公訴の提起・追行時で特に事情を異にする特別の場合を除き、起訴前の逮捕・勾留、公訴の提起・追行、起訴後の勾留は直ちに違法となるとするのが判例である。

×（財・労・税2017）全体が誤り。

20 犯罪の被害者が公訴の提起によって受ける利益は、公訴の提起によって反射的にもたらされる事実上の利益にすぎず、法律上保護された利益ではないから、被害者は、検察官の不起訴処分の違法を理由として、国家賠償法の規定に基づく損害賠償請求をすることはできない。

○（国般2017）

21 警察官が交通違反車両をパトカーで追跡中、追跡を逃れようとした逃走車両が交通事故を起こし、第三者に対して損害を生じさせた場合には、当該追跡行為が警察官の職務目的を遂行する上で必要であったと認められれば、追跡の方法が不相当であったとしても、国家賠償法上違法とすることはできない。

×（労・税2005）「追跡の方法が不相当であったとしても、国家賠償法上違法とすることはできない」が誤り。

22 知事が宅地建物取引業者に対して宅地建物取引業法所定の免許の付与ないし更新をしたところ、当該業者が不正な行為を行ったことにより個々の取引関係者が損害を被った場合、当該免許の付与ないし更新が同法所定の免許基準に適合しないときであっても、当該免許の付与ないし更新それ自体は、当該業者との個々の取引関係者に対する関係において直ちに国家賠償法第1条第1項にいう違法な行為に当たるものではない。

○（財・労・税2014）

23 医薬品の副作用による被害が発生した場合であっても、厚生大臣(当時)が当該医薬品の副作用による被害の発生を防止するために当該医薬品製造の承認の取消し等に係る各権限を行使しなかったことが、直ちに国家賠償法第1条第1項にいう違法となるものではない。

○（労・税2008）

24 じん肺法が成立した後、通商産業大臣が石炭鉱山におけるじん肺発生防止のための鉱山保安法に基づく省令改正権限等の保安規制の権限を直ちに行使しなかったことは、保安措置の内容が多岐にわたる専門的、技術的事項であるため、その趣旨、目的に照らし、著しく合理性を欠くものとはいえず、国家賠償法上、違法とはいえないとした。

×（区2016）「著しく合理性を欠くものとはいえず、国家賠償法上、違法とはいえないとした」が誤り。

25 国家賠償法第1条の責任について、同条にいう職務を行った公務員個人に故意又は重大な過失があった場合は、国又は公共団体と連帯して当該公務員個人もその責任を負う。

×（国般2016）「国又は公共団体と連帯して当該公務員個人もその責任を負う」が誤り。

26 公権力の行使に当たる公務員の職務行為により、違法に他人に損害を与えた場合は、国又は公共団体が賠償の責に任じるとともに、職務の執行に当たった公務員は、行政機関としての地位において、被害者に対しその損害を賠償する責任を負う。

×（労・税2009）「行政機関としての地位において、被害者に対しその損害を賠償する責任を負う」が誤り。

27 公権力の行使に当たる公務員の職務行為による損害につき、国又は公共団体が国家賠償法第1条第1項に基づく損害賠償責任を負う場合において、公務員に軽過失があったときは、国又は公共団体は、当該公務員に対して求償権を有する。
×（財・労・税2017）「国又は公共団体は、当該公務員に対して求償権を有する」が誤り。

第5章 国家補償

3 国家賠償法２条論

国家賠償法２条も最頻出事項です。基本的な判例について理解しましょう。

1 意義

【国家賠償法第２条】
① 道路、河川その他の**公の営造物**の**設置又は管理に瑕疵**があつたために他人に損害を生じたときは、国又は公共団体は、これを賠償する責に任ずる。

趣旨 本条は、**公の営造物に欠陥**があり、これによって損害が生じた場合の国家賠償責任を規定する。国家賠償法１条と異なり**無過失責任**と解されているが、不可抗力など回避可能性がない場合には免責される(最判昭45.8.20、高知落石事件)。 01

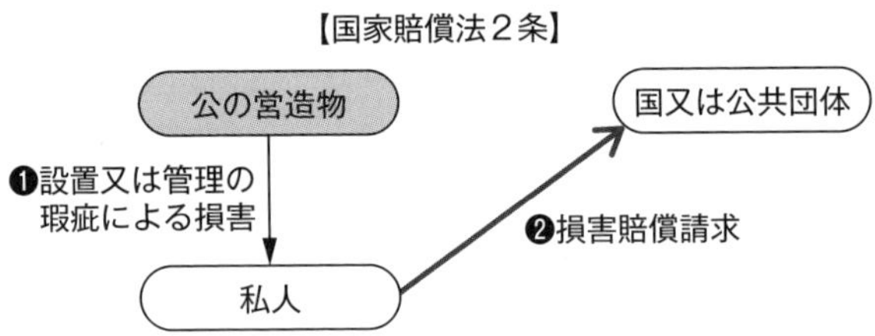

2 成立要件

成立要件は、①公の営造物の、②設置又は管理に瑕疵があったことにより損害が生じたことである。

1 公の営造物

意義 **公の営造物**とは、国又は公共団体により直接に**公の目的に供されている有体物**をいう(＝公物)。 02

公物は、公用物(庁舎やその敷地など官公署の用に供されるもの)と、公共用物(道路、公園、河川、海岸など公衆の用に供されるもの)に分けられる。

① 営造物

不動産のみならず、動産も含まれると解されている。裁判例では、公用自動車、警察の拳銃、テニスの審判台なども公の営造物にあたるとされている 02 。 発展 営造物の種類としては、道路のような**人工公物**、河川のような**自然公物**がある。

人工公物	人の手によって加工されたもの → 道路、公園など
自然公物	自然のままで利用されているもの → 河川、海岸、湖沼など

② 公の目的 発展

公共の用あるいは公用に供している、又は供すべきものであることが必要となる。したがって、公共の用に供されていない国有林や遊休地は公の営造物に含まれない。

③ 所有権との関係

私人が所有権を有するものであっても、行政主体がこれを賃借して**公の目的に供していれば公の営造物となる**。

なお、管理の主体は国又は公共団体であるが、**法律上管理権の定めがなくても、事実上管理している場合は「管理者」に含まれる**(最判昭59.11.29) 03 。管理者に当たるか否かは、国家賠償の費用負担で問題となる。

2 設置又は管理の瑕疵

意義 設置又は管理の瑕疵とは、**営造物が通常有すべき安全性を欠いていること**をいう(最判昭45.8.20、高知落石事件) 04 。もっとも、判例は、**瑕疵の有無**について、「**当該営造物の構造、用法、場所的環境及び利用状況等諸般の事情を総合考慮して具体的個別的に判断すべき**」としており(最判昭53.7.4)、瑕疵(=通常有すべき安全性を欠く)の概念については、具体的事案に応じて判断されることとなる。 04

3 判例

1 道路管理の瑕疵

道路管理の瑕疵に関する判例としては、**高知落石事件**(最判昭45.8.20)、 発展 **赤色灯事件**(最判昭50.6.26)、**87時間事件**(最判昭50.7.25)がある。

判例　高知落石事件（最判昭45.8.20）

〈事案〉

道路に面する山からの落石が自動車の助手席上部に当たり、助手席に乗っていたAが死亡した。

〈要旨〉

国家賠償法2条1項の営造物の設置または管理の瑕疵とは、営造物が通常有すべき安全性を欠いていることをいい、これに基づく国および公共団体の賠償責任については、その**過失の存在を必要としない**と解するを相当とする。05

（本件道路は、その通行の安全性の確保において欠け、その管理に瑕疵があったものといえる。）そして、本件道路における防護柵を設置するとした場合、その費用の額が相当の多額にのぼり、上告人県としてその予算措置に困却するであろうことは推察できるが、**それにより直ちに道路の管理の瑕疵によって生じた損害に対する賠償責任を免れうるものと考えることはできない**。06

〈解説〉　財政的理由により、必要な措置がとれなかった（免責事由となる）とする主張を**予算抗弁**ないしは**予算制約の抗弁**という。本判例は、道路管理の瑕疵について、原則として予算抗弁は認められないとしている。06

①瑕疵とは、営造物が通常有すべき安全性を欠いていること、②無過失責任、③予算抗弁を認めない、の3つで**道路管理の三原則**といわれる。

判例　87時間事件（最判昭50.7.25）

〈事案〉

事故を起こして故障した大型貨物自動車が、87時間にわたり国道に放置されていたところ、早朝に同所を走行していた原動機付自転車が当該大型貨物自動車の後部に追突し、原動機付自転車の運転者は死亡した。

〈要旨〉

（本件の事実関係から道路管理者である土木出張所が）**道路の安全性を保持するために必要とされる措置を全く講じていなかったことは明らか**であるから、このような状況のもとにおいては、本件事故発生当時、同出張所の**道路管理に瑕疵があったというほかなく**、本件道路の管理費用を負担すべき上告人は、国家賠償法2条及び3条の規定に基づき、本件事故によって被上告人らの被った**損害を賠償する責に任ずべき**である。07

2 河川管理の瑕疵

河川は自然公物であり、そもそも洪水などの自然災害を発生させる危険性を含んでいる。判例は、治水事業の実施については、①**財政的制約**（莫大な費用がかかる）・②**技術的制約**（下流から上流へ改修する）・③**社会的制約**（改修には用地買収が必要となる）があり、又、道路の管理におけるような簡易・臨機的な危険回避の手段をとることもできないから、設置・管理の瑕疵について道路とは異なる判断基準を示している。

判例　大東水害訴訟ー未改修・改修中河川の事案（最判昭59.1.26）

〈事案〉

集中豪雨により、大阪府大東市を流れる河川の未改修の区間において溢水があった。床上浸水等の被害を受けた付近の住民が国家賠償を請求した。

〈要旨〉

●1　未改修河川の管理の瑕疵の基準

未改修河川又は改修の不十分な河川の安全性としては、右諸制約（財政的制約、技術的制約、社会的制約）のもとで**一般に施行されてきた治水事業による河川の改修、整備の過程に対応するいわば過渡的な安全性をもって足りる**ものとせざるをえないのであって、**道路その他の営造物の管理の場合とは、その管理の瑕疵の有無についての判断の基準もおのずから異なったものとならざるをえない**のである。 08

●2　未改修河川の管理の瑕疵の具体的基準

これらの諸制約によっていまだ通常予測される災害に対応する安全性を備えるに至っていない現段階においては、**当該河川の管理についての瑕疵の有無は、過去に発生した水害の規模、発生の頻度、発生原因、被害の性質、降雨状況、流域の地形その他の自然的条件、土地の利用状況その他の社会的条件、改修を要する緊急性の有無及びその程度等諸般の事情を総合的に考慮し、前記諸制約のもとでの同種・同規模の河川の管理の一般水準及び社会通念に照らして是認しうる安全性を備えていると認められるかどうかを基準として判断すべき**であると解するのが相当である。 09

●3　改修計画が定められ、改修中の河川で水害が発生した場合

既に改修計画が定められ、これに基づいて現に改修中である河川については、**右計画が全体として右の見地からみて格別不合理なものと認められない**ときは、その後の事情の変動により当該河川の未改修部分につき水害発生の危険性が特に顕著となり、当初の計画の時期を繰り上げ、又は工事の順序を変更するなどして早期の改修工事を施行しなければならないと認めるべき**特段の事由が生じない限り**、右部分につき**改修がいまだ行われていないとの一事をもって河川管理に瑕疵があるとすることはできない**と解すべきである。

判例　多摩川水害訴訟ー改修済河川の事案（最判平2.12.13）

〈事案〉

工事実施計画に基づき改修、整備の必要はないとされていた多摩川の堤防が決壊し、19戸の家屋が流水した。水害は当該計画の予定する洪水流量のもとで発生した。

〈判旨〉

工事実施基本計画が策定され、右計画に準拠して改修、整備がされ、あるいは右計画に準拠して新規の改修、整備の必要がないものとされた河川の改修、整備の段階に対応する安全性とは、**同計画に定める規模の洪水における流水の通常の作用から予測される災害の発生を防止するに足りる安全性をいう**ものと解すべきである。けだし、前記判断基準に示された河川管理の特質から考えれば、改修、整備がされた河川は、その**改修、整備がされた段階において想定された洪水から、当時の防災技術の水準に照らして通常予測し、かつ、回避し得る水害を未然に防止するに足りる安全性を備えるべきものである**というべきであり、水害が発生した場合においても、当該河川の改修、整備がされた段階において想定された規模の洪水から当該水害の発生の危険を**通常予測することができなかった場合には、河川管理の瑕疵を問うことができない**からである。 10

3 空港の瑕疵（機能的瑕疵）

意義　機能的瑕疵（供用関連瑕疵）とは、**営造物自体に物理的な欠陥がなくとも、**管理者が適切な措置をとることなく、営造物を一定の限度を超え利用した場合に、利用者以外の**第三者との関係で瑕疵を認める**考え方である。

判例　大阪国際空港事件（最大判昭56.12.16）

〈事案〉

大阪国際空港を離発着する航空機の数が増加したことにより、周辺住民が航空機の騒音などにより被害を受けたとして国家賠償を請求した。

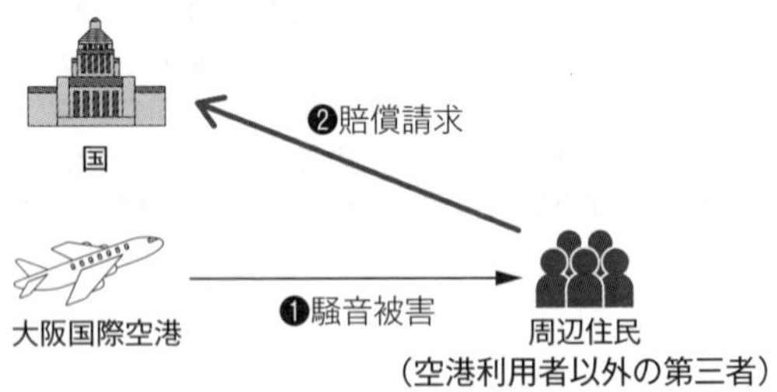

〈要旨〉

国家賠償法2条1項の営造物の設置又は管理の瑕疵とは、営造物が有すべき安全性を欠いている状態をいうのであるが、そこにいう安全性の欠如、すなわち、他人に危害を及ぼす危険性のある状態とは、ひとり当該営造物を構成する**物的施設自体に存する物理的、外形的な欠陥ないし不備によって一般的に右のような危害を生ぜしめる危険性がある場合のみならず、**その**営造物が供用目的に沿って利用されることとの関連において危害を生ぜしめる危険性がある場合をも含み、**また、**その危害は、営造物の利用者に対してのみならず、利用者以外の第三者に対するそれをも含む**ものと解すべきである。11

4 その他

危険防止施設の設置義務の範囲や、営造物の本来的用法と異なる用法により発生した損害について、以下の判例がある。

判例 点字ブロック事件（最判昭61.3.25）

〈事案〉

視力障害者のXは、旧国鉄の駅のホームから線路上に転落し電車にひかれて重傷を負ったため、国家賠償を請求した。

〈判旨〉

点字ブロック等のように、新たに開発された視力障害者用の安全設備を駅のホームに設置しなかったことをもって当該駅のホームが通常有すべき安全性を欠くか否かを判断するに当たっては、**その安全設備が、視力障害者の事故防止に有効なものとして、その素材、形状及び敷設方法等において相当程度標準化されて全国的ないし当該地域における道路及び駅のホーム等に普及しているかどうか、当該駅のホームにおける構造又は視力障害者の利用度との関係から予測される視力障害者の事故の発生の危険性の程度、右事故を未然に防止するため右安全設備を設置する必要性の程度及び右安全設備の設置の困難性の有無等の諸般の事情を総合考慮する**ことを要するものと解するのが相当である。12

判例 神戸夢野台高校転落事件（最判昭53.7.4）

〈事案〉

道路のガードレールに腰掛けるなどして遊んでいた児童が、ガードレールを超えて4メートル下の高校の校庭に転落して頭蓋骨を骨折するなどの重傷を負ったため、国家賠償を請求した。

〈判旨〉

国家賠償法2条1項にいう営造物の設置又は管理に瑕疵があったとみられるかどうかは、**当該営造物の構造、用法、場所的環境及び利用状況等諸般の事情を総合考慮して具体的個別的に判断**すべきものである。13

（本件の事実関係に照らすと、ガードレールにつき）**本来それが具有すべき安全性に欠けるところがあったとはいえず**、上告人（児童）のしたような**通常の用法に即しない行動の結果生じた事故**につき、被上告人はその設置管理者としての**責任を負うべき理由はない**ものというべきである。13

判例　テニス審判台事件（最判平5.3.30）

〈事案〉

幼児が、公立中学校のテニスコートに設置されている審判台に昇り、その後部から座席部分の背当てを構成している左右の鉄パイプを両手で握って降りようとしたところ、審判台が倒れ下敷きになった幼児は死亡した。幼児の両親は国家賠償を請求した。

〈要旨〉

本件事故時の幼児の行動は、本件審判台の本来の用法と異なることはもちろん、**設置管理者の通常予測し得ないものであった**といわなければならない。**幼児が異常な行動に出ることのないようにしつけるのは、保護者の側の義務**であり、このような場合にまで、上告人（町）が被上告人らに対して**国家賠償法2条1項所定の責任を負ういわれはない**というべきである。14

4 原因者に対する求償　発展

損害の原因について他に責に任ずべき者があれば、国・公共団体は求償権を行使することができる（国賠法２条２項）。

5 賠償責任者

1 国又は公共団体

【賠償責任者】

国賠法１条の責任	違法行為をした公務員が帰属（選任監督）する国又は公共団体が負う
国賠法２条の責任	設置又は管理に瑕疵のある営造物が帰属（設置管理）する国又は公共団体が負う

2 費用を負担する者

国賠法３条１項は、公務員の選任監督者又は公の営造物の設置管理者である国又は公共団体に対して損害賠償責任が成立する場合、**費用負担者である別の行政主体もまた国家賠償責任を負う**ことを規定している。15 16

趣旨 費用を負担する者も賠償義務を負うとすることで、被害者が被告の選択を誤らないようにするとともに、危険責任の法理に基づいて被害者を保護する。

【国賠法１条責任の費用負担者】

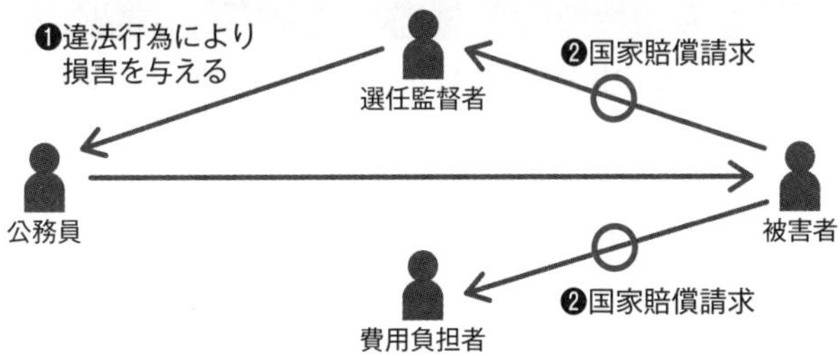

【国賠法２条責任の費用負担者】15

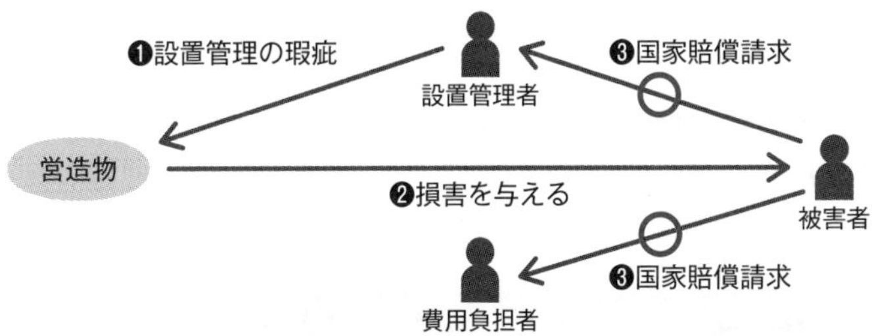

〈語句〉●**費用を負担する者（費用負担者）**とは、設置費用について**法律上負担義務を負う**者の他、この者と**同等もしくはこれに近い設置費用を負担**し、実質的にはこの者と当該**営造物による事業を共同して執行していると認められる者**であって、当該**営造物の瑕疵による危険を効果的に防止しうる者**も含まれる（最判昭50.11.28）。（例）県が設置管理する国立公園に、国が補助金として設置費用の２分の１近くを負担している場合、国は費用負担者にあたる（最判昭50.11.28）。17

3 求償権 発展

費用負担者がいる場合、損害を賠償した者は、内部関係でその損害を賠償する責任のある者に対して求償権を有する（国賠法３条２項）。

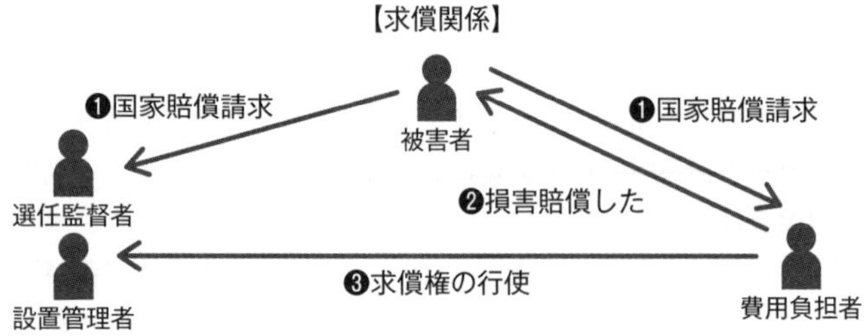

重要事項 一問一答

01 国家賠償法2条1項の損害賠償責任が認められるためには、故意又は過失を要するか？

不要(無過失責任)

02 国家賠償法2条1項（営造物責任）の要件は（2つ）？

①公の営造物、②設置又は管理の瑕疵によって損害が発生

03 「設置又は管理の瑕疵」とは？

営造物が通常有すべき安全性を欠いていること

04 設置又は管理の瑕疵の有無はどのように判断するのか？

営造物の構造、用法、場所的環境及び利用状況等諸般の事情を総合考慮して具体的個別的に判断する。

05 公務員の選任・監督をする者（選任監督者）が費用負担者と異なる場合、被害者は誰を相手として訴えを提起できるか？

選任監督者、費用負担者の両者を相手方として訴えを提起できる。

過去問チェック

01 国家賠償法第2条に基づく賠償請求権の成立については、故意・過失の存在は必要とされないが、不可抗力又は回避可能性のない場合は免責される。

○（財・労・税2015改題）

02 公の営造物とは、道路、河川、港湾、水道、下水道、官公庁舎、学校の建物等、公の目的に供されている、動産以外の有体物を意味する。

×（区2022）「動産以外の」が誤り。

03 公の営造物の管理の主体は国又は公共団体であり、その管理権は、法律上の根拠があることを要し、事実上管理する場合は含まれない。

×（区2022）「法律上の根拠があることを要し、事実上管理する場合は含まれない」が誤り。

04 国家賠償法第２条第１項にいう「公の営造物の設置又は管理に瑕疵」があるとは、公の営造物が通常有すべき安全性を欠いていることをいい、この通常有すべき安全性を欠くか否かの判断は、当該営造物の構造、本来の用法、場所的環境及び利用状況等諸般の事情を総合考慮して具体的、個別的に判断すべきであるとするのが判例である。

○（労・税2007）

05 営造物の設置又は管理の瑕疵とは、営造物が通常有すべき安全性を欠いていることをいい、これに基づく国又は公共団体の賠償責任については、その過失の存在を必要とする。

×（財・労・財2012）「その過失の存在を必要とする」が誤り。

06 最高裁判所の判例では、道路管理者において災害等の防止施設の設置のための費用が相当の多額にのぼり、その予算措置に困却する場合は、当該道路管理者は道路の管理の瑕疵によって生じた損害の賠償責任を当然に免れるとした。

×（区2004）「当該道路管理者は道路の管理の瑕疵によって生じた損害の賠償責任を当然に免れるとした」が誤り。

07 故障した大型貨物自動車が87時間にわたって国道に放置され、これに原動機付自転車が衝突する事故が発生した場合において、道路管理者は、道路を常時良好な状態に保つように維持し、一般交通に支障を及ぼさないように努める義務を負っているものの、事故の発生は何人においても予測不可能なものであり、たまたま事故の発生に気付かずに道路の安全性を確保するための措置を何ら講ずることができなかったとしても、そのことをもって道路管理に瑕疵があったということはできない。

×（国般2007）「事故の発生は何人においても予測不可能なものであり、たまたま事故の発生に気付かずに道路の安全性を確保するための措置を何ら講ずることができなかったとしても、そのことをもって道路管理に瑕疵があったということはできない」が誤り。

08 最高裁判所の判例では、大東水害事件において、未改修河川の管理の瑕疵の有無については、河川管理の特質に由来する財政的、技術的及び社会的諸制約の下でも、過渡的な安全性ではなく、通常予測される災害に対応する安全性を備えていると認められるかどうかを基準として判断すべきであるとした。

×（区2010）「過渡的な安全性ではなく、通常予測される災害に対応する安全性を備えていると認められるかどうかを基準として判断すべきであるとした」が誤り。

09 河川による水害の損害賠償請求における河川管理の瑕疵の有無については、道路の管理等の場合とは異なり、過去に発生した水害の規模、発生の頻度、改修を要する緊急性の有無等諸般の事情を総合的に考慮し、河川管理の特質に由来する財政的、技術的及び社会的諸制約の下での同種・同規模の河川の管理の一般水準及び社会通念に照らして、是認し得る安全性を備えていると認められるかどうかを基準として判断すべきである。

○（財・労・税2016）

10 河川は、通常数度の治水事業を経て、逐次その安全性を高めていくことが予定されているものであるから、洪水対策のために改修、整備がされた河川は、その改修、整備後に起こり得る規模の洪水から発生する水害を未然に防止するに足りる安全性を備えるものでなければならず、改修、整備後に起こった洪水により水害が発生した場合には、その水害発生の予測可能性の程度にかかわらず、河川管理者は水害により生じた損害に対する賠償責任を負う。

×（国般2007）「その改修、整備後に起こり得る規模の洪水から発生する水害を未然に防止するに足りる安全性を備えるものでなければならず、改修、整備後に起こった洪水により水害が発生した場合には、その水害発生の予測可能性の程度にかかわらず、河川管理者は水害により生じた損害に対する賠償責任を負う」が誤り。

11 営造物の設置又は管理の瑕疵には、供用目的に沿って利用されることとの関連において危害を生ぜしめる危険性がある場合を含むが、その危害は、営造物の利用者に対してのみ認められる。

×（区2022）「営造物の利用者に対してのみ認められる」が誤り。

12 視力障害者用の安全設備として開発された点字ブロックを日本国有鉄道(当時)の駅のホームに設置しなかったことをもって、当該駅のホームが通常有すべき安全性を欠くか否かを判断するに当たっては、あくまで当該駅のホームにおける状況を基準とし、その構造や視力障害者の利用度を考慮した上で、当該安全設備を設置しないことにより予測される事故発生の危険性の程度から判断すべきであって、当該安全設備が全国的ないし当該地域の駅のホームにおいてどの程度普及しているかまでは特段考慮する必要はない。

×（国般2007）「あくまで当該駅のホームにおける状況を基準とし、その構造や視力障害者の利用度を考慮した上で、当該安全設備を設置しないことにより予測される事故発生の危険性の程度から判断すべきであって、当該安全設備が全国的ないし当該地域の駅のホームにおいてどの程度普及しているかまでは特段考慮する必要はない」が誤り。

13 国家賠償法第２条第１項にいう営造物の設置又は管理の瑕疵があったとみられるかどうかは、当該営造物の構造、用法、場所的環境及び利用状況等諸般の事情を総合考慮して判断すべきものであり、道路のガードレール上で遊んでいた子供が転落してけがをした場合、当該ガードレールには本来有すべき安全性に欠けるところがなく、それが当該ガードレールの通常の用法に即しない行動の結果生じたものであっても、営造物の設置又は管理に瑕疵があったとして、その設置管理者は損害賠償責任を負う。

×（財・労・税2018）「営造物の設置又は管理に瑕疵があったとして、その設置管理者は損害賠償責任を負う」が誤り。

14 公立学校の校庭が開放されて一般の利用に供されている場合、幼児を含む一般市民の校庭内における安全につき、校庭内の設備等の設置管理者は、当該設備等が本来の用法に従えば安全であるべきことについて責任を負うのは当然として、これを設置管理者の通常予測し得ない異常な方法で使用させないという注意義務も負っていると解すべきであるから、幼児が当該設備等を設置管理者の通常予測し得ない異常な方法で使用し損害を被ったときであっても、設置管理者は国家賠償法第２条に基づく賠償責任を負う。

×（国般2021）「これを設置管理者の通常予測し得ない異常な方法で使用させないという注意義務も負っていると解すべきであるから、幼児が当該設備等を設置管理者の通常予測し得ない異常な方法で使用し損害を被ったときであっても、設置管理者は国家賠償法第２条に基づく賠償責任を負う」が誤り。

15 国家賠償法第１条に基づく損害賠償責任は、公務員に対する監督不行き届きに対する責任であることから、監督する者と給与等の費用を負担する者とが異なる公務員の違法行為による損害に対しては、監督する者のみが損害賠償責任を負う。

×（労・税2004）「監督する者のみが損害賠償責任を負う」が誤り。

16 公の営造物の設置・管理の瑕疵により、国又は公共団体が損害賠償責任を負う場合において、営造物の設置・管理者と費用負担者とが異なるときは、被害者は、設置・管理者と費用負担者のいずれに対しても、賠償請求をすることができる。

○（財・労・税2016）

17 国家賠償法第３条第１項は公の営造物の設置管理者と費用負担者とが異なるときは双方が損害賠償の責任を負うとしているが、同項にいう費用負担者とは、当該営造物の設置費用につき法律上負担義務を負う者に限られ、当該営造物の設置費用の一部につき補助金を交付した者は含まれない。

×（国般2016）「当該営造物の設置費用につき法律上負担義務を負う者に限られ、当該営造物の設置費用の一部につき補助金を交付した者は含まれない」が誤り。

4 損失補償

違法行為によってではなく、適法行為によって生じた損失を金銭的に救済する制度です。憲法の学習範囲と重なるので効率的に学習を進めましょう。

1 意義・趣旨

意義 **損失補償**とは、**適法な公権力の行使により個人が財産上の損失を被った場合に、その損失を補塡する制度**である。

趣旨 財産権を実質的に保障するとともに、公平の理念に基づき、特定人の負担を国民の一般的負担に転嫁することを趣旨とする。

【損失補償制度と国家賠償制度の相違】

	損失補償制度	国家賠償制度
目的	特定人の被った損害(損失)の補塡	
対象	**適法**な公権力の行使	**違法**な公権力の行使

問題点 法令が損失補償に関する規定を欠いている場合、**憲法29条3項を直接の根拠**に補償請求することができるか。

結論 憲法29条3項を直接の根拠にして補償請求をする余地はある(判例・通説)。

判例 河川附近地制限令(名取川)事件(最大判昭43.11.27)

〈事案〉

砂利採取業者のXは、河川敷の私有地で砂利採取を行っていたが、当該私有地が河川法により「河川附近地」に指定され、知事の許可なく砂利採取ができなくなった。Xは、砂利採取の許可申請が却下された後も砂利採取を続けたため、河川附近地制限令違反に問われた。

〈判旨〉

(河川附近地制限令4条2号による)制限について同条に損失補償に関する規定がないからといって、同条があらゆる場合について一切の損失補償を全く否定する趣旨とまでは解されず、本件被告人(X)も、その損失を具体的に主張立証して、別途、**直接憲法29条3項を根拠にして、補償請求をする余地が全くないわけではない。** 01

2 補償の要否

1 補償が認められる要件

特定人に対して、その財産権に内在する社会的制約を超えて、特別の犠牲を課した場合に補償が必要となる。

特別の犠牲にあたるか否かは、以下の２つの要件を総合的に考慮して判断される。

【補償が求められる要件】

形式的要件	特定人に対する制約か否か
実質的要件	内在的制約(受忍限度)を超えるほどの強い制約か否か 02

2 判例

補償の要否に関連する判例として、**モービル石油事件**(最判昭58.2.18)、**福原輪中堤事件**(最判昭63.1.21)、**戦争損害**(最大判昭43.11.27)、**破壊消防による損失の補償**(最判昭47.5.30)、発展 **鉱業法64条による制限**(最判昭57.2.5)、**目的外使用許可の撤回と損失補償**(最判昭49.2.5)、発展 **建築物の無補償撤去の負担**(最大判昭33.4.9)がある。

判例 モービル石油事件（最判昭58.2.18）

〈事案〉

給油所を経営するXは、許可を受けて、自己の所有する土地の地下にガソリンタンクを設置していた。その後、国が地下横断歩道を設置した結果、ガソリンタンクの一部が地下横断歩道から10メートル以内となり、消防法等に違反する施設となった。Xは、ガソリンタンクの移設を余儀なくされたことから、国に対して道路法70条に基づく損失補償を請求した。

〈判旨〉

警察法規が一定の危険物の保管場所等につき保安物件との間に一定の離隔距離を保持すべきことなどを内容とする技術上の基準を定めている場合において、道路工事の施行の結果、警察違反の状態を生じ、危険物保有者が右技術上の基準に適合するように工作物の移転等を余儀なくされ、これによって損失を被ったとしても、それは道路工事の施行によって**警察規制に基づく損失がたまたま現実化するに至ったものにすぎず**、このような損失は、道路法70条1項の定める**補償の対象には属しない**ものというべきである。 03

判例 福原輪中堤事件（最判昭63.1.21）

〈事案〉

Xが所有する輪中堤（特定の地域を洪水から守るために、その周囲を囲むように作られた堤防）が収用された。輪中堤は、Xの先祖が造成したもので、代々私費を投じて維持・管理してきたものであるところ、Xは損失補償額が不当であるとして訴えを提起した。

〈要旨〉

土地収用法88条にいう「通常受ける損失」とは、客観的社会的にみて収用に基づき被収用者が当然に受けるであろうと考えられる経済的・財産的な損失をいうと解するのが相当であって、**経済的価値でない特殊な価値についてまで補償の対象とする趣旨ではない**というべきであって、**このような意味での文化財的価値なるものは、それ自体経済的評価になじまないものとして、右土地収用法上損失補償の対象とはなり得ない**と解するのが相当である。 04

本件輪中堤は江戸時代初期から水害より村落共同体を守ってきた輪中堤の典型の1つとして歴史的、社会的、学術的価値を内包しているが、それ以上に本件**堤防の不動産としての市場価格を形成する要素となり得るような価値を有するというわけでないことは明らか**であるから、かかる価値は本件**補償の対象となり得ない**というべきである。 04

第5章 国家補償

判例 戦争損害（最大判昭43.11.27）

〈事案〉

カナダに居住していたXは、第二次世界大戦中にカナダ政府より敵産管理措置を受け、所有していた資産を接収された。終戦後、サンフランシスコ平和条約が締結されたことに伴い、Xの前記資産についてはカナダ政府が処分権を取得したため、資産の返還請求が不可能となったXは、国に対して損失補償を請求した。

〈判旨〉

このような戦争損害は、他の種々の戦争損害と同様、多かれ少なかれ、**国民のひとしく堪え忍ばなければならないやむを得ない犠牲**なのであって、その補償のごときは、さきに説示したように、**憲法29条3項の全く予想しないところで、同条項の適用の余地のない問題**といわなければならない。05

判例 破壊消防による損失の補償（最判昭47.5.30）

〈事案〉

村の消防団長は、火災の消火活動にあたり、延焼の拡大を防ぐために現在延焼している家屋から北方にある複数の建造物の破壊を命じた。火災は消火されたが、実際に延焼が及んだのは破壊が命じられた建造物の一部にとどまった。破壊により損失を受けた建造物の所有者らが国家賠償、及び消防法29条3項、4項に基づく損失補償を請求した。

〈要旨〉

火災の際の消防活動により損害を受けた者がその損失の補償を請求しうるためには、**当該処分等が、火災が発生しようとし、もしくは発生し、または延焼のおそれがある消防対象物およびこれらのもののある土地以外の消防対象物および立地に対しなされたものであり、かつ、右処分等が消火もしくは延焼の防止または人命の救助のために緊急の必要があるときになされたものであることを要する**ものといわなければならない。06

判例 目的外使用許可の撤回と損失補償（最判昭49.2.5）

〈事案・判旨〉

第2章❻節❺項「職権取消し・撤回と損失補償」参照 07

❸ 補償の内容

補償の内容は、損失を受けた者が「**正当な補償**」を受けることができることである。「正当な補償」の意義については、以下の２つの見解がある。

【「正当な補償」の意義】

相当補償説	当該財産について**合理的に算出された相当な額であれば足りる**（市場価格を下回っても良い）とする見解
完全補償説	当該財産が有する**客観的な市場価格が全額補償**されなければならないとする見解

1 農地改革に基づく土地収用

農地改革（自作農創設特別措置法）に基づく土地収用について、相当補償説を採用した**自作農創設特別措置法事件**（最大判昭28.12.23）がある。

判例 自作農創設特別措置法事件（最大判昭28.12.23）

〈事案〉

Xは、自己の所有する農地を自作農創設特別措置法に基づき買収されたが、その際の価格が「正当な補償」にあたらないとして、買収価格の増額を求めて訴えを提起した。

〈判旨〉

まず**憲法29条3項にいうところの**財産権を公共の用に供する場合の**正当な補償とは、その当時の経済状態において成立することを考えられる価格に基づき、合理的に算出された相当な額をいうのであって、必ずしも常にかかる価格と完全に一致することを要するものでない**と解するを相当とする。 08

2 土地収用法に基づく土地収用

① 完全補償説

土地収用法に基づく土地収用に関する判例として、完全補償説を採用した**土地収用法事件**(最判昭48.10.18)がある。

判例 土地収用法事件(最判昭48.10.18)

〈事案〉

Xは、倉吉都市計画街路事業によって所有する土地を収用されたが、収用に対する補償額が近傍類地の取引実例の価格に比べ低すぎるとして訴えを提起した。

〈判旨〉

土地収用法における損失の補償は、特定の公益上必要な事業のために土地が収用される場合、その収用によって当該土地の所有者等が被る特別な犠牲の回復をはかることを目的とするものであるから、**完全な補償、すなわち、収用の前後を通じて被収用者の財産価値を等しくならしめるような補償をなすべき**であり、金銭をもつて補償する場合には、被収用者が近傍において被収用地と同等の代替地等を取得することをうるに足りる金額の補償を要するものというべく、土地収用法72条(改正前)は右のような趣旨を明らかにした規定と解すべきである。 09

〈解説〉 土地収用法の補償の範囲に関する判例として、最判平14.6.11もあるが、出題がない。

② 土地収用法の補償対象

土地収用法に基づく損失補償では、**土地所有権や賃借権などの権利の対価**だけではなく、土地収用に伴う**付随的損失についても補償の対象**となる。付随的損失の補償の例として、残地補償(74条)、工事費用の補償(75条)、移転料の補償(77条)、営業上の損失・建物移転による賃貸料の損失など土地収用に伴い通常受ける損失の補償(88条)がある。 10

〈語句〉●**残地補償**とは、土地の一部を収容した結果、残った土地の価値が低下した場合の補償である。

③ 補償額の認定

土地収用法における補償額が増額認定された場合、利息も請求することができるかに関する判例として、発展 **土地収用法による補償額の決定**(最判平9.1.28)がある。

④ 補償の方法 発展

損失補償は金銭で支払われることが原則であるが(**金銭払いの原則**)、替地による補償、耕地の造成、工事・移転の代行による補償など、**現物補償**が行われる場合もある(土地収用法82条～86条)。

4 補償の時期

憲法は「正当な補償」と規定しているだけであって、補償の時期についてはすこしも言明していないから、補償が財産の供与と交換的に同時に履行さるべきことについては、憲法の保障するところではない(最大判昭24.7.13)。 11

5 国家賠償と損失補償の谷間の問題 発展

国家賠償と損失補償の谷間(**国家補償の谷間**)**の問題**とは、国家賠償制度と損失補償制度の**いずれについてもその要件を満たしていない場合**に、私人が被害を受けたにもかかわらず、その**救済を受けることができない**という問題のことである。典型例として、公務員の違法な行為により損害を受けたが、その公務員に過失がない場合(**違法無過失のケース**)がある。

重要事項 一問一答

01 損失補償とは？

適法な公権力の行使により個人が財産上の損失を被った場合に、その損失を補填する制度

02 法令に損失補償に関する規定がない場合、憲法29条３項を直接の根拠として損失補償を請求することができるか？

できる。

03 憲法29条３項の規定する「正当な補償」の意味は？

当時の経済状態において成立することを考えられる価格に基づき、合理的に算出された相当な額を意味する(相当補償説)。

過去問チェック

01 財産上の犠牲が単に一般的に当然に受忍すべきものとされる制限の範囲を超え、特別の犠牲を課したものである場合であっても、これについて損失補償に関する規定がないときは、当該制限については補償を要しないとするのが立法上の趣旨であると解すべきであり、直接憲法第29条第３項を根拠にして補償請求をするこ

とはできないとするのが判例である。

×（財・労・税2022）「当該制限については補償を要しないとするのが立法上の趣旨であると解すべきであり、直接憲法第29条第３項を根拠にして補償請求をすることはできないとするのが判例である」が誤り。

02 公共の利用に供するために財産権が制約され損失が生じれば、それが社会生活において一般に要求される受忍の限度をこえていなくても、無条件に損失補償が受けられる。

×（区2015）全体が誤り。

03 警察法規が一定の危険物の保管場所等について技術上の基準を定めている場合において、道路工事の施工の結果、警察法規違反の状態を生じ、危険物保有者がその技術上の基準に適合するように既存の工作物の移転等を余儀なくされ、これによって損失を被ったときは、当該危険物保有者はその損失の補償を請求することができるとするのが判例である。

×（財・労・税2022）「当該危険物保有者はその損失の補償を請求することができるとするのが判例である」が誤り。

04 最高裁判所の判例は、福原輪中堤の文化的価値の補償が請求された事件において、土地収用法の通常受ける損失とは、経済的価値でない特殊な価値については補償の対象としていないが、当該輪中堤は江戸時代初期から水害より村落共同体を守ってきた輪中堤の典型の一つとして歴史的、社会的、学術的価値を内包し、堤防の不動産としての市場価格を形成する要素となり得るような価値を有しているため、かかる価値も補償の対象となり得るというべきであるとした。

×（区2017改題）「堤防の不動産としての市場価格を形成する要素となり得るような価値を有しているため、かかる価値も補償の対象となり得るというべきであるとした」が誤り。

05 対日平和条約による在外資産の喪失のような戦争損害は．憲法の全く想定していない損害であるが、国家公共の目的のために課せられた損失という一面を持つため、その喪失は公用収用と認められ、憲法第29条第３項によって補償を請求することができる。

×（財2012）「国家公共の目的のために課せられた損失という一面を持つため、その喪失は公用収用と認められ、憲法第29条第３項によって補償を請求することができる」が誤り。

06 最高裁判所の判例では、火災の際の消防活動により損害を受けた者がその損失の補償を請求しうるには、消防法による処分が、火災が発生しようとし、若しくは発生し、又は延焼のおそれがある消防対象物及びこれらのもののある土地以外の消防対象物及び立地に対しなされたものであり、かつ、消火若しくは延焼の防止又は人命の救助のために緊急の必要があるときになされたものであることを要するとした。

○（区2019）

07 行政財産である土地について建物所有を目的とし期間の定めなくされた使用許可が当該行政財産本来の用途又は目的上の必要に基づき将来に向かって取り消されたときは、使用権者は、特別の事情のない限り、当該取消しによる土地使用権喪失についての補償を求めることができる。

×（国般2016）「当該取消しによる土地使用権喪失についての補償を求めることができる」が誤り。

08 最高裁判所の判例では、自作農創設特別措置法の農地買収対価が、憲法にいうところの正当な補償に当たるかどうかは、その当時の経済状態において成立することを考えられる価格に基づき、合理的に算出された相当な額をいうのであって、常にかかる価格と完全に一致することを要するものであるとした。

×（区2021改題）「常にかかる価格と完全に一致することを要するものであるとした」が誤り。

09 最高裁判所の判例は、倉吉都市計画街路事業の用に供するための土地収用において、土地収用法における損失の補償は、特定の公益上必要な事業のために土地が収用される場合、その収用によって当該土地の所有者等が被る特別な犠牲の回復を図ることを目的とするものではないから、収用の前後を通じて被収用者の財産価値を等しくならしめるような補償を要しないとした。

×（区2021改題）「その収用によって当該土地の所有者等が被る特別な犠牲の回復を図ることを目的とするものではないから、収用の前後を通じて被収用者の財産価値を等しくならしめるような補償を要しないとした」が誤り。

10 公用収用における損失補償は、所有権や地上権などの収用される権利について補償することはできるが、移転料、調査費及び営業上の損失など収用に伴い受けるであろう付随的損失について補償することはできない。

×（区2015）「移転料、調査費及び営業上の損失など収用に伴い受けるであろう付随的損失について補償することはできない」が誤り。

11 国家が私人の財産を公共の用に供するには、これによって私人の被るべき損害を塡補するに足りるだけの相当な賠償をしなければならないことはいうまでもないが、憲法は、これに加えて、補償の時期についても、補償が財産の供与と交換的に同時に履行されるべきことを保障しているとするのが判例である。

×（財・労・税2022）「これに加えて、補償の時期についても、補償が財産の供与と交換的に同時に履行されるべきことを保障しているとするのが判例である」が誤り。

過去問 Exercise

問題 国家賠償法に関するA～Dの記述のうち、判例、通説に照らして、妥当なものを選んだ組合せはどれか。

特別区2014［H26］

A　最高裁判所の判例では、検察官がした公訴の提起は、検察官が裁判所に対して犯罪の成否、刑罰権の存否につき審判を求める意思表示であり、検察官の心証は、判決時における心証と異なり、起訴時あるいは公訴追行時における各種の証拠資料を総合勘案して合理的な判断過程により有罪と認められる嫌疑があれば足りるものと解するのが相当であるから、刑事事件において無罪の判決が確定したというだけで直ちに違法となるものではないとした。

B　最高裁判所の判例では、警察官のパトカーによる追跡を受けて車両で逃走する者が惹起した事故によって第三者が損害を被った場合において、当該追跡行為が国家賠償法の適用上違法であるというためには、追跡が現行犯逮捕等の職務を遂行する上で不必要であるか、又は予測される被害発生の具体的危険性の有無・内容に照らして追跡の開始、継続若しくは方法が不相当であることを要するとした。

C　国又は公共団体の公権力の行使に当たる公務員が、重大な過失によって違法に他人に損害を加えたときは、国又は公共団体はこれを賠償しなければならないが、国又は公共団体は、その公務員に対して求償権を有しない。

D　日本国憲法の基本的人権は外国人にも保障されるので、公務員の不法行為による被害者が外国人であるときは、いかなる場合であっても国家賠償法の規定は適用される。

1. A、B
2. A、C
3. A、D
4. B、C
5. B、D

解説

正解 ❶

A ◯　判例により妥当である。判例は、刑事事件において無罪の判決が確定したというだけで、直ちに当該刑事事件についてされた逮捕、勾留及び公訴の提起、追行が違法となるものではないとしている(最判昭53.10.20)。この判例では、起訴時や公訴追行時における検察官の心証は、判決時における裁判官の心証と異なり、起訴時や公訴追行時における各種の証拠資料を総合勘案して合理的な判断過程により有罪と認められる嫌疑があれば足りることを、その理由として挙げている。

B ◯　判例により妥当である。判例は、警察官のパトカーによる追跡を受けて車両で逃走する者が惹起した事故により第三者が損害を被った場合に、当該追跡行為が国家賠償法１条１項の適用上違法であるというためには、①追跡が現行犯逮捕、職務質問等の職務の目的を遂行するうえで不必要であるか、又は、②逃走車両の走行の態様及び道路交通状況等から予想される被害発生の具体的危険性の有無、内容に照らして追跡の開始、継続若しくは方法が不相当であることを要するとしている(最判昭61.2.27、パトカー追跡事件)。

C ✕　「国又は公共団体は、その公務員に対して求償権を有しない」という部分が妥当でない。公務員に故意又は重大な過失があった場合、国又は公共団体は、その公務員に対して求償権を有する(国家賠償法１条２項)。

D ✕　「いかなる場合であっても国家賠償法の規定は適用される」という部分が妥当でない。国家賠償法の規定は、外国人が被害者である場合には、相互の保証があるときに限り適用される(相互保証主義)(国家賠償法６条)。例えば、被害者がX国の外国人であるときは、X国で日本人による国家賠償請求を認めている場合に限り、その外国人は国家賠償請求ができることになる。外国人に対していかなる場合でも国家賠償法が適用されるわけではない。

以上より、妥当なものは**A**、**B**であり、正解は❶となる。

第6章

行政事件訴訟法

行政救済制度の１つとして行政事件訴訟制度があります。行政不服審査法との対比で、行政事件訴訟法の特色を確認しましょう。

行政事件訴訟法の頻出分野は、取消訴訟なので、まずこれを押さえ、その後で他の訴訟類型を学習するのが良いでしょう。

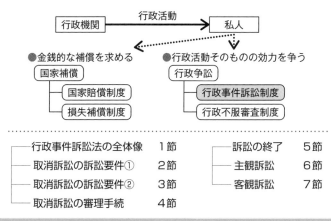

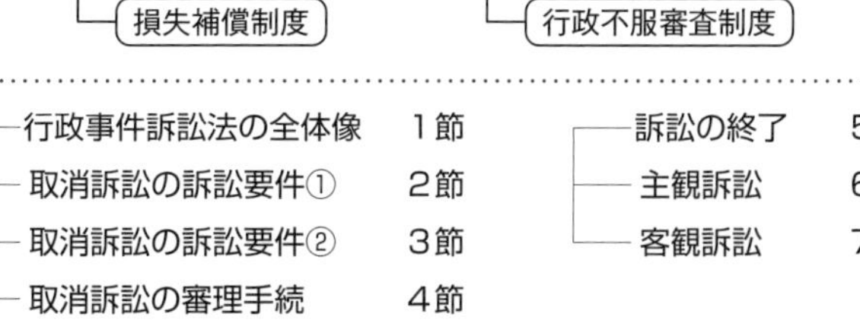

1 行政事件訴訟法の全体像

行政事件に関する扱いが明治憲法時代から現行憲法にかけてどのように変化したかを押さえることがポイントです。

1 概説

行政事件訴訟は、裁判によって、①**違法な行政活動によって権利利益を侵害された国民を救済すること**、②**違法な行政活動を是正すること**を目的とする制度である。

趣旨 「法律による行政の原理」を中心とした原則・制度によっても、違法な行政活動を完全に防止することは難しいため、行政事件訴訟は「法律による行政の原理」を制度的に担保する役割を果たすものである。

そして、**行政事件訴訟に関する一般法が行政事件訴訟法**である（行政事件訴訟法1条、以下「行訴法」とする）。

2 行政事件訴訟法の訴訟類型

行政事件訴訟は、**主観訴訟**と**客観訴訟**に大別される。そのうえで、行政事件訴訟法が規定する訴訟類型を俯瞰すると以下のようになる。

【行政事件訴訟法の訴訟類型】

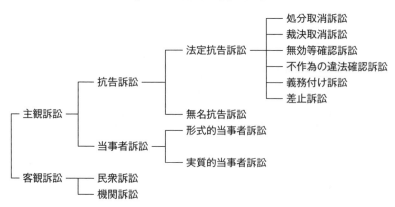

- 主観訴訟
  - 抗告訴訟
    - 法定抗告訴訟
      - 処分取消訴訟
      - 裁決取消訴訟
      - 無効等確認訴訟
      - 不作為の違法確認訴訟
      - 義務付け訴訟
      - 差止訴訟
    - 無名抗告訴訟
  - 当事者訴訟
    - 形式的当事者訴訟
    - 実質的当事者訴訟
- 客観訴訟
  - 民衆訴訟
  - 機関訴訟

〈語句〉●**主観訴訟**とは、国民の個人的な権利利益の救済を目的とする訴訟をいう。
●**客観訴訟**とは、個人の権利利益の救済とは無関係に客観的な法秩序の維持を目的とする訴訟をいう。

3 2004（平成16）年改正のポイント

国民の権利利益の救済をより実効性のあるものとするという目的から、2004年に行政事件訴訟法の一部を改正する法律が成立した。主な改正点は以下のとおりである。

【2004（平成16）年改正のポイント】

① 救済範囲の拡大
- 取消訴訟の**原告適格の拡大**（9条2項）
- **義務付け訴訟、差止訴訟**の法定化（3条6項、7項）

② 審理の充実
- **釈明処分**の新設（23条の2）

③ 訴訟を利用しやすくする
- 抗告訴訟の**被告適格**を行政庁から**行政主体**に変更（11条1項）
- 取消訴訟の出訴期間を処分があったことを知った日から「3か月」を「**6か月**」へ延長（14条1項）
- **管轄裁判所の拡大**（12条）
- **教示制度**の新設（46条）

④ 仮の救済制度の充実
- 執行停止の**要件の緩和**（25条2項、3項）
- **仮の義務付け、仮の差止め**の新設（37条の5）

2 取消訴訟の訴訟要件①

取消訴訟の流れを確認し、訴訟要件で重要な処分性に関して、どの事件で処分性が認められたかという点に注意して基本判例を押さえましょう。

1 取消訴訟の流れ

❶要件審理 → ❷本案審理 → ❸判決

違法な行政活動について訴えが提起された場合、裁判所は、①要件審理、②本案審理、③判決の順番で訴訟手続きを進めていく。

1 要件審理

意義 **要件審理**とは、訴えが**訴訟要件を満たしているか否かについて審理**をすることである。

訴訟要件とは、訴訟を利用するために**訴え自体に求められる一定の要件**のことをいう。

違法な行政活動について訴えを提起すると、まず要件審理が行われる。ここで訴訟要件を１つでも欠いている場合は、訴え自体が不適法とされ**却下判決**(いわば門前払いの判決)が下される。

本節では、訴訟要件のうち**処分性**について扱い、**原告適格**やその他の訴訟要件については本章**3**節「取消訴訟の訴訟要件②」で扱う。

【取消訴訟の具体例】

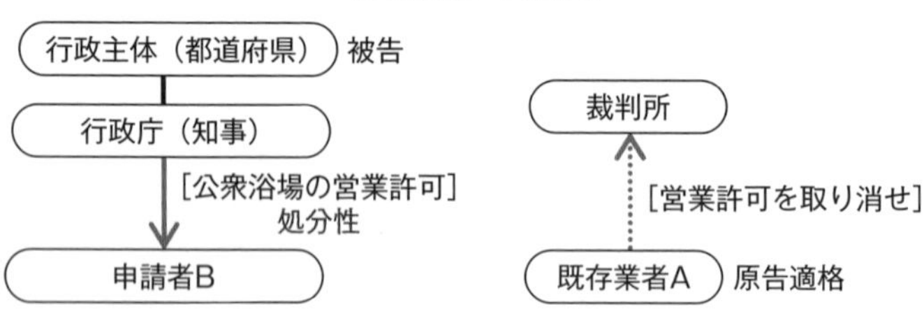

2 本案審理

意義 **本案審理**とは、訴えが訴訟要件を満たしている(適法である)と判断された場合に行われるもので、訴えに理由があるか否か(違法な処分であるか否か)という点を審理することである。

本案審理に関するルールについては本章**4**節「取消訴訟の審理手続」で扱う。

3 判決

本案審理の結果、原告の訴えに**理由がある**と判断された場合、原告勝訴の判決、すなわち請求**認容判決**が下される。これに対して、**理由がない**と判断された場合には、原告敗訴の判決、すなわち請求**棄却判決**が下される(特殊な例外として事情判決がある)。これらの判決には**形成力**、**既判力**等の特殊の効力が生じる。この点については本章**5**節「訴訟の終了」で扱う。

【取消訴訟の流れ】

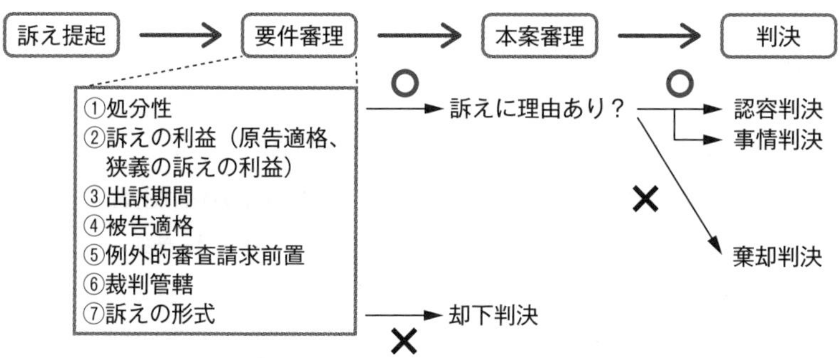

2 取消訴訟の対象

取消訴訟の対象として行政事件訴訟法は、「**処分の取消しの訴え**」(行訴法3条2項)と「**裁決の取消しの訴え**」(同条3項)の2つを規定する。

1 処分の取消しの訴え

行政事件訴訟法3条2項は、処分の取消しの訴えにいう「**処分**」とは、「**行政庁の処分その他公権力の行使に当たる行為**(3項に規定する裁決、決定その他の行為を除く)」をいうと規定する。これは一般的に**行政処分**といわれる。

行政処分とは……① 行政庁の処分 ② その他公権力の行使に当たる行為

判例は、取消訴訟の対象となる行政庁の処分とは、「**公権力の主体**たる国または公共団体が行う行為のうち、その行為によって、**直接国民の権利義務を形成しまたはその範囲を確定**することが**法律上認められているもの**」をいうとしている（最判昭39.10.29）。01

したがって、行政事件訴訟法３条２項の「行政庁の処分」は、**行政行為とほぼ同義**と考えてよい。取消訴訟の対象となる行政処分は「**処分性**を有する」といわれる。

2 裁決の取消しの訴え

意義 裁決の取消しの訴えにいう「**裁決**」とは、審査請求その他の**不服申立てに対する行政庁の裁決、決定その他の行為**をいう。

3 処分（処分性）が認められる行為

1 行政行為

法律行為的行政行為と**準法律行為的行政行為**は、処分性が認められる典型的なものである。

【法律行為的行政行為と準法律行為的行政行為の具体例】

法律行為的行政行為	準法律行為的行政行為
下命、禁止、許可、免除、特許、認可、代理	確認、公証※1、通知※2、受理

※1 公証については、このあとの❹項「処分性が認められない行為」の 発展 住民票記載事件（最判平11.1.21）で処分性を否定している。
※2 通知に関しては、①輸入禁制品該当の通知（最判昭54.12.25）、発展 ②食品衛生法に基づく通知（最判平16.4.26）、発展 ③過誤納金の還付に関する通知（最判平17.4.14）、発展 ④納税の告知（最判昭45.12.24）のいずれの判例においても処分性を肯定している。

判例 **輸入禁制品該当の通知（最判昭54.12.25）**

〈事案〉

❶Xがヌード写真集392冊の輸入申告をしたところ、❷横浜税関長ＹはXに対して、当該写真集が関税定率法（改正前）に規定する輸入禁制品である「風俗を害すべき書籍」に該当するとの同法による通知をした。ＸはＹの輸入規制品該当の通知の取消しを求めて出訴した。

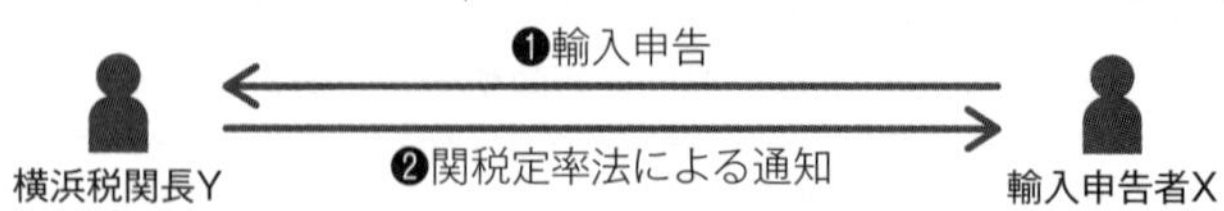

〈判旨〉

関税定率法による通知は観念の通知ではあるとはいうものの、もともと法律の規定に準拠してなされたものであり、かつ、これによりXに対し、**申告にかかる本件貨物を適法に輸入することができなくなるという法律上の効果を及ぼす**ものというべきであるから、行政事件訴訟法3条2項にいう**「行政庁の処分その他公権力の行使に当たる行為」**に該当するものと解するのが相当である。02

2 継続的な権力的事実行為 発展

直接強制、即時強制、代執行など、私人の身体や財産などに実力を行使する**事実行為(継続的性質を持つものに限る)**については、その他の公権力の行使に当たる行為として、処分性が認められる。

3 立法又はそれに類似する形式の行為

① 条例

法律や条例などは、国民や住民に対して法的拘束力を有するものであるが、**一般的な規範の定立**であり、直接に国民の権利義務を形成し又はその範囲を確定するものではないから、**通常は処分性が否定される**。03

しかし、実質的にみて**個別具体性がある場合には処分性が認められる**。処分性が認められない条例は、このあとの❹項 4 「立法に類似する行為」で扱う。

判例 公立保育園の廃止を内容とする条例の処分性(最判平21.11.26)

〈事案〉

❶Y(横浜市)は、その設置する保育所のうち4つの保育所を廃止する改正条例を制定・公布した。❷改正条例の施行により各保育所が廃止されたため、X(本件各保育所で保育を受けていた児童の保護者)は、改正条例の取消しを求めて出訴した。

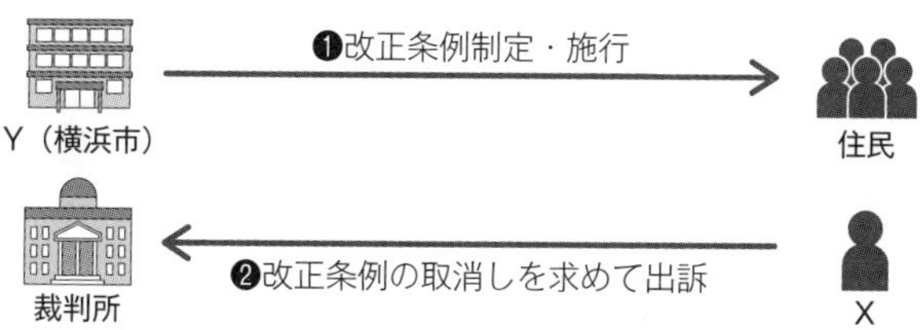

〈要旨〉

条例の制定は、普通地方公共団体の議会が行う立法作用に属するから、一般的には抗告訴訟の対象となる行政処分にあたるものではない。しかし、本件改正条例は、本件各保育所の廃止のみを目的とするものであって、**他に行政庁の処分を待つことなく、その施行により各保育所廃止の効果を発生**させ、当該保育所において保育を受けることを期待し得る**法的地位を奪う結果を生じさせる**ものであるから、その制定行為は、**行政庁の処分と実質的に同視し得る**ものということができる。したがって、抗告訴訟の対象となる行政処分にあたる。 04

② 告示

告示に関しては、発展 **建築基準法に基づく２項道路の一括指定の告示**(最判平14.1.17)がある。

③ 行政計画

行政計画(拘束的計画)のうち、**個別具体性があるもの**については処分性が認められる。処分性が認められた判例として、**土地区画整理組合の設立認可に対する無効確認訴訟**(最判昭60.12.17)、発展 **大阪市都市再開発事業計画の決定取消訴訟**(最判平4.11.26)、**浜松市土地区画整理事業計画の決定取消訴訟**(最大判平20.9.10)がある。処分性が認められない行政計画は、このあとの❹項 4 「立法に類似する行為」で扱う。

判例 土地区画整理組合の設立認可に対する無効確認訴訟(最判昭60.12.17)

〈事案〉

❶Y(大阪市)が土地区画整理組合の設立認可処分をしたところ、❷事業施行地区内の宅地の所有者であるXは、当該設立認可処分は無効であるとして訴訟を提起した。

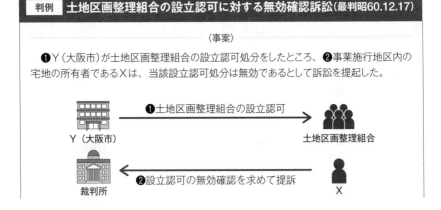

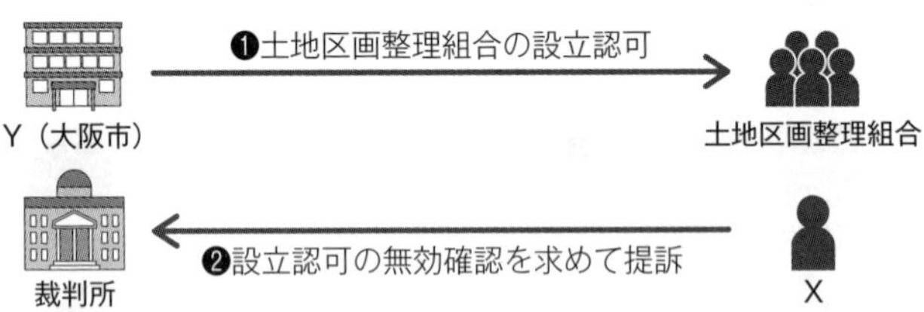

〈要旨〉

土地区画整理法による土地区画整理組合の設立の認可は、単に設立認可申請に係る組合の事業計画を確定させるだけのものではなく、その組合の**事業施行地区内の宅地について所有権または借地権を有する者をすべて強制的にその組合員とする公法上の法人たる土地区画整理組合を成立せしめ**、これに土地区画整理事業を施行する権限を付与する効果を有する。したがって、抗告訴訟の対象となる**行政処分にあたる**。05

〈解説〉 土地区画整理組合の設立認可は、土地区画整理法に定められた制度であり、組合の設立が認可されると、事業計画が確定し、事業施行地区内の土地について建築制限等の効果が生じる。

判例 浜松市土地区画整理事業計画事件（最大判平20.9.10）

〈事案・判旨〉

第4章 3 節 3 項 1 ②「処分性を肯定した判例」参照 06

4 その他

判例が処分性を認めた行為として以下のようなものがある。

① 行政指導

判例 病院開設中止の勧告（最判平17.7.15）

〈事案〉

❶Xは、Y（富山県知事）に対して病院開設許可の申請をした。❷YはXに対して、医療法（改正前）30条の7の規定に基づいて病院開設中止の勧告（**行政指導**）を行ったが、Xはこれを拒否した。その後、YはXに対して病院開設を許可すると共に「中止勧告にもかかわらず病院を開設した場合、保険医療機関の指定の拒否をすることとされている」旨の文書を送付したため、Xが病院開設中止の勧告の取消しを求めて出訴した。

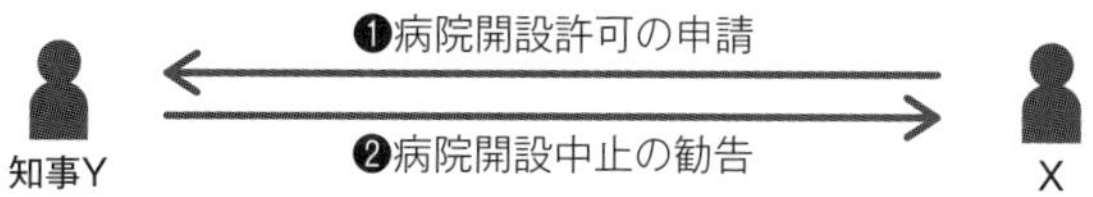

〈要旨〉

病院開設中止の勧告に従わない場合には、**相当程度の確実さをもって**、病院を開設しても**保険医療機関の指定を受けることができなくなる**という結果をもたらす。そして、国民皆保険制度が採用されている我が国においては、保険医療機関の指定を受けることができない場合には、**実際上病院の開設自体を断念せざるを得ない**ことになる。したがって、病院開設中止の勧告は、**抗告訴訟の対象となる行政処分にあたる**。07

② その他

その他の判例として、**供託金取戻請求却下事件**(最大判昭45.7.15)、**労災就学援護費不支給処分事件**(最判平15.9.4)がある。

判例 供託金取戻請求却下事件(最大判昭45.7.15)

〈事案〉

Xは、A所有の土地を賃借しているとして法務局に弁済供託を続けていたが、XA間で賃借権の存在について和解が成立したため、❶Y(供託官)に対して供託金の取戻請求をした。❷Yが消滅時効の完成を理由に取戻請求を却下したため、Xは却下処分の取消しを求めて出訴した。

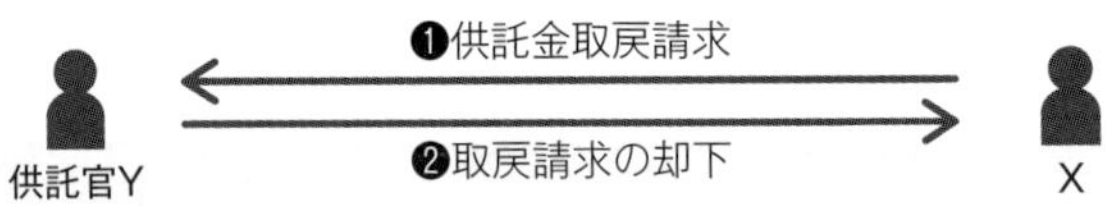

〈判旨〉

供託法に供託官の却下処分に対する審査請求の規定が設けられていることからすれば、供託官が弁済者から供託物取戻の請求を受けたときには、**行政機関としての立場から当該請求につき理由があるかどうかを判断する権限を供託官に与えた**ものと解するのが相当である。したがって、供託官が供託金取戻請求を却下した行為は、抗告訴訟の対象となる**行政処分にあたる**。08

判例 **労災就学援護費不支給処分事件（最判平15.9.4）**

〈事案〉

❶労働者災害保険法に基づく遺族補償年金の受給権者であるXは、Y（中央労働基準監督署長）に対して、自己の子の学資に係る労災就学援護費の支給申請をした。❷Yが労災就学援護費を支給しない旨の決定をしたため、Xは決定の取消しを求めて出訴した。

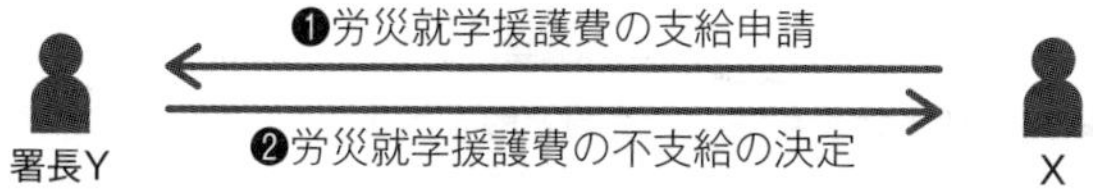

〈要旨〉

被災労働者又はその遺族は、**労働基準監督署長の支給決定によって初めて具体的な労災就学援護費の支給請求権を取得する**ことからすれば、労働基準監督署長の行う労災就学援護費の支給又は不支給の決定は、法を根拠とする優越的地位に基づいて**一方的に行う公権力の行使**であり、被災労働者又はその遺族の**上記権利に直接影響を及ぼす法的効果を有する**ものである。したがって、抗告訴訟の対象となる**行政処分にあたる。**
09

4 処分性が認められない行為

1 非権力的行為

行政庁の行為であっても、契約その他私法上の法律行為、行政契約、国有普通財産の売却などの法律行為は、相手方の同意が必要となる**非権力的行為**であり、処分性がない。判例としては、**国有普通財産の払下げ**（最判昭35.7.12）がある。

判例 **国有普通財産の払下げ（最判昭35.7.12）**

〈事案〉

❶納税のため物納され国庫に帰属していた土地を、大蔵大臣（当時）Yは、Aに売り払い（払下げ）、所有権移転登記を完了した。❷Xは、Aに対する土地の売払いが違法な処分であるとして、その取消しを求めて出訴した。

第6章 行政事件訴訟法

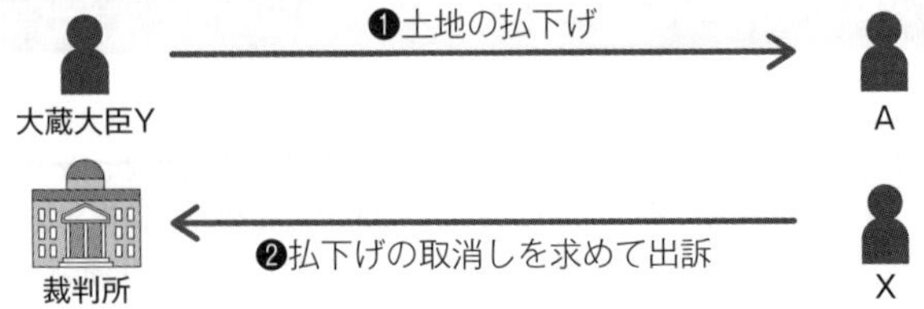

〈要旨〉

国有普通財産の払下げを私法上の売買と解すべきことは原判決の説明するとおりであって、払下げが売渡申請書の提出、これに対する払下許可の形式をとっていても、払下行為の法律上の性質に影響を及ぼすものではない。したがって、抗告訴訟の対象となる**行政処分にあたらない**。10

2 内部的行為

訓令・通達や公団などに対する監督庁の措置は、**行政機関内部の行為**であり、処分性がない。判例としては、発展 **消防長の同意の取消し**(最判昭34.1.29)、**墓地埋葬通達事件**(最判昭43.12.24)、**成田新幹線事件**(最判昭53.12.8)がある。

判例 墓地埋葬通達事件(最判昭43.12.24)

〈事案〉

❶厚生省(当時)は、都道府県の衛生局長に宛てて「他の宗教団体の信者であることを理由とする埋葬拒否を許さない」旨の通達を発した。❷X(墓地を経営する寺院)は、刑罰により異教徒の埋葬の受忍が強制されたことなどを理由に、厚生大臣(当時)を被告として通達の取消しを求めて出訴した。

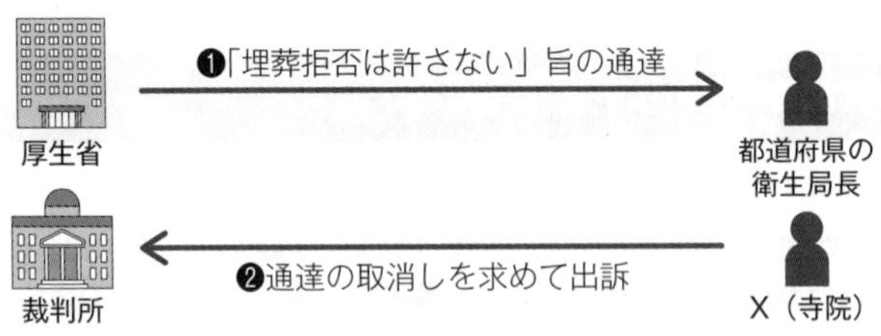

〈要旨〉

通達は、**原則として、法規の性質をもつものではなく**、上級行政機関から下級行政機関に対する**行政組織内部の命令にすぎない**から、一般の国民は直接これに拘束されるものではない。したがって、抗告訴訟の対象となる**行政処分にあたらない**。 11

判例 成田新幹線事件（最判昭53.12.8）

〈事案〉

❶日本鉄道建設公団が、新幹線の工事実施計画を作り、当時の運輸大臣がこれを認可したところ、❷新幹線の通過予定地域内に土地を所有する住民Xらが、認可の取消しを求めて出訴した。

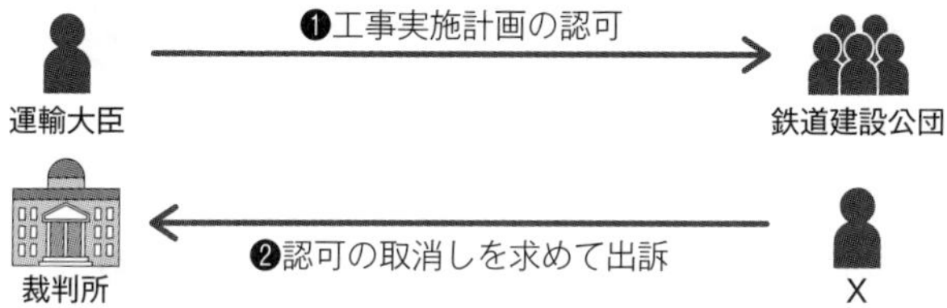

〈要旨〉

工事実施計画の認可は、上級行政機関としての運輸大臣が下級行政機関としての日本鉄道建設公団に対しその作成した工事実施計画の整備計画との整合性等を審査してなす監督手段としての承認の性質を有するもので、**行政機関相互の行為と同視すべきもの**であり、**行政行為として外部に対する効力を有するものではない**。したがって、抗告訴訟の対象となる**行政処分にあたらない**。 12

3 権力性のない事実行為

行政指導（ただし、処分性を認めたものとして最判平17.7.15がある。本節❸項 4 ①「行政指導」参照）や公共土木工事などは、**権力性のない事実行為**だから処分性がない。

判例 ごみ焼却場の設置(最判昭39.10.29)

〈事案〉

Y(東京都)は、ごみ焼却場の設置のために、一連の設置行為(❶議会への設置計画案の提出・可決、❷用地買収、建築会社との間の建築請負契約締結)を行った。❸近隣住民のXらは、Yによるごみ焼却場の一連の設置行為の無効を求めて出訴した。

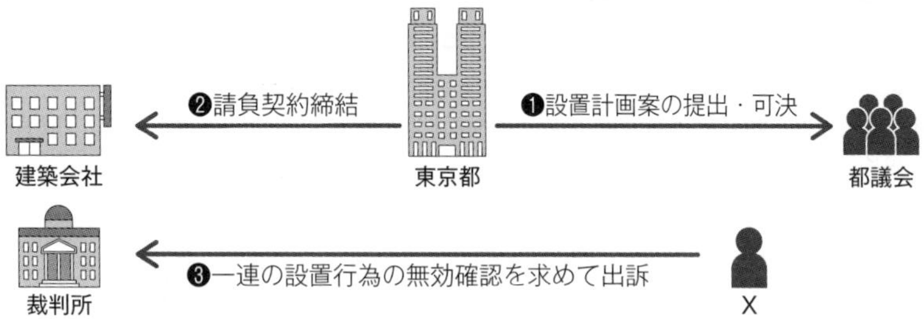

〈要旨〉

ごみ焼却場の設置を計画し、その計画案を都議会に提出した行為(❶)は**Y自身の内部的手続行為に止まる**。また、ごみ焼却場の設置は、Y所有の土地の上に、私人との間に対等の立場に立って締結した**私法上の契約より設置されたもの**である。したがって、抗告訴訟の対象となる**行政処分にあたらない**。 13

4 立法に類似する行為

① 条例の制定

条例の制定について、処分性を否定した判例として、**水道料金を改定する条例の制定行為**(最判平18.7.14)がある。

判例 水道料金を改定する条例の制定行為(最判平18.7.14)

〈事案〉

❶Y(北杜市、旧高根町)は、簡易水道事業給水条例を改正して、1か月の水道の基本料金を、別荘の給水契約者については3000円から5000円へ増額したのに対して、それ以外の給水契約者については1300円から1500円への増額にとどめた。❷同所に別荘を所有するXは、条例の改正が別荘の給水契約者を不当に差別するものであるとして、本件改正条例の無効の確認を求める訴えを提起した。

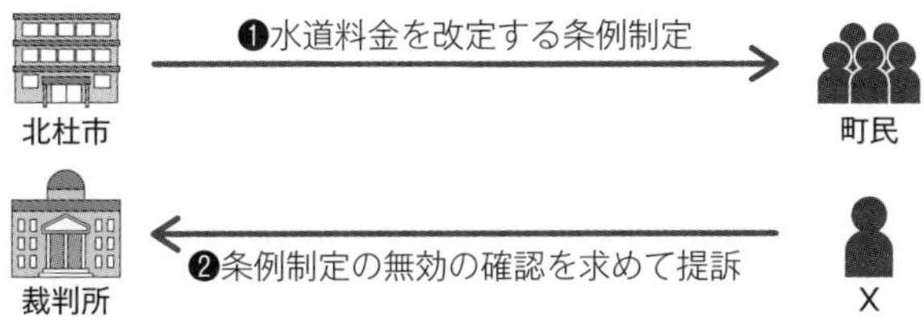

〈要旨〉

本件改正条例は、**水道料金を一般的に改定する**ものであり、限られた**特定の者に対してのみ適用されるものではなく**、条例の制定行為をもって行政庁が法の執行として行う**処分と実質的に同視することはできない**。したがって、水道料金を改定する条例の制定行為は、抗告訴訟の対象となる**行政処分にあたらない**。(14)

② 行政計画

判例 盛岡広域都市計画用途地域指定の無効確認請求(最判昭57.4.22)

〈事案・判旨〉

第4章 3 節 3 項 1 ①「処分性を否定した判例」参照(15)

5 その他

判例が処分性を否定した行為として、**反則金納付の通告**(最判昭57.7.15)、発展 **住民票記載事件**(最判平11.1.21)、発展 **採用内定取消事件**(最判昭57.5.27)、発展 **開発許可にかかる公共施設管理者の不同意**(最判平7.3.23)などがある。

判例 反則金納付の通告(最判昭57.7.15)

〈事案〉

❶Xは、駐車違反を理由に現行犯逮捕され、翌日に反則金を仮納付して釈放された。❷その後、Xは、Y(大阪府警本部長)から仮納付を本納付とみなす効果をもつ反則金納付通告を受けた。❸Xは、駐車違反をしたのは自分ではないとして、反則金納付通告の取消しを求めて出訴した。

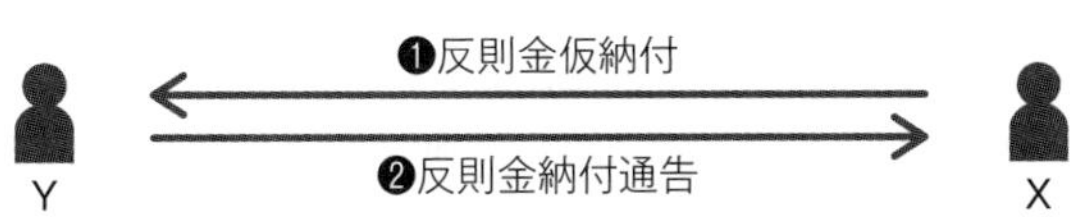

〈要旨〉

反則金納付通告があっても、通告を受けた者について**反則金を納付すべき法律上の義務が生じるわけではない**。通告の抗告訴訟が許されるとすると、本来刑事手続きにおける審判対象として予定されている事項(反則行為の不成立等)を行政訴訟手続で審判することとなり、また、**刑事手続と行政訴訟手続との関係について複雑困難な問題を生じる**ことになる。したがって、反則金納付通告は、**抗告訴訟の対象とならない**。16

重要事項 一問一答

01 訴訟要件とは?

訴訟を利用するために訴え自体に求められる一定の要件のこと

02 訴えが訴訟要件を満たしているか否かについて審理をすることは?

要件審理

03 訴えに理由があるか否か(違法な処分であるか否か)という点を審理することは?

本案審理

04 訴訟要件は(7つ)?

①処分性、②訴えの利益(㋐原告適格、㋑狭義の訴えの利益)、③出訴期間、④被告適格、⑤例外的審査請求前置、⑥裁判管轄、⑦訴えの形式

05 訴訟要件を満たさない場合の判決は?

却下判決

06 処分の取消しの訴え(行政事件訴訟法3条2項)の対象となる行為は?

行政庁の処分その他公権力の行使に当たる行為

07 抗告訴訟の対象となる行政庁の処分とは(判例)?

公権力の主体たる国または公共団体が行う行為のうち、その行為によって、直接国民の権利義務を形成しまたはその範囲を確定することが法律上認められているもの

過去問チェック

01 取消訴訟の対象となる行政庁の処分とは、公権力の主体たる国や地方公共団体による行為を指し、直接国民の権利義務を形成し又はその範囲を確定することが法律上認められている行為に限定されないとするのが判例である。

×(財2012)「直接国民の権利義務を形成し又はその範囲を確定することが法律上認められている行為に限定されない」が誤り。

02 関税定率法(昭和55年法律第７号による改正前のもの)に基づいて、税関長のする輸入禁制品該当の通知は、輸入申告に係る貨物が輸入禁制品に該当するという税関長の判断を輸入申告者に知らせ、当該貨物についての輸入申告者自身の自主的な善処を期待してされるものにすぎない観念の通知であるため、処分性は認められず抗告訴訟の対象とならない。

×（国般2015）「当該貨物についての輸入申告者自身の自主的な善処を期待してされるものにすぎない観念の通知であるため、処分性は認められず抗告訴訟の対象とならない」が誤り。

03 法律や条例の制定は、規範の定立という意味において規律力を有している一方で、一般的抽象的権利義務を定めるものであり、これらの制定によって行政主体と私人との間に個別具体的な権利変動が生ずるものではないから、通常の場合は処分性が認められない。

○（労・税2007改題）

04 市の設置する特定の保育所を廃止する条例の制定行為は、普通地方公共団体の議会が行う立法作用に属するものであり、その施行により各保育所を廃止する効果を発生させ、当該保育所に現に入所中の児童及びその保護者に対し、当該保育所において保育の実施期間が満了するまで保育を受けることを期待し得る法的地位を奪う結果を生じさせるとしても、行政庁の処分と実質的に同視し得るものということはできず、処分性は認められない。

×（国般2012）「行政庁の処分と実質的に同視し得るものということはできず、処分性は認められない」が誤り。

05 土地区画整理法に基づく土地区画整理組合の設立の認可は、単に設立認可申請に係る組合の事業計画を確定させるだけのものではなく、その組合の事業施行地区内の宅地について所有権又は借地権を有する者をすべて強制的にその組合員とする公法上の法人たる土地区画整理組合を成立せしめ、これに土地区画整理事業を施行する権限を付与する効力を有するものであるから、抗告訴訟の対象となる行政処分に当たる。

○（労・税2009）

06 市町村の施行に係る土地区画整理事業の事業計画の決定は、特定個人に向けられた具体的な処分ではなく、いわば当該土地区画整理事業の青写真たる性質を有するにすぎない一般的・抽象的な単なる計画にとどまるものであり、直接国民の権利義務を形成し又はその範囲を確定する行為とはいえないため、抗告訴訟の対象となる行政処分に当たらない。

×（財・労・税2017）全体が誤り。

07 医療法に基づき都道府県知事が行う病院開設中止の勧告は、勧告を受けた者がこれに従わない場合に、相当程度の確実さをもって健康保険法上の保険医療機関指定を受けられないという結果をもたらすとしても、それは単なる事実上の可能性にすぎず、当該勧告自体は、法的拘束力を何ら持たない行政指導であるから、直接国民の権利義務を形成し又はその範囲を確定する行為とはいえず、処分性は認められない。

×（国般2012）「それは単なる事実上の可能性にすぎず」「直接国民の権利義務を形成し又はその範囲を確定する行為とはいえず、処分性は認められない」が誤り。

08 弁済供託は、弁済者の申請により単に供託官が債権者のために供託物を受け入れ管理するものであって、民法上の寄託契約の性質を有するものであるため、供託官が弁済者からの供託物取戻請求を理由がないと認めて却下した行為は行政処分に当たらない。

×（税・労・財2019）「供託官が弁済者からの供託物取戻請求を理由がないと認めて却下した行為は行政処分に当たらない」が誤り。

09 労働者災害補償保険法に基づく労災就学援護費の支給は、業務災害等に関する保険給付に含まれるものではなく、それを補完する労働福祉事業として給付が行われることとされているのであり、その給付を受けるべき地位は、保険給付請求権と一体をなす法的地位に当たるということはできないから、労働基準監督署長の行う労災就学援護費の支給又は不支給の決定は、直接国民の権利義務を形成し又はその範囲を確定する行為とはいえず、処分性は認められない。

×（国般2012）「直接国民の権利義務を形成し又はその範囲を確定する行為とはいえず、処分性は認められない」が誤り。

10 国有財産法上の国有財産の払下げは、売渡申請書の提出、これに対する払下許可という行政手続を経て行われる場合、行政庁が優越的地位に基づいて行う公権力の行使ということができることから、この場合の当該払下げは抗告訴訟の対象となる行政処分に当たる。

×（税・労・財2017）「行政庁が優越的地位に基づいて行う公権力の行使ということができることから、この場合の当該払下げは抗告訴訟の対象となる行政処分に当たる」が誤り。

11 宗教団体の経営する墓地の管理者は埋葬等を請求する者が他の宗教団体の信者であることのみを理由としてその請求を拒むことはできないとする趣旨の通達は、従来の法律の解釈、事務の取扱いを変更するものであり、墓地の管理者らに新たに埋葬の受忍義務を課する等これらの者の権利義務に直接具体的な法律上の影響を及ぼすものであるため、墓地の経営者は、当該通達の取消しを求める訴えを提起することができる。

×（国般2015）「墓地の管理者らに新たに埋葬の受忍義務を課する等これらの者の権利義務に直接具体的な法律上の影響を及ぼすものであるため、墓地の経営者は、当該通達の取消しを求める訴えを提起することができる」が誤り。

12 全国新幹線鉄道整備法の規定に基づく運輸大臣（当時）の日本鉄道建設公団（当時）に対する新幹線工事実施計画の認可は、上級行政機関の下級行政機関に対する監督手段としての承認の性質を有するもので、行政機関相互の行為と同視すべきものであり、行政行為として外部に対する効力を有するものではなく、また、これによって直接国民の権利義務を形成し、又はその範囲を確定する効果を伴うものではないから、抗告訴訟の対象となる行政処分に当たらない。

○（財2014）

13 行政庁の処分とは、行政庁の法令に基づく行為の全てを意味するものではなく、公権力の主体たる国又は公共団体が行う行為のうち、その行為によって、直接国民の権利義務を形成し又はその範囲を確定することが法律上認められているものをいうところ、都が、ごみ焼却場の設置を計画し、その計画案を都議会に提出する行為は、これに該当するといえることから、行政庁の処分に当たる。

×（財・労・税2019）「これに該当するといえることから、行政庁の処分に当たる」が誤り。

14 普通地方公共団体が営む水道事業に係る条例所定の水道料金を改定する条例の制定行為は、当該条例が当該水道料金を一般的に改定するものであって、限られた特定の者に対してのみ適用されるものでなくとも、水道需要者は、当該条例の施行によって、個別的行政処分を経ることなく、当該条例に従って改定された水道料金の支払義務を負うことになるから、抗告訴訟の対象となる行政処分に当たる。

×（財・労・税2017）「水道需要者は、当該条例の施行によって、個別的行政処分を経ることなく、当該条例に従って改定された水道料金の支払義務を負うことになるから、抗告訴訟の対象となる行政処分に当たる」が誤り。

15 最高裁判所の判例では、都市計画区域内で工業地域を指定する決定は、その決定が告示されて効力を生ずると、当該地域内の土地所有者等に新たな制約を課し、その限度で一定の法状態の変動を生ぜしめるものであるから、一般的抽象的なものとはいえず、抗告訴訟の対象となる処分にあたるとした。

×（区2016）「一般的抽象的なものとはいえず、抗告訴訟の対象となる処分にあたるとした」が誤り。

16 道路交通法に基づく反則金の納付の通告を受けた者が、一定の期間内に反則金の納付を行わなかった場合、公訴の提起によって刑事手続が開始するため、当該通告は抗告訴訟の対象となるとするのが判例である。

×（財・労・税2015）「当該通告は抗告訴訟の対象となるとするのが判例である」が誤り。

3 取消訴訟の訴訟要件②

処分性の問題と並んで、訴えの利益も訴訟要件では重要な事項です。原告適格については、「法律上の利益」の解釈について、判例の考え方を理解したうえで、2004（平成16）年改正を押さえましょう。狭義の訴えの利益については、判例を整理しておきましょう。

1 訴えの利益

訴えの利益は、**原告適格**（訴訟を提起することができる一定の資格）と**狭義の訴えの利益**（本案判決を求める必要性）によって構成される。

【訴えの利益】

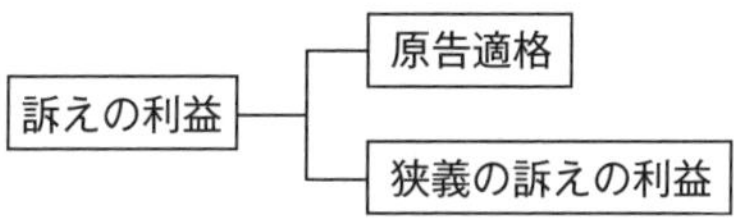

2 原告適格

1 概説

意義 原告適格とは、ある**行政処分に対して取消訴訟を提起することができる一定の資格**をいう。

行政事件訴訟法９条１項は、「当該処分又は裁決の取消しを求めるにつき**法律上の利益を有する者**」に限り取消訴訟を提起することができると規定する。 01

2 「法律上の利益」の判断基準

行政処分を受けた相手方が取消訴訟を提起する場合、原告適格は当然に認められる（ex.不利益処分を受けたA、許可申請を拒否されたA）。これに対して、**行政処分の相手方（処分の名宛人）以外の第三者（B）が取消訴訟を提起しようとする場合**には、原告適格が認められるか、すなわち「法律上の利益」の有無の解釈が問題となる。

【「法律上の利益」の有無が問題となる場合】

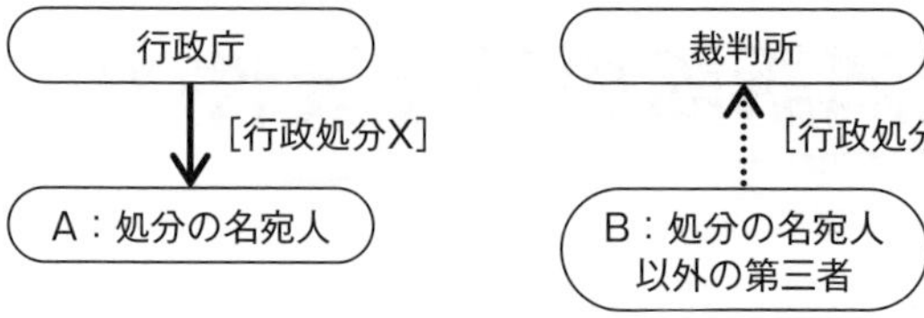

① 法律上保護された利益説（判例・通説）

行政処分の根拠となった法規が、**個人の個別的利益を保護することを目的・趣旨として行政権の行使に制約を課している**と解釈できる場合に、「法律上の利益」があるとする。
→行政処分の根拠法が、個人の個別的利益の保護を目的・趣旨としていない場合（公益の実現を目的とする場合）、侵害されているとして主張された利益は、反射的利益にすぎないことになる。

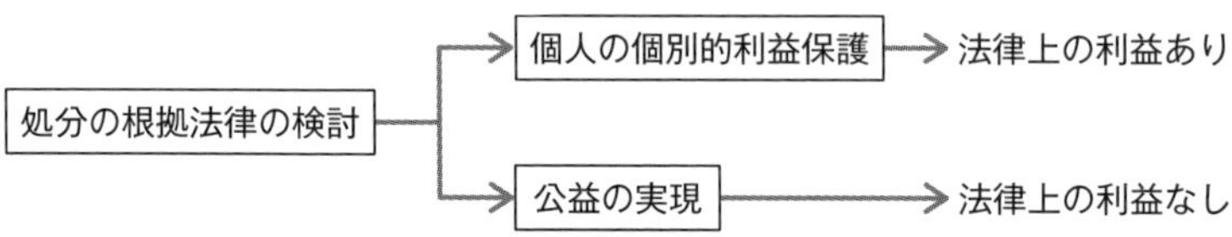

〈解説〉 発展 法的な保護に値する利益説

行政処分の根拠法規の目的・趣旨ではなく、違法な行政処分によって原告が受けた、又は受けるおそれのある実生活上の不利益の性質、程度が**裁判上の保護に値するといえる**場合には、「法律上の利益」があるとする。

② 2004（平成16）年法改正

2004年の行政事件訴訟法の改正では、原告適格の実質的拡大を図って「法律上の利益」の解釈規定として９条２項が設けられた。同条は、処分又は裁決の相手方以外の者について「法律上の利益」の有無を判断するにあたり、裁判所が考慮すべき事項として以下の３点を規定している。02 03

【裁判所が考慮すべき事項】

① 当該処分又は裁決の根拠となる法令の規定の文言のみによることなく、**当該法令の趣旨及び目的並びに当該処分において考慮されるべき利益の内容及び性質を考慮**するものとする。02

② 当該法令の趣旨及び目的を考慮するに当たっては、当該法令と**目的を共通にする関係法令があるときはその趣旨及び目的をも参酌**するものとする。03

③ 当該利益の内容及び性質を考慮するに当たっては、当該処分又は裁決がその根拠となる法令に違反してされた場合に**害されることとなる利益の内容及び性質並びにこれが害される態様及び程度をも勘案**するものとする。

上記のうち、①についてはもんじゅ訴訟(最判平4.9.22)が、②については新潟空港事件(最判平1.2.17)が判示していたものである。

【「法律上の利益」の有無の判断】

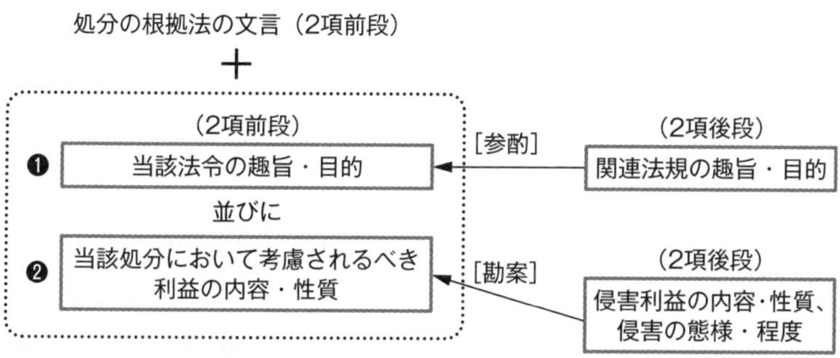

3 判例

① 法律上の利益を肯定した判例

肯定判例としては、**公衆浴場許可事件**(最判昭37.1.19)、**東京12チャンネル事件**(最判昭43.12.24)、発展 **新潟空港事件**(最判平1.2.17)、**サテライト大阪事件**(最判平21.10.15)、発展 **小田急線高架化訴訟**(最大判平17.12.7)、発展 **長沼ナイキ事件**(最判昭57.9.9)がある。

判例 公衆浴場許可事件（最判昭37.1.19）

〈事案〉

❶Y（京都府知事）が申請者Aに対して公衆浴場の営業許可処分をしたところ、❷京都市内で公衆浴場を営業しているXらは、Aに対する営業許可は、京都府公衆浴場法施行条例の規定する適正配置基準に違反するものであるとして、営業許可処分の無効の確認を求めて出訴した。

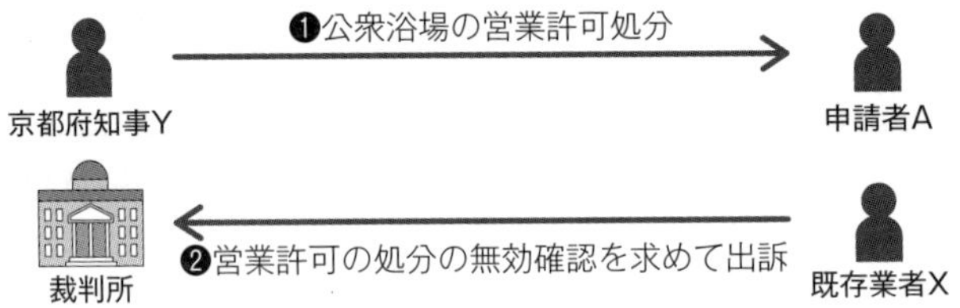

〈要旨〉

公衆浴場法が許可制を採用したのは、主として「国民保健及び環境衛生」という公共の福祉の見地から出たものであることはむろんであるが、他面、同時に、**被許可者を濫立による経営の不合理化から守ろうとする意図をも有するものであることは否定し得ない**ところであって、適正な許可制度の運用によって保護せらるべき**業者の営業上の利益は、単なる事実上の反射的利益というにとどまらず公衆浴場法によって保護せられる法的利益と解する**を相当とする（原告適格あり）。 04

判例 東京12チャンネル事件（最判昭43.12.24）

〈事案〉

Xは、第12チャンネルによるテレビ放送局の開設を計画し、郵政大臣（当時）Yに対して免許の申請を行った。免許申請は5者による競願となり、❶YはAに対して予備免許を与え、Xら他4者の免許申請を拒否した。❷Xは、㋐Aに対する予備免許処分と、㋑自己に対する免許拒否処分の取消しを求めて出訴した。

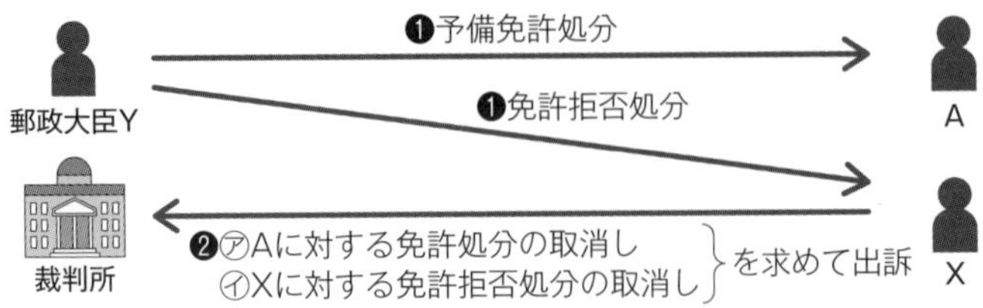

〈要旨〉

いずれの訴えも自己の申請が優れていることを理由とする場合には、申請の優劣に関し再審査を求める点においてその目的を同一にするものであるから、免許処分の取消しを訴求する場合はもとより、拒否処分のみの取消しを訴求する場合にも、Yによる再審査の結果によっては、**Aに対する免許を取り消し、Xに対し免許を付与するということもありうる**のである。したがって、本件棄却決定の取消しが当然にAに対する免許の取消しを招来するものでないことを理由に、本件**訴えの利益を否定するのは早計であって、採用できない**(Aに対する免許処分の取消しの訴えの原告適格は認められる)。05

判例 サテライト大阪事件(最判平21.10.15)

〈事案〉

❶Y(経済産業大臣)がAに対して、場外車券発売施設「サテライト大阪」の設置を許可したところ、❷施設の周辺において病院等を開設するなどして事業を営み、又は居住する者らが、許可は場外車券発売施設の設置許可要件を満たさない違法なものであるとして、許可の取消しを求めて出訴した。

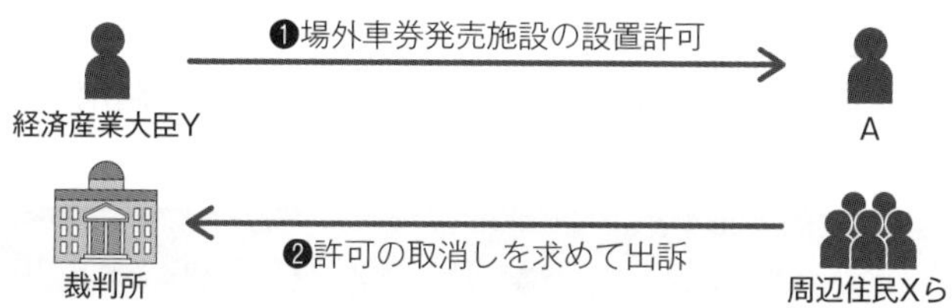

〈判旨〉

● 1 施設周辺に居住する一般市民·医療施設等以外の事業を営む者に、原告適格が認められるか

自転車競技法及び規則が位置基準によって保護しようとしているのは、第一次的には、不特定多数者の利益であるところ、それは、性質上、一般的公益に属する利益であって、原告適格を基礎付けるには足りないものであるといわざるを得ない。したがって、場外施設の周辺において**居住し又は事業(医療施設等に係る事業を除く。)を営むにすぎない者や、医療施設等の利用者**は、位置基準を根拠として場外施設の設置許可の取消しを求める**原告適格を有しない**ものと解される。06

● 2　施設周辺で医療施設等を開設する者に、原告適格が認められるか

位置基準は、一般的公益を保護する趣旨に加えて、環境の変化によって周辺の医療施設等の開設者が被る文教又は保健衛生にかかわる業務上の支障が具体的に生ずるおそれのある医療施設等の開設者において、健全で静穏な環境の下で円滑に業務を行うことのできる利益を、個々の開設者の個別的利益として保護する趣旨をも含む規定であるというべきであるから、当該場外施設の設置、運営に伴い**著しい業務上の支障が生ずるおそれがあると位置的に認められる区域に医療施設等を開設する者**は、位置基準を根拠として当該場外施設の設置許可の取消しを求める**原告適格を有する**ものと解される。
06 07

〈解説〉 **位置基準**とは、学校その他の文教施設及び病院その他の医療施設から相当の距離を有し、文教上又は保健衛生上著しい支障を来すおそれがないこと（自転車競技法施行規則15条1項）をいう。

判例は、施設から120・180・200m離れた場所に医療施設等を開設する者に原告適格を認めた。

② 法律上の利益を否定した判例

否定判例としては、**近鉄特急事件**（最判平1.4.13）、**伊場遺跡保存事件**（最判平1.6.20）、**風俗営業許可の取消訴訟**（最判平10.12.17）がある。

判例　近鉄特急事件（最判平1.4.13）

〈事案〉

❶近畿日本鉄道株式会社（近鉄）は、特別急行料金の改定について大阪陸運局から認可を受けた。❷これに対して、通勤定期乗車券を購入して日常的に近鉄の特急を利用していたXは、料金改定の認可の取消しを求めて出訴した。

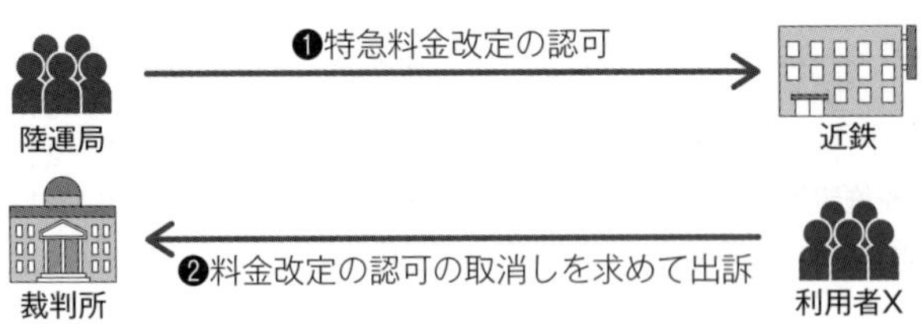

〈判旨〉

たとえ上告人（X）らが近畿日本鉄道株式会社の路線の周辺に居住する者であって通勤定期券を購入するなどしたうえ、日常同社が運行している特別急行旅客列車を利用しているとしても、上告人（X）らは、本件特別急行料金の改定（変更）の認可処分によって**自己の権利利益を侵害され又は必然的に侵害されるおそれのある者に当たるということができず**、右認可処分の取消しを求める**原告適格を有しない**というべきである。 08

判例　伊場遺跡保存事件（最判平1.6.20）

〈事案〉

❶静岡県教育委員会が、静岡県文化財保護条例（以下「本件条例」という）に基づいて伊場遺跡の史跡の指定解除処分を行ったところ、❷同遺跡を学術研究の対象としていたXが指定解除処分の取消しを求めて出訴した。

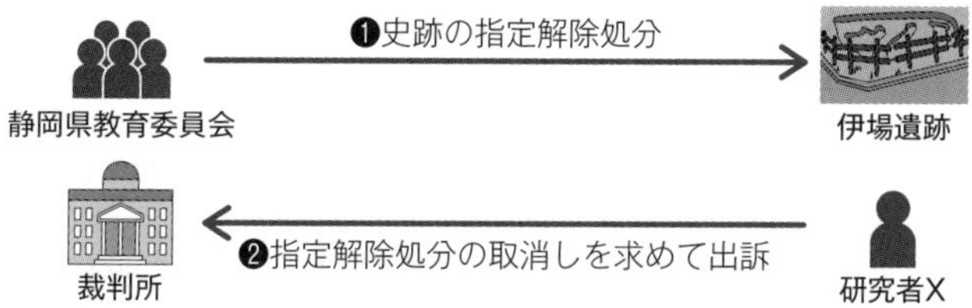

〈判旨〉

本件条例及び文化財保護法（以下「法」という）は、文化財の保存・活用から個々の県民あるいは国民が受ける利益については、本来本件条例及び法がその目的としている公益の中に吸収解消させ、その保護は、もっぱら右**公益の実現を通じて図ることとしている**ものと解される。そして、本件条例及び法において、文化財の学術研究者の学問研究上の利益の保護について特段の配慮をしていると解しうる規定を見出すことはできないから、そこに、**学術研究者の右利益について、一般の県民あるいは国民が文化財の保存・活用から受ける利益を超えてその保護を図ろうとする趣旨を認めることはできない。**

したがって、上告人（X）らは、本件遺跡を研究の対象としてきた学術研究者であるとしても、本件史跡指定解除処分の取消しを求めるにつき**法律上の利益を有せず、本件訴訟における原告適格を有しない。** 09

第6章 行政事件訴訟法

判例 **風俗営業許可の取消訴訟（最判平10.12.17）**

〈事案〉

❶東京都公安委員会はAに対して、風俗営業等の規制及び業務の適正化等に関する法律（以下「法」という）に基づいて、パチンコ店の営業許可処分を行った。❷パチンコ店の近隣住民Xは、営業許可処分が違法であるとしてその取消しを求めて出訴した。

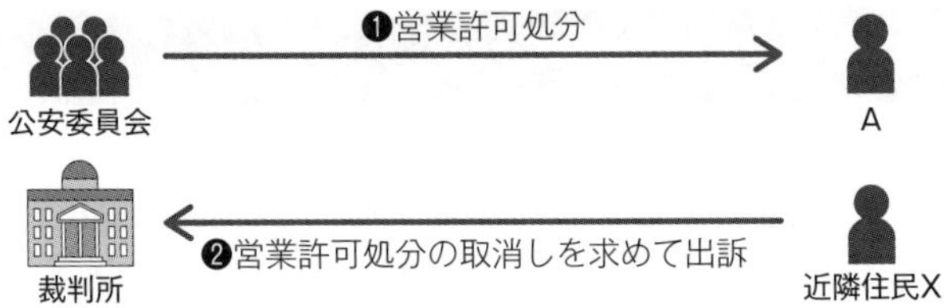

〈要旨〉

法の目的規定から、法の風俗営業の許可に関する規定が一般的公益の保護に加えて**個々人の個別的利益をも保護すべきものとする趣旨を含むことを読み取ることは、困難**である。

また、風俗営業の許可の基準を定める法4条2項2号は、良好な風俗環境の保全という公益的な見地から風俗営業の制限地域の指定を行うことを予定しているものと解されるのであって、同号自体が**当該営業制限地域の居住者個々人の個別的利益をも保護することを目的としているものとは解し難い。**

したがって、右地域に住居する者は、風俗営業の許可の取消しを求める**原告適格を有するとはいえない。** 10

3 狭義の訴えの利益

1 意義

意義 **狭義の訴えの利益**とは、**処分を現実に取り消してもらう必要性・実効性**のことをいう。

狭義の訴えの利益が認められない場合、取消訴訟で原告が勝訴しても現実的な救済を得られないということであり、取消訴訟は却下されることになる。

2 判例

① 処分後に事情の変更があった場合

処分後の事情の変化によって処分の効果が消滅した場合(ex.期間の経過)、狭義の訴えの利益も消滅することが多い。しかし、「処分又は裁決の効果が期間の経過その他の理由によりなくなった後においてもなお**処分又は裁決の取消しによって回復すべき法律上の利益を有する者**」は、取消訴訟を提起することができる(行訴法9条1項かっこ書)。

(ア) 期間の経過

期間の経過に関する判例として、発展 **東京12チャンネル事件**(最判昭43.12.24)、**運転免許停止処分の期間経過後の取消訴訟**(最判昭55.11.25)、発展 **営業停止処分取消請求事件**(最判平27.3.3)がある。

判例 運転免許停止処分の期間経過後の取消訴訟(最判昭55.11.25)

〈事案〉

Xは、Y(県公安委員会)から30日間の運転免許停止処分を受けたので、審査請求を申し立てたが、請求棄却の裁決がなされたため、原処分と裁決の取消しを求めて出訴した。第1審における審理の時点で処分後1年間が経過していたところ、道路交通法は、処分の日から無違反・無処分で1年を経過することで前歴のないものとみなすと規定していたため、訴えの利益を有するかが争われた。

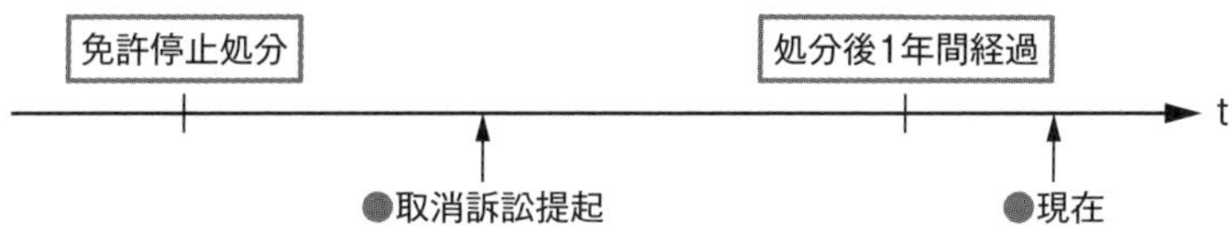

〈要旨〉

自動車運転免許の効力停止処分を受けた者は、免許の効力停止期間を経過し、かつ、右処分の日から無違反・無処分で1年を経過したときは、右処分の取消によって回復すべき**法律上の利益を有しない。**

本件原処分の記載のある免許証を所持することにより警察官に本件原処分の存した事実を覚知され、名誉、感情、信用等を損なう可能性の存在が認められるとしても、それは**本件原処分がもたらす事実上の効果にすぎない。** 11

(イ) 工事の完了

工事の完了に関連する判例として、**建築工事完了後の建築確認の取消し**(最判昭59.10.26)、**土地改良事業の施行認可処分の取消し**(最判平4.1.24)がある。

判例 建築工事完了後の建築確認の取消し（最判昭59.10.26）

〈事案〉

仙台市建築主事は、Aの申請する建物について建築基準法に基づく建築確認を行った。隣接する土地に居住するXは、建築確認の取消訴訟を提起したが、その前に建築確認に係る建物は完成していたため、訴えの利益を有するかが争われた。

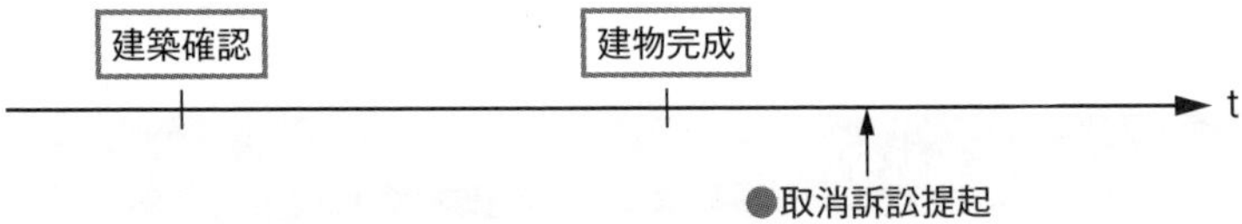

〈判旨〉

建築確認は、建築基準法6条1項の建築物の建築等の工事が着手される前に、当該建築物の計画が建築関係規定に適合していることを公権的に判断する行為であって、それを受けなければ右工事をすることができないという法的効果が付与されており、建築関係規定に違反する建築物の出現を**未然に防止することを目的**としたものということができる。

建築確認は、**それを受けなければ右工事をすることができないという法的効果を付与されているにすぎない**ものというべきであるから、当該**工事が完了した場合**においては、建築確認の取消しを求める**訴えの利益は失われる**ものといわざるを得ない。 12

判例 土地改良事業の施行認可処分の取消し（最判平4.1.24）

〈事案〉

兵庫県知事は、八鹿町（ようかちょう）に対して町営土地改良事業の施行認可処分をした。Xは、事業施行認可処分の取消しを求めて出訴したが、訴訟係属中に事業計画にかかる工事や換地処分が完了し、事業施行以前の状態に回復することは不可能な状況となったため、訴えの利益を有するかが争われた。

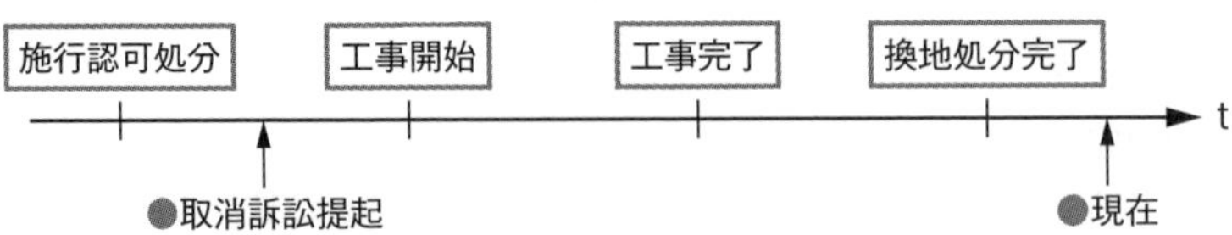

〈判旨〉

本件認可処分が取り消された場合に、本件事業施行地域を本件事業施行以前の原状に回復することが、本件訴訟係属中に本件事業計画に係る工事及び換地処分がすべて完了したため、社会的、経済的損失の観点からみて、社会通念上、不可能であるとしても、**右のような事情は、行政事件訴訟法31条の適用に関して考慮されるべき事柄であって、本件認可処分の取消しを求める上告人の法律上の利益を消滅させるものではない**と解するのが相当である。13

〈語句〉●**事情判決**とは、公益上の理由から、処分の違法を宣言するにとどめ、処分自体は取り消さない判決のことをいう(行訴法31条1項)。詳細は本章5節「訴訟の終了」で扱う。

(ウ) 事情の変化

事情の変化に関連する判例として、発展 **朝日訴訟**(最大判昭42.5.24)、発展 **懲戒免職処分取消請求事件**(最判昭49.12.10)、発展 **愛知県公文書公開請求事件**(最判平14.2.28)がある。

(エ) 原状回復の必要性・可能性

原状回復の必要性・可能性に関連する判例として、**免職処分の取消訴訟中における公職選挙への立候補**(最大判昭40.4.28)、**長沼ナイキ事件**(最判昭57.9.9)、発展 **再入国不許可処分**(最判平10.4.10)、発展 **更正処分の取消訴訟係属中の再更正、再々更正**(最判昭42.9.19)がある。

判例 免職処分の取消訴訟中における公職選挙への立候補(最大判昭40.4.28)

〈事案〉

郵政省(当時)の職員Xは、免職処分を受けたため、その取消しを求めて出訴したが、取消訴訟係属中に市議会議員の候補者として届出をした。公職選挙法には、公務員が公職選挙に立候補した場合、その届出の日に公務員の職を辞したものとみなすとする規定が置かれているため、訴えの利益を有するかが争われた。

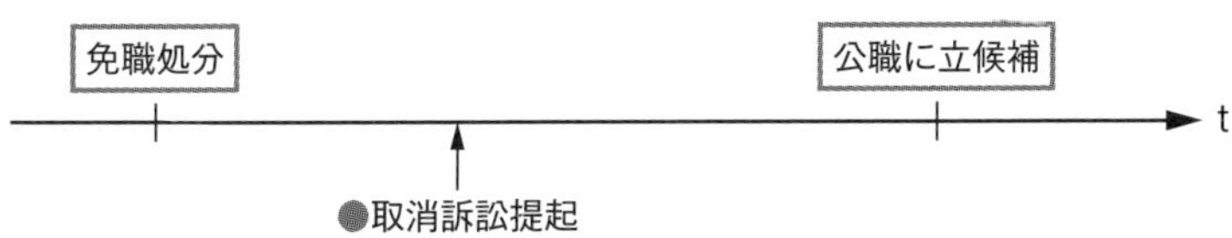

〈判旨〉

公務員免職の行政処分は、それが取り消されない限り、免職処分の効力を保有し、当該公務員は、**違法な免職処分さえなければ公務員として有するはずであった給料請求権その他の権利、利益につき裁判所に救済を求めることができなくなる**のであるから、本件免職処分の効力を排除する判決を求めることは、右の**権利、利益を回復するための必要な手段であると**認められる。

上告人（X）が郵政省の職員たる地位を回復するに由なくなった現在においても、特段の事情の認められない本件において、上告人（X）の叙上のごとき**権利、利益が害されたままになっているという不利益状態の存在する余地がある**以上、上告人（X）は、なおかつ、**本件訴訟を追行する利益を有する**ものと認めるのが相当である。 14

判例 長沼ナイキ事件（最判昭57.9.9）

〈事案〉

❶Y（農林水産大臣）は、航空自衛隊の施設の建設のために北海道夕張郡長沼町にある森林について保安林の指定を解除した。❷同町の住民Xは、保安林指定解除処分が違法な処分であるとして、その取消しを求めて出訴したところ、❸訴訟の係属中に、保安林の代替施設（ダム）が整備されたため、訴えの利益を有するかが争われた。

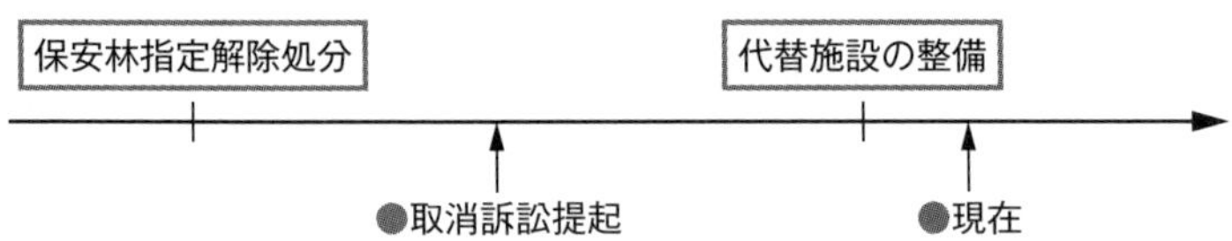

〈判旨〉

本件におけるいわゆる**代替施設の設置によって右の洪水や渇水の危険が解消され、その防止上からは本件保安林の存続の必要性がなくなったと認められるに至ったときは**、もはや上告人（X）らにおいて右**指定解除処分の取消しを求める訴えの利益は失われる**に至ったものといわざるをえないのである。

洪水の危険性が社会通念上なくなったと認められるだけでは足りず、あらゆる科学的検証の結果に照らしてかかる危険がないと確実に断定することができる場合にのみ訴えの利益の消滅を肯定すべきであるという見解は採用することができない。 15

② その他

その他の判例として、**優良運転免許証交付等請求事件**（最判平21.2.27）がある。

判例　優良運転免許証交付等請求事件（最判平21.2.27）

〈事案〉

Xは、道路交通法所定の違反行為があったとして、運転免許証の有効期間の更新において、一般運転者に該当するものと扱われ、❶Y（神奈川県公安委員会）から優良運転者である旨の記載のない運転免許証を交付されて更新処分を受けた。❷Xは、免許証更新処分中のXを一般運転者とする部分の取消し等を求めて出訴した。

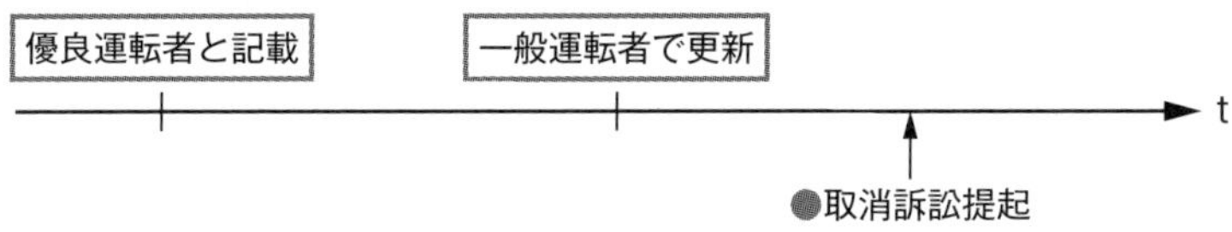

〈判旨〉

道路交通法は、客観的に優良運転者の要件を満たす者に対しては優良運転者である旨の記載のある免許証を交付して更新処分を行うということを、**単なる事実上の措置にとどめず、その者の法律上の地位として保障する**との立法政策を、交通事故の防止を図るという制度の目的を全うするため、特に採用したものと解するのが相当である。

客観的に優良運転者の要件を満たす者であれば優良運転者である旨の記載のある免許証を交付して行う更新処分を受ける法律上の地位を有することが肯定される以上、一般運転者として扱われ上記記載のない免許証を交付されて免許証の更新処分を受けた者は、上記の**法律上の地位を否定されたことを理由として、これを回復するため、同更新処分の取消しを求める訴えの利益を有する**というべきものである。 16

4 出訴期間

1 主観的出訴期間

取消訴訟は、処分又は裁決があったことを**知った日から6か月**を経過したときは、提起することができない。ただし、**正当な理由**があるときは、この限りでない（**主観的出訴期間**）（行訴法14条1項）。 17

【主観的出訴期間】

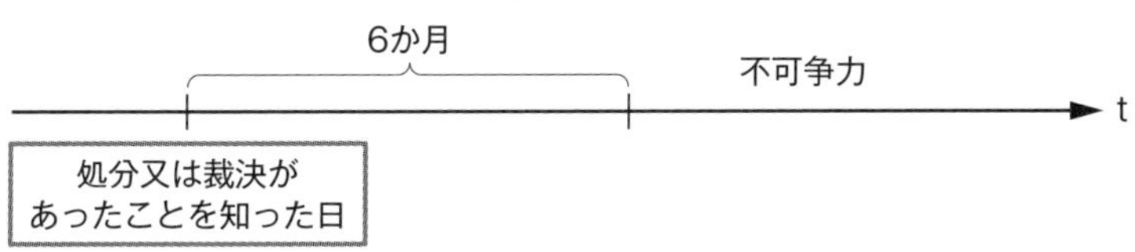

第6章 行政事件訴訟法

〈解説〉 2004年改正により、従来の３か月から６か月に期間が延長され、さらに、正当な理由があれば、６か月を経過していても取消訴訟を提起することができることになり、不変期間(裁判所が伸縮又は短縮できない法定期間)ではなくなった。

① 処分又は裁決があったことを知った日 発展

「処分のあったことを知った日」とは、当事者が書類の交付、口頭の告知その他の方法により**処分の存在を現実に知った日**を指すものであって、抽象的な知り得べかりし日を意味するものでない。

② 正当な理由

意義 「正当な理由」とは、災害や行政庁による教示の懈怠のほかに、本人の事情として、病気、怪我、海外出張等があることをいう。 18

→単に多忙であったことや海外旅行等は「正当な理由」にあたらない。 18

2 客観的出訴期間

取消訴訟は、**処分又は裁決の日から１年**を経過したときは、提起することができない。ただし、**正当な理由**があるときは、この限りでない(**客観的出訴期間**)(行訴法14条２項)。 19

【客観的出訴期間】

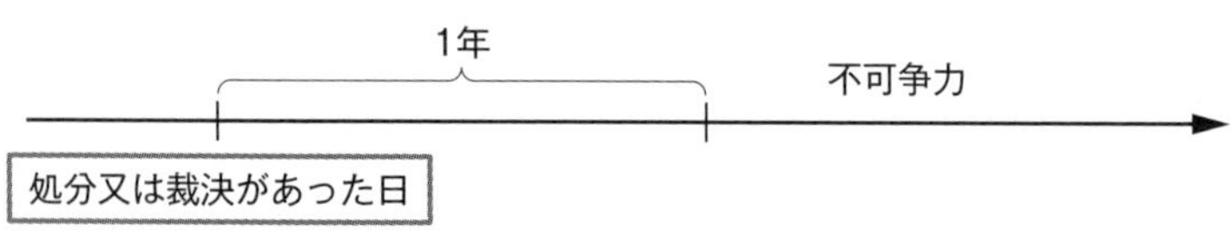

3 審査請求があった場合 発展

審査請求があったときは、処分又は裁決に係る取消訴訟は、その審査請求をした者については、審査請求に対する裁決があったことを知った日から６か月を経過したとき又は当該裁決の日から１年を経過したときは、提起することができない。ただし、正当な理由があるときは、この限りでない(行政事件訴訟法14条３項)。

4 職権による取消しとの関係 発展

出訴期間を徒過した場合においても、行政庁が**職権により処分又は裁決を取り消すことは妨げられない**。

5 その他の訴訟要件

1 被告

① 被告適格

行政事件訴訟法11条は、処分庁の所属する組織を基準として、取消訴訟の被告を以下のように定める。

原則 行政主体主義

処分又は裁決をした行政庁が国又は公共団体に所属する場合には、**当該処分又は裁決をした行政庁の所属する国又は公共団体**を被告とする(同法11条1項)。20

例外❶ 処分又は裁決をした行政庁が国又は公共団体に所属しない場合には、**当該行政庁**を被告とする(同法11条2項)。

例外❷ 第1項、2項の規定により、被告とすべき国若しくは公共団体又は行政庁がない場合には、当該処分又は裁決に係る**事務の帰属する国又は公共団体**を被告とする(同法11条3項)。

趣旨 2004年の改正前は、処分又は裁決をした行政庁を被告としなければならず、被告を特定することが原告の負担となっていた(被告を誤った場合、訴えは却下される)。そこで、このような**原告の負担を軽減すること**を趣旨とする(**行政主体主義**)。21

② 被告を誤った訴えの救済 発展

原告が**故意又は重大な過失によらないで被告とすべき者を誤ったとき**は、裁判所は、原告の申立てにより、決定をもって、**被告を変更することを許すことができる**(行政事件訴訟法15条1項)。

2 管轄裁判所

行政事件訴訟法12条は、訴えを提起すべき裁判所を以下のように定める。

原則 普通裁判籍(1項)

取消訴訟は、**被告の普通裁判籍の所在地を管轄する裁判所**又は**処分若しくは裁決をした行政庁の所在地を管轄する裁判所**の管轄に属する(2004年改正)。22

例外❶ 特別裁判籍(2項、3項) 発展

土地の収用、鉱業権の設定その他**不動産又は特定の場所に係る処分又は裁決**についての取消訴訟は、**その不動産又は場所の所在地の裁判所**に

も、提起することができる。

取消訴訟は、当該処分又は裁決に関し**事案の処理に当たった下級行政機関の所在地の裁判所**にも、提起することができる。

例外❷ 特定裁判籍(4項)(2004年改正)

国又は独立行政法若しくは別表に掲げる法人を被告とする取消訴訟は、**原告の普通裁判籍の所在地を管轄する高等裁判所の所在地を管轄する地方裁判所**にも、提起することができる。23

趣旨 裁判所行政事件訴訟における裁判所の専門性を確保する一方で、**原告の負担を軽減する**ことを趣旨とする。2004年の改正前は、普通裁判籍として被告である行政庁の所在地を管轄するとされていたため、東京地方裁判所に訴えを提起せざるを得ないことも多く、特に地方在住者にとって負担となっていた。24

〈語句〉●**普通裁判籍**とは、民事訴訟法上、事件の種類、内容にかかわらず一般的に定められる裁判籍のことをいう。簡単に言うと、「被告の普通裁判籍の所在地」とは、被告の住所地ということである。

3 例外的審査請求前置(不服申立前置)

原則 自由選択主義

処分の取消しの訴えは、当該処分につき法令の規定により審査請求をすることができる場合においても、**直ちに提起**することができる(行訴法8条1項本文)。25

例外 審査請求前置

法律に審査請求に対する裁決を経た後でなければ処分の取消しの訴えを提起することができないとする定めがある場合は、審査請求に対する**裁決を経ない取消しの訴えは不適法として却下**される(同法8条1項ただし書)。25

例外の例外 審査請求前置主義の例外 発展

①審査請求があった日から**3か月を経過しても裁決がないとき**、②処分、処分の執行又は手続の続行により生じる**著しい損害を避けるため緊急の必要があるとき**、③裁決を経ないことにつき**正当な理由があるとき**、これらの場合には、審査請求に対する裁決を経ないで取消しの訴えを提起することができる(同法8条2項)。

趣旨 国民の権利救済を実効性のあるものとするため、自由選択主義を原則とした。一方で、裁判所の負担軽減などの観点から、例外的に審査請求前置を採用した。

【例外的審査請求申立前置】

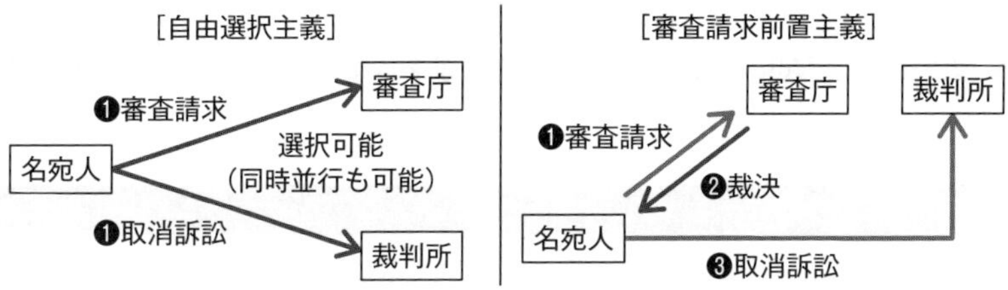

6 取消訴訟の提起に関する事項の教示

行政不服審査法には、不服申立てについて教示に関する規定が置かれている。これに対して、行政事件訴訟法には、取消訴訟について教示規定が置かれていなかったため、2004年改正において教示規定が設けられた（行訴法46条）。

原則 行政庁は、処分又は裁決の相手方に対して、①**取消訴訟の被告**とすべき者、②**出訴期間**、③**不服申立前置があるときはその旨**について、**書面**で教示しなければならない。26

例外 処分を**口頭**でする場合には教示をしなくともよい。26

処分又は裁決の相手方以外の者に対する教示は義務付けられていない。したがって、処分又は裁決の相手方以外の第三者からの教示の請求について、当該第三者に原告適格が認められるとしても、行政庁は教示義務を負うものではない。26

重要事項 一問一答

01 原告適格とは？

行政処分に対して取消訴訟を提起することができる一定の資格のこと

02 行政事件訴訟法９条１項の「法律上の利益」とは（判例・通説）？

法律上保護された利益

03 狭義の訴えの利益とは？

処分を現実に取り消してもらう必要性・実効性のこと

04 取消訴訟の出訴期間は？

正当な理由がある場合を除いて、①処分又は裁決があったことを知った日から６か月以内、②処分又は裁決のあった日から１年以内

05 取消訴訟は誰を被告として訴えるか（原則）？

処分又は裁決をした行政庁の所属する国又は公共団体

06 取消訴訟を提起すべき裁判所は（原則）？

被告の普通裁判籍の所在地を管轄する裁判所又は処分若しくは裁決をした行政庁の所在地を管轄する裁判所

07 取消訴訟の提起にあたり、事前に審査請求をしなければならないか（原則）？

不要（自由選択主義）

過去問チェック

01 取消訴訟は、処分又は裁決の取消しを求めるにつき法律上の利益を有する者に限り提起することができ、当該者には、処分又は裁決の効果が期間の経過その他の理由によりなくなった後においてもなお処分又は裁決の取消しによって回復すべき法律上の利益を有する者も含まれる。

○（国般2022）

02 2004年（平成16年）の行政事件訴訟法の改正により、取消訴訟の原告適格を実質的に拡大するため、処分又は裁決の相手方以外の者について法律上の利益の有無を判断するに当たっては、裁判所は、当該処分又は裁決の根拠となる法令の規定の文言のみによることなく、当該法令の趣旨及び目的並びに当該処分において考慮されるべき利益の内容及び性質を考慮することとなった。

○（国般2005改題）

03 取消訴訟は、処分又は裁決の取消しを求めるにつき法律上の利益を有する者に限り提起することができるが、当該処分又は裁決の相手方以外の者について法律上の利益の有無を判断するに当たっては、当該処分又は裁決の根拠となる法令と目的を共通にする関係法令の趣旨及び目的を参酌することはできない。

×（区2021）「当該処分又は裁決の根拠となる法令と目的を共通にする関係法令の趣旨及び目的を参酌することはできない」が誤り。

04 公衆浴場法が公衆浴場の経営に関して許可制を採用し距離制限規定を設けたのは、主として「国民保健及び環境衛生」という公共の福祉の見地から出たものであって、適正な許可制度の運用によって保護されるべき業者の営業上の利益は、単なる事実上の反射的利益にすぎないから、既存の公衆浴場営業者は、第三者に対する公衆浴場営業許可処分の無効確認訴訟における原告適格を有しない。

×（財・労2018）「単なる事実上の反射的利益にすぎないから、既存の公衆浴場営業者は、第三者に対する公衆浴場営業許可処分の無効確認訴訟における原告適格を有しない」が誤り。

05 XとYが一つの免許を争う競願関係にある場合には、Yに対する免許が取り消されたとしても、これに伴ってXに対する免許が当然付与されるわけではないため、Xには、白紙の状態で再審査が行われ、自分に免許が付与されるのが確実なときを除いて、Yに対する免許の取消しを求める訴えの利益は認められない。
×（財2020）全体が誤り。

06 自転車競技法に基づく設置許可がされた場外車券発売施設から一定の距離以内の地域に居住する者は、当該施設の設置及び運営に起因して生じる善良な風俗及び生活環境に対する著しい被害を受けないという具体的利益を有しており、当該許可の取消しを求める原告適格を有する。
×（財・労・税2016）「一定の距離以内の地域に居住する者は」が誤り。

07 自転車競技法及び同法施行規則が場外車券発売施設の設置許可要件として定める位置基準によって保護しようとしているのは、不特定多数者の利益であるところ、それは、性質上、一般的公益に属する利益であって、原告適格を基礎付けるには足りないものであるといわざるを得ないから、当該施設の設置、運営に伴い著しい業務上の支障が生ずるおそれがあると位置的に認められる区域に医療施設を開設する者であっても、当該位置基準を根拠として当該施設の設置許可の取消しを求める原告適格を有しない。
×（財・労・税2022）「から、当該施設の設置、運営に伴い著しい業務上の支障が生ずるおそれがあると位置的に認められる区域に医療施設を開設する者であっても、当該位置基準を根拠として当該施設の設置許可の取消しを求める原告適格を有しない」が誤り。

08 地方鉄道業者に対する特別急行料金の改定の認可処分の取消訴訟において、当該業者の路線の周辺に居住し、通勤定期券を購入するなどして、その特別急行列車を利用している者は、当該処分によって自己の権利利益を侵害され又は必然的に侵害されるおそれのある者に当たるということができ、当該認可処分の取消しを求める原告適格を有する。
×（財・労・税2016）「当該処分によって自己の権利利益を侵害され又は必然的に侵害されるおそれのある者に当たるということができ、当該認可処分の取消しを求める原告適格を有する」が誤り。

09 文化財保護法に基づき制定された県文化財保護条例による史跡指定解除について、その取消しを求めた遺跡研究者は、文化財の学術研究者の学問研究上の利益の保護について特段の配慮をしている規定が同法及び同条例に存するため、本件訴訟における原告適格が認められる。
×（財2015）「文化財の学術研究者の学問研究上の利益の保護について特段の配慮をしている規定が

同法及び同条例に存するため、本件訴訟における原告適格が認められる」が誤り。

(10) 風俗営業の許可について、風俗営業等の規制及び業務の適正化等に関する法律は、善良の風俗と清浄な風俗環境を保持し、及び少年の健全な育成に障害を及ぼす行為を防止することを目的としており、風俗営業の許可に関する規定は一般的公益の保護に加えて個々人の個別的利益をも保護していると解されることから、住居集合地域として風俗営業制限地域に指定されている地域に居住する者は、同地域における風俗営業の許可の取消しを求めるにつき法律上の利益を有し、原告適格が認められる。

×（財・労・税2013）「風俗営業の許可に関する規定は一般的公益の保護に加えて個々人の個別的利益をも保護していると解されることから、住居集合地域として風俗営業制限地域に指定されている地域に居住する者は、同地域における風俗営業の許可の取消しを求めるにつき法律上の利益を有し、原告適格が認められる」が誤り。

(11) 自動車運転免許の効力停止処分を受けた者は、免許の効力停止期間を経過し、かつ、当該処分の日から無違反・無処分で1年を経過し、当該処分を理由に道路交通法上不利益を被るおそれがなくなったとしても、当該処分の記載のある免許証を所持することにより、名誉、信用等を損なう可能性があることから、当該処分の取消しによって回復すべき法律上の利益を有する。

×（国般2017）「当該処分の取消しによって回復すべき法律上の利益を有する」が誤り。

(12) 建築基準法による建築確認の取消訴訟において、建築確認を受けた建築物の建築が完了した場合であっても、建築確認が違法を理由に取り消されれば、特定行政庁は違反是正命令を発すべき法的義務を負うことになるから、当該建築確認の取消しを求める訴えの利益は消滅しない。

×（国般2017）「特定行政庁は違反是正命令を発すべき法的義務を負うことになるから、当該建築確認の取消しを求める訴えの利益は消滅しない」が誤り。

(13) 町営の土地改良事業の工事がすべて完了し、当該事業施行認可処分に係る事業施行地域を原状に回復することが物理的に全く不可能とまでいうことはできないとしても、その社会的、経済的損失を考えると、社会通念上、法的に不可能である場合には、もはや違法状態を除去することはできないから、当該認可処分の取消しを求める法律上の利益は消滅するとした。

×（区2019）「もはや違法状態を除去することはできないから、当該認可処分の取消しを求める法律上の利益は消滅するとした」が誤り。

(14) 国家公務員であった者が免職処分の取消訴訟の係属中に公職選挙に立候補した場合には、当該免職処分が取り消されたとしても国家公務員の地位は回復されないため、当該公務員が違法な免職処分さえなければ公務員として有するはずであった給料請求権その他の権利、利益を回復するために免職処分の取消しを求める訴えの利益は失われる。

×（財2020）「当該公務員が違法な免職処分さえなければ公務員として有するはずであった給料請求権その他の権利、利益を回復するために免職処分の取消しを求める訴えの利益は失われる」が誤り。

(15) 森林法に基づく保安林の指定解除処分の取消訴訟において、代替施設の設置によって洪水や渇水の危険が解消され、その防止上からは保安林の存続の必要性がなくなったと認められるに至ったとしても、あらゆる科学的検証の結果に照らしてかかる危険がないと確実に断定できるとはいえないことから、当該処分の取消しを求める訴えの利益は失われない。

×（財・労・税2019）「あらゆる科学的検証の結果に照らしてかかる危険がないと確実に断定できるとはいえないことから、当該処分の取消しを求める訴えの利益は失われない」が誤り。

(16) 道路交通法に基づく運転免許証の更新処分において、一般運転者として扱われ優良運転者であることの記載のない免許証を交付された者は、交付された免許証が優良運転者であるか否かによって当該免許証の有効期間等が左右されるものではないから、優良運転者としての法律上の地位を否定されたことを理由として、当該更新処分の取消しを求める訴えの利益を有しない。

×（国般2012）「優良運転者としての法律上の地位を否定されたことを理由として、当該更新処分の取消しを求める訴えの利益を有しない」が誤り。

(17) 取消訴訟は、正当な理由があるときを除き、処分又は裁決があったことを知った日から6か月を経過したときは、提起することができない。

○（国般2022改題）

(18) 行政事件訴訟法の出訴期間の規定における「正当な理由」には、災害、病気、怪我等の事情のほか、海外旅行中や多忙であったといった事情も含まれると一般に解されている。

×（国般2019）「海外旅行中や多忙であったといった事情も含まれると一般に解されている」が誤り。

(19) 取消訴訟は、主観的出訴期間である処分又は裁決があったことを知った日から6か月を経過したときであっても、正当な理由があれば提起することができるが、客観的出訴期間である処分又は裁決があった日から1年を経過したときは、いかなる場合であっても提起することができない。

×（区2018）「いかなる場合であっても提起することができない」が誤り。

20 処分又は裁決をした行政庁が国又は公共団体に所属する場合には、処分の取消訴訟は、当該処分をした行政庁を被告として提起しなければならないが、裁決の取消訴訟は、当該裁決をした行政庁の所属する国又は公共団体を被告として提起しなければならない。

×（区2018）「処分の取消訴訟は、当該処分をした行政庁を被告として提起しなければならないが」が誤り。

21 2004年（平成16年）の行政事件訴訟法の改正により、処分をした行政庁が国又は公共団体に所属しない場合を除き、処分の取消しの訴えについては、処分をした行政庁ではなく、処分をした行政庁の所属する国又は公共団体を被告とすることとされた。これは、被告となるべき行政庁を特定する原告の負担を軽減するとともに、訴えの変更等の手続を行いやすくするためである。

○（国般2010改題）

22 取消訴訟は、処分をした行政庁の所在地を管轄する裁判所に提起しなければならない。

×（区2007改題）全体が誤り。

23 取消訴訟は、被告の普通裁判籍の所在地を管轄する裁判所又は処分若しくは裁決をした行政庁の所在地を管轄する裁判所の管轄に属するが、国を被告とする取消訴訟は、原告の普通裁判籍の所在地を管轄する高等裁判所の所在地を管轄する地方裁判所にも提起することができる。

○（区2018）

24 2004年（平成16年）行政事件訴訟法改正により、取消訴訟は、原告の普通裁判籍の所在地を管轄する地方裁判所にも、提起することができることとされた。これは、原告の住所地に近い身近な裁判所で訴えを提起する可能性を広げ取消訴訟をより利用しやすくするためである。

×（国般2010改題）「原告の普通裁判籍の所在地を管轄する地方裁判所にも、提起することができることとされた」が誤り。

25 行政庁の処分に対して法令の規定により審査請求をすることができる場合には、原則として、審査請求に対する裁決を経た後でなければ取消訴訟を提起することができない。

× (国般2022)「原則として、審査請求に対する裁決を経た後でなければ取消訴訟を提起することができない」が誤り。

26 2004年(平成16年)の行政事件訴訟法の改正により、取消訴訟について教示制度が導入され、行政庁は、取消訴訟を提起することができる処分をする場合には、当該処分を口頭でする場合を除き、当該処分の相手方に対し、取消訴訟の被告とすべき者、取消訴訟の出訴期間、審査請求前置主義がとられているときはその旨を書面で教示しなければならないこととなった。他方、当該処分の相手方以外の者に対しては、原告適格が認められるとしても、これらの事項について教示することは義務付けられていない。

○ (国般2010改題)

4 取消訴訟の審理手続

通常の民事訴訟と比較して、取消訴訟の審理手続にはどのような特徴があるのかを理解しましょう。さらに、執行不停止の原則や内閣総理大臣の異議について整理しましょう。

1 本案審理の特徴

❶要件審理 → ❷本案審理 → ❸判決

1 審理の対象

① 本案審理の対象

本案審理においては、**処分の違法性**が審理の対象となる。そこで、その違法性又は適法性に関する一切の事由を採り上げることができる(ただし、違法主張の制限はある)ため、違法事由が取消原因以外の場合(ex.無効原因)であっても、取消訴訟において審理することは可能である。

② 違法判断の基準時

処分時点から口頭弁論終結時点までの間に、法令の改正や事実関係が変化したことで違法か適法かの結論が異なる場合、**処分の時点の法令ないし事実関係を基準に違法判断**がされる(最判昭27.1.25、処分時説)。01

③ 主張の制限 発展

取消訴訟においては、**自己の法律上の利益に関係のない違法を理由として取消しを求めることができない**(行訴法10条1項)。

2 審理手続

① 審理手続

行政事件訴訟に関し、行政事件訴訟法に定めがない事項については、民事訴訟の例による(行訴法7条)。そして、行政事件訴訟法には訴訟進行に関するルールが**ほとんど規定されていないため、民事訴訟の審理手続のルールに従う**ことになる。行政訴訟に適用される民事訴訟の審理手続のルールのうち、重要なものは**口頭主義、**

処分権主義、弁論主義である。

② 口頭主義 発展

意義 **口頭主義**とは、弁論や証拠調べなどの訴訟行為を**口頭の陳述で行うとする原則**をいう。

全面的に口頭主義によるわけではなく、補充的に書面(審理)主義も採用されている。

③ 処分権主義 発展

意義 **処分権主義**とは、**訴訟手続の開始、審判範囲の特定、訴訟手続の終了**については、当事者に処分権能が認められ、**当事者の自律的な判断にゆだねられるとする原則**のことをいう。

原告は、自ら訴えを取り下げることで訴訟を終了させることができ、裁判所の許可などは不要である。

④ 弁論主義

意義 **弁論主義**とは、裁判の基礎となる事実や証拠の収集・提出を**当事者の権限かつ責任とする原則**のことをいう。

発展 原則として**弁論主義が採用**されることから、当事者が主張していない事実や証拠を裁判所が自ら収集すること(**職権探知主義**)は認められない。また、相手方の主張する自己に不利益な事実を認める陳述(**自白**)について、裁判所がこれに反する事実認定をすることも認められない。

⑤ 弁論主義の修正

(ア) 職権証拠調べ

裁判所は、必要があると認めるときは、**職権で**、**証拠調べ**(証人喚問・物証の提出・現場検証等)**をすることができる**。ただし、その**証拠調べの結果について、当事者の意見を聞かなければならない**(行訴法24条)。 02

趣旨 取消訴訟においては、**公益に関する審査が必要**となるため、一定の場合に裁判所が積極的な役割を果たすことで、**裁判の適正を確保**する。

行政事件訴訟法24条は、裁判所が必要と認める場合に職権証拠調べをすることが**できる旨を規定**したものであり、裁判所に職権証拠調べをすることを**義務付けるものではない**(最判昭28.12.24参照)。 03

(イ) 釈明処分の特則

裁判所は、訴訟関係を明瞭にするため、必要があると認めるときは、被告である行政庁に対して、**処分又は裁決の理由を明らかにする資料や、裁決を経た場合に裁決の記録の提出を求めることができる**。また、被告である行政庁以外の行政庁に対して、上記の資料・記録の送付を嘱託することもできる(同法23条の2)。04

趣旨 民事訴訟法151条の定める釈明処分の特則であり、情報収集能力や訴訟技術について劣る原告の訴訟行為を補足するものである。

3 請求の客観的併合

意義 **請求の客観的併合**とは、1つの訴えにおいて、**1人の原告が同一の被告に対して数個の請求**をした場合に、これを**同時に審理の対象とする**ことをいう。

取消訴訟の対象となっている処分・裁決に関連する請求(ex.国家賠償請求)(**関連請求**)(行訴法13条)について、原告は、取消訴訟と併合して審理をすることを求めることができる 05。以下の形態がある。

原始的併合	**訴え提起の当初から併合**する(同法16条)
追加的併合	**口頭弁論の終結に至るまでの間に併合提起**する(同法19条) 05

4 訴訟参加

意義 **訴訟参加**とは、継続中の訴訟に当事者以外の者が参加することをいう。

行政事件訴訟法は、第三者の訴訟参加(行訴法22条)と行政庁の訴訟参加(同法23条)について規定している。

① 第三者の訴訟参加

裁判所は、訴訟の結果により権利を害される第三者について、**当事者もしくはその第三者の申立て又は職権**で、決定をもって訴訟に参加させることができる(同法22条1項) 06。また、裁判所が第三者の訴訟参加を決定するには、**あらかじめ当事者及び第三者の意見**をきかなければならない(同法22条2項)。07

【第三者の訴訟参加】

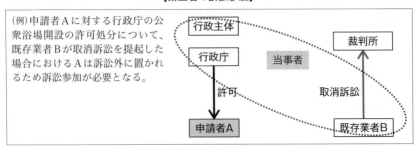

(例)申請者Aに対する行政庁の公衆浴場開設の許可処分について、既存業者Bが取消訴訟を提起した場合におけるAは訴訟外に置かれるため訴訟参加が必要となる。

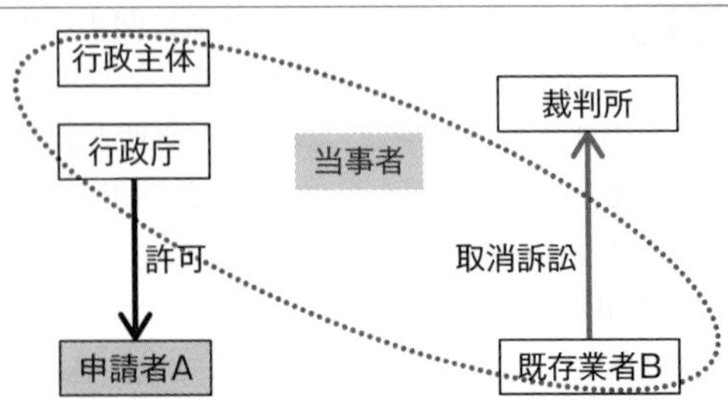

② 行政庁の訴訟参加

裁判所は、処分又は裁決をした行政庁以外の行政庁を訴訟に参加させることが必要であると認めるときは、**当事者もしくはその行政庁の申立て**又は**職権**で、決定をもって訴訟に参加させることができる(同法23条1項)。また、裁判所が第三者の訴訟参加を決定するには、**あらかじめ当事者及び第三者の意見**をきかなければならない(同法23条2項)。08

2 執行停止

取消しの訴えを提起しても、通常は判決が確定するまでに時間を要する。そこで、訴え提起から判決確定までの期間に、原告の権利利益を保全する制度が必要となる。

〈解説〉 **仮の救済**とは、判決が確定するまでの間に、暫定的に原告の権利利益を保全することをいう。行政事件訴訟法は、①**執行停止**(詳細は下記 2 「例外的執行停止」以降で扱う)、②**仮の義務付け**、**仮の差止め**(詳細は本章 6 節 6 項「仮の義務付け・仮の差止め」で扱う)を規定している。

1 執行不停止の原則

意義 **執行不停止の原則**とは、処分の取消しの訴えの提起が、**処分の効力、処分の執行又は手続の続行を妨げない**ことをいう(行訴法25条1項)。

趣旨 濫訴により行政活動が停滞することを防止する。

2 例外的執行停止

一定の要件を満たした場合は、例外的に執行停止が認められる(行訴法25条2項)。

趣旨 執行不停止の原則を貫いた場合、原告が勝訴しても**実質的に権利利益の救済が図れないおそれ**があるため(ex.土地収用裁決により先祖代々受け継いできた屋敷が取り壊された)。

① 執行停止の要件

以下の要件を全て満たしている場合、裁判所は、執行停止をすることができる。

手続要件	① 当事者の**申立て**があること 09
積極要件	① **取消訴訟が適法に係属**していること 10 ② **重大な損害**を避けるために**緊急の必要**があること
消極要件	① 執行停止によって**公共の福祉に重大な影響を及ぼすおそれがない**こと 10 ② 本案について理由がないとみえないこと 10

第6章 行政事件訴訟法

(ア) 積極要件②「重大な損害」(上記表)

2004年改正以前は、「回復が困難な損害」と規定されていたが、改正により**「重大な損害」へと緩和**された。

(イ)「重大な損害」の判断 発展

重大な損害を生ずるか否かの判断にあたって、裁判所は、損害の回復の困難の程度を考慮するものとし、損害の性質及び程度並びに処分の内容及び性質をも勘案するものとする(同法25条3項)。

② 執行停止の利益 発展

執行停止をするためには、**それにより原告の権利・法的義務が保全されうる関係にあり、回復すべき原状が存在**していなければならない。

③ 執行停止の手続

執行停止の決定は、**口頭弁論を経ないでする**ことができるが、あらかじめ**当事者の意見をきかなければならない**(同法25条6項) 11 。

④ 執行停止の内容

裁判所は、以下の全部又は一部の停止をすることができる(同法25条2項本文)。
12

処分の効力の停止	処分によって生じる効力を一時停止して、将来に向かって処分がなかった状態を回復する
処分の執行の停止	処分庁が行政上の強制執行によって処分の内容を強制的に実現することを停止させる
手続の続行の停止	処分の存在を前提としてなされる後続処分を停止させる

上記3つのうち「処分の効力」の停止は、「処分の執行」又は「手続の続行」の停止によって**目的を達することができる場合にはすることができない**(同法25条2項ただし書)。 12

趣旨 公益確保の観点から、過剰な救済により行政活動が停滞することを回避する。

⑤ 執行停止の効果

執行停止の決定の効果は、将来に向かってのみ生じる(**将来効**)。

また、**第三者に対しても効力を生じ**(同法32条2項、1項)、**関係行政庁を拘束**する(同法33条4項、1項)。

⑥ 執行停止の取消し

執行停止の決定が確定した後に、その**理由が消滅**し、**その他事情が変更した**ときは、裁判所は、**相手方の申立てにより**、決定をもって、執行停止の決定を取り消すことができる(同法26条1項)。執行停止の決定と同様に、**裁判所が職権によって取り消すことはできない**。13

3 内閣総理大臣の異議

1 意義

意義 **内閣総理大臣の異議**とは、執行停止の申立てがあった場合に、**内閣総理大臣が**、執行停止の決定の**前後を問わず**、裁判所に対して**執行停止をさせない旨の異議を述べることができる**ことをいう(行訴法27条1項)。14

趣旨 行政権の最高責任者としての内閣総理大臣に執行停止に関する最終決定権をゆだねることで、行政処分の執行を確保する。

2 手続

① 異議を述べることができる場合

内閣総理大臣は、**やむをえない場合**でなければ、異議を述べてはならない(行訴法27条6項)。15

② 理由の附記

異議には、**理由を附さなければならず**(行訴法27条2項)、異議の理由においては、内閣総理大臣は、処分の効力を存続し、処分を執行し、又は手続を続行しなければ、**公共の福祉に重大な影響を及ぼすおそれのある事情を示す**ものとする(同法27条3項)。16

裁判所は、異議の理由の当否について審査することはできないと解されている。17

③ 国会への報告

異議を述べたときは、内閣総理大臣は、**次の常会においてこれを国会に報告**しなければならない(行訴法27条6項)。国会の承諾は不要であり、異議についての責任追及は国会を通しての国民の最終的な政治的判断にゆだねられる。18

3 効果

執行停止の決定の前に異議が述べられた場合、裁判所は執行停止をすることができず、執行停止の決定の後に異議が述べられた場合、裁判所は執行停止の決定を取り消さなければならない(行訴法27条4項)。19

重要事項 一問一答

01 取消訴訟の審理の対象は？

処分の違法性一般

02 行政事件訴訟法に規定がない事項についての審理手続は？

民事訴訟法の規定に従う(7条)。

03 行政訴訟に職権証拠調べは採用されているか？

採用されている(24条)。

04 第三者が訴訟参加する方法は(3つ)？

①当事者の申立て、②第三者の申立て、③裁判所の職権

05 行政事件訴訟法上の仮の救済制度は(2つ)？

①執行停止、②仮の義務付け、仮の差止め

06 執行停止が認められるための要件は(5つ)？

①当事者の申立てがあること、②取消訴訟が適法に係属していること、③重大な損害を避けるため緊急の必要があること、④執行停止が公共の福祉に重大な影響を及ぼすおそれがないこと、⑤本案について理由がないとみえないこと

07 執行停止の内容は(3つ)？

①処分の効力の停止、②処分の執行の停止、③手続の続行の停止

08 内閣総理大臣の異議(27条1項)とは？

執行停止の申立てがあった場合に、内閣総理大臣が、裁判所に対して執行停止をさせない旨の異議を述べること

過去問チェック

01 行政処分の違法性につき、行政処分の行われた後に法律が改正された場合、抗告訴訟においては行政処分の法規に対する適合の有無が判断の対象となるので、裁判所は改正後の法令に基づき当該処分の違法性を判断すべきであるとするのが判例である。

×(財・労・税2015)「裁判所は改正後の法令に基づき当該処分の違法性を判断すべきであるとするのが判例である」が誤り。

02 裁判所は、取消訴訟の審理において必要があると認めるときは、職権で、証拠調べをすることができるが、その証拠調べの結果については、裁判所の専断であるため、当事者の意見をきく必要はない。

×（区2018）「裁判所の専断であるため、当事者の意見をきく必要はない」が誤り。

03 取消訴訟においては、行政処分が取り消されるべきかが争点になり、公益と関わる面が大きいため、裁判所は、必要があると認めるときは、職権で、証拠調べをしなければならない。

×（財・労・税2016）「職権で、証拠調べをしなければならない」が誤り。

04 裁判所は、訴訟関係を明瞭にするため、必要があると認めるときは、被告である行政庁に対し、処分又は裁決の理由を明らかにする資料の提出を求めることができるが、被告である行政庁以外の行政庁に対し、当該行政庁が保有する、処分又は裁決の理由を明らかにする資料の送付を嘱託することはできない。

×（区2021）「被告である行政庁以外の行政庁に対し、当該行政庁が保有する、処分又は裁決の理由を明らかにする資料の送付を嘱託することはできない」が誤り。

05 取消訴訟を提起するに当たっては、関連する国家賠償請求訴訟を当初から併合して提起することができる。また、国家賠償請求訴訟を当初から併合して提起していなくても、取消訴訟を提起した後に国家賠償請求訴訟を追加的に併合することもできる。

○（税・労2011）

06 裁判所は、取消訴訟の結果により権利を害される第三者があるときは、当事者又はその第三者の申立てにより、その第三者を訴訟に参加させることができるが、当該裁判所の職権で、その第三者を訴訟に参加させることはできない。

×（区2018）「当該裁判所の職権で、その第三者を訴訟に参加させることはできない」が誤り。

07 裁判所は、訴訟の結果により権利を害される第三者があるときは、当事者若しくはその第三者の申立てにより又は職権で、決定をもって、その第三者を訴訟に参加させることができるが、当該決定をするに当たっては、あらかじめ、当事者及び第三者の意見をきく必要はない。

×（国般2006）「あらかじめ、当事者及び第三者の意見をきく必要はない」が誤り。

08 裁判所は、処分又は裁決をした行政庁以外の行政庁を訴訟に参加させることが必要であると認めるときは、当事者若しくは当該行政庁の申立てにより、決定をもって当該行政庁を訴訟に参加させることができるが、職権で参加させることはできない。

×（区2021）「職権で参加させることはできない」が誤り。

09 執行停止とは、処分の取消しの訴えの提起があった場合において、必要に応じてその処分の効力、処分の執行又は手続の続行の全部又は一部を停止することをいうが、処分、処分の執行又は手続の続行により生ずる重大な損害を避けるため緊急の必要があるときは、裁判所は職権で執行停止を命ずることができる。

×（財2019）「裁判所は職権で執行停止を命ずることができる」が誤り。

10 執行停止が認められるには、公共の福祉に重大な影響を及ぼすおそれがないとき、又は本案について理由がないとみえないときという積極的要件を満たす必要はあるが、取消訴訟や無効等確認訴訟が係属している必要はない。

×（区2015）「積極的要件」「取消訴訟や無効等確認訴訟が係属している必要はない」が誤り。

11 裁判所は、処分の取消しの訴えの提起があった場合において、申立てにより、執行停止の決定をするときは、あらかじめ、当事者の意見をきく必要はなく、口頭弁論を経ないで、当該決定をすることができる。

×（区2020）「あらかじめ、当事者の意見をきく必要はなく」が誤り。

12 行政事件訴訟法は、執行停止の内容として、処分の効力の停止、処分の執行の停止及び処分の手続の続行の停止の三種類を規定している。これらのうち、処分の効力の停止は、処分の執行又は手続の続行の停止によって目的を達することができる場合には、することができない。

○（財・労・税2020）

13 執行停止の決定が確定した後に、その理由が消滅し、その他事情が変更したときは、裁判所は、相手方の申立てがなくても、職権により、決定をもって、執行停止の決定を取り消すことができる。

×（財・労・税2020）「相手方の申立てがなくても、職権により、決定をもって、執行停止の決定を取り消すことができる」が誤り。

14 内閣総理大臣は、執行停止の申立てがあった場合には、裁判所に対し、異議を述べることができるが、執行停止の決定があった後においては、これをすることができない。

×（区2020）「執行停止の決定があった後においては、これをすることができない」が誤り。

15 内閣総理大臣は、やむを得ない場合に限り、執行停止に関して異議を述べることができる。

○（国般2003改題）

16 内閣総理大臣は、執行停止の申立てがあった場合だけでなく、執行停止の決定があった後においても、裁判所に対し、異議を述べることができるが、いずれにおいても、理由を付さなければならない。

○（区2015）

17 執行停止の申立てがあった場合には、内閣総理大臣は、理由を付して、裁判所に対して異議を述べることができ、当該異議があったときは、裁判所は、その理由の当否を審査して、執行停止をするか否かを決定する。

×（国般2003）「その理由の当否を審査して、執行停止をするか否かを決定する」が誤り。

18 執行停止に関して内閣総理大臣が異議を述べたときは、事後に国会の承諾を得なければならず、承諾を得られなかった場合には、当該異議はなかったものとされる。

×（国般2003改題）「事後に国会の承諾を得なければならず、承諾を得られなかった場合には、当該異議はなかったものとされる」が誤り。

19 執行停止の申立てがあった場合に、内閣総理大臣は、裁判所に対し異議を述べることができるが、異議があったとしても、裁判所は、公共の福祉に重大な影響を及ぼすと認める場合には執行停止をすることができる。

×（財2013）「異議があったとしても、裁判所は、公共の福祉に重大な影響を及ぼすと認める場合には執行停止をすることができる」が誤り。

5 訴訟の終了

訴訟の終了原因の主なものとして判決があります。判決の種類、取消判決の効力について、基礎的な知識を整理しましょう。判決の種類のうち、事情判決の制度については注意しましょう。

1 判決の種類

【判決の種類】

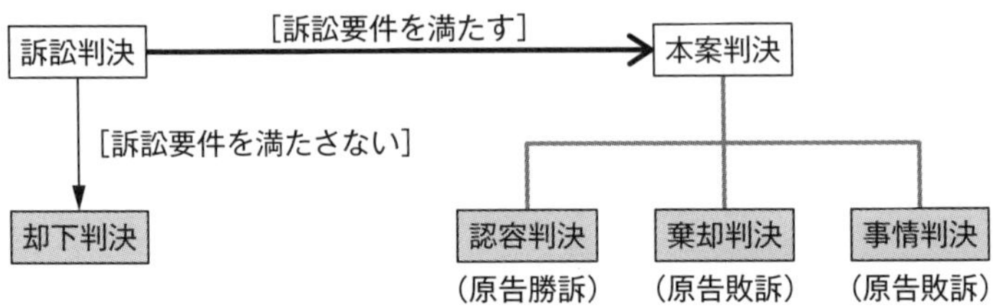

1 訴訟判決

原告の請求内容に入らず、訴えが訴訟要件を満たしているのかについての判決であり、却下判決がある。

意義 **却下判決**とは、訴えが訴訟要件を満たしていない場合に、これを**不適法として請求の内容に入ることなく、形式的に退ける判決**をいう。いわば、門前払いの判決である。01

2 本案判決

原告の請求内容の当否に関する判決であり、認容判決、棄却判決、事情判決がある。

① 認容判決

意義 **認容判決**とは、原告の請求に理由があるとして、**処分等の全部又は一部を取り消す判決**をいう(**取消判決**)。

② 棄却判決

意義 **棄却判決**とは、原告の請求に理由がないとして、その**請求を退ける**(**処分等を取り消さない**)**判決**をいう。

③ 事情判決

(ア) 意義

意義 **事情判決**とは、**処分等は違法である**(**原告の請求に理由がある**)**が**、**処分等を取り消すことにより公の利益に著しい障害を生じる場合**において、一切の事情を考慮したうえ、処分又は裁決を取り消すことが**公共の福祉に適合しないと認める**ときに、**請求を棄却する判決**をいう(行訴法31条1項)。02

(イ) 特徴

判決は**棄却判決**がなされるが、**判決主文で処分等が違法であることを宣言**しなければならない(行訴法31条1項)。03

(ウ) 要件

①取消しの対象となる処分等を取り消すことにより**公の利益に著しい障害を生ずる場合**に、②原告の受ける損害の程度、その損害の賠償又は防止の程度及び方法その他一切の事情を考慮した上、**処分等を取り消すことが公共の福祉に適合しないと認める**ことである(行訴法31条1項)。02

2 判決の効力

1 既判力

意義 **既判力**とは、訴訟で**判決が確定**した場合に、**訴訟当事者及び裁判所**が訴訟の対象とされた**同一事項について、異なる主張や判断をすることができなくなる効力**をいう。

趣旨 紛争の蒸し返しや矛盾判断を防止する。

2 形成力(遡及効)、対世効(第三者効)

① 意義

意義 **形成力**(**遡及効**)とは、処分が違法であるとして取消判決があった場合、その**処分の効力は処分時に遡って形成的に消滅する**(＝処分前の状態に戻る)という効力をいう。04

対世効(第三者効)とは、取消判決の効力が、訴訟当事者以外の**第三者にも及ぶこと**をいう(行訴法32条1項)05。(例)近隣住民が原告となって建築確認の取消訴訟を提起した場合において、取消判決がされたときは、遡及的消滅の効力が建築主にも及ぶ。

② 第三者の手続保障

対世効が認められることにより、第三者の利害も大きな影響を受ける。そこで、第三者の手続保障のために、裁判継続中には**第三者の訴訟参加**（行訴法22条）、判決確定後には**第三者の再審の訴え**（34条）が認められている。05

3 拘束力

① 意義

処分又は裁決を取り消す判決は、その事件について、処分又は裁決をした**行政庁その他の関係行政庁を拘束**する（行訴法33条1項）。06

趣旨 取消判決実効性確保の見地から、行政庁に対して処分等が違法と判断されたことを尊重して、取消判決の趣旨に従い行動する義務を負わせる。

意義 **拘束力**とは、取消判決の確定により、処分等をした行政庁その他の関係行政庁に**当該取消判決の趣旨に従って行動することを義務付ける**効力をいう（行訴法33条）。

② 拘束力の具体的内容 発展

行政庁は、同一事情のもと同一理由により同一の処分を行うことが禁止される（行訴法33条1項、反復禁止効）。

【判決の効力】

効力	効力の生じる判決	効力の及ぶ範囲
既判力	認容判決（取消判決） 棄却判決	訴訟当事者＋裁判所
形成力（遡及効）	認容判決（取消判決） ＝処分が違法	訴訟当事者＋裁判所
対世効（第三者効）	認容判決（取消判決） ＝処分が違法	第三者
拘束力	認容判決（取消判決） ＝処分が違法	行政庁＋関係行政庁

3 裁決の取消しの訴え

1 総説

意義 **裁決の取消しの訴え**とは、審査請求その他の不服申立て(以下単に「審査請求」という。)に対する行政庁の裁決、決定その他の行為(以下単に「裁決」という。)の取消しを求める訴訟をいう。

趣旨 行政処分に対する救済方法として行政上の不服申立ての制度があることから、行政事件訴訟法は、取消訴訟について処分の取消しの訴え(行訴法3条2項)と裁決の取消しの訴え(行訴法3条3項)とを区別して規定している。

2 処分の取消訴訟と裁決の取消訴訟の関係

行政処分に不服のある者が、行政上の不服申立てにおいて棄却裁決をされた場合、通常は、①処分(原処分)の違法を取消訴訟で争うか、②不服申立ての裁決を取消訴訟で争うかという2つの方法をとり得るため、行政事件訴訟法は、両者を整理する規定を設けている。07

① **原則** 原処分主義

意義 **原処分主義**とは、処分の取消しの訴えとその処分についての審査請求を棄却した裁決の取消しの訴えを提起することができる場合には、**裁決の取消しの訴えにおいては、処分の違法を理由として取消しを求めることができない**ことをいう(行訴法10条2項)。08

趣旨 同一処分の違法性について、処分の取消しの訴えと裁決の取消しの訴えの間で矛盾した判断がされることを防止する(裁判の矛盾防止)。

原処分主義により、**裁決の取消訴訟では裁決固有の瑕疵のみを争う**ことが許され、**原処分の違法性を争う場合は、原処分の取消訴訟を提起**しなければならない 08。(例)審査請求の裁決における理由附記が違法であるとして裁決の取消訴訟を提起した場合、理由附記の違法(裁決固有の瑕疵)を主張することはできるが、原処分が違法であることを主張することはできない。

② **例外** 裁決主義

個別法(電波法や特許法など)により**裁決の取消訴訟のみが認められている場合(裁決主義)**には、裁決の取消訴訟において原処分の違法を主張することができる。

趣旨 原処分の取消訴訟を提起できないためである。

重要事項 一問一答

01 訴訟要件を満たさない場合の判決は？

却下判決

02 本案判決の種類は（3つ）？

①認容判決、②棄却判決、③事情判決

03 事情判決とは？

処分等は違法であるが、処分等を取り消すことにより公の利益に著しい障害を生じる場合において、一切の事情を考慮したうえ、処分又は裁決を取り消すことが公共の福祉に適合しないと認めるときに、請求を棄却する判決

04 既判力とは？

訴訟で判決が確定した場合に、訴訟当事者及び裁判所が訴訟の対象とされた同一事項について、異なる主張や判断をすることができなくなる効力

05 形成力とは？

取消判決があった場合、その処分の効力は処分時に遡って形成的に消滅する効力（遡及効）

06 対世効（第三者効）とは？

処分又は裁決を取り消す判決の効力が第三者に対しても及ぶ効力

07 拘束力とは？

取消判決の確定により、処分等をした行政庁その他の関係行政庁に当該取消判決の趣旨に従って行動することを義務付ける効力

08 原処分主義とは？

処分の取消訴訟と裁決の取消訴訟を提起することができる場合には、裁決の取消訴訟において、処分の違法を理由として取消しを求めることができないこと

過去問チェック

01 行政事件訴訟法で定められた訴訟要件を満たしていない訴えについては、請求が棄却されることとなる。

×（国般2022）「請求が棄却されることとなる」が誤り。

02 取消訴訟については、裁判所は、処分又は裁決が違法であっても、これを取り消すことにより公の利益に著しい障害を生ずる場合において、一切の事情を考慮した上、その取消しが公共の福祉に適合しないと認めるときは、いわゆる事情判決により原告の請求を棄却することができる。

○（財2013）

03 取消訴訟において、いわゆる事情判決により請求を棄却する場合には、裁判所は、判決の主文において、処分又は裁決が違法であることを宣言しなければならない。

○（国般2013改題）

04 行政処分の取消判決がなされた場合に生じる取消しの効力は、将来に向かってのみ生じる。

×（国般2011）「将来に向かってのみ生じる」が誤り。

05 処分又は裁決を取り消す判決が第三者に対して効力を有することとなると、自己の責めに帰することができない理由により訴訟に参加することができず、判決に影響を及ぼすべき攻撃又は防御の方法を提出することができなかった第三者の権利義務を侵害することとなるため、行政事件訴訟法は判決のこのような効力を否定している。

×（国般2019）全体が誤り。

06 行政処分の取消判決がなされた場合に生じる取消しの効力は、取消訴訟の当事者である原告と被告との関係においてのみ生じるものであり、当事者以外の第三者には及ばない。

×（国般2011）「取消訴訟の当事者である原告と被告との関係においてのみ生じるものであり、当事者以外の第三者には及ばない」が誤り。

07 抗告訴訟のうち、処分の取消しの訴え及び裁決の取消しの訴えを併せて取消訴訟という。処分の取消しの訴えとその処分についての審査請求を棄却した裁決の取消しの訴えとを提起することができる場合には、原則として原処分を支持した裁決の取消しを求めて訴訟を提起することにより、当該裁決の取消しと併せて原処分の取消しを求めることとなる。

×（国般2015）「原則として原処分を支持した裁決の取消しを求めて訴訟を提起することにより、当該裁決の取消しと併せて原処分の取消しを求めることとなる」が誤り。

08 処分の取消訴訟とその処分についての審査請求を棄却した裁決の取消訴訟とを提起することができる場合で、裁決の取消訴訟を提起したときには、裁決固有の瑕疵のみならず、処分の違法を理由として取消しを求めることもできる。

×（税・労2007）「裁決固有の瑕疵のみならず、処分の違法を理由として取消しを求めることもできる」が誤り。

国般★★★／国専★★★／特別区★★★／地上★★★

6 主観訴訟

行政事件訴訟法は、取消訴訟を中心に組み立てられています。取消訴訟の理解を踏まえて、抗告訴訟をしっかりと理解しましょう。

1 主観訴訟概説

1 主観訴訟

意義 **主観訴訟**とは、**国民の個人的な権利利益の救済を目的とする訴訟**をいう。行政事件訴訟法では、主観訴訟として**抗告訴訟**と**当事者訴訟**が定められている。

【主観訴訟の概観】

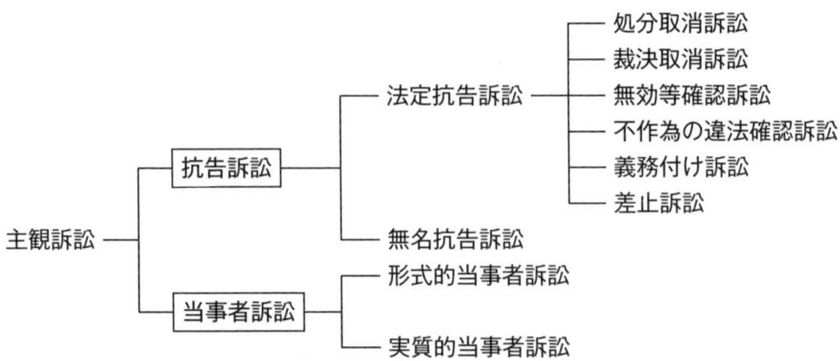

2 抗告訴訟

意義 **抗告訴訟**とは、**行政庁の公権力の行使に関する不服の訴訟**をいう（行訴法3条）。すなわち、行政庁の公権力の行使・不行使から生じる違法状態の除去を求める訴訟である。01

行政事件訴訟法が定める抗告訴訟としては、①**処分取消しの訴え**（処分取消訴訟）、②**裁決取消しの訴え**（裁決取消訴訟）、③**無効等確認の訴え**（無効等確認訴訟）、④**不作為の違法確認の訴え**（不作為の違法確認訴訟）、⑤**義務付けの訴え**（義務付け訴訟）、⑥**差止めの訴え**（差止訴訟）の6種類がある。01

2 無効等確認訴訟

1 意義

意義 無効等確認訴訟とは、**処分もしくは裁決の存否又はその効力の有無の確認を求める訴訟**をいう。行政処分の①有効確認、②無効確認、③存在確認、④不存在確認の訴えが含まれる。 02

趣旨 行政処分に大きな瑕疵(重大明白な瑕疵)がある場合にまで、公定力や不可争力を根拠に処分の効力を強制することは私人にとって酷であることから、処分が無効であることを確認する訴訟類型が認められた。

2 訴訟要件

① 処分性

無効等確認訴訟の対象は、処分・裁決でなければならない(処分性)。したがって、無効等確認訴訟の対象は取消訴訟の対象と同一である。

② 原告適格❶「法律上の利益を有する者」

無効等確認訴訟には、原告適格として「法律上の利益を有する者」(行訴法36条)による提起を規定している。この点、取消訴訟の原告適格の規定(行訴法9条)は**準用されていないが、取消訴訟と同様の「法律上の利益」が必要となる**と解されている(最判平4.9.22、もんじゅ訴訟)。 03

③ 原告適格❷「補充性」

無効等確認訴訟の原告適格(補充性)については、このあとの 4 「無効確認の原告適格」で扱う。

④ 出訴期間

行政処分が無効である(公定力・不可争力を欠く)と主張して提起する訴えであるから、**出訴期間の制限はない**。条文上も取消訴訟の出訴期間についての規定(行訴法14条)は準用されていない。 04

3 訴訟形態

無効等確認訴訟の原告適格(補充性)の解釈について有力な学説に立った場合、訴訟形態は以下の2つに分けられる。

① 予防訴訟としての無効等確認訴訟

意義 **処分又は裁決に続く処分により損害を受けるおそれのある者**が提起する、予防的な無効等確認訴訟である。

判例では、滞納処分を受けるおそれのあるときに、課税処分の無効確認の訴えの利益を認めたもの(最判昭51.4.27)などがあり、予防訴訟としての無効確認訴訟を認めている。

【予防訴訟としての無効等確認訴訟】

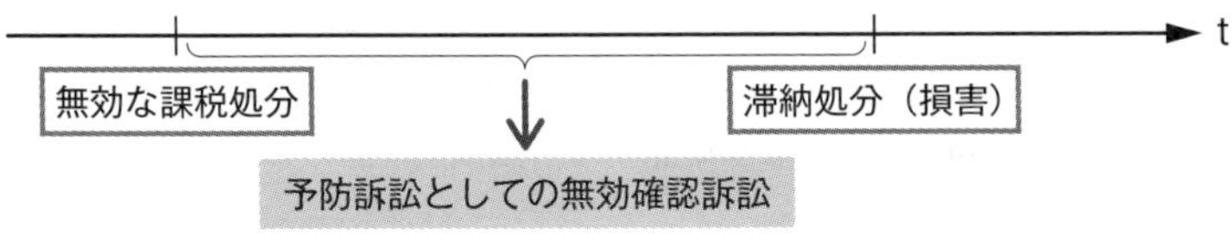

② 補充訴訟としての無効等確認訴訟

意義 **処分又は裁決の無効等の確認を求めるにつき法律上の利益を有する者が、当該処分若しくは裁決の存否又はその効力の有無を前提とする現在の法律関係に関する訴えによって目的を達することができない場合**に提起する、補充的な無効等確認訴訟である。

4 無効確認の原告適格

① 補充性(行訴法36条)の捉え方 発展

無効等確認の訴えは、(要件①)当該処分又は裁決に続く処分により損害を受けるおそれのある者(要件②)その他当該処分又は裁決の無効等の確認を求めるにつき法律上の利益を有する者で、(要件③)当該処分若しくは裁決の存否又はその効力の有無を前提とする現在の法律関係に関する訴えによって目的を達することができないものに限り、提起することができる(行訴法36条)。

無効等確認訴訟の原告適格については、要件③が要件①、②のどこにまでかかるのかという点で解釈に争いがあり、予防訴訟(要件①)と補充訴訟(要件②③)とする二元説(有力説)と、予防訴訟(要件①③)と補充訴訟(要件②③)とする一元説が対立している。

② 補充性の解釈

無効等確認の訴えは、当該処分又は裁決に続く処分により損害を受けるおそれのある者その他当該処分又は裁決の無効等の確認を求めるにつき法律上の利益を有する者で、当該処分若しくは裁決の存否又はその効力の有無を前提とする**現在の法律関係に関する訴えによって目的を達することができないもの**に限り、提起すること

ができる(行訴法36条)。 05

この「**現在の法律関係に関する訴えによって目的を達することができない**」こと(補充性)が原告適格の要件の１つとして規定されている。

【原告適格の要件】
目的を達することができる　→　原告適格なし
目的を達することができない　→　原告適格あり

趣旨 無効な行政処分の法的効力は処分の当初から存在せず、当事者訴訟や争点訴訟において処分が無効であることを前提とした主張をすることが可能であり、紛争解決としてはそれで十分であるため。

〈語句〉●「現在の法律関係に関する訴え」には、**当事者訴訟**と**争点訴訟**がある。 05

●**争点訴訟**(行訴法45条)とは、私法上の法律関係に関する訴訟において、処分もしくは裁決の存否又はその効力が**前提問題として争われる訴訟**をいう。**民事訴訟**であるが、処分・裁決の存否又は効力の有無が争われることから、**取消訴訟に関する規定の一部が準用**される。**発展** (例)土地収用裁決により土地の売渡しがあった場合において、土地の旧所有者が現所有者(起業者)に対して、土地収用裁決が無効であることを理由として提起する土地所有権確認訴訟。

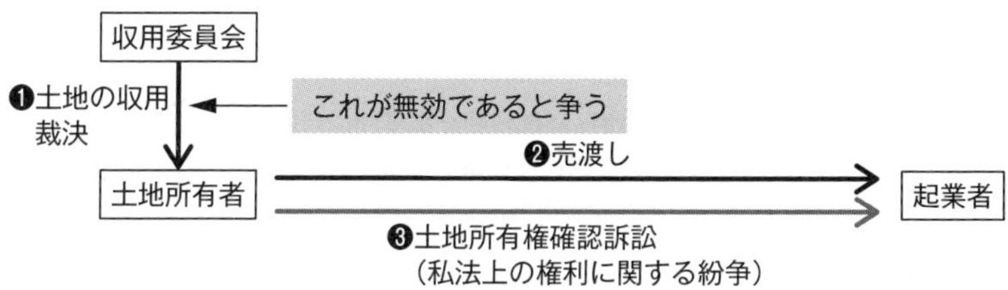

判例は、「現在の法律関係に関する訴えによって目的を達することができないもの」について、無効等確認訴訟を認めるか、現在の法律関係に関する訴えにより争わせるかは、両者のいずれが紛争を解決するため、**より直截的で適切な争訟形態といえるかにより決定されるべき**としている(最判平4.9.22)。

判例 **換地処分の無効確認訴訟**(最判昭62.4.17)

〈事案〉

❶Xは、土地改良法に基づく換地処分を受けたが、換地によって農作業の遂行が困難になったことから、❷照応の原則違反であるとして換地処分の無効の確認を求めて出訴した。

〈判旨〉

このような紛争の実態にかんがみると、当該換地処分の無効を前提とする従前の土地の所有権確認訴訟等の現在の法律関係に関する訴えは右紛争を解決するための争訟形態として適切なものとはいえず、**むしろ当該換地処分の無効確認を求める訴えのほうがより直截的で適切な争訟形態というべき**であり、結局、右のような場合には、当該換地処分の無効を前提とする現在の法律関係に関する訴えによってはその目的を達することができないものとして、行政事件訴訟法36条所定の**無効確認の訴えの原告適格を肯認すべき場合に当たる**と解される。06

〈解説〉 照応の原則とは、換地及び従前の土地について、それぞれその用途、地積、土質、その他の環境等が照応(対応)していること。

判例 もんじゅ訴訟(最判平4.9.22)

〈事案〉

旧動力炉・核燃料開発事業団は、福井県敦賀市に高速増殖炉「もんじゅ」の建設を計画し、❶内閣総理大臣Yから原子炉設置許可を受けた。❷周辺住民Xらは、「もんじゅ」の設置・稼働によって生命・身体等に重大な被害を受けるとして、原子炉設置許可処分の無効確認訴訟(民事差止訴訟と併合提起)を提起した。

〈要旨〉

原子炉施設の設置者である動力炉・核燃料開発事業団に対し、人格権等に基づき本件原子炉の建設ないし運転の**差止めを求める民事訴訟は、本件無効確認訴訟と比較して、本件設置許可処分に起因する本件紛争を解決するための争訟形態としてより直截的で適切なものであるともいえない**から、被上告人(X)らにおいて右民事訴訟の提起が可能であって現にこれを提起していることは、本件無効確認訴訟が行政事件訴訟法36条所定の要件を欠くことの根拠とはなり得ない(**原告適格が認められる**)。07

5 訴訟手続

① 主張・立証責任

処分又は裁決が無効であることの主張・立証責任は、**原則として原告が負う**(判例)。

② 取消訴訟の規定の準用 発展

取消訴訟に関する審理手続の規定のうち、執行停止の制度(行訴法25条～29条)、第三者・行政庁の訴訟参加(行訴法22条、23条)、職権証拠調べ(行訴法24条)等が準用されている(行訴法38条1項・3項)。

3 不作為の違法確認訴訟

1 意義

意義 **不作為の違法確認訴訟**とは、**行政庁が法令に基づく申請に対し、相当の期間内に何らかの処分又は裁決をすべきであるにかかわらず、これをしないことについての違法の確認を求める訴訟**をいう(行訴法3条5項)。08

趣旨 申請に対して行政庁から何らの応答もない場合、処分又は裁決がないことから、取消訴訟により救済を求めることができない。このような場合の救済方法として、不作為の違法確認訴訟が規定された。

2 原告適格の制限

不作為の違法確認訴訟は、処分等についての**申請をした者に限り**、提起することができる(行訴法37条)。08

① 申請権

申請権がある(**法令に基づく申請制度が存在している**)ことが必要となるが、**現実に申請をしていなければ**、申請権を有していても原告適格は認められない。09

② 法令に基づく申請 発展

「法令に基づく申請」は、法令の明文規定に基づく申請(法律、命令、条例、規則)のみならず、**法令の解釈により申請権が認められるもの**も含まれる。

③ 申請の適法性 発展

申請の適法性は問わない。

3 その他の訴訟要件

不作為の状態が存在していることを要し、不作為の状態が解消された場合は、訴えの利益が消滅する。また、**出訴期間の制限はない**ため、不作為の状態が継続する限り訴えを提起することができる。10

4 判決 発展

不作為の違法確認訴訟の勝訴判決には、**拘束力**があり(行訴法38条1項、33条)、申請に対する不作為の違法を確認する判決がされた場合には、行政庁は**何らかの応答をする義務を負う**。これは、行政庁に対して特定の処分等をする義務を負わせるものではないから、例えば「営業許可処分をせよ」ということを義務付けることはできない。

4 義務付け訴訟

1 意義

意義 **義務付け訴訟**とは、**行政庁が一定の処分又は裁決をすべきであるにかかわらず、これがされない場合において、その処分又は裁決をすべき旨を命ずることを求める訴訟**をいう。 11

趣旨 義務付け訴訟は、行政庁の第一次的判断の尊重(行政行為を行うか否かは、まず行政庁が判断をして、裁判所はそのあとに行政行為の違法性を審査するべき)から、無名抗告訴訟として主張されていたものの、認められづらかったため、2004年の法改正に伴い明文化された。 12

2 種類

義務付け訴訟には、**非申請型義務付け訴訟**(行訴法3条6項1号)と**申請型義務付け訴訟**(行訴法3条6項2号)の2つの類型がある。

【義務付け訴訟の種類】

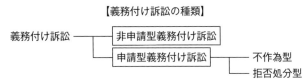

- 義務付け訴訟
  - 非申請型義務付け訴訟
  - 申請型義務付け訴訟
    - 不作為型
    - 拒否処分型

3 非申請型義務付け訴訟

① 意義

意義 **非申請型義務付け訴訟**は、**行政庁が一定の処分をすべきであるにかかわらず、これがされないとき**(申請型義務付け訴訟に該当する場合を除く)に提起される義務付け訴訟である。**申請権の存在を前提としない義務付け訴訟**であり、主として**処分の相手方以外の第三者が規制権限の発動を求める**ものである。

【非申請型義務付け訴訟】

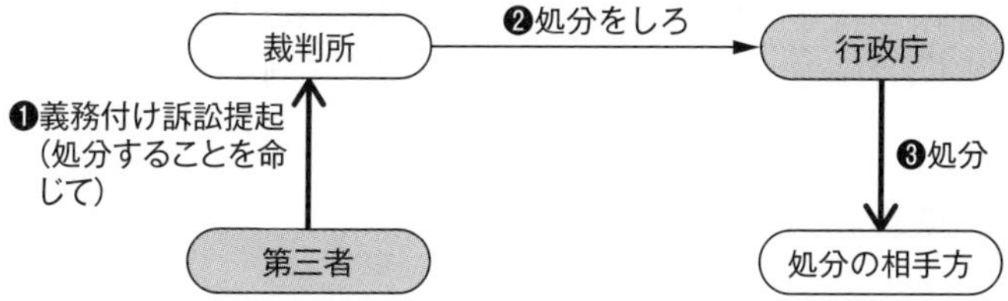

② 訴訟要件

訴訟要件は、以下の３つである。申請権のない者が処分をすることを求める訴えであることから、訴訟要件が厳格なものとなっている。

(ア)「重大な損害」の要件

一定の処分がされないことにより**重大な損害を生ずるおそれがある**こと(行訴法37条の２第１項) [13]。裁判所は、「重大な損害」を生ずるかの判断にあたって、損害の回復の困難の程度を考慮し、損害の性質及び程度並びに処分の内容及び性質をも勘案しなければならない(行訴法37条の２第２項)。 [14]

(イ) 補充性の要件

その**損害を避けるため他に適当な方法がない**こと(行訴法37条の２第１項)。 [13]

(ウ) 原告適格

行政庁が一定の処分をすべき旨を命ずることを求めるにつき**法律上の利益を有する者**であること(同法37条の２第３項)。「法律上の利益」の有無についての解釈の指針として、取消訴訟の原告適格に関する行政事件訴訟法９条２項が準用されている(同条第４項)。 [15]

③ 本案勝訴要件 発展

本案勝訴要件(裁判所が義務付け判決をするための要件)についても規定が設けられている。裁判所は、①行政庁が**その処分をすべきであることがその処分の根拠となる法令の規定から明らかであると認められる**とき、又は②**その処分をしないことがその裁量権の範囲を超えもしくはその濫用となると認められる**ときに、義務付け判決をすることができる(行訴法37条の２第５項)。

【本案勝訴要件】

いずれか
- 処分をすべきことが明らか
- 処分をしないことが裁量権の範囲の逸脱・濫用と認められる

④ 判決 発展

審理の結果、本案勝訴要件を満たしていると判断された場合、裁判所は、原告の請求を認容し、行政庁に**一定の処分をするよう命じる判決**をする（行訴法37条の２第５項）。

4 申請型義務付け訴訟（不作為型）

① 意義

意義 **不作為型の申請型義務付け訴訟**は、行政庁に対し法令に基づく**申請又は審査請求がされた場合**において、**相当の期間内に何らの処分又は裁決がされないという不作為があったとき**に提起される義務付け訴訟である（行訴法37条の３第１項１号）。

不作為の違法確認訴訟では、行政庁に許認可をすることを義務付けることまではできず実効性に欠ける点があったが、不作為型の申請型義務付け訴訟により、これを補うことが可能となる。

【申請型義務付け訴訟（不作為型）】

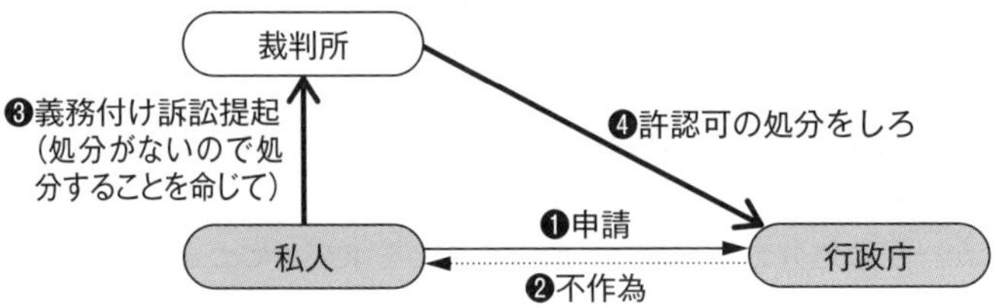

② 訴訟要件

(ア) 行政庁の不作為

法令に基づく**申請又は審査請求に対し、相当の期間内に何らの処分又は裁決がされないこと**（行訴法37条の３第１項１号）16。なお、非申請型義務付け訴訟と異なり、重大な損害や、補充性の要件は不要である。

(イ) 原告適格

法令に基づく**申請又は審査請求をした者**であること（行訴法37条の３第２項）。17

(ウ) 訴えの併合提起

処分又は裁決にかかる**不作為の違法確認訴訟を併合提起**すること（行訴法37条の３第３項１号）。

趣旨 申請に対する行政庁の不作為を争うという点において、不作為の違法確認訴訟と機能分担をする関係にあるためである。

③ 本案勝訴要件

本案勝訴要件は、以下の要件①、②の双方を満たすことである(行訴法37条の3第5項)。要件②については、非申請型義務付け訴訟の場合とほぼ同一である。

> **【本案勝訴要件】**
>
> ① 不作為の違法確認訴訟について請求に理由があると認められること
>
> ② 義務付け訴訟にかかる処分又は裁決につき、行政庁がその**処分もしくは裁決をすべきことがその処分又は裁決の根拠となる法令の規定から明らかである**と認められるか、又は行政庁がその処分もしくは裁決をしないことがその**裁量権の範囲を超えもしくはその濫用となる**と認められること

【本案勝訴要件】

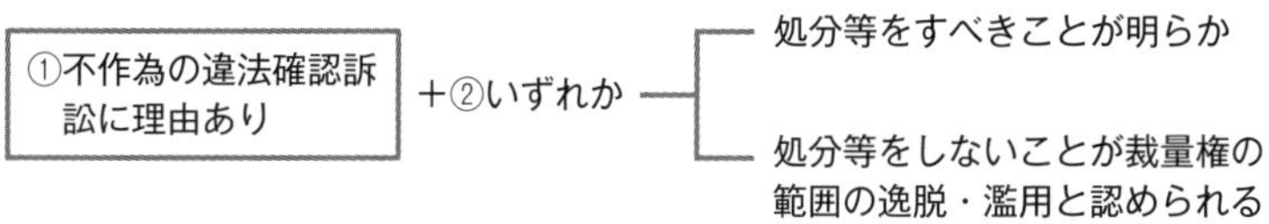

④ 判決

審理の結果、本案勝訴要件を満たしていると判断された場合、裁判所は、**不作為の違法確認訴訟を認容**するとともに、**義務付けの請求も認容して、許認可の処分を行うことを命じる判決**をする(行訴法37条の3第5項)。

5 申請型義務付け訴訟(拒否処分型)

① 意義

意義 **拒否処分型の申請型義務付け訴訟**とは、行政庁により、**申請又は審査請求を却下・棄却する処分又は裁決(拒否処分)がされた場合**に提起される義務付け訴訟である(行訴法37条の3第1項2号)。

【申請型義務付け訴訟(拒否処分型)】

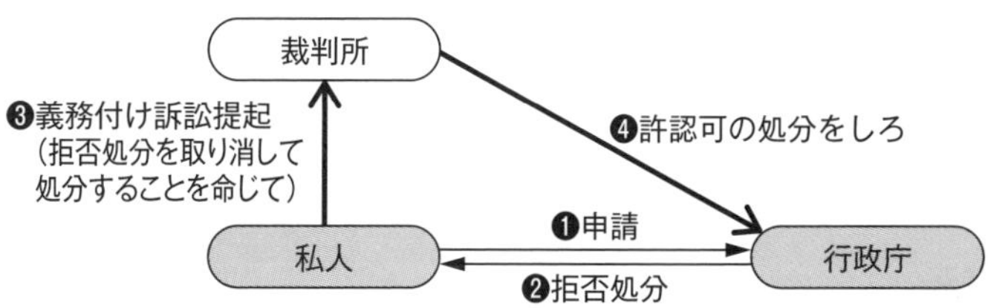

② 訴訟要件

(ア) 拒否処分

法令に基づく**申請又は審査請求を却下し又は棄却する旨の処分又は裁決がされた場合**において、当該処分又は裁決が**取り消されるべきものであり、又は無効もしくは不存在**であること(行訴法37条の3第1項2号)。なお、非申請型義務付け訴訟と異なり、重大な損害や、補充性の要件は不要である。

(イ) 原告適格

法令に基づく**申請又は審査請求をした者**であること(行訴法37条の3第2項)。18

(ウ) 訴えの併合提起

処分又は裁決にかかる**取消訴訟又は無効等確認訴訟を併合提起**すること(行訴法37条の3第3項2号)。19

③ 本案勝訴要件

本案勝訴要件は、以下の①、②の双方を満たすことである(行訴法37条の3第5項)。要件①の訴えの形式が異なる点を除いて、不作為型の場合と同一である。

【本案勝訴要件】

① **取消訴訟又は無効等確認訴訟**について請求に理由があると認められること。

② 義務付け訴訟にかかる処分又は裁決につき、行政庁がその**処分もしくは裁決をすべきことがその処分又は裁決の根拠となる法令の規定から明らかである**と認められるか、又は行政庁がその処分もしくは裁決をしないことがその**裁量権の範囲を超えもしくはその濫用となる**と認められること。

④ 判決

審理の結果、本案勝訴要件を満たしていると判断された場合、裁判所は、**取消訴訟又は無効等確認訴訟を認容**するとともに、**義務付けの請求も認容**して、**許認可の処分を行うことを命じる判決**をする(行訴法37条の3第5項)。

5 差止訴訟

1 意義

意義 差止訴訟とは、行政庁が一定の**処分又は裁決をすべきでないにかかわらずこれがされようとしている場合**において、行政庁がその**処分又は裁決をしてはならない旨を命ずることを求める訴訟**をいう(行訴法3条7項)。20

無名抗告訴訟の1つとして主張されていたが、2004年の行政事件訴訟法改正により明文化された。

差止訴訟が用いられる場合として、①不利益処分がされようとしている場合(公務員に対する懲戒処分、課税処分の差止め)、②自己に対する給付が停止されようとしている場合、③自己の権利利益を侵害するおそれのある活動の許認可がされようとしている場合、などが挙げられる。

【差止訴訟】

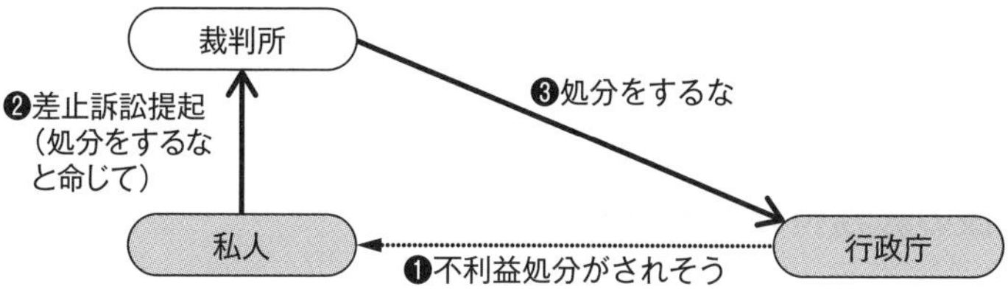

2 訴訟要件

①「重大な損害」の要件

一定の処分又は裁決がされることにより、**重大な損害を生ずるおそれがあること**(行訴法37条の4第1項)。[20]

「重大な損害を生ずるおそれ」があると認められるためには、処分がされることにより生ずるおそれのある損害が、処分がされた後に取消訴訟等を提起して執行停止の決定を受けることなどにより容易に救済を受けることができるものではなく、**処分がされる前に差止めを命ずる方法によるのでなければ救済を受けることが困難なものであることを要する**(最判平24.2.9)。[21]

② 補充性の要件

その**損害を避けるため他に適当な方法がない**こと(行訴法37条の4第1項)。[20]

③ 原告適格

行政庁が一定の処分又は裁決をしてはならない旨を命ずることを求めるにつき**法律上の利益を有する者**であること(行訴法37条の4第3項)。

3 本案勝訴要件

本案勝訴要件は、①行政庁がその**処分もしくは裁決をすべきでないことがその処分又は裁決の根拠となる法令の規定から明らかである**と認められるか、又は②行政庁がその処分もしくは裁決をすることがその**裁量権の範囲を超えもしくはその濫用**

となると認められることである(行訴法37条の4第5項)。

4 判決

審理の結果、本案勝訴要件を満たしていると判断された場合、裁判所は、**行政庁がその処分又は裁決をしてはならない旨を命じる判決**をする(行訴法37条の4第5項)。

5 審理手続に関する規定の準用 発展

取消訴訟の審理手続に関する規定のうち、第三者・行政庁の訴訟参加(行訴法22条、23条)、職権証拠調べ(行訴法24条)等が準用されている(行訴法38条1項)。

6 仮の義務付け・仮の差止め

1 意義

意義 **仮の義務付け**とは、**義務付け訴訟における仮の救済制度**であり、裁判所が行政庁に対して、義務付けの訴えにかかる**処分又は裁決をすべきことを命じる**ものである(行訴法37条の5第1項)。(例)障害のある児童の保育園への入園を承諾する処分、生活保護支給決定等

仮の差止めとは、**差止訴訟における仮の救済制度**であり、裁判所が行政庁に対して、差止めの訴えにかかる**処分又は裁決をしてはならないことを命じる**ものである(行訴法37条の5第2項)。(例)条例に基づく市保育所の廃止処分

仮の義務付け・仮の差止めは、義務付け訴訟・差止訴訟の明文化(2004年改正)に伴い設けられた制度であり、これにより、判決確定前における原告の救済が可能となった。

2 要件等

① 手続要件と積極要件

	仮の義務付け訴訟 22	仮の差止訴訟 発展
手続要件	義務付け訴訟の提起があること & 仮の義務付けの申立のあること	差止訴訟の提起があること & 仮の差止の申立のあること
積極要件	①償うことのできない損害を避けるため緊急の必要があること ②本案について理由があるとみえること	

② 消極要件 発展

上記の要件を満たす場合であっても、**公共の福祉に重大な影響を及ぼすおそれがあるときは、仮の義務付け・仮の差止めをすることはできない**（行訴法37条の５第３項）。

③ 内閣総理大臣の異議

執行停止における内閣総理大臣の異議の制度が準用されている（行訴法37条の５第４項、27条）。

3 決定

仮の義務付け	決定をもって、**仮に行政庁がその処分又は裁決をすべき旨を命ずる** 23
仮の差止め	決定をもって、**仮に行政庁がその処分又は裁決をしてはならない旨を命ずる**

処分又は裁決をすべき行政庁は、**仮の義務付けの決定の趣旨に従って行動する義務を負う。** 23

理由 取消判決の拘束力に関する規定が準用されるため（行訴法37条の５第４項、33条１項）。

第6章 行政事件訴訟法

7 法定抗告訴訟のまとめ

	原告適格	訴訟要件	出訴期間
予防訴訟としての無効等確認訴訟	処分・裁決に続く処分により損害を受けるおそれのある者		制限なし
補充訴訟としての無効等確認訴訟	①無効等の確認を求めるについて法律上の利益を有する者 ②現在の法律関係に関する訴えによって目的を達成することができないもの		制限なし
不作為の違法確認訴訟	処分・裁決について申請をした者	相当の期間の経過	制限なし
申請型義務付け訴訟	申請・審査請求をした者	①相当の期間内に処分・裁決がない(不作為型)、取り消されるべき拒否処分がされた(拒否処分型) ②不作為の違法確認訴訟(不作為型)、取消訴訟又は無効等確認訴訟(拒否処分型)の併合提起	取消訴訟を併合提起する場合は制限あり
非申請型義務付け訴訟	一定の処分を命ずることを求める法律上の利益のある者	①処分がなされないことにより重大な損害を生ずるおそれ(重大性) ②その損害を避けるために他に適当な方法がない(補充性)	制限なし
差止訴訟	一定の処分・裁決をしてはならないことを求める法律上の利益のある者	①処分・裁決により重大な損害を生ずるおそれ(重大性) ②その損害を避けるために他に適当な方法がない(補充性)	制限なし

8 無名抗告訴訟

意義 **無名抗告訴訟**とは、法律上、明文をもって定められていない抗告訴訟をいう。

2004年の行政事件訴訟法の改正により、旧法下で無名抗告訴訟として議論されていた義務付け訴訟、差止訴訟が明文化されるに至った。もっとも、行政事件訴訟法3条1項は、抗告訴訟を「公権力の行使に関する不服の訴訟」と包括的に定義していることなどから、**現行法においても無名抗告訴訟は許容される**と解されている。

24

9 当事者訴訟

1 意義

意義 当事者訴訟とは、権利主体(当事者)が**対等な立場で公法上の法律関係を争う訴訟**をいう。

① 種類 25

形式的当事者訴訟	**当事者間の法律関係を確認あるいは形成する処分又は裁決に関する訴訟**で、法令の規定によりその法律関係の一方を被告とするもの(行訴法4条前段)
実質的当事者訴訟	**公法上の法律関係に関する確認の訴え**その他公法上の法律関係に関する訴訟(行訴法4条後段)

② 特徴 発展

抗告訴訟が公権力の行使についての違法性を争うものであるのに対して、当事者訴訟は権利主体が対等な立場で公法上の法律関係を争うものであり、法律上の争訟である行政事件のうち、「公権力の行使に関する不服の訴訟」以外の訴訟としての性質を持つが、**訴えの構造は民事訴訟と類似**のものである。

2 形式的当事者訴訟

形式的当事者訴訟は、本来は処分の効力を争う訴訟であり、**実質的には抗告訴訟であるが、法令によって当事者訴訟の形にされたもの**である。

【形式的当事者訴訟の具体例】

収用委員会の裁決により土地の収用価格が決まったが、その価格に不満のある土地所有者が補償金の増額を求める場合、土地所有者は起業者を被告として当事者訴訟を提起することとなる(起業者が補償金の減額を求める場合は、土地所有者が被告となる)。

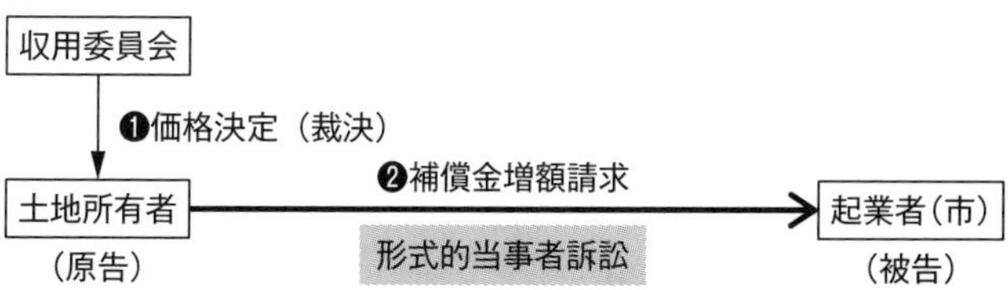

3 実質的当事者訴訟

実質的当事者訴訟では、**行政主体が被告**となる。**訴えの対象が公法上の法律関係に関する紛争というだけで、実質的に民事訴訟と異ならない**。公法上の金銭債権の支払請求、公務員の地位の確認、国籍の確認、選挙権を有することの確認(最大判平17.9.14)などがある。

【実質的当事者訴訟の具体例（公務員の地位の確認の場合）】

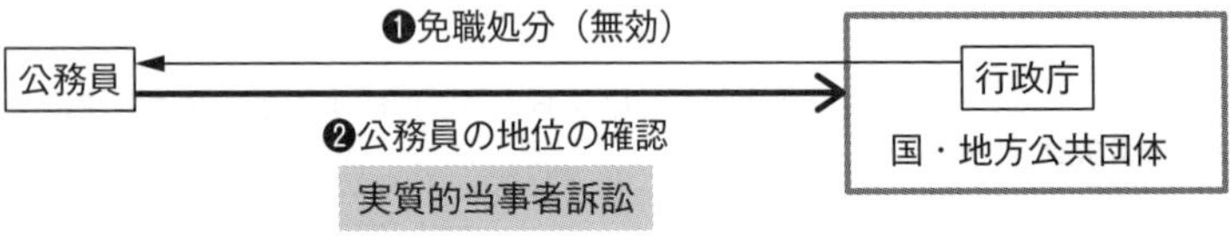

4 取消訴訟の規定の準用 発展

取消訴訟の審理手続に関する規定のうち、行政庁の訴訟参加(行訴法22条)、職権証拠調べ(行訴法24条)、判決の拘束力(行訴法33条1項)、訴訟費用に関する規定(行訴法35条)等が準用されている(行訴法41条1項)。

重要事項 一問一答

01 行政事件訴訟法が規定する抗告訴訟の種類は（6つ）？

①処分取消訴訟、②裁決取消訴訟、③無効等確認訴訟、④不作為の違法確認訴訟、⑤義務付け訴訟、⑥差止訴訟

02 無効等確認訴訟とは？

処分もしくは裁決の存否又はその効力の有無の確認を求める訴訟

03 無効等確認訴訟の訴訟形態は（2つ）？

①予防訴訟としての無効等確認訴訟、②補充訴訟としての無効等確認訴訟

04 不作為の違法確認訴訟とは？

行政庁が法令に基づく申請に対し、相当の期間内に何らかの処分又は裁決をすべきであるにかかわらず、これをしないことについての違法の確認を求める訴訟

05 義務付け訴訟とは？

行政庁が一定の処分又は裁決をすべきであるにかかわらず、これがされない場合において、その処分又は裁決をすべき旨を命ずることを求める訴訟

06 義務付け訴訟の種類は（2つ）？

①非申請型義務付け訴訟、②申請型義務付け訴訟

07 差止訴訟とは？

行政庁が一定の処分又は裁決をすべきでないにかかわらずこれがされようとしている場合において、行政庁がその処分又は裁決をしてはならない旨を命ずることを求める訴訟

08 義務付け訴訟、差止訴訟における仮の救済制度は？

仮の義務付け、仮の差止め

09 当事者訴訟とは？

権利主体が対等な立場で公法上の法律関係を争う訴訟

10 当事者訴訟の種類は（2つ）？

①形式的当事者訴訟、②実質的当事者訴訟

過去問チェック

01 抗告訴訟は、行政庁の公権力の行使に関する不服の訴訟であり、行政事件訴訟法は、抗告訴訟を処分の取消しの訴え、裁決の取消しの訴え、無効等確認の訴え及び不作為の違法確認の訴えの４つの類型に限定している。

×（区2013）「４つの類型に限定している」が誤り。

02 無効等確認の訴えは、処分若しくは裁決の存否又はその効力の有無の確認を求める訴訟をいい、行政事件訴訟法に抗告訴訟として位置付けられている。

○（区2016改題）

03 無効等確認訴訟と取消訴訟とは、行政処分の瑕疵が無効原因に当たるか取消原因に当たるかの違いにすぎないことから、行政事件訴訟法において、無効等確認訴訟の原告適格については、取消訴訟の原告適格の規定が準用されている。

×（国般2016）「取消訴訟の原告適格の規定が準用されている」が誤り。

04 無効等確認訴訟は、処分又は裁決があったことを知った日から６か月を経過したときは、正当な理由がない限り、これを提起することができない。

×（財2014）全体が誤り。

05 当該処分又は裁決に続く処分により損害を受けるおそれのある者その他当該処分又は裁決の無効等の確認を求めるにつき法律上の利益を有する者であれば、当該処分若しくは裁決の存否又はその効力の有無を前提とする現在の法律関係に関する訴えによって目的を達することができるか否かにかかわらず、当該処分又は裁決の無効等確認の訴えを提起することができる。

×（国般2006）「当該処分若しくは裁決の存否又はその効力の有無を前提とする現在の法律関係に関

する訴えによって目的を達することができるか否かにかかわらず」が誤り。

06 土地改良事業の施行に伴い土地改良区から換地処分を受けた者が、当該換地処分は照応の原則に違反し無効であると主張してこれを争おうとする場合には、当該換地処分がされる前の従前の土地の現在の所有者とされている者を相手方として所有権確認などの訴えを提起することによって目的を達することができるから、当該換地処分を受けた者は、当該換地処分の無効確認訴訟を提起することはできないとするのが判例である。

×（財2019）「当該換地処分がされる前の従前の土地の現在の所有者とされている者を相手方として所有権確認などの訴えを提起することによって目的を達することができるから、当該換地処分を受けた者は、当該換地処分の無効確認訴訟を提起することはできないとするのが判例である」が誤り。

07 原子炉設置許可申請に係る原子炉の周辺に居住する住民が、当該許可を受けた者に対する原子炉の建設・運転の民事差止訴訟とともに、原子炉設置許可処分の無効確認訴訟を提起している場合、民事差止訴訟の方がより有効かつ適切な紛争解決方法であると認められることから、当該周辺住民には、無効確認訴訟の原告適格は認められない。

×（税・労・財2013）「民事差止訴訟の方がより有効かつ適切な紛争解決方法であると認められることから、当該周辺住民には、無効確認訴訟の原告適格は認められない」が誤り。

08 不作為の違法確認の訴えは、行政庁が申請に対する処分又は裁決をしないことについての違法の確認を求める訴訟であり、処分又は裁決の申請をした者に限らず、この処分又は裁決につき法律上の利益を有する者であれば、提起することができる。

×（区2013）「処分又は裁決の申請をした者に限らず、この処分又は裁決につき法律上の利益を有する者であれば、提起することができる」が誤り。

09 不作為の違法確認の訴えにおいて、法令に基づき許認可等を申請する権利を与えられている者は、現実に申請しなかったときでも原告適格が認められる。

×（区2006）「現実に申請しなかったときでも原告適格が認められる」が誤り。

10 行政事件訴訟法において、取消訴訟は出訴期間の定めがあるが、不作為の違法確認訴訟は出訴期間の定めはない。

○（国般2016）

11 義務付けの訴えとは、行政庁が法令に基づく申請に対し、相当の期間内に何らかの処分又は裁決をすべきであるにかかわらず、これをしないことについての違法の確認を求める訴訟をいう。

×（区2022）「義務付けの訴えとは」が誤り。

12 2004年（平成16年）の行政事件訴訟法改正により、これまで法定外抗告訴訟の一類型として論じられてきた義務付け訴訟が法定化された。

○（国般2010改題）

13 非申請型の義務付けの訴えを提起することができるのは、一定の処分がされないことにより重大な損害を生ずるおそれがあり、かつ、その損害を避けるため他に適当な方法がないときに限られる。

○（国般2018）

14 裁判所は、行政事件訴訟法第37条の2第1項に規定する「重大な損害」を生ずるか否かを判断するに当たっては、損害の回復の困難の程度に加えて損害の性質及び程度を考慮するものとされ、処分の内容及び性質について勘案する必要はないとされている。

×（国般2018）「処分の内容及び性質について勘案する必要はないとされている」が誤り。

15 非申請型義務付け訴訟は、行政庁が一定の処分をすべき旨を命ずることを求めるにつき法律上の利益を有する者に限り提起することができ、その法律上の利益の有無の判断については、取消訴訟の規定が準用される。

○（財2019）

16 法令に基づく申請に対する不作為についての義務付け訴訟は、当該申請に対する処分がされないことにより重大な損害を生ずるおそれがあり、かつ、その損害を避けるために他に適当な方法がないときに限り、提起することができる。

×（国般2014）「当該申請に対する処分がされないことにより重大な損害を生ずるおそれがあり、かつ、その損害を避けるために他に適当な方法がないときに限り、提起することができる」が誤り。

17 申請型義務付け訴訟は、法令に基づく申請又は審査請求に対し相当の期間内に何らの処分又は裁決がされない場合にのみ提起することができるが、当該処分又は裁決がされることにつき法律上の利益を有する者であれば、当該申請又は審査請求をした者でなくとも提起することができる。

×（財2019）全体が誤り。

18 生活保護の申請が行政庁に却下された場合において、生活保護の支給決定をすることを求める義務付けの訴えは、申請を行った者及び当該処分が行われた場合の利害関係者に限り、提起することができる。

×（国般2011）「及び当該処分が行われた場合の利害関係者」が誤り。

19 法令に基づく申請又は審査請求を却下し又は棄却する旨の処分又は裁決がされた場合において、当該処分又は裁決が取り消されるべきものであり、又は無効若しくは不存在であるときに、義務付けの訴えを提起するためには、当該処分又は裁決に係る取消訴訟又は無効等確認の訴えを提起する必要はない。

×（財2017）「当該処分又は裁決に係る取消訴訟又は無効等確認の訴えを提起する必要はない」が誤り。

20 差止めの訴えは、行政庁に対し一定の処分又は裁決をしてはならない旨を命ずることを求める訴訟であり、一定の処分又は裁決がされることにより重大な損害を生ずるおそれがある場合には、その損害を避けるため他に適当な方法があるときでも提起することができる。

×（区2013）「その損害を避けるため他に適当な方法があるときでも提起することができる」が誤り。

21 差止めの訴えの訴訟要件として行政事件訴訟法が定める「重大な損害が生ずるおそれ」があると認められるためには、処分がされることにより生ずるおそれのある損害が、処分がされた後に取消訴訟又は無効確認訴訟を提起して執行停止の決定を受けることなどにより容易に救済を受けることができるものではなく、処分がされる前に差止めを命ずる方法によるのでなければ救済を受けることが困難なものであることを要するとするのが判例である。

○（国般2014）

22 裁判所は、義務付けの訴えの提起があった場合において、その義務付けの訴えに係る処分又は裁決がされないことにより生ずる償うことのできない損害を避けるため緊急の必要があれば、本案について理由があるとみえないときも、申立てにより、決定をもって、行政庁に仮の義務付けを命ずることができる。

×（区2015）「本案について理由があるとみえないときも」が誤り。

23 一定の処分を求める義務付け訴訟の本案判決前における仮の救済として、裁判所が仮の義務付けの決定をした場合、裁判所が仮の処分をすることになるのであって、行政庁が仮の処分をするものではない。

×（財2017）「裁判所が仮の処分をすることになるのであって、行政庁が仮の処分をするものではない」が誤り。

(24) 抗告訴訟は、行政事件訴訟法に規定される法定抗告訴訟のみに限定されず、いわゆる無名抗告訴訟（法定外抗告訴訟）も許容されると解されていたが、2004年（平成16年）に同法が改正されて、それまで無名抗告訴訟として想定されていた義務付け訴訟及び差止め訴訟が法定抗告訴訟とされたことに伴い、同法において、無名抗告訴訟が許容される余地はなくなったと一般に解されている。

×（国般2015改題）「同法において、無名抗告訴訟が許容される余地はなくなったと一般に解されている」が誤り。

(25) 当事者訴訟には、2つの類型があり、公法上の法律関係に関する確認の訴えその他の公法上の法律関係に関する訴訟を形式的当事者訴訟といい、当事者間の法律関係を確認し又は形成する処分又は裁決に関する訴訟で法令の規定によりその法律関係の当事者の一方を被告とするものを実質的当事者訴訟という。

×（区2016）「形式的当事者訴訟といい」「実質的当事者訴訟という」が誤り。

7 客観訴訟

行政事件訴訟法は、主観訴訟を中心に組み立てられていますが、客観訴訟も重要です。主観訴訟と対比して客観訴訟の訴訟類型を確認しましょう。

1 客観訴訟

1 意義

意義 **客観訴訟**とは、**個人的な権利利益とは無関係に、司法過程を通じて客観的な法秩序の維持を直接の目的とした訴訟**をいう。行政事件訴訟法は、**民衆訴訟**(行訴法５条)と**機関訴訟**(行訴法６条)の２つを規定している。01

【主観訴訟と客観訴訟の対比】

主観訴訟	個人的な権利利益の救済を目的とする。個人の権利利益が救済された結果として、行政活動の適法性も実現される 01
客観訴訟	客観的な法秩序の維持を直接の目的とする 01

【主観訴訟と客観訴訟】

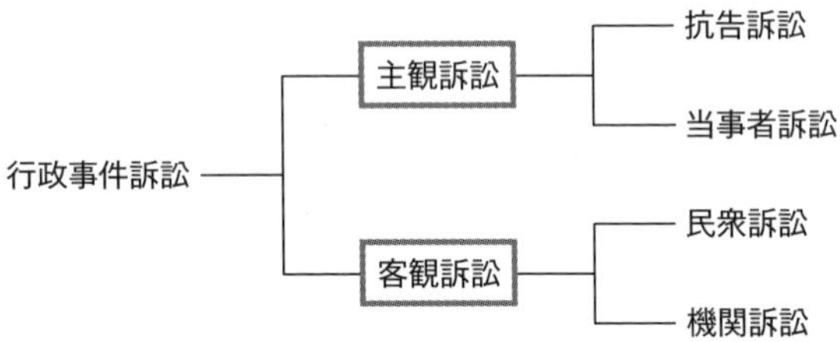

2 司法権との関係

行政事件訴訟は、通常裁判所による裁判によって行政活動の適法性を維持しようとする仕組みであることから、憲法解釈上の司法権の範囲と同様に、「法律上の争訟」(裁判所法３条１項)に当らないものは、特別な法律の規定がない限り司法審査の対象とならない。

〈語句〉●法律上の争訟とは、①当事者間の具体的な権利義務ないし法律関係の存否に関する紛争であって(**具体的事件性**)、②それが法律の適用により終局的に解決することができるもの(**終局的解決可能性**)をいう。

判例上、司法審査の対象とならないとされた例として、発展 ①**技術士国家試験事件**(最判昭41.2.8)、発展 ②**宝塚市パチンコ条例事件**(最判平14.7.9)、発展 ③**富山大学事件**(最判昭52.3.15)がある。

客観訴訟は、個人の権利利益の救済とは無関係であるという点で具体的事件性を欠くが、立法政策により(法律の定めがある場合に)司法審査が可能とされるものである。

2 民衆訴訟

1 意義

意義 **民衆訴訟**とは、**国又は公共団体の機関の法規に適合しない行為の是正を求める訴訟**で、**選挙人たる資格その他自己の法律上の利益にかかわらない資格で提起するもの**をいう(行訴法5条)。02

原告が、自己の具体的な権利利益の救済を目的とせず、行政活動の客観的適法性の実現を目的とする訴訟である。

2 訴えの提起

民衆訴訟は、自由に誰もが提起できるのではなく、**法律に定める場合において、法律に定める者に限り**、提起することができる(行訴法42条)。02

3 具体例

民衆訴訟の具体例としては、**住民訴訟**(地方公共団体の住民が当該団体の違法な財務会計上の行為等に対して、当該団体の適正な財務運営を確保するために提起する訴訟、地方自治法(以下、地自法242条の2)や、**選挙又は当選の効力に関する訴訟**(議員定数不均衡訴訟等、公職選挙法206条〜)が挙げられる。03

4 住民訴訟 発展

住民訴訟を提起するためには、事前に**住民監査請求**(地方公共団体の住民が、監査委員に対して財務会計上の行為等の監査を求めること)(地方自治法242条)**を経ていなければならない**(地方自治法242条の2第1項)。住民訴訟については第9章 3 節「地方の行政組織」で扱う。

5 審理手続

行政事件訴訟法は、民衆訴訟の審理手続について具体的な規定を置いておらず、個別の訴訟の内容に応じて、抗告訴訟又は当事者訴訟の規定を準用する形をとっている(行訴法43条)。

3 機関訴訟

1 意義

意義 **機関訴訟**とは、**国又は公共団体の機関相互における権限の存否又はその行使に関する紛争についての訴訟**をいう。04

本来、機関相互の紛争は行政内部で解決されるべきものであるが、裁判所による公平中立な判断が必要とされる場合もあることから規定されたものである。

2 訴えの提起

民衆訴訟と同様に、機関訴訟は、**法律の定める場合において、法律に定める者に限り**、提起することができる。05

3 具体例

機関訴訟の具体例としては、地方公共団体の長と議会の争い(地方自治法176条7項)や、国の関与に関する地方公共団体の長等が提起する訴訟(地方自治法251条の5)などが挙げられる06。詳細は第9章3節「地方の行政組織」で扱う。

【機関訴訟の具体例（地方公共団体の長と議会の争い）】

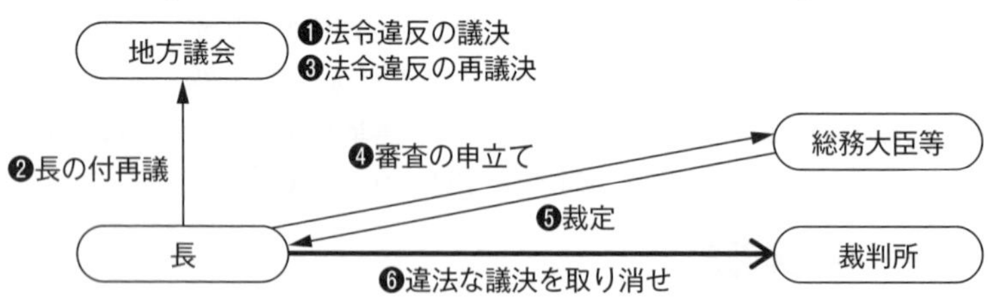

4 審理手続

行政事件訴訟法は、機関訴訟の審理手続について具体的な規定を置いておらず、個別の訴訟の内容に応じて、抗告訴訟又は当事者訴訟の規定を準用する形をとっている(行訴法43条)。

重要事項 一問一答

01 客観訴訟とは？

個人的な権利利益とは無関係に、客観的な法秩序の維持を直接の目的とした訴訟

02 客観訴訟が提起できる場合は？

法律の規定がある場合のみ

03 行政事件訴訟法上の客観訴訟は（2つ）？

①民衆訴訟、②機関訴訟

04 民衆訴訟の具体例は（2つ）？

①住民訴訟、②選挙に関する訴訟

過去問チェック

01 行政訴訟は、国民の個人的な権利保護を目的とする主観訴訟と、客観的な法秩序を維持するための客観訴訟とに分類することが可能であり、この分類に従えば、行政訴訟のうち抗告訴訟は前者に該当し、当事者訴訟は後者に該当する。

×（国般2003）「当事者訴訟は後者に該当する」が誤り。

02 民衆訴訟は、国又は公共団体の機関の法規に適合しない行為の是正を求める訴訟で、選挙人たる資格その他自己の法律上の利益にかかわらない資格で提起するものであり、法律に定める者に限らず、誰でも訴えを提起することができる。

×（区2016）「法律に定める者に限らず、誰でも訴えを提起することができる」が誤り。

03 民衆訴訟は、国又は公共団体の機関の法規に適合しない行為の是正を求める訴訟で、選挙人たる資格その他自己の法律上の利益に関わらない資格で提起するものであり、住民訴訟や選挙の効力に関する訴訟はこれに当たる。

○（財2018）

04 機関訴訟は、国又は公共団体の機関相互間における権限の存否又はその行使に関する紛争についての訴訟であり、訴えの提起は法律に明文の規定がある場合に限られない。

×（区2003）「訴えの提起は法律に明文の規定がある場合に限られない」が誤り。

05 行政事件訴訟法は、行政事件訴訟を抗告訴訟、当事者訴訟、民衆訴訟及び機関訴訟の4類型に分けており、これらのうち、民衆訴訟及び機関訴訟は、法律に定める場合において、法律の定める者に限り、提起することができるとしている。

○（国般2015）

06 機関訴訟は、国又は公共団体の機関相互間における権限の存否又はその行使に関する紛争についての訴訟であり、地方公共団体の長と議会が議会の議決に瑕疵があるかを争う訴訟はこれに当たる。

○（財2018）

過去問 Exercise

問題　抗告訴訟の原告適格に関するア～オの記述のうち、判例に照らし、妥当なもののみを全て挙げているのはどれか。

国税・財務・労基2016［H28］

ア　自転車競技法に基づく設置許可がされた場外車券発売施設から一定の距離以内の地域に居住する者は、当該施設の設置及び運営に起因して生じる善良な風俗及び生活環境に対する著しい被害を受けないという具体的利益を有しており、当該許可の取消しを求める原告適格を有する。

イ　設置許可申請に係る原子炉の周辺に居住し、原子炉事故等がもたらす災害により生命、身体等に直接的かつ重大な被害を受けることが想定される範囲の住民は、原子炉設置許可処分の無効確認を求めるにつき、行政事件訴訟法第36条にいう「法律上の利益を有する者」に該当し、当該無効確認の訴えの原告適格を有する。

ウ　文化財保護法に基づき制定された県文化財保護条例による史跡指定解除処分の取消訴訟においては、当該史跡を研究対象としてきた学術研究者であっても、同法及び同条例において、文化財の学術研究者の学問研究上の利益の保護について特段の配慮をしていると解し得る規定を見いだすことはできないから、当該処分の取消しを求めるにつき法律上の利益を有せず、当該訴訟における原告適格を有しない。

エ　地方鉄道業者に対する特別急行料金の改定の認可処分の取消訴訟において、当該業者の路線の周辺に居住し、通勤定期券を購入するなどして、その特別急行列車を利用している者は、当該処分によって自己の権利利益を侵害され又は必然的に侵害されるおそれのある者に当たるということができ、当該認可処分の取消しを求める原告適格を有する。

オ　風俗営業等の規制及び業務の適正化等に関する法律に基づく風俗営業許可処分の取消訴訟において、風俗営業制限地域は、当該地域における良好な風俗環境の保全を目的として指定されるものであり、同法は当該地域に居住する者の個別的利益をも保護することを目的としていることから、当該地域に居住する者は、当該風俗営業許可処分の取消しを求める原告適格を有する。

1 ア、ウ　**2** イ、ウ　**3** イ、オ　**4** ア、イ、エ　**5** ウ、エ、オ

解説

正解 ②

ア ×　「一定の距離以内の地域に居住する者は」という部分が妥当でない。判例は、①自転車競技法に基づく設置許可がされた場外車券発売施設の設置、運営に伴い著しい業務上の支障が生ずるおそれがあると位置的に認められる区域に文教施設又は医療施設を開設する者は、自転車競技法施行規則所定のいわゆる位置基準を根拠として当該許可の取消訴訟の原告適格を有するとした。その一方で、②場外車券発売施設の周辺において居住し又は事業を営む者や、周辺に所在する医療施設等の利用者は、当該許可の取消訴訟の原告適格を有しないとした(最判平21.10.15、サテライト大阪事件)。

イ ○　判例により妥当である。判例は、設置許可申請に係る原子炉の周辺に居住し、原子炉事故等がもたらす災害により生命、身体等に直接的かつ重大な被害を受けることが想定される範囲の住民は、原子炉設置許可処分の無効確認を求めるにつき、行政事件訴訟法36条にいう「法律上の利益を有する者」に該当するとした(最判平4.9.22、もんじゅ訴訟)。

ウ ○　判例により妥当である。判例は、文化財保護法や県条例には文化財の学術研究者の学問研究上の利益の保護について特段の配慮をしていると解しうる規定を見出すことができないから、史跡を研究対象としてきた学術研究者であっても、当該史跡指定解除処分の取消しを求める「法律上の利益を有する者」には当たらず、当該処分の取消訴訟における原告適格を有しないとした(最判平1.6.20、伊場遺跡訴訟)。

エ ×　「当該処分によって自己の権利利益を侵害され又は必然的に侵害されるおそれのある者に当たるということができ、当該認可処分の取消しを求める原告適格を有する」という部分が妥当でない。判例は、地方鉄道法による地方鉄道業者の特別急行料金の改定(変更)の認可処分の取消訴訟につき、当該地方鉄道業者の路線の周辺に居住し通勤定期券を購入するなどしてその特別急行旅客列車(特急列車)を利用している者は、当該処分によって自己の権利利益を侵害され又は必然的に侵害されるおそれのある者に当たるということができず、当該訴訟の原告適格を有しないとした(最判平1.4.13、近鉄特急事件)。

オ ✕ 「同法は当該地域に居住する者の個別的利益をも保護することを目的としていることから、当該地域に居住する者は、当該風俗営業許可処分の取消しを求める原告適格を有する」という部分が妥当でない。判例は、風俗営業等の規制及び業務の適正化等に関する法律に基づく風俗営業許可処分の取消訴訟において、同法は良好な風俗環境の保全という公益の保護をするものであって、当該地域に居住する住民の個別的利益を保護する趣旨を含まないことから、当該地域に居住する者は、当該風俗営業許可処分の取消しを求める原告適格を有しないとした(最判平10.12.17)。

以上より、妥当なものは**イ**、**ウ**であり、正解は❷となる。

第7章

行政上の不服申立て

本章では一般法としての行政不服審査法を中心に学んでいきます。行政事件訴訟との違い、不服申立ての種類・原則・要件に重点をおいて整理することが必要です。なお、2014（平成26）年に全面改正されています。

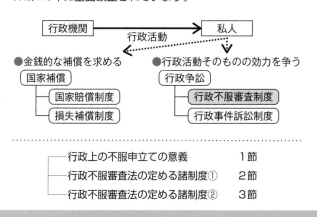

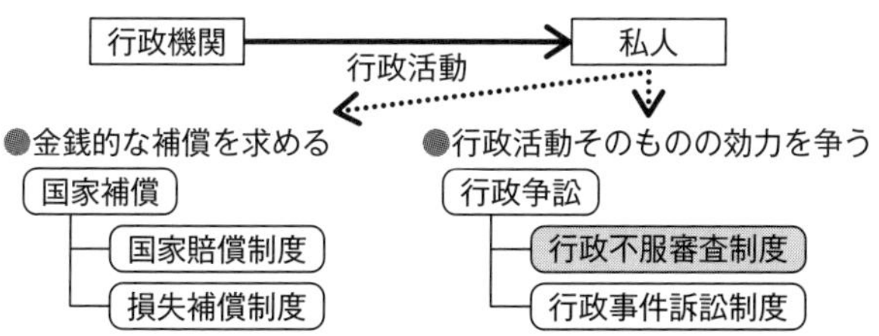

1 行政上の不服申立ての意義

行政救済制度の１つとして不服申立てがあります。行政事件訴訟法との対比で、行政不服審査法の特色を確認しましょう。

1 不服申立て制度と行政事件訴訟との異同

【不服申立て制度と行政事件訴訟の異同】

	不服申立て	行政事件訴訟（取消訴訟）
目的①	簡易迅速かつ公正な手続の下で国民の権利利益の救済を図る	国民の権利利益の救済を図る
目的②	行政の適正な運営の確保	（行政の適正は直接の目的ではない）
審査機関	行政機関（処分庁、上級行政庁、第三者機関）	裁判所
審査の範囲	法律問題（適法・違法）と裁量問題（当・不当）	**原則** 法律問題 **例外** 裁量権の逸脱・濫用がある場合は裁量問題も
手続	非対審構造、書面審理、職権探知主義、非公開	対審構造、口頭審理、弁論主義、公開
期間	処分のあったことを知った日の翌日から起算して３か月	処分のあったことを知った日から６か月
長所	手数料なし。簡易・迅速・専門技術的判断	中立・公正・慎重な判断
短所	中立・公正な判断ができないおそれ	手数料・時間がかかる。専門ではない
救済制度における位置	法律の問題に関しては、前審としてのみ認められる	終局的な判断下す

2 不服申立て制度と行政事件訴訟との関係

不服申立てと取消訴訟を**自由に選ぶ**ことができるし、**同時に行う**こともできる（**自由選択主義**）（行政事件訴訟法８条１項本文）。ただし、法律で審査請求の裁決を経た後でなければ取消訴訟を提起することができないとされているときは、**審査請求前**

置が要求される(**審査請求前置主義**)(同法8条1項ただし書)。第6章**2**節「取消訴訟の訴訟要件①」を参照のこと。

3 行政審判 発展

1 概説

意義 **行政審判**とは、通常の行政組織から独立性を有する行政委員会又はこれに準ずる行政機関が、**裁判に類似する手続**により一定の判断を下すことをいう。

行政不服審査とは別に、利害関係が複雑な場合や専門的知見が必要な場合に、行政機関が事実認定を行い、それに基づく裁定というかたちで行政行為を行うものである。

2 種　類

① 違法の予防を図る事前手続

違法の予防を図る事前手続としては、公正取引委員会の排除命令等の手続、電波監理審議会の電波法上の不利益処分手続が挙げられる。

② 実質的な紛争解決を図る事後手続

実質的な紛争解決を図る事後手続としては、公害等調整委員会が行う裁定手続、国家公務員に対する不利益処分について行う人事院の審査請求の審理、電波監理審議会が行う電波法に基づく審査請求の審査などがある。

重要事項 一問一答

01 行政不服申立てと行政事件訴訟の目的の違いは？

行政不服申立て、行政事件訴訟の両手続は、ともに国民の利益の救済を目的としているが、行政不服申立てはそのほかに副次的な目的として、行政の適正な運営の確保をも含んでいる。

02 行政不服申立てと行政事件訴訟の審理方法の違いは？

行政不服申立ての審理は原則として書面審理で行われるのに対し、行政事件訴訟は対審構造で、口頭審理で行われるのが原則である。

2 行政不服審査法の定める諸制度①

本節では、不服申立ての種類、不服申立ての要件を扱います。不服申立ての種類は、法改正された分野です。

1 不服申立て制度の変遷

行政不服審査法(以下、行審法と略称)上の不服申立てとは、**行政庁の処分**(行政庁の処分その他公権力の行使にあたる行為)(1条2項)に関して**不服のある者**が、行政機関に対し不服を申し立て、その**違法又は不当を審査**させて、そのような**行為の法的効力の排除や是正を求める手続**である(1条1項参照)。

1 列記主義と一般概括主義

行政不服審査法(1962(昭和37)年制定)の前身である**訴願法**では、法律で列記された行政活動に対してのみ不服の申立てをすることができるとする**列記主義**がとられていたが、現行法は、**適用除外となる行政活動を除いて不服申立てをすることができる一般概括主義**を採用している(行審法2条)。 01

原則 不服申立てをすることができる。
例外 行審法7条に規定される適用除外に該当すると不服申立て不可。

2 行審法の抜本的な見直し等

不服申立制度について、①公正性の向上、②使いやすさの向上、③国民の救済手段の充実・拡大という観点から、行審法の抜本的な見直し及び行政手続法の改正等が行われた(2014(平成26)年6月公布)。

【行審法の抜本的な見直し及び行政手続法の改正等の概要】

（1） 公正性の向上

① **審理員**による審理手続の導入（処分に関与しない職員が審査請求の審理を担当）

② **第三者機関への諮問手続**の導入（第三者機関が審査庁の判断をチェック）

（2） 使いやすさの向上（国民の利便性）

① 不服申立ての手続を**審査請求に一元化**

② 審査請求ができる期間を**3か月に延長**

③ 整備法による**不服申立前置主義（審査請求前置主義）の廃止・縮小**

（3） 国民の救済手段の充実・拡大

① 行政手続法の改正（処分等の求め、行政指導の中止等の求め）

2 不服申立ての種類

不服申立ての種類としては、①**審査請求**、②**再調査の請求**、③**再審査請求**がある。

1 審査請求

審査請求は、法律（**条例に基づく処分については、条例**）に特別の定めがある場合を除くほか、以下の表に掲げる場合の区分に応じ、規定される行政庁に対してする（行審法4条）。02

区分	申立先	具体例
処分庁等に上級行政庁がない場合、又は処分庁等が、①主任の大臣、②宮内庁長官、③外局である庁の長(内閣府設置法49条1項・2項又は国家行政組織法3条2項に規定する庁の長)、のいずれかに該当する場合(1号)	当該処分庁等	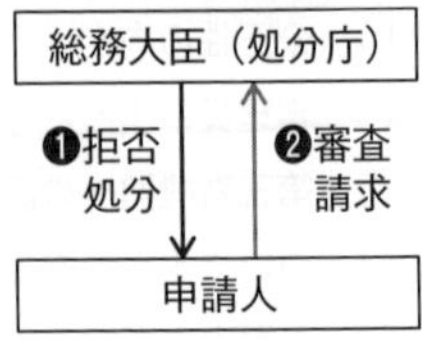
②宮内庁長官、③外局である庁の長、のいずれかが処分庁等の上級行政庁である場合(2号)	宮内庁長官又は当該庁の長	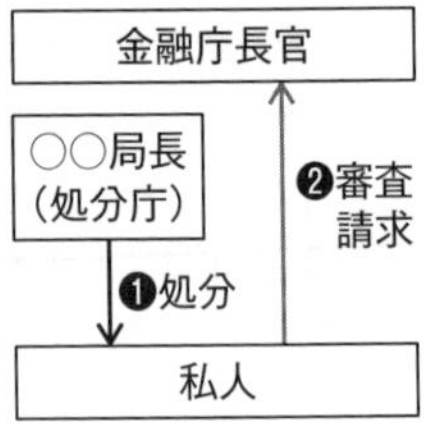
主任の大臣が処分庁等の上級行政庁である場合(2号に掲げる場合を除く)(3号)	当該主任の大臣	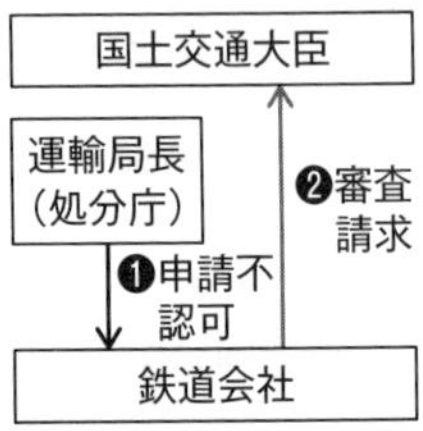
原則 上記のいずれにも該当しない場合(4号) 03	当該処分庁等の最上級行政庁	

〈語句〉●**上級行政庁**とは、行政事務に関して、処分庁を直接指揮監督する権限を有する行政庁のことをいう。内閣府及び省の外局として、**庁**と**委員会**が置かれる。内閣の直接の統轄下に置かれるのではなく、主任の大臣の統轄下にありつつ、省の内部部局とは異なる独立性を有する(詳細は第9章 2 節「国の行政組織」で扱う)。

●**最上級行政庁**とは、更なる上級行政庁を有しない行政庁のこと。

〈解説〉 不服申立ての種類については、2014年法改正により、**異議申立てが廃止**され、**審査請求に一元化**された。審理手続を同一にするためである。 03

【不服申立ての種類】

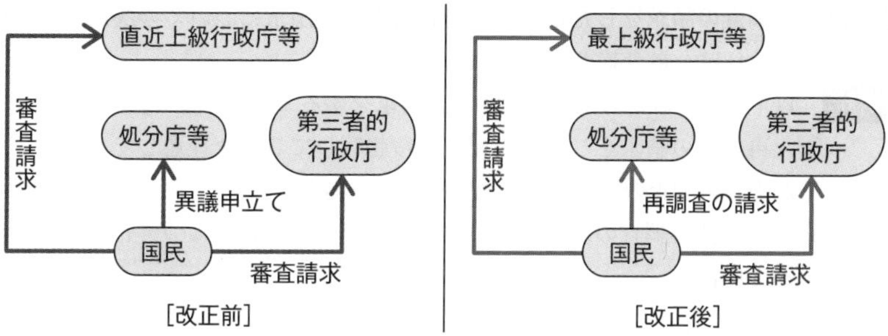

2 再調査の請求

意義 **再調査の請求**とは、**処分庁に対して行う不服申立て**の1つである。

趣旨 不服申立てが大量にある処分(国税・関税等)の処理のため。

要件 **①行政庁の処分**につき**処分庁以外の行政庁に対して審査請求をすることができる場合**において、**②法律に再調査の請求をすることができる旨の定めがある**とき(行審法5条1項本文)。

ただし、当該処分について審査請求をしたときは、再調査の請求はできない(行審法5条1項ただし書)。 04

【審査請求・再調査の請求】

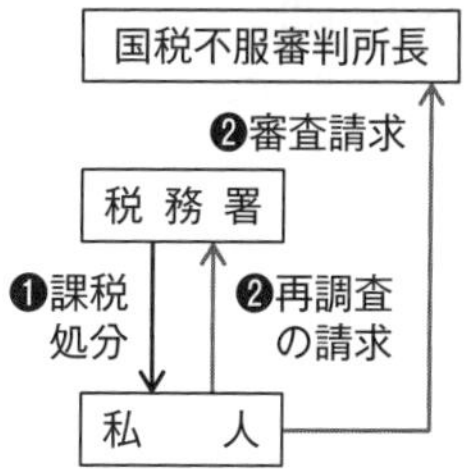

① 再調査の請求の対象

再調査の請求は処分のみが対象となるので、行政庁の**不作為に対して再調査の請求をすることはできない**。 05

理由 処分が対象となっている。

② 再調査の請求と審査請求の選択

再調査の請求なのか審査請求なのかは、**申立人の自由選択**である。 06

理由 処分庁の調査なので期待できないと考える国民のため。

③ 再調査の請求をした後の審査請求

原則 **再調査の請求をしたときは**、当該再調査の請求についての**決定を経た後**でなければ、審査請求をすることができない。

例外 以下のいずれかの場合には、審査請求をすることができる。

① 再調査の請求をした日の翌日から起算して３月を経過しても、処分庁が当該再調査の請求につき決定をしない場合

② その他再調査の請求についての決定を経ないことにつき正当な理由がある場合

3 再審査請求

意義 **再審査請求**とは、審査請求の結果である**裁決に不服のある者がさらに行う不服申立て**である。

要件 **行政庁の処分**につき法律に再審査請求をすることができる旨の定めがある場合(**列記主義**)(行審法６条１項)。07

① 再審査請求の対象

不服申立人は、原裁決(再審査請求をすることができる処分についての審査請求の裁決)又は当該処分を争うか選択することができる(行審法６条２項)。

② 不作為に対する再審査請求の可否

再審査請求は処分のみが対象となるので、行政庁の不作為に対して再審査請求をすることはできない。07

理由 処分が対象となっている。

4 不作為についての審査請求

法令に基づき行政庁に対して処分についての申請をした者は、当該申請から相当の期間が経過したにもかかわらず、行政庁の不作為(**法令に基づく申請に対して何らの処分をもしないこと**をいう)がある場合には、当該不作為についての審査請求をすることができる。

→**不作為に対する不服申立ては、審査請求のみが可能**であって、**再調査の請求・再審査請求はできない**。08

5 その他

① 一般法と特別法

行審法は処分に関する**不服申立ての一般法**なので、他の法律に特別の定めがある

場合には、その法律の定めに従うことになる(行審法1条2項)。

② 特別の不服申立ての制度

行審法7条により審査請求ができない処分又は不作為について、**別に法令で当該処分又は不作為の性質に応じた不服申立ての制度を設けることは妨げられない**(8条)。 09

③ 国の機関又は地方公共団体の適用除外

国の機関又は地方公共団体その他の公共団体若しくはその機関に対する処分で、これらの**機関又は団体がその固有の資格において当該処分の相手方**となるもの及びその不作為については、**この法律の規定は、適用しない**(行審法7条2項)。 10

3 不服申立ての要件

不服申立ての要件は訴訟要件に対応するものである。訴訟要件と対比して整理しておくこと。

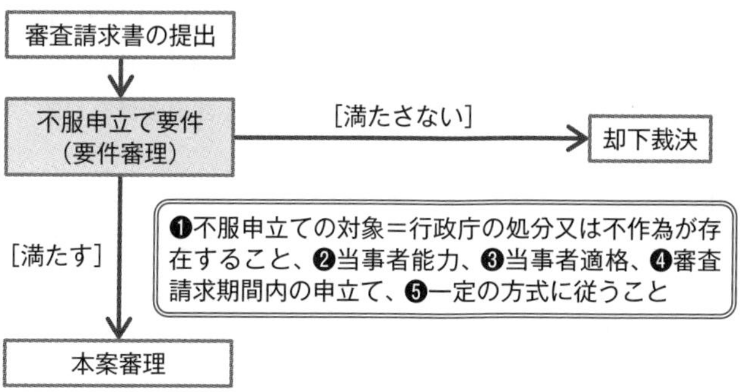

1 要件❶—不服申立ての対象

行政庁の違法又は不当な処分その他公権力の行使に当たる行為が存在すること(行審法1条)

①	行政庁の**違法**又は**不当な処分**(㊀行政処分＋㊁継続的事実行為)
②	その他**公権力の行使に当たる行為**(㊂申請に対する不作為)

① 行政庁の違法又は不当な「処分」

意義 「処分」には、**行政処分**のほか、**公権力の行使に当たる事実上の行為で、継続的性質を有する**ものを含む概念と解されている 11 。例えば、出入国管理等法により、不法入国者を強制退去させる前に収容させる場合などが継続的性質を有する事実行為に当たる。

処分が対象となるから、処分に該当しない**行政立法**や**行政指導**は、審査請求の対象とはならない。 01

〈解説〉 旧行審法は「公権力の行使に当たる事実上の行為で、人の収容、物の留置その他その内容が継続的性質を有するもの」を「事実行為」と定義して、これを不服申立ての対象としてきた(旧行審法2条1項)。法改正により、この定義規定が削除されている。継続的性質がない事実上の行為は、不服申立ての利益を欠き、不服申立てが却下されると解されるので、明文化しておく必要がないという趣旨による。

② その他公権力の行使に当たる行為(不作為)

意義 申請に対する**不作為**とは、行政庁が法令に基づく申請に対し、**相当の期間内に何らの処分をしないこと**をいう(行審法3条)。不作為の違法確認訴訟における「不作為」とほぼ共通する(行政事件訴訟法3条5項参照)。

趣旨 行政庁が申請を握り潰しの状態にしているときの救済を目的とする。

③ 適用除外

行審法7条に規定されている処分及び不作為については、行政不服審査法に基づいて審査請求をすることはできない。(例)刑事事件に関する法令に基づき検察官、検察事務官又は司法警察職員が行う処分

2 要件❷―当事者能力(審査請求能力)

審査請求をするには、**申立人に当事者能力が必要**となる。

意義 **当事者能力**とは、審査請求をすることのできる一般的な資格をいう。**自然人又は法人を問わない**。

① 法人でない社団又は財団

法人でない社団又は財団で**代表者又は管理人の定め**があるものは、その団体の名で審査請求をすることができる(行審法10条)。

② 総代

多数人が共同して不服申立てをしようとするときは、**3人以内の総代を互選**することができる(行審法11条1項)。

③ 代理人

審査請求は、代理人によってすることができる(行審法12条1項)。

3 要件❸―当事者適格

意義 **当事者適格**とは、**当該審査請求の当事者となり得る具体的な地位ないし資格**のことであり、個々の審査請求ごとに個別に判断される。

① 処分に対する不服申立て

処分について不服申立てをする**法律上の利益がある者**が当事者適格を有する。ここに法律上の利益がある者とは、当該処分により**自己の権利若しくは法律上保護された利益を侵害され又は必然的に侵害されるおそれのある者**をいう(最判昭53.3.14)。
12

処分の直接の相手方のみでなく、第三者も含まれる。**取消訴訟の原告適格と同じように解されている**(判例・通説、第6章**2**節「取消訴訟の訴訟要件①」参照)。

当事者適格に関連する判例として、主婦連ジュース事件(最判昭53.3.14)がある。

判例 **主婦連ジュース事件(最判昭53.3.14)**

〈事案〉

公正取引委員会の認定したジュースの内容表示に関する規約について、主婦連は、適正な表示とはいえないとして、公正取引委員会に対して不服申立てをしたところ、申立人には不服申立ての当事者適格がないとして、却下されたので、裁判所に対して審決の取消しを求めて提訴した。

〈要旨〉

法律上保護された利益とは、行政**法規が私人等権利主体の個人的利益を保護することを目的**として行政権の行使に制約を課していることにより保障されている利益であって、それは、行政法規が他の目的、特に**公益の実現を目的**として行政権の行使に制約を課している結果たまたま一定の者が受けることとなる**反射的利益とは区別される**べきものである。

本件で、不当景品類及び不当表示防止法の規定により一般消費者が受ける利益は、公正取引委員会による同法の適切な運用によって実現されるべき公益の保護の結果として生じる反射的な利益ないし事実上の利益である。したがって、**単に一般消費者であるというだけでは、法律上の利益を持つ者であるということはできない。** 13

〈解説〉 本判例は、一般消費者である主婦連合会の不服申立適格について、行政事件訴訟法の原告適格と同様に厳格に捉えて否定している。しかし、2004年の法改正前の判例であり、法改正により変更の可能性があるといわれている。

〈語句〉●**審決**とは、行政審判における審理の結論としての処分又は裁決をいう。

② 不作為に対する不服申立て

法令に基づき行政庁に対して処分の申請をした者であること(行審法３条)。

4 要件❹―不服申立期間

① 審査請求期間（行審法18条）

【主観的審査請求期間】

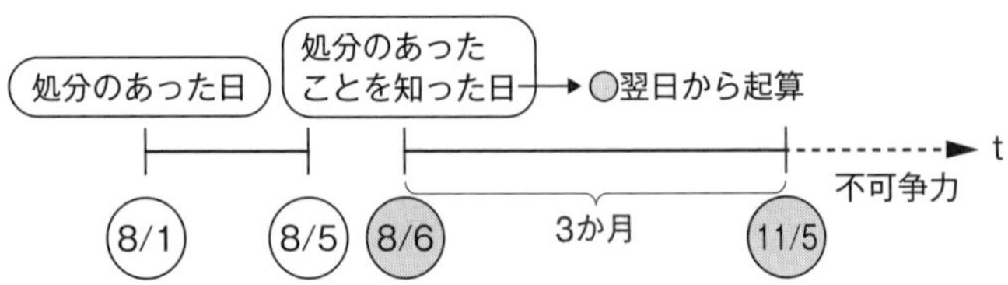

【客観的審査請求期間】

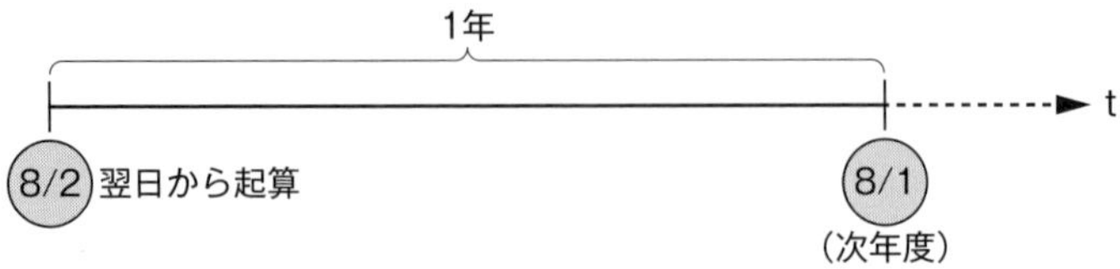

	処分があったことを知った場合 (主観的審査請求期間)	処分があることの知・不知を問わない (客観的審査請求期間)
原則	審査請求は、**処分があったことを知った日の翌日から起算して3月**(当該処分について再調査の請求をしたときは、当該再調査の請求についての決定があったことを知った日の翌日から起算して1月)を経過したときは、することができない 14	審査請求は、**処分**(当該処分について再調査の請求をしたときは、当該再調査の請求についての決定)**があった日の翌日から起算して1年**を経過したときは、することができない 14
例外	正当な理由があるときは、この限りでない 14	

＊郵送で審査請求をした場合、審査請求期間の計算については、送付に要した日数は算入しない(行審法18条3項)。

② 再調査の請求期間 (行審法54条)

	処分があったことを知った場合 (主観的再調査請求期間)	処分があることの知・不知を問わない (客観的再調査請求期間)
原則	再調査の請求は、**処分があったことを知った日の翌日から起算して3月**を経過したときは、することができない	再調査の請求は、**処分があった日の翌日から起算して1年**を経過したときは、することができない
例外	正当な理由があるときは、この限りでない	

③ 再審査請求期間 (行審法62条) 発展

	原裁決があったことを知った場合 (主観的再審査請求期間)	原裁決があることの知・不知を問わない (客観的再審査請求期間)
原則	再審査請求は、**原裁決があったことを知った日の翌日から起算して1月**を経過したときは、することができない	再審査請求は、**原裁決があった日の翌日から起算して1年**を経過したときは、することができない
例外	正当な理由があるときは、この限りでない	

④ 不作為に対する審査請求期間

審査請求期間はない。不作為が続く限り、審査請求をすることができる。15

5 要件❺——一定の方式に従うこと

① 審査請求書の提出

審査請求は、**他の法律(条例に基づく処分については、条例)に口頭ですることができる旨の定めがある場合を除き、政令で定めるところにより、審査請求書を提出**してしなければならない(行審法19条1項)。16

(ア) 審査請求書が請求の方式に違反する場合

審査請求書が請求書の方式に違反する場合には、審査庁は、**相当の期間を定め、その期間内に不備を補正すべきことを命じなければならない(補正命令)**(行審法23条)。17 18

(イ) 審査請求人が相当の期間内に補正をしない場合

審査庁は、審理手続を経ないで、**審査請求を却下**することができる(行審法24条1項)。

(ウ) 審査請求が不適法で補正ができないことが明らかである場合

補正命令をすることなく、**直ちに審査請求を却下**することができる(行審法24条2項)。18

② 処分庁等を経由する審査請求

審査請求をすべき行政庁と処分庁等とが異なる場合、**処分庁等を経由して審査請求**をすることができる(行審法21条1項)。

重要事項 一問一答

01 適用除外となる行政活動を除いて不服申立てをすることができるとする考え方は何か？

一般概括主義

02 不服申立ての種類は(3つ)？

①審査請求、②再調査の請求、③再審査請求

03 審査請求は、どこに申し立てるのを原則とするか？

処分庁等の最上級行政庁

04 再調査の請求は、どのような場合にすることができるか？

①行政庁の処分につき処分庁以外の行政庁に対して審査請求をすることができる場合において、②法律に再調査の請求をすることができる旨の定めがあるときで、かつ③先に審査請求をしていないとき

05 不服申立て要件はなにか（5つ）？

①不服申立ての対象、②当事者能力、③当事者適格、④審査請求期間内の申立、⑤一定の方式に従うこと

06 不作為に対する不服申立てをすることができるのはどのような者か？

法令に基づき行政庁に対して処分の申請をした者

07 処分があったことを知った場合の審査請求の申立期間は？

処分があったことを知った日の翌日から起算して３か月又は処分があった日の翌日から起算して１年のうちどちらか先に経過したときであるが、正当な理由があるときにはこの限りではない。

08 処分があることを知らない場合の審査請求の申立期間は？

処分があった日の翌日から起算して１年が経過した場合には、正当な理由がない限り、することができない。

09 不作為に対する審査請求期間は？

不作為が続く限り、審査請求をすることができる。

過去問チェック

01 行政不服審査法は、一般概括主義を採用し、処分、不作為、行政立法、行政指導等の態様を問わず、広く行政作用全般について審査請求を認めている。

×（国般2018）「行政立法、行政指導等の態様を問わず、広く行政作用全般について審査請求を認めている」が誤り。

02 地方公共団体の機関が行う処分のうち、法律に基づく処分については行政不服審査法の規定が適用されるが、根拠規定が条例に置かれている処分については同法の規定が適用されない。

×（国般2018）「根拠規定が条例に置かれている処分については同法の規定が適用されない」が誤り。

03 2014（平成26）年に全部改正された行政不服審査法は、異議申立てを廃止し、不服申立類型を原則として審査請求に一元化した。また、審査請求は、原則として、処分庁又は不作為庁に対して行うこととされた。

×（財・労・税2018改題）「処分庁又は不作為庁に対して行うこととされた」が誤り。

04 行政庁の処分につき処分庁以外の行政庁に対して審査請求をすることができる場合において、法律に再調査の請求をすることができる旨の定めがあるときは、当該処分に不服がある者は、処分庁に対する再調査の請求をすることもできる。ただし、当該処分について再調査の請求をせずに審査請求をしたときは、再調査の請求をすることはできない。

○（財2020）

05 行政庁の処分又は不作為につき、処分庁又は不作為庁以外の行政庁に対して審査請求をすることができる場合においても、当該処分又は不作為に不服のある者は、処分庁又は不作為庁に対して再調査の請求をすることができる。

×（財2019）「又は不作為」「又は不作為庁」「又は不作為」「又は不作為庁」が誤り。

06 再調査の請求は、処分庁以外の行政庁に対して審査請求をすることができる場合において、個別法に再調査の請求をすることができる旨の規定があるときにすることができるが、原則として、再調査の請求をすることができる場合には審査請求をすることができない。

×（財・労・税2018）「原則として、再調査の請求をすることができる場合には審査請求をすることができない」が誤り。

07 再審査請求は、行政庁の処分又は不作為について、法律に再審査請求をすることができる旨の定めがあるときに限り、することができる。

×（区2014改題）「又は不作為」が誤り。

08 法令に基づき行政庁に対して処分についての申請をした者は、当該申請から相当の期間が経過したにもかかわらず、行政庁の不作為がある場合には、行政不服審査法の定めるところにより、当該不作為についての審査請求をすることができるが、当該不作為についての再調査の請求をすることはできない。

○（国般2020）

09 行政庁の処分に不服がある者は、行政不服審査法の定めるところにより、審査請求をすることができるが、同法は、同法による審査請求をすることができない処分については、別に法令で当該処分の性質に応じた不服申立ての制度を設けなければならないとしている。

×（国般2020）「設けなければならないとしている」が誤り。

10 地方公共団体に対する処分のうち、地方公共団体がその固有の資格において相手方となる処分には行政不服審査法の規定は適用されない。しかし、地方公共団体が一般私人と同様の立場で相手方となる処分には同法の規定は適用されると一般に解されている。

○（国般2018）

11 処分についての不服申立てにおいて、処分とは、公権力の行使に当たる事実上の行為であり、人の収容や物の留置などその内容が継続的性質を有するものは含まれない。

×（区2002）「公権力の行使に当たる事実上の行為であり、人の収容や物の留置などその内容が継続的性質を有するものは含まれない」が誤り。

12 不服申立は、行政庁の処分又は不作為について不服のある者すべてに認められるものではないが、処分の直接の相手方及び不作為に係る処分その他の行為を申請した者には限られず、当該処分若しくは不作為により自己の権利若しくは法律上保護された利益を侵害され、又は侵害されるおそれのある者についても認められる。

×（労・税2001）「若しくは不作為」が誤り。

13 不当景品類及び不当表示防止法に基づく、商品表示に関する公正競争規約の認定について、一般消費者の個々の利益は、同法による公益の保護の結果として保護されるべきものであり、原則として一般消費者に不服申立人適格は認められないが、著しく誤認を招きやすい認定については、自己の権利若しくは法律上保護された利益を侵害され又は必然的に侵害されるおそれがあることから、一般消費者にも不服申立人適格が認められる。

×（財・労・税2013）「原則として」「著しく誤認を招きやすい認定については、自己の権利若しくは法律上保護された利益を侵害され又は必然的に侵害されるおそれがあることから、一般消費者にも不服申立人適格が認められる」が誤り。

14 処分についての審査請求は、正当な理由がある場合を除き、処分があったことを知った日の翌日から起算して３か月以内にしなければならない。また、処分があった日の翌日から起算して１年を経過した場合は、正当な理由がある場合でも、審査請求をすることはできない。

×（財2022）「正当な理由がある場合でも、審査請求をすることはできない」が誤り。

15 行政庁の不作為に対する不服申立てについては、天災その他申立てをしなかったことについてやむを得ない理由があるときを除いて、申請日の翌日から起算して１年を経過したときはすることができない。

×（財2013）全体が誤り。

16 審査請求は、他の法律(条例に基づく処分については、条例)に口頭ですることができる旨の定めがある場合を除き、審査請求書を提出してしなければならない。

○(財・労・税2018)

17 審査請求が不適法であるが補正することができるものであるときは、審査庁はその補正を命じることができるが、その場合、当該補正箇所を補正する期間を定める必要はない。

×(区2004)「当該補正箇所を補正する期間を定める必要はない」が誤り。

18 審査請求が行政不服審査法における形式上必要な要件を欠いているために不適法な場合であっても、審査庁は、直ちに当該審査請求を却下してはならず、可能な場合には補正を命じなければならない。この補正命令に応じて審査請求書が補正されたときは、補正がされた時点から適法な審査請求がされたものとみなされる。

×(財2020)「補正がされた時点から適法な審査請求がされたものとみなされる」が誤り。

3 行政不服審査法の定める諸制度②

本節では、本案審理、執行停止、裁決、教示制度を扱います。行政事件訴訟法との違いを意識しながら学習しましょう。本案審理は大きく法改正された分野です。

1 本案審理

1 審査請求の手続の関係者

【審査請求の審理手続】

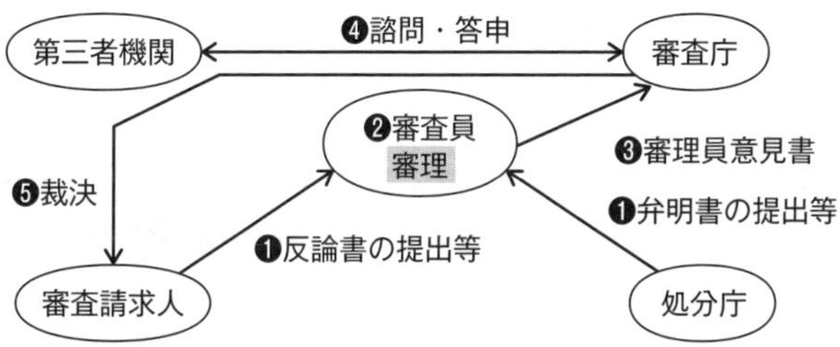

① 審理員

意義 **審理員**とは、審査請求の**審理手続を担当**する**審査庁の職員**である（行審法9条1項）。審理員が主張・証拠の整理等を含む**審理を行い**（同法37条1項、36条参照）、裁決に関する**意見書（審理員意見書）を作成**し、これを事件記録とともに**審査庁に提出**する仕組みを設けている（同法42条）。 01

(ア) 審査庁の指名

審理員は**審査庁が指名**するが、審査請求人や処分に関与した者等を指名することはできない（行審法9条2項）。

趣旨 審査請求人及び審査庁の主張を公平に審理するため、処分に関係する者を排除した。

審査請求人が相当の期間内に審査請求書の不備を補正しないとき、審査請求が不適法であって補正することができないことが明らかなときは（＝**審査請求が却下**されるとき）、**審理員の指名は不要**である（同法9条ただし書）。 02

(イ) 審理員となるべき者の名簿

審査庁となるべき行政庁は、**審理員となるべき者の名簿を作成するよう努める**

(努力義務)とともに、これを作成したときは、当該審査庁となるべき行政庁及び関係処分庁の事務所における備付けその他の適当な方法により**公にしておかなければならない**(**行為義務**)(行審法17条)。03

② 参加人

(ア) 利害関係人からの参加

利害関係人は、**審理員の許可を得て、審査請求に参加**することができる。審査請求に参加するに至った利害関係人のことを**参加人**という。

〈語 句〉●**利害関係人**とは、審査請求人以外の者であって審査請求に係る処分または不作為に係る処分の根拠となる法令に照らし当該**処分につき利害関係を有するものと認められる者**をいう(行審法13条1項)。

(イ) 審理員による参加の求め

審理員は、必要があると認めるときは、利害関係人に対し、**審査請求への参加を求める**ことができる(行審法13条2項)。

③ 第三者機関(行政不服審査会等)

審査請求に係る**事件について調査審議**をするため、第三者機関が設置される。このうち国の第三者機関は、**総務省に設置**される**行政不服審査会**(以下、審査会という)である(行審法67条1項)。04

審理員の審理の後、審査庁は総務省に設置される行政不服審査会に**諮問**し、その**答申**を受けて**裁決**を行う。

(ア) 審査会の組織

審査会は委員9名をもって組織され、委員は、原則として非常勤である(行審法68条)。委員は、審査会の権限に属する事項に関し**公正な判断をする**ことができ、かつ、**法律又は行政に関して優れた識見を有する者**のうちから、**両議院の同意**を得て、**総務大臣が任命**する(行審法69条1項)。任期は3年である(同法69条4項)。04

(イ) 審査会の権限

審査会は、必要があると認める場合には、審査請求に係る事件に関し、審査請求人、参加人又は審査庁にその**主張を記載した書面**(**主張書面**)**又は資料の提出を求める**こと、適当と認める者にその知っている**事実の陳述又は鑑定を求めることその他必要な調査**をすることができる(行審法74条)。

2 審理手続

① 審理の方法

原則 書面審理主義の採用

審査請求は、処分庁等からの**弁明書の提出**(行審法29条)、審査請求人からの**反論書の提出**(同法30条)等の書面審理を原則とする。05

趣旨 簡易迅速な処理を図る。

例外 口頭主義の採用

審査請求人又は参加人の申立てがあったときは、事情により当該意見を述べる機会を与えることが**困難であると認められる場合を除いて**、審理員は、当該申立てをした者(以下、申立人という)に**口頭で審査請求に係る事件に関する意見を述べる機会**を与えなければならない(**口頭意見陳述権**)(同法31条1項)05。この場合、申立人は、審理員の許可を得て、**補佐人とともに出頭**することができる(同法31条3項)06。また、申立人は、審理員の許可を得て、処分庁等に対して**質問を発する**ことができる(同法31条5項)。07

趣旨 手続の慎重・公正を図る。

〈解説〉 公開主義は採用されていない。05

〈語句〉●**補佐人**とは、自然科学的・人文科学的な**専門知識をもって**、口頭意見陳述をしようとする**申立人を援助することができる第三者**である。

② 職権主義の原則

(ア) 職権進行主義

審理手続の進行は職権主義を原則とする。例えば、数個の審理手続の併合・分離(行審法39条)、審理手続の終結(同法41条)は、審査請求人及び参加人の申立権が認められておらず、審理員の職権によって行われる。

(イ) 職権証拠調べ・職権探知主義

行審法が**行政の適正な運営の確保を目的**としているので、審理関係人の主張に拘束されることなく、**職権証拠調べを含む職権探知主義も認められる**と解されている(最判昭29.10.14参照)。

③ 提出書類等の閲覧・謄写

審査請求人及び参加人は、審理手続が終了するまでの間、審理員に対し、**提出書類等(弁明書の添付書類又は証拠書類等)の閲覧または謄写(写しの交付)を請求**することができる。審理員は「**第三者の利益を害するおそれがあると認めるとき、その**

他正当な理由があるとき」を除き、閲覧又は謄写を拒むことができない(行審法38条1項)。 08

④ 標準審理期間の設定と公にすること

審査庁は、審査請求がその事務所に到達してから当該審査請求に対する裁決をするまでに**通常要すべき標準的な期間を定めるよう努める**とともに、これを定めたときは、当該審査庁となるべき行政庁及び関係処分庁の事務所における備付けその他の**適当な方法により公にしておかなければならない**(行審法16条)。 09

趣旨 審査請求の審理の遅延を防ぎ、審査請求人の権利利益の迅速な救済を図る。

⑤ 審理手続の計画的遂行

迅速な審理を確保するため、**争点・証拠の事前整理手続**が導入されている(行審法37条)。

審理員は、審査請求に係る事件が複雑であることその他の事情により、迅速かつ公正な審理を行うため、審理手続を計画的に遂行する必要があると認める場合には、**期日及び場所を指定して、審理関係人を招集**し、**あらかじめ審理手続の申立てに関する意見の聴取を行う**ことができる(同法37条1項)。

3 本案審理の終了

審理手続が終了すると、審査庁による裁断である裁決がなされる。

もっとも、審査請求人は、**裁決があるまでは、いつでも審査請求を取り下げる**ことができる(行審法27条1項)。 10

① 審査請求の取下げの方法

審査請求の取下げは、**書面**でしなければならない(行審法27条2項)。 11

② 代理人による審査請求の取下げ

代理人は、特別の委任を受けた場合に限り、審査請求の取下げをすることができる(行審法12条2項ただし書)。 12

2 執行停止

1 執行不停止の原則と例外

原則 審査請求は、処分の効力、処分の執行又は手続の続行を**妨げない**(25条1項)。すなわち、審査請求がなされたとしても、処分は有効と扱われ、その処分を前提として進行することになる。13

趣旨 執行停止を目的に審査請求をする者が出てくることを防止する。

例外 例外的に**執行停止**(①**任意的執行停止**、②**義務的執行停止**)**が認められる。**

趣旨 執行不停止を貫くと、審査請求人の申立てが認容されても救済の実効性が図ることができない場合がある。

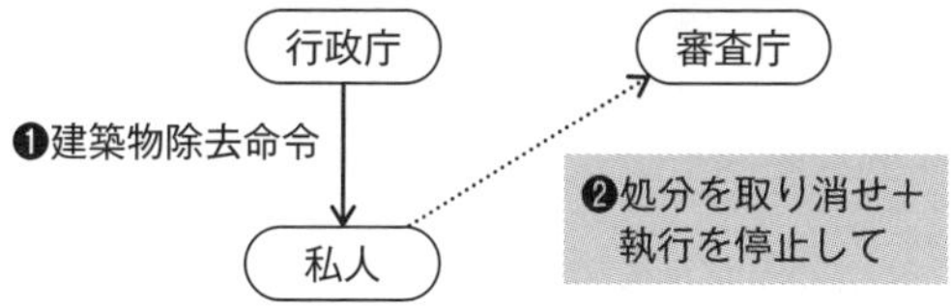

2 任意的執行停止

審査庁は、必要があると認めるときは、**執行停止をすることができる。**

審査庁	申立てと職権	要件	可能な停止の内容	処分庁の意見聴取が必要か
処分庁・上級行政庁	申立て又は職権	必要があると認めるとき	❶❷❸❹	不要
第三者機関	申立て		❶❷❸	必要

① 処分庁の上級行政庁又は処分庁が審査庁の場合

処分庁の上級行政庁又は処分庁である審査庁は、**必要があると認める場合**には、審査請求人の**申立て**により又は**職権**で、❶**処分の効力**、❷**処分の執行又は**❸**手続の続行の全部又は一部の停止**、❹**その他の措置**をとることができる(行審法25条2項)。14 15

② 処分庁の上級行政庁又は処分庁以外(第三者機関)が審査庁の場合

第三者機関の審査庁は、**必要があると認める場合**には、審査請求人の**申立て**により、**処分庁の意見を聴取した上**、執行停止をすることができる。ただし、❶処分の効力、❷処分の執行又は❸手続の続行の全部又は一部の停止**以外の措置をとることはできない**(行審法25条3項)。16

解説 ❶**処分の効力の停止**は、他の措置(❷❸❹)では目的を達することができない場合に限り行うことができる(**効力の停止の補充性**)(行審法25条6項) 17。行政事件訴訟法の執行停止には、❹**その他の措置**はない。

3 義務的執行停止

審査庁(処分庁・上級行政庁・第三者機関)は、執行停止をしなければならない。

① 要件

積極要件を満たし、消極要件に該当しないこと(行審法25条4項)。

積極要件	審査請求人の**申立て**(執行停止の申立て)があり、処分、処分の執行又は手続の続行により生ずる**重大な損害を避けるため緊急の必要があること**
消極要件	公共の福祉に重大な影響を及ぼすおそれがあるとき、又は本案について理由がないと見えるとき

② 重大な損害を生ずるか否かの判断

審査庁は、重大な損害を生ずるか否かを判断するに当たっては、損害の回復の困難の程度を考慮するものとし、損害の性質及び程度並びに処分の内容及び性質をも勘案するものとする(行審法25条5項)。

4 執行停止の取消し

審査庁は、①執行停止が公共の福祉に重大な影響を及ぼしたとき、②**その他事情が変更した**ときは、執行停止を取り消すことができる(行審法26条)。18

3 裁決(審査請求)

不服申立ての最終的判断で、①審査請求又は再審査請求に対する最終的判断は**裁決**であり、②再調査の請求に対する最終的判断は**決定**である。

1 裁決の種類

却下裁決	処分についての審査請求が、法定の期間経過後にされた場合、その他**不適法**であるときに**却下**する(行審法45条1項) 19
棄却裁決	処分についての審査請求に**理由がない**とき**棄却**する(同法45条2項)
事情裁決	処分が違法又は不当ではあるが、これを取り消し、又は撤廃することにより**公の利益に著しい障害を生ずる場合**において、一切の事情を考慮したうえ、処分又は裁決を取り消すことが**公共の福祉に適合しない**と認めるときは、**審査庁は、裁決で、当該審査請求を棄却する**(同法45条3項) 19
認容裁決	処分についての審査請求に**理由がある**とき**認容**する(同法46条)

2 事情裁決

種類	**棄却裁決**
特徴	**裁決の主文で、当該処分が違法又は不当であることを宣言しなければならない** 20
要件	処分が違法又は不当ではあるが、これを取り消し、又は撤廃することにより**公の利益に著しい障害を生ずる場合**において、審査請求人の受ける損害の程度、その損害の賠償又は防止の程度及び方法その他一切の事情を考慮した上、**処分を取り消し、又は撤廃することが公共の福祉に適合しないと認めるとき**

3 認容裁決

① 処分についての審査請求の場合

処分についての審査請求に理由がある場合には、審査庁は以下の措置をとる(行審法46条1項)。

処分庁が審査庁	上級庁が審査庁	処分庁・上級庁以外が審査庁
当該処分の全部若しくは一部の**取消し**、又は**変更**		当該処分の全部若しくは一部の**取消し** 21

〈語 句〉●**変更**とは、**処分の内容を変更**することである。例えば、営業免許取消処分を営業停止処分に変更することである。ただし、**不利益変更の禁止**の制限がある。

〈解説〉 **不利益変更の禁止**とは、審査庁は、**審査請求人の不利益に当該処分を変更し、又は当該事実上の行為を変更すべき旨を命じ、若しくはこれを変更することはできない**ことである(48条)。 22

趣旨 審査請求は、申立人の権利・利益の保護を目的とするものだから。

② 事実上の行為についての審査請求の場合

当該事実上の行為が**違法又は不当である旨を宣言**するとともに、審査庁の区分に応じて以下の措置をとる(行審法47条)。

処分庁が審査庁	上級庁が審査庁	処分庁・上級庁以外が審査庁
全部又は一部の**撤廃**、**変更**	全部又は一部の**撤廃命令**、**変更命令**	全部又は一部の**撤廃命令**

〈語 句〉●**撤廃**とは、**事実行為をとりやめる**ことである。拘禁されている人の釈放や、領置物の返還である。

第7章 行政上の不服申立て

③ 不作為についての審査請求の場合

当該不作為が**違法又は不当である旨を宣言**する。さらに、申請に対して一定の処分をすべきものと認めるときは、審査庁の区分に応じて以下の措置をとる(行審法49条3項)。

不作為庁が審査庁	上級庁が審査庁
当該処分をする	不作為庁に対し**当該処分をすべき旨を命令** 23

④ 申請の拒否処分についての審査請求の場合

申請の拒否処分において審査請求に理由がある場合には、審査庁の区分に応じて以下の措置をとる(行審法46条2項)。

処分庁が審査庁	上級庁が審査庁
申請に対して**当該処分をする**	当該処分庁に対して申請に対して**当該処分をすべき旨の命令** 24

4 裁決の方式

裁決は、①主文、②事案の概要、③審理関係人の主張の要旨、④理由を記載し、**審査庁が記名押印**した**裁決書**によりしなければならない(行審法50条1項)。23

趣旨 審理の公正を確保とともに、申立人に対し理由を知らせる。

5 裁決の効力

<table>
<tr><th></th><th>不可変更力</th><th>形成力(遡及効)</th><th>拘束力</th></tr>
<tr><td>認容裁決</td><td rowspan="2">○</td><td>○</td><td>○</td></tr>
<tr><td>棄却裁決</td><td>×</td><td>×</td></tr>
</table>

裁決も行政行為なので、公定力や不可争力等を持つほか、以下の効力が生じる。

① 不可変更力

審査庁は、いったん下した裁決を取り消したり変更することはできない。

理由 裁決は紛争の解決のための裁断として行われる。

② 形成力

認容裁決によって取り消されたり変更された処分の効力は、その処分がされた**当初にさかのぼって失われる**(遡及効がある)。

③ 拘束力

認容裁決の場合	認容裁決の結果に対しては、**処分庁を含む関係行政庁**はこれに従わなければならない(行審法52条1項) →行政庁は、同一事情の下では同一内容の処分を繰り返すことはできなくなる
申請に基づく処分が取り消された場合	申請に基づいて行われた処分が取り消されたときは、**処分庁は、裁決の趣旨に従い、改めて申請に対する処分**をしなくてはならない(行審法52条2項) 25
棄却裁決の場合	**処分庁は拘束されない。**もっとも、処分庁は、原処分を職権により取り消すことは可能である(最判昭49.7.19) 26

4 教示制度

1 一般的教示制度

行政不服審査法の規定は、他の法令に基づく不服申立てにも適用される(行審法82条1項、2項)。したがって、行政不服審査法の教示制度は、**一般的教示制度**で、教示制度に関する規定は、行政庁に教示義務を課す一般行政手続規定である。 27

2 教示が必要な場合

不服申立ての手続は一般私人にとってわかりにくい。そこで、行審法は一定の要件を満たす場合には、処分庁は私人に対し不服申立ての仕方を教え示すことにしている。

① 職権による教示(必要的教示)

(ア) 教示義務が生じる場合

原則 行政庁は、審査請求若しくは再調査の請求又は他の法令に基づく**不服申立てをすることができる処分をする場合**には、**処分の相手方**に対し、**書面で教示**しなければならない。

例外 ①不服申立てをすることができる処分を**口頭**でする場合、又は、②書面であっても**不服申立ての許されない処分**を行う場合には、**教示は不要**である(行審法82条1項)。 28

(イ) 教示する内容

① 不服申立てが**できる旨**、②不服申立てを**すべき行政庁**、③不服申立てをすることが**できる期間**を教示する。 28

第7章 行政上の不服申立て

② 請求による教示（任意的教示）

利害関係人から教示を求められた場合、教示しなければならない（行審法82条2項）。

（ア）教示の方法

口頭で、教示することができる。29

書面による教示を求められたときは、書面で教示する必要がある（同法82条3項）。

（イ）教示の内容

①当該処分が不服申立てをすることができる処分であるかどうか、②当該処分が不服申立てをすることができるものである場合における不服申立てをすべき行政庁、③不服申立てをすることができる期間を教示する。29

3 教示を誤った場合の救済

① 教示を怠った

当該処分について不服がある者は、当該処分庁に不服申立書を提出することができる（行審法83条1項）30。当該処分が処分庁以外の行政庁に対して審査請求をすることができる処分であるときは、処分庁は速やかに当該不服申立書を当該行政庁に送付しなければならない（同法83条3項）。当該不服申立書が送付されたときは、初めから当該行政庁に不服申立てがなされたものとみなす（同法83条4項）。31

② 審査請求をすべき行政庁を誤って教示した

教示された行政庁に書面で審査請求がされたときは、当該行政庁は、速やかに、審査請求書を処分庁又は審査庁となるべき行政庁に送付し、かつ、その旨を審査請求人に通知しなければならない（行審法22条1項）。32

③ 不服申立てのできない処分につき、不服申立てができる旨の教示をした

不服申立てが可能となるわけではないが、却下裁決があった日から出訴期間を計算して、出訴の途を与えている（行訴法14条3項）。

④ 不服申立期間を誤って教示した

法改正で救済規定は削除された。しかし、教示された期間内に不服申立てをしたときは、不服申立期間を過ぎたことにつき「正当な理由」（行審法18条1項ただし書、2項ただし書）があるので、当該不服申立てが認められると解されている。33

重要事項 一問一答

01 審査請求を審理するのは誰か？

審理員

02 審査請求に係る事件について調査審議する国の第三者機関は？

行政不服審査会

03 審理の方法の特徴は（2つ）？

①書面審理主義、②職権主義

04 口頭意見陳述権とは？

申立人が口頭で審査請求に係る事件に関する意見を述べる機会のこと

05 審査請求があると執行手続は停止するか？

停止しないのが原則(執行不停止の原則)

06 執行停止の種類は（2つ）？

①任意的執行停止、②義務的執行停止

07 職権により執行停止が可能なのは？

審査庁が処分庁・上級行政庁の場合

08 審査請求の裁決の種類は（3つ）？

①却下裁決、②棄却裁決、③認容裁決

09 裁決で処分の内容を変更することができる審査庁は？

処分庁又は上級行政庁が審査庁の場合

10 裁決で処分の内容を不利益に変更することができるか？

不利益変更はできない。

11 教示の種類は（2つ）？

①職権による教示(必要的教示)、②請求による教示(任意的教示)

過去問チェック

01 行政不服審査法は、審理員による審理手続を導入し、審理員が主張・証拠の整理等を含む審理を行い、審理員意見書を作成し、これを事件記録とともに審査庁に提出する仕組みを設けている。審理員には、審査請求の審理手続をより客観的で公正なものとするため、審査庁に所属していない職員が指名される。

×（国般2021）「審査庁に所属していない職員が指名される」が誤り。

02 審査請求がされた行政庁は、審査庁に所属する職員のうちから審理手続を行う者である審理員を指名しなければならず、審査請求が不適法であって補正することができないことが明らかで、当該審査請求を却下する場合にも審理員を指名しなければならない。

×（区2017）「審査請求が不適法であって補正することができないことが明らかで、当該審査請求を却下する場合にも審理員を指名しなければならない」が誤り。

03 審査庁となるべき行政庁には、審理員となるべき者の名簿の作成が義務付けられており、この名簿は、当該審査庁となるべき行政庁及び関係処分庁の事務所における備付けにより公にしておかなければならない。

×（区2017）全体が誤り。

04 行政不服審査法は、審査請求手続において客観的かつ公正な判断が得られるよう、行政不服審査会を総務省に置き、審査請求の審理に関与する仕組みを設けている。行政不服審査会の委員は、審査会の権限に属する事項に関し公正な判断をすることができ、かつ、法律又は行政に関して優れた識見を有する者のうちから、両議院の同意を得て、総務大臣が任命する。

○（国般2021）

05 審査請求の審理は書面によることが原則とされているが、審査請求人又は参加人の申立てがあったときは、審理員は、当該申立人に口頭で意見を述べる機会を与えなければならず、さらに、審査請求人又は参加人が当該申立てと同時に公開審理を求めたときは、公開審理を行わなければならない。

×（財2020）「公開審理を行わなければならない」が誤り。

06 審査請求がされた場合において、審査請求人又は参加人から申立てがあったときは、審理員は、口頭で意見を述べる機会を与えなければならず、この場合において、審査請求人又は参加人は、審理員の許可を得て、補佐人とともに出頭することができる。

○（国般2007改題）

07 審査請求の手続は、原則として書面によって行われるが、審査請求人又は参加人の申立てがあった場合、審理員は、原則として、その申立人に口頭で審査請求に係る事件に関する意見を述べる機会を与えなければならない。その際、申立人は、審理員の許可を得て、当該審査請求に係る事件に関し、処分庁等に対して、質問を発することができる。

○（国般2021）

08 審査請求において処分庁が処分の理由となった事実を証する書類その他の物件を審理員に提出した場合、審査請求人又は参加人からそれらの閲覧の求めがあれば、審理員は、第三者の利益を害するおそれがあると認めるとき、その他正当な理由があるときでなければ、閲覧を拒むことができない。

○（国般2007改題）

09 審査請求の審理の遅延を防ぎ、審査請求人の権利利益の迅速な救済に資するため、審査庁となるべき行政庁は、審査請求がその事務所に到達してから当該審査請求に対する裁決をするまでに通常要すべき標準的な期間を必ず定め、これを事務所における備付けその他の適当な方法により公にしておかなければならない。

×（国般2021）「審査請求がその事務所に到達してから当該審査請求に対する裁決をするまでに通常要すべき標準的な期間を必ず定め」が誤り。

10 審査請求人は、裁決があるまでは、いつでも審査請求を取り下げることができる。

○（国般2008）

11 審査請求人は、裁決があるまではいつでも審査請求を取り下げることができるが、その取下げは書面でしなければならない。

○（区2004）

12 審査請求は、代理人によってすることができ、代理人は、審査請求人のために、当該審査請求に関する一切の行為をすることができるが、審査請求の取下げは、特別の委任を受けた場合に限り、することができる。

○（区2014改題）

13 処分についての審査請求がなされた場合には、当該処分の効力、処分の執行又は手続の続行は停止するが、審査庁が必要と認めるときは、職権で当該処分の効力、処分の執行又は手続の続行の停止を解除することができる。

×（労・税2005）全体が誤り。

14 処分庁の上級行政庁又は処分庁である審査庁は、必要があると認める場合には、審査請求人の申立てにより執行停止をすることができるが、審査請求人の申立てを待たずに当該審査庁の職権で執行停止をすることはできない。

×（財2019）「審査請求人の申立てを待たずに当該審査庁の職権で執行停止をすることはできない」

が誤り。

15 処分庁の上級行政庁である審査庁は、処分、処分の執行又は手続の続行により生ずる回復の困難な損害を避けるため緊急の必要があると認める場合に限り、職権により執行停止をすることができる。

×（区2003）「処分、処分の執行又は手続の続行により生ずる回復の困難な損害を避けるため緊急の必要があると認める場合に限り」が誤り。

16 処分庁又は処分庁の上級行政庁以外の審査庁は、必要があると認めるときは、審査請求人の申立てがあった場合に限り、処分庁の意見を聴取した上で、処分の効力、処分の執行又は手続の続行の全部又は一部の停止をすることができる。

○（区2003改題）

17 処分の効力の停止は、処分の効力の停止以外の措置によって目的を達することができる場合であっても、行うことができる。

×（区2003改題）「行うことができる」が誤り。

18 審査庁は、執行停止をした後において、当該執行停止が公共の福祉に重大な影響を及ぼしたときに限り、その執行停止を取り消すことができる。

×（区2003改題）「当該執行停止が公共の福祉に重大な影響を及ぼしたときに限り」が誤り。

19 処分についての審査請求の裁決には、却下、棄却、認容といった類型がある。審査請求が適法になされていない場合は、却下とされ、審査請求に理由があるかの審理は行われない。審査請求に理由があると認められる場合は、例外なく認容とされ、当該処分の取消し、変更のいずれかが行われる。

×（財2022）「例外なく認容とされ、当該処分の取消し、変更のいずれかが行われる」が誤り。

20 取消訴訟において、いわゆる事情判決により請求を棄却する場合には、裁判所は、判決の主文において、処分又は裁決が違法であることを宣言しなければならず、審査請求においても、いわゆる事情裁決により審査請求を棄却する場合には、審査庁は、裁決で、処分が違法又は不当であることを宣言しなければならない。

○（国般2013）

21 処分についての審査請求に理由がある場合、審査庁が処分庁の上級行政庁又は処分庁のいずれでもない場合であっても、処分の全部若しくは一部を取り消し、又はこれを変更することができる。
×（区2006改題）「又はこれを変更することができる」が誤り。

22 処分についての審査請求に理由がある場合、審査庁が処分庁の上級行政庁であるときは、審査庁は、裁決で当該処分を変更することができる。ただし、審査請求人の不利益に当該処分を変更することはできない。
○（労・税2004）

23 不作為についての審査請求について、審査請求に理由があると認められる場合には、不作為庁の上級行政庁である審査庁は、当該不作為庁に対して速やかに申請に対する何らかの行為をすべきことを命じなければならないが、これを書面で行う必要はない。
×（労・税2005改題）「これを書面で行う必要はない」が誤り。

24 処分庁の上級行政庁である審査庁は、処分庁が申請に基づいてした処分を手続の違法又は不当を理由として裁決で取り消すときは、当該裁決の中で、改めて申請に対する処分をしなければならない。
×（区2014改題）「改めて申請に対する処分をしなければならない」が誤り。

25 申請に基づいてした処分が手続の違法若しくは不当を理由として審査請求の裁決で取り消されたときは、処分庁はその裁決の趣旨に従い、改めて申請に対する処分をしなければならない。
○（区2006）

26 審査請求が棄却され処分が維持されると、処分庁をはじめその処分に関係を有する行政庁に対し、裁決の趣旨を尊重して適切に対応すべき義務が課されることから、処分庁は棄却裁決がなされた後においては、当該処分を取り消すことはできないとするのが判例である。
×（労・税1999）全体が誤り。

27 行政不服審査法は、補則（第6章）において、教示についての規定を置いているが、この教示の規定は、同法の規定が適用される場合に限らず、他の法律に基づく不服申立てにも原則として適用される。
○（国般2017）

28 行政庁は、不服申立てをすることができる処分を書面又は口頭でする場合は、処分の相手方に対し、当該処分につき不服申立てをすることができる旨並びに不服申立てをすべき行政庁及び不服申立てをすることができる期間を書面で教示しなければならない。

×（財・労・税2018）「又は口頭」が誤り。

29 行政庁は、利害関係人から、当該処分が審査請求をすることができる処分であるかどうか並びに当該処分が審査請求をすることができるものである場合における審査請求をすべき行政庁及び審査請求をすることができる期間につき教示を求められたときは、教示を求めた者が書面による教示を求めていなくても、当該教示を書面でしなければならない。

×（財2021）「当該教示を書面でしなければならない」が誤り。

30 審査請求等の不服申立てをすることができる処分につき、行政庁が誤って不服申立てをすることができる処分ではないと判断して、処分の相手方に対し、行政不服審査法所定の教示をしなかった場合、当該処分について不服がある者は、当該処分庁に不服申立書を提出することができる。

○（国般2022）

31 審査請求をすることができる処分を行った行政庁（処分庁）が行政不服審査法の規定による教示をしなかったために、当該処分について不服がある者が処分庁に審査請求書を提出した場合において、当該処分が処分庁以外の行政庁に審査請求をすることができる処分であるときは、処分庁は、速やかに、当該審査請求書を当該行政庁に送付しなければならず、当該審査請求書が当該行政庁に送付されたときは、初めから当該行政庁に審査請求がされたものとみなされる。

○（財2021）

32 審査請求をすることができる処分につき、処分庁が誤って審査請求をすべき行政庁でない行政庁を審査請求をすべき行政庁として教示した場合、その教示された行政庁に書面で審査請求がされたときは、当該行政庁は審査請求書を審査請求人に送付し、その旨を処分庁に通知しなければならない。

×（区2017）「当該行政庁は審査請求書を審査請求人に送付し、その旨を処分庁に通知しなければならない」が誤り。

(33) 処分庁が誤って法定の期間よりも長い期間を審査請求期間として教示した場合において、その教示された期間内に審査請求がされたときは、当該審査請求は、法定の審査請求期間内にされたものとみなされる。

× (国般2017)「法定の審査請求期間内にされたものとみなされる」が誤り。

過去問 Exercise

問題　行政不服審査法に関する次の記述のうち、妥当なのはどれか。

国税・財務・労基2018［H30］

❶　平成26年に全部改正された行政不服審査法は、異議申立てを廃止し、不服申立類型を原則として審査請求に一元化した。また、審査請求は、原則として、処分庁又は不作為庁に対して行うこととされた。

❷　処分についての審査請求は、処分の法的効果の早期安定を図る見地から、やむを得ない理由がある場合を除き、処分があったことを知った日の翌日から３か月以内又は処分があった日の翌日から６か月以内に審査請求期間が制限されている。

❸　再調査の請求は、処分庁以外の行政庁に対して審査請求をすることができる場合において、個別法に再調査の請求をすることができる旨の規定があるときにすることができるが、原則として、再調査の請求をすることができる場合には審査請求をすることができない。

❹　行政庁は、不服申立てをすることができる処分を書面又は口頭でする場合は、処分の相手方に対し、当該処分につき不服申立てをすることができる旨並びに不服申立てをすべき行政庁及び不服申立てをすることができる期間を書面で教示しなければならない。

❺　審査請求は、他の法律(条例に基づく処分については、条例)に口頭ですることができる旨の定めがある場合を除き、審査請求書を提出してしなければならない。

解説

正解 5

1 × 「処分庁又は不作為庁に対して行うこととされた」という部分が妥当でない。2014年成立の行政不服審査法改正により、異議申立てが廃止され、原則として審査請求に一本化された点は妥当である。しかし、審査請求は、法律に特別の定めがある場合を除き、処分庁等(処分庁又は不作為庁)の最上級行政庁に対して行うのを原則とする(行政審査不服法4条4号)。処分庁等に対して審査請求を行うことができるのは、処分庁等に上級行政庁がない場合などに限られる(同法4条1号〜3号)。

2 × 「処分があった日の翌日から6か月以内」という部分が妥当でない。処分についての審査請求は、正当な理由がある場合を除き、処分があったことを知った日の翌日から起算して3か月以内、又は処分があった日の翌日から起算して1年以内が審査請求期間である(行政不服審査法18条1項、2項)。

3 × 「原則として、再調査の請求をすることができる場合には審査請求をすることができない」という部分が妥当でない。再調査の請求ができるのは、行政庁の処分につき処分庁以外の行政庁に対して審査請求をすることができる場合において、法律に再調査の請求をすることができる旨の定めがあるとき(行政不服審査法5条1項)なので、前半は妥当である。しかし、再調査の請求ができるとしても、直ちに審査請求をすることは妨げられない。なお、実際に再調査の請求をした場合には、当該再調査の請求に関する決定を経た後でなければ、審査請求ができないという制約がかかる(同法5条2項)。

4 × 「又は口頭」という部分が妥当でない。行政庁は、不服申立てができる処分をする場合には、処分の相手方に対し、当該処分につき不服申立ができる旨、不服申立てをすべき行政庁、不服申立てができる期間を書面で教示しなければならない(行政不服審査法82条1項本文)。しかし、処分を口頭でする場合は、このような処分の相手方に対する教示義務を負わない(同法82条1項ただし書)。

5 ○ 条文により妥当である。審査請求は、他の法律(条例に基づく処分については、条例)に口頭ですることができる旨の定めがある場合を除き、政令で定めるところにより、審査請求書を提出してしなければならない(行政不服審査法19条1項)。

第8章

行政機関の保有する情報

本章では、行政機関が保有する情報の公開と個人情報の保護を学んでいきます。特に情報公開の開示の構造、情報公開・個人情報保護審査会の審理、情報公開訴訟の仕組みがポイントになります。また、個人情報の保護に関しては近時、法改正された分野です。

1 行政機関の保有する情報の公開に関する法律

行政機関の保有する情報の公開に関する法律については、行政文書の意義と開示請求の手続を中心に学習していきましょう。

1 行政情報公開法の制定経緯

わが国の情報公開への取組みは国よりも地方公共団体が先行しており、1982（昭和57）年３月に山形県金山町によって最初の情報公開条例が制定され、同年10月に神奈川県でも制定され、それ以降も、多くの地方公共団体で情報公開条例が制定されてきた。

こうした地方公共団体の動向を受けて、国レベルにおいても**「行政機関の保有する情報の公開に関する法律」**（以下、**「情報公開法」**と略す。）が1999（平成11）年５月に成立し、2001（平成13）年４月から施行されている。

2 総則

1 目的

情報公開法は、国民主権の理念に基づき、行政文書の開示請求権を定めることにより、**政府の説明責任（アカウンタビリティ）を全うさせる**とともに、**公正で民主的な行政を推進**させることを目的とする法律である。

なお、**情報公開法は「知る権利」について明記していない。**「知る権利」は表現の自由を規定した憲法21条を根拠として主張されるのが一般的であるが、必ずしも一義的な説明がされているわけではない（「知る権利」の概念が必ずしも明確ではない）からである。

〈語 句〉●政府の**説明責任**（アカウンタビリティ）とは、情報公開法１条の**「政府の有するその諸活動を国民に説明する責務」**のことを指す。

2 対象機関

情報公開法の対象機関となるのは**「行政機関」**であるが、**情報公開法の「行政機関」に該当するのは、国の行政機関**（情報公開法２条１項１号～５号）**及び会計検査院**（同法２

条1項6号)である。01

また、国家の安全保障や公共の安全に関わる事務を所掌する国の行政機関(ex.警察庁、国家公安委員会、外務省、防衛省)などが「行政機関」から除外されておらず、これらの**行政機関が「行政機関」に含まれる**と考えてよい。

これに対して、**立法機関である国会、司法機関である裁判所及び地方公共団体は**、情報公開法の**対象機関に該当しない**。01

〈解説〉 独立行政法人等は情報公開法の対象機関に該当しないが、「独立行政法人等の保有する情報の公開に関する法律」(以下、「独立行政法人等情報公開法」と略す。)の対象機関に該当する。

3 行政文書

情報公開法に基づく開示請求の対象となるものは「**行政文書**」である。

行政文書とは、①行政機関の職員が職務上作成し、又は取得した(**職務上作成・取得**)、②文書、図画及び電磁的記録(**文書等**)であって、③当該行政機関の職員が組織的に用いるもの(**組織的共用**)として、④当該行政機関が保有しているもの(**保有**)をいう(2条2項柱書本文)。

〈解説〉 上の①～④を全て満たしても、情報公開法2条2項ただし書各号に掲げられている文書・図画・電磁的記録(ex.官報、白書、特定歴史公文書等)は「行政文書」から除外されており、情報公開法に基づく開示請求の対象とはならない。

① 職務上作成・取得

行政機関の職員が当該職員に割り当てられた**職務を遂行する立場**で(公的立場で)作成又は取得することを意味する。

② 文書等

文書・図画には、紙の文書に加えて、図面、絵画、写真などが含まれる。**電磁的記録**には、電子計算機(ex.パソコン、スマートフォン)による情報処理の用に供される記録(ex.ハードディスク、USBメモリ、CD-ROM)に加えて、内容の確認に再生用の専用機器を用いる記録(ex.録音テープ、ビデオテープ)も含まれる。02

③ 組織的共用

組織における業務上の必要により利用又は保存されている状態であることを意味する。

したがって、**決済又は供覧の手続が完了していない文書等**であっても、組織的共用が認められるときは、情報公開法上の「行政文書」に該当することになる。03

これに対して、①**職員の個人的な検討段階に留まる文書**等、②職員が単独で作成又は取得し、かつ、専ら**自己の職務遂行の便宜のために利用するのを予定**している文書等は、組織的共用が認められない。03

〈語句〉●組織としての共用文書等の実質を備えた状態として利用又は保存されている文書等（組織的共用が認められる文書等）のことを**組織共用文書**と呼ぶことがある。

④ 保有

行政機関が所持している文書等であることを意味する。したがって、開示請求の時点において保有していない行政文書を、開示請求に応ずるために新たに作成する義務はない。04

3 行政文書の開示

1 開示請求権

情報公開法３条１項は、行政文書の開示請求権を有する者（**開示請求権者**）について「**何人も**」と規定している。したがって、**外国人**（**居住場所を問わない**）、法人や法人格のない団体も開示請求権者となる。05

また、開示請求の理由や目的を制限する規定が存在しないので、**開示請求の理由や目的も問われない**（ex.自己の興味本位であってもよい）。06

2 開示請求の手続

① 開示請求書の提出

行政文書の開示請求は、次の①及び②の事項を記載した**開示請求書**を**行政機関の長に提出**してしなければならない（情報公開法４条１項）。

口頭又は電話による行政文書の開示請求は認められない。

【開示請求書の記載事項】

① 開示請求者の氏名又は名称及び住所又は居所（開示請求者が法人その他の団体の場合は代表者の氏名も記載する）

② 行政文書の名称その他の開示請求に係る行政文書を特定するに足りる事項

〈解説〉 開示請求者に対して任意に理由や目的の記載を求めることまでは禁じられていない。06 07

② 手数料

開示請求をする者は、政令で定めるところにより、実費の範囲内において政令で定める額の**開示請求に係る手数料**を納めなければならない(情報公開法16条1項) 08。手数料の額を定めるに当たっては、できる限り利用しやすい額とするよう配慮しなければならない(同法16条2項)。

③ 補正

行政機関の長は、開示請求書に**形式上の不備**があると認めるときは、開示請求をした者(開示請求者)に対し、**相当の期間を定めて、その補正を求めることができる**(情報公開法4条2項前段)。

3 行政文書の開示義務と不開示情報

原則 行政機関の長は、開示請求があったときは、開示請求に係る行政文書を**開示しなければならない(行政文書の開示義務)**(情報公開法5条柱書本文)。

例外 開示請求に係る行政文書に**不開示情報**が記録されている場合、行政機関の長は、**当該行政文書を開示することができない**(同法5条柱書ただし書)。

例外の例外 不開示情報が記録された行政文書について**裁量的開示**が行われることがある(同法7条)。

不開示情報に該当するのは、次の①〜⑦のいずれかに該当する情報である(5条ただし書各号)。発展

【不開示情報】

① 個人に関する情報(1号)
② 行政機関等匿名加工情報等(1号の2)
③ 法人等に関する情報(2号)(例)営業機密
④ 国の安全等に関する情報(3号)(例)外交・安全保障情報
⑤ 公共の安全等に関する情報(4号)(例)犯罪・捜査情報
⑥ 国の機関等の審議・検討・協議に関する情報(5号)(例)審議会の議事録
⑦ 国の機関等が行う事務・事業に関する情報(6号)(例)国家試験・入札

〈語句〉●**匿名加工情報**とは、特定の個人を識別することができないように個人情報を加工して得られる個人に関する情報であって、当該個人情報を復元することができないようにしたものをいう。

4 開示決定等

① 開示請求に対する措置

行政文書の開示請求があった場合、行政機関の長は、原則として**30日以内**に開示決定等をしなければならない。

【開示決定等が必要になる場合】

開示決定	開示請求に係る行政文書の**全部又は一部を開示する旨の決定**
不開示決定	開示請求に係る行政文書の**全部を開示しない旨の決定** **存否応答拒否をする場合、行政文書を保有していない場合**

開示決定をするときは、開示請求者に対し、**その旨及び開示の実施に関し政令で定める事項を書面により通知**しなければならない(情報公開法9条1項)。これに対して、不開示決定をするときは、開示請求者に対し、**その旨を書面により通知**しなければならない(同法9条2項)。

〈語 句〉●開示決定のうち、開示請求に係る行政文書の**全部を開示する旨の決定**を**全部開示決定**といい、開示請求に係る行政文書の**一部を開示する旨の決定**を**一部開示決定**という。

② 開示決定等の期限

(ア) **原則** (30日以内)

開示決定等は、**開示請求があった日から30日以内**にしなければならない(情報公開法10条1項本文) 09 。ただし、情報公開法4条2項の規定により補正を求めた場合(本項 2 ③「補正」参照)にあっては、当該補正に要した日数は上記期間に算入しない(同法10条1項ただし書)。

(イ) **例外** (30日以内に限り延長)

行政機関の長は、事務処理上の困難その他正当な理由があるときは、開示決定等の期限を**30日以内に限り延長することができる**(同法10条2項前段) 09 。

(ウ) **例外の例外** (開示決定等の期限の特例)

開示請求に係る行政文書が著しく大量であるため、**開示請求があった日から60日以内にそのすべてについて開示決定等をすることにより事務の遂行に著しい支障が生ずるおそれ**がある場合、行政機関の長は、開示請求に係る行政文書のうちの**相当の部分につき当該期間内に開示決定等**を行い、**残りの行政文書については相当の期間内に開示決定等**を行うことで足りる(**開示決定等の期限の特例**)(同法11条1項)。 09

【開示決定等の期限】

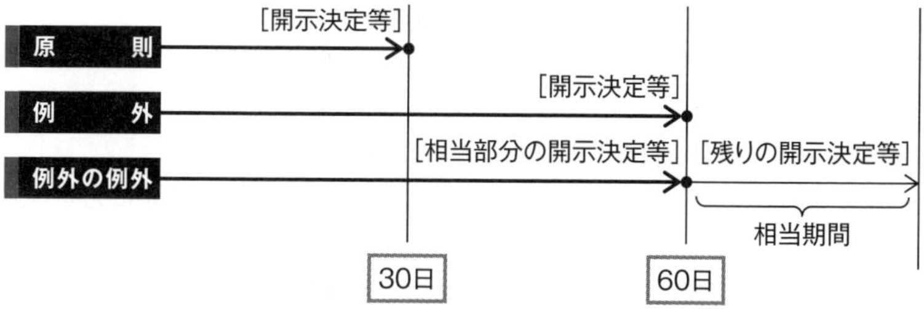

③ 特別な対応

(ア) 部分開示

行政機関の長は、開示請求に係る行政文書の一部に不開示情報が記録されている場合において、**不開示情報が記録されている部分を容易に区分して除くことができる**ときは、開示請求者に対し、**当該部分を除いた部分につき開示しなければならない**(情報公開法6条1項本文)。これを**部分開示**という。部分開示は一部開示処分の1つである。

〈語 句〉●不開示情報が記録されている部分を除いた部分に有意の情報が記録されていないと認められるときは、部分開示をしなくてよい(同法6条1項ただし書)。この場合は**不開示処分**となる。

(イ) 裁量的開示

行政機関の長は、開示請求に係る行政文書に**不開示情報が記録されている**場合であっても、**公益上特に必要がある**と認めるときは、開示請求者に対し、**当該行政文書を開示することができる**(同法7条)。これを**裁量的開示**という。10

(ウ) 存否応答拒否

開示請求に対し、当該開示請求に係る**行政文書が存在しているか否かを答えるだけで、不開示情報を開示すること**となるときは、行政機関の長は、**当該行政文書の存否を明らかにしないで、当該開示請求を拒否することができる**(同法8条)。これを存否応答拒否(グローマー拒否)という。11

④ 第三者に対する意見書提出の機会の付与等

第三者が行政文書の開示に反対しても、行政機関の長が開示決定をすることができる(同法13条3項参照)。

(ア) 意見書提出の機会を付与することができる場合

開示請求に係る行政文書に**第三者に関する情報が記録されている**ときは、行政機関の長は、開示決定等をするに当たって、当該情報に係る第三者に対し、開示請求に係る行政文書の表示その他政令で定める事項を通知して、意見書を提出する機会を与えることができる(情報公開法13条1項)。12

〈語句〉●**第三者**とは、「国、独立行政法人等、地方公共団体、地方独立行政法人及び**開示請求者以外の者**」のことである。

(イ) 意見書提出の機会を付与しなければならない場合

行政機関の長は、①又は②のいずれかに該当するときは、開示決定に先立ち、当該第三者に対し、開示請求に係る行政文書の表示その他政令で定める事項を書面により通知して、**意見書を提出する機会を与えなければならない**(同法13条2項本文)。

【意見書提出の機会を付与しなければならない場合】

① 第三者に関する情報が記録されている行政文書を開示しようとする場合であって、当該情報が「人の生命、健康、生活又は財産を保護するため、公にすることが必要であると認められる情報」(5条1号ロ、5条2号ただし書)に該当すると認められるとき

② 第三者に関する情報が記録されている行政文書を行政情報公開法7条の規定により開示(裁量的開示)しようとするとき

〈解説〉 第三者の所在が判明しない場合は、当該第三者に意見書を提出する機会を与えなくてよい(同法13条2項ただし書)。

(ウ) 第三者が行政文書の開示に反対の意見書を提出した場合

行政機関の長は、意見書の提出の機会を与えられた第三者が当該行政文書の開示に反対の意思を表示した意見書(反対意見書)を提出した場合において、開示決定をするときは、開示決定の日と開示を実施する日との間に少なくとも2週間を置かなければならない(同法13条3項前段)。

⑤ 開示の実施方法

行政文書の開示は、文書又は図画については閲覧又は写しの交付により、電磁的記録についてはその種別、情報化の進展状況等を勘案して政令で定める方法により行う(情報公開法14条1項本文)。また、行政文書の開示を受ける者は、**開示の実施に係る手数料を納めなければならない**(16条、本項2 ②「手数料」参照)。08

〈解説〉 閲覧の方法による行政文書の開示にあっては、行政機関の長は、当該行政文書の保存に支障を生ずるおそれがあると認めるときその他**正当な理由があるとき**は、**その写し**により、これを行うことができる(同法14条1項ただし書)。

4 審査請求等

【情報公開制度の概要（開示決定等が行われた場合）】

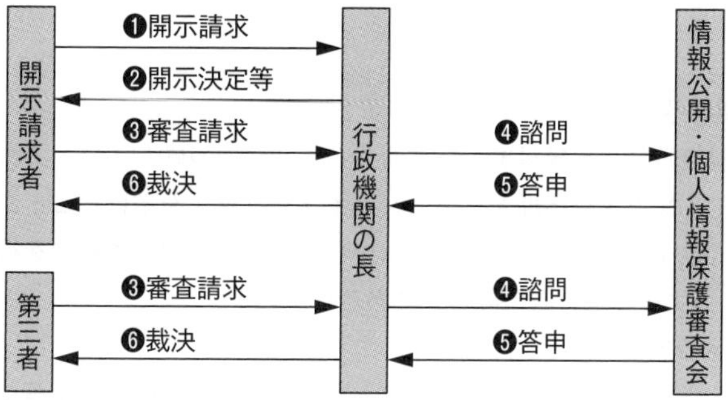

1 審査請求が申し立てられる場合

決定の種類	申立人
一部開示決定又は不開示決定	開示請求権者
開示決定等がない（不作為）	開示請求権者
開示決定	開示された行政文書に自らの情報が記載されている第三者

2 審理員による審理手続に関する規定の適用除外等

開示請求等についての審査請求にあっては、**行政不服審査法上の審理員による審理手続に関する規定が適用**されない（情報公開法18条1項）。

3 情報公開・個人情報保護審査会

① 諮問の要否

原則 開示決定等について**審査請求があったとき**は、当該審査請求に対する**裁決をすべき行政機関の長**は、**情報公開・個人情報保護審査会に諮問**しなければならない（情報公開法19条1項柱書本文）。13

また、諮問をした行政機関の長は、**審査請求人や開示請求権者等**に、**諮問をした旨の通知**をしなければならない（同条2項）。

例外 ①**審査請求が不適法であり却下**する場合、又は、②裁決で審査請求の全部を認容し、当該審査請求に係る**行政文書の全部を開示**することとする場合（当該行政文書の開示について反対意見書が提出されている場合を除く）

には、**審査会への諮問が不要**となる(同法19条1項ただし書)。14 15

〈語句〉●**情報公開・個人情報保護審査会**(以下、本節では「**審査会**」と略す)とは、行政情報公開法19条1項の規定による**諮問に応じ審査請求について調査審議**するため、**総務省**に置かれる機関である(審査会設置法2条1項)。

② 調査審議の手続

審査会の調査審議の**手続は非公開**で行われる(審査会設置法14条)。また、特徴的な手続として、インカメラ審理とヴォーン・インデックスを挙げることができる。審査会は調査審議を行う機関であるから、**自ら審査請求に対する裁決を行うことはできない**(裁決をするのは行政機関の長である)。16

(ア) インカメラ審理

審査会は、必要があると認めるときは、諮問庁に対し、**開示決定等に係る行政文書の提示を求める**ことができる(審査会設置法9条1項前段)。**諮問庁は、審査会から当該求めがあったときは、これを拒んではならない**(審査会設置法9条2項)。

また、何人も、審査会に対し、諮問庁から提示された行政文書の開示を求めることができない(審査会設置法9条1項後段)。17

〈語句〉●**インカメラ審理**とは、審査会の委員が行政文書を直接見分した上で審理するが、**委員以外の者には当該行政文書を見分させないようにする**手続である。

(イ) ヴォーン・インデックス

審査会は、必要があると認めるときは、諮問庁に対し、開示決定等に係る行政文書に記録されている情報の内容を、審査会の指定する方法により**分類又は整理した資料を作成し、審査会に提出するよう求める**ことができる(審査会設置法9条3項)。

〈語句〉●**ヴォーン・インデックス**とは、行政文書に記載された情報の内容を、審査会の指定する方法で**分類・整理した資料**である。

③ 答申

審査会は、諮問に対する答申をしたときは、答申書の写しを審査請求人及び参加人(審査請求に参加した利害関係人)に送付するとともに、答申の内容を公表するものとする(審査会設置法16条)。

審査会が諮問機関であることから、**答申には法的拘束力がない**。

5 情報公開訴訟

行政情報公開法は取消訴訟について**審査請求前置主義を採用していない**ので、開示請求者及び第三者は、開示決定等について**審査請求を経ることなく直ちに開示決定等の取消訴訟を提起することができる**(**自由選択主義**)(行訴法8条1項本文)。18

また、情報公開訴訟の審理については、インカメラ審理を採用する旨の規定が存在しないので、**裁判所はインカメラ審理を行うことができない**。

意義 情報公開訴訟とは、開示決定等が行われた場合における**開示決定等の取消訴訟**(行訴法3条2項)、及び開示決定が行われない場合における**開示決定の義務付け訴訟及び不作為の違法確認訴訟**(行訴法3条6項2号、37条の3第3項1号)のことである。

重要事項 一問一答

01 情報公開法は政府の何を全うさせるのを目的としているか?

政府の説明責任(アカウンタビリティ)を全うさせる(情報公開法1条)。

02 国会や裁判所は情報公開法の対象機関に含まれるか?

含まれない(同法2条1項参照)。

03 外国人や法人は開示請求権者に含まれるか?

含まれる。何人も開示請求権者となる(同法3条)。

04 行政文書は不開示が原則であるか?

開示が原則である(同法5条柱書本文)。

05 行政文書の存否を明らかにしないで開示請求を拒否することを何というか?

存否応答拒否(グローマー拒否)。

06 審査会の調査審議は公開されるか?

非公開で行われる(審査会設置法14条)。

07 インカメラ審理とは何か?

審査会の委員が行政文書を直接見分した上で審理するが、委員以外の者には当該行政文書を見分させないようにする手続のこと。

08 情報公開訴訟ではインカメラ審理を行えるか?

行えない。

過去問チェック

01 情報公開法は、対象機関を内閣に置かれる機関、内閣の所轄の下に置かれる機関、国家行政組織法上の機関及び地方公共団体に置かれる機関に限定しており、国会、裁判所及び会計検査院は対象機関としていない。

×（国般2003）「及び地方公共団体に置かれる機関」「及び会計検査院」が誤り。

02 情報公開法にいう「行政文書」には、文書、図画のみならず、磁気ディスク、光ディスク等の電磁的記録も含まれる。

○（財・労2014）

03 情報公開法において開示請求の対象となるのは、行政機関の職員が組織的に用いる行政文書であり、少なくとも、供覧、決裁という事案処理手続を経ていることがその要件であるとされ、職員の個人的な検討段階にあるものはそれに該当しない。

×（国般2007）「供覧、決裁という事案処理手続を経ていることがその要件であるとされ」が誤り。

04 情報公開法において開示請求の対象となるのは、開示請求時点において行政機関が保有している行政文書であり、請求を受けた行政機関は、請求時点において保有していない行政文書を開示請求に応ずるために新たに作成する義務はない。

○（国般2007）

05 日本に居住する外国人は、行政機関の長に対し、当該行政機関の保有する行政文書の開示を請求することができるが、外国に居住する外国人はその開示を請求することができない。

×（特別区2008）「外国に居住する外国人はその開示を請求することができない」が誤り。

06 情報公開法は、何人に対しても、請求の理由や目的のいかんを問わず、また、開示請求者と開示請求対象文書との関係を問うことなく開示請求権が認められているが、行政機関が統計をとる目的で、開示請求者に対して任意に開示請求の理由や目的の記載を求めることまでは禁じられていない。

○（国般2007）

07 行政機関の保有する行政文書の開示請求をする場合、開示請求書には、当該行政文書を特定する事項のほか、請求の理由や目的を記載する必要がある。

×（国般2017）「請求の理由や目的を記載する必要がある」が誤り。

08 情報公開法は、行政文書の開示を請求する者に対しては、開示請求に係る手数料を徴収することとしているが、行政文書の開示を受ける者に対しては、情報公開制度の利用を促進する政策的配慮から、開示の実施に係る手数料を徴収してはならないこととしている。

×（国般2020）「開示の実施に係る手数料を徴収してはならないこととしている」が誤り。

09 開示請求に係る行政文書の開示又は不開示の決定は、開示請求があった日から30日以内にしなければならないが、行政機関の長は、正当な理由があるときは、この期間を30日以内に限り延長することができる。この場合、事情のいかんにかかわらず、当該延長期間内に開示請求に係る全ての行政文書の開示又は不開示の決定を行わなければならない。

×（国般2020）「事情のいかんにかかわらず、当該延長期間内に開示請求に係る全ての行政文書の開示又は不開示の決定を行わなければならない」が誤り。

10 情報公開法第５条各号に規定する不開示情報は、不開示にすることが私人の権利利益の保護のために必要なものであるから、行政機関の長は、開示請求に係る行政文書に不開示情報が記録されている場合には、公益上特に必要があると認めるときであっても裁量的開示を行うことはできない。

×（国般2007）「公益上特に必要があると認めるときであっても裁量的開示を行うことはできない」が誤り。

11 開示請求に対し、当該開示請求に係る行政文書が存在しているか否かを答えるだけで、不開示情報を開示することとなるときは、行政機関の長は、当該行政文書の存否を明らかにしないで、当該開示請求を拒否することができる。

○（特別区2008）

12 行政機関の長は、開示請求に係る行政文書に第三者に関する情報が記録されているときは、当該第三者に対して意見書を提出する機会を必ず与えなければならないが、当該第三者が当該行政文書の開示に反対する意見書を提出した場合であっても、当該行政文書の開示決定をすることができる。

×（国般2014）「当該第三者に対して意見書を提出する機会を必ず与えなければならないが」が誤り。

13 Xは、行政機関の保有する情報の公開に関する法律に基づき、行政機関の長であるＹに対して、現にＹが保有している、株式会社Ｚに対して補助金を交付するに当たり提出されたＺの財務関係書類の開示を請求した。株式会社Ｚに関する財務関係書類のように、第三者に関する情報に関して開示請求が行われた場合には、行政機関の長であるＹは決定の客観性を確保するため情報公開・個人情報保護審査会(審査会)に諮問することが義務づけられており、Ｙは審査会による調査審議を経て行われた答申のとおりに開示決定又は不開示決定を行わなければならない。

×（国般2004改題）全体が誤り。諮問は開示決定等に対する審査請求があった場合である。

14 行政機関の長は、一部開示決定に対する審査請求が審査請求期間を経過して行われた場合であっても、個人情報・情報公開審査会に諮問し、その結果に従って決定を行わなければならないから、諮問をせずに当該審査請求を却下することはできない。

×（国般2002改題）「個人情報・情報公開審査会に諮問し、その結果に従って決定を行わなければならないから、諮問をせずに当該審査請求を却下することはできない」が誤り。

15 開示決定等又は開示請求に係る不作為について審査請求があった場合には、当該審査請求に対する裁決をすべき行政機関の長は、裁決で当該審査請求の全部を認容し、当該審査請求に係る行政文書の全部を開示することとするときであっても、必ず情報公開・個人情報保護審査会に諮問しなければならない。

×（財務2020）「必ず情報公開・個人情報保護審査会に諮問しなければならない」が誤り。

16 情報公開法は、情報公開審査会を設け、行政不服審査法に基づく不服申立てがあった場合には、裁決又は決定をすべき行政機関の長は、情報公開法の定める例外を除き情報公開審査会に諮問することを義務づけており、情報公開審査会は自ら裁決することが適切であると判断した場合には、行政機関の長に代わって裁決を行うことができる。

×（国般2003）「情報公開審査会は自ら裁決することが適切であると判断した場合には、行政機関の長に代わって裁決を行うことができる」が誤り。

17 開示決定等について行政不服審査法による不服申立てがあったときは、当該不服申立てに対する裁決又は決定をすべき行政機関の長は、原則として、情報公開・個人情報保護審査会に諮問しなければならない。同審査会は、開示決定等に係る行政文書の提示を諮問庁に求めることができ、当該諮問庁はこれを拒んではならない。

○（国般2014）

(18) 情報公開法は、審査請求前置主義を採用していることから、行政機関の長が行った開示決定等について、行政不服審査法による審査請求を行うことなく直ちに訴訟を提起することはできない。

×（財務2020）全体が誤り。

2 個人情報の保護に関する法律 発展

近年、個人情報保護に関する法制度は個人情報保護法に一元化されました。本節においては、個人情報保護法のうち公務員試験での出題が予想される行政機関等に関連する事項に絞って学習します。

【情報公開法と個人情報保護法の主な異同】

	情報公開法	個人情報保護法
制度	情報公開制度	個人情報保護制度
開示請求者	何人も	個人情報の本人
対象期間	国の行政機関	国・地方の行政機関
開示・訂正・利用停止	開示請求のみ	開示・訂正・利用停止請求
個人情報の公開	原則不開示	本人情報は開示
審査請求	可能	可能
審査請求の際の諮問機関	情報公開・個人情報保護審査会	情報公開・個人情報保護審査会
訴訟	取消訴訟	取消訴訟

過去問 Exercise

問題　行政機関の保有する情報の公開に関する法律に関するア～エの記述のうち、妥当なもののみを全て挙げているのはどれか。　国般2017［H29］

ア　行政機関の保有する行政文書の開示請求をする場合、開示請求書には、当該行政文書を特定する事項のほか、請求の理由や目的を記載する必要がある。

イ　公にすることにより、犯罪の予防、鎮圧又は捜査、公訴の維持、刑の執行その他の公共の安全と秩序の維持に支障を及ぼすおそれがあると行政機関の長が認めることにつき相当の理由がある情報は、不開示情報とされている。

ウ　行政機関の長は、開示請求がなされた場合で請求対象文書の全部を開示しないときは、請求者に対して不開示理由を通知するため、当該文書の存否を必ず明らかにする必要がある。

エ　行政機関の長が行った開示決定や不開示決定に対して不服がある場合は、裁判所に対して開示決定等の取消訴訟を提起する前に、行政不服審査法に基づく不服申立てをする必要がある。

1. イ
2. エ
3. ア、イ
4. ア、ウ
5. ウ、エ

解説　　正解 1

ア ×　「請求の理由や目的を記載する必要がある」という部分が妥当でない。行政機関の保有する行政文書の開示請求では、情報公開を広く認めるべく請求の理由や目的に何ら制限がない。自己の個人的な権利利益を守るという目的でも開示請求できるし、単なる知的興味に基づく請求であっても差し支えない。したがって、行政機関の保有する行政文書の開示請求に際して、請求の理由や目的を記載する必要はない。行政機関情報公開法４条１項も、行政機関の保有する行政文書の開示請求をする場合、行政機関の長に提出する書面に、①開示請求をする者の氏名又は名称及び住所又は居所並びに法人その他の団体にあっては代表者の氏名、②行政文書の名称その他の開示請求に係る行政文書を特定するに足りる事項、を記載することを求めているが、請求の理由や目的の記載は求めていない。

イ ○　条文により妥当である。開示請求を受けた行政機関の長は、開示請求の対象たる行政文書を開示するのが原則であるが、当該文書が法定の６つの不開示情報にあたるときには、開示を拒むことができる（行政機関情報公開法５条１号～６号）。このうち、「公にすることにより、犯罪の予防、鎮圧又は捜査、公訴の維持、刑の執行その他の公共の安全と秩序の維持に支障を及ぼすおそれがあると行政機関の長が認めることにつき相当の理由がある情報」は、同条４号で不開示情報とされている。

ウ ×　「当該文書の存否を必ず明らかにする必要がある」という部分が妥当でない。行政機関の長は、開示請求に係る行政文書の全部を開示しないとき（開示請求を拒否するとき及び開示請求に係る行政文書を保有していないときを含む）は、開示をしない旨の決定をし、開示請求者に対し、その旨を書面により通知しなければならない（行政機関情報公開法９条２項）。もっとも、開示請求に対し、当該開示請求に係る行政文書が存在しているか否かを答えるだけで、不開示情報を開示することとなるときは、行政機関の長は、当該行政文書の存否を明らかにしないで、当該開示請求を拒否することができる（同法８条、存否応答拒否）から、必ずしも当該文書の存否を明らかにする必要があるわけではない。

エ ×　「裁判所に対して開示決定等の取消訴訟を提起する前に、行政不服審査法に基づく不服申立てをする必要がある」という部分が妥当でない。行政機関の長が行った開示決定や不開示決定に対して不服がある場合は、裁判所に対して開示決定等の取消訴訟を提起するか、行政不服審査法に基づく審査請求をするか、いずれかの方法によってその取消しを求めていくことになる。どちらの方法で取消しを求めていくかは、行政機関個人情報保護法では審査請求前置に関する規定がないことから、自由に選択することができるのであって（行政事件訴訟法８条１項、自由選択主義）、開示決定等の取消訴訟に先立って行政不服審査法に基づく審査請求をしなければならないわけではない。

以上により、妥当なものは**イ**のみであり、正解は❶となる。

第9章

行政の仕組み

本章では行政組織について、主に国と地方の行政組織について見ていきます。憲法の学習とも重なるところも多く、行政主体と行政機関の違い、地方公共団体の事務、条例制定権等がポイントです。

1 行政組織の基礎概念

行政組織の基礎的な概念について学習していきます。行政主体と行政機関との違い、権限の代行を確認しましょう。

1 行政主体と行政機関

1 行政主体と行政客体

行政主体	**行政を行う権利と義務を持ち、自己の名と責任で行政を行う団体**のことをいう。行政主体は、**法人格**を持つ。行政主体は、**国家賠償請求訴訟などの被告**となる (例)①国、②地方公共団体、③公共組合、④独立行政法人、⑤指定法人
行政客体	行政の**相手方**を**行政客体**という

〈語句〉●**公共組合**とは、特定の事業を目的として一定の社員(組合員)により構成される公法上の社団法人である。(例)土地区画整理組合、土地改良区、健康保険組合等。

●**独立行政法人**とは、各府省の行政活動から政策の実施部門のうち一定の事務・事業を分離し、これを担当する機関に独立の法人格を与えたものである。役職員を国家公務員とする**特定独立行政法人**と、非公務員とする**特定独立行政法人以外の独立行政法人**がある。

●**指定法人**とは、個別の法の規定に基づき特定の業務を行うものとして行政庁により指定された法人をいう。特定の業務を民間の団体に指定し、その業務を民間に行わせるものである。(例)日本容器包装リサイクル協会、家電製品協会/指定法人業務センター。

2 行政機関

意義 行政機関とは、行政主体のために、現実に**意思決定、意思表示、執行など**を行う**機関**(自然人)のことをいう。行政機関の行為の法的効果はもっぱら行政主体に帰属する。行政機関には法人格がない。

【行政主体と行政機関】

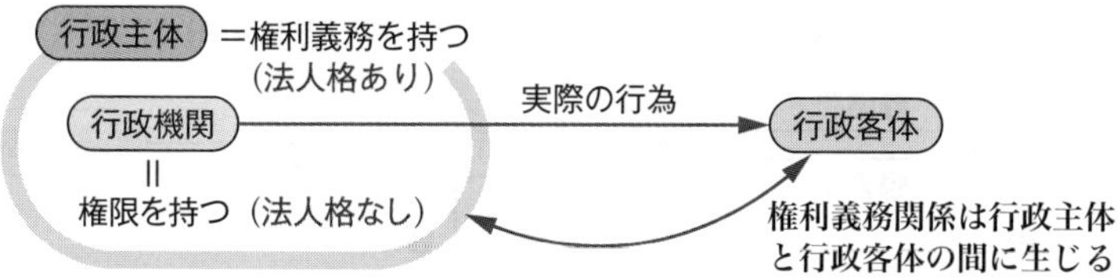

3 行政機関の種類

① 行政（官）庁

意義 行政(官)庁とは、**行政主体のために意思決定を行い、外部に表示する権限を有する行政機関**である。独任制(ex.内閣総理大臣や各省大臣、各庁の長官、都道府県知事、市町村長等)と合議制(ex.内閣、行政委員会)の２種類がある。01

〈語 句〉●**独任制**とは、行政庁を一人で構成する制度である。**合議制**とは、行政庁を複数の人で構成する制度である。

② 補助機関

意義 **補助機関**とは、行政庁の職務を**補佐する権限**を有する機関である。国の場合には、副大臣、政務官、事務次官、局長、部長、課長、事務官などがある。地方の場合には、副知事、副市町村長、会計管理者、職員などがある。

③ 諮問機関

意義 **諮問機関**とは、行政庁から**諮問を受けて意見・答申等を具申する**権限を有する機関である。意見・答申には、行政庁に対する**拘束力はない**。運輸審議会、情報公開・個人情報保護審査会等がある。02

④ 参与機関

意義 **参与機関**とは、行政庁が意思決定をするに当たり、その前提として議決を行う権限を有する行政機関をいう。その議決には行政庁に対する**拘束力がある**。電波監理審議会、検察官適格審査会がある。

【諮問機関と参与機関】

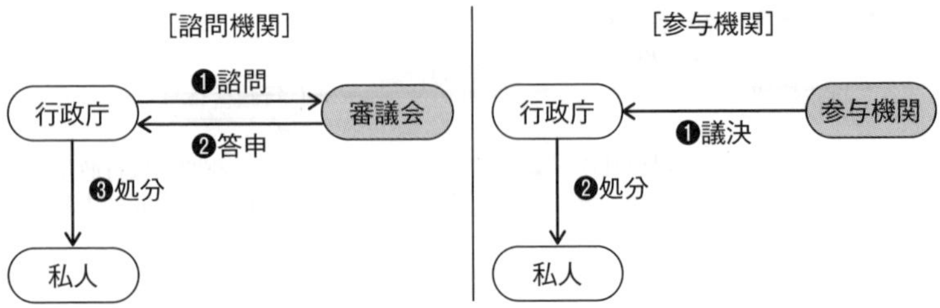

⑤ 監査機関

意義 **監査機関**とは、行政機関の事務や会計の処理について検査・監査を行う権限を有する行政機関をいう。行政評価局、会計検査院、地方の監査委員などがある。 03

⑥ 執行機関

意義 **執行機関**とは、行政目的を実現するために必要な**実力行使を行う権限を有する**行政機関をいう。警察官、徴税職員、消防職員などがある。 04

地方自治法では、**長(知事・市町村長)・行政機関(委員・委員会)**を執行機関と称する。

2 権限の代行

行政庁が、法律により自己に与えられた権限を、他の行政機関に行使させることを**権限の代行**という。権限の代行には、①**委任**、②**代理(授権代理・法定代理)**、③**専決・代決**の３種類がある。

1 権限の委任

意義 **権限の委任**とは、行政機関が、法律上定められたその**権限の一部を下級行政機関又はその他の行政機関に移転**させてその権限を行わせることをいう(国家公務員法21条、55条２項)。 05

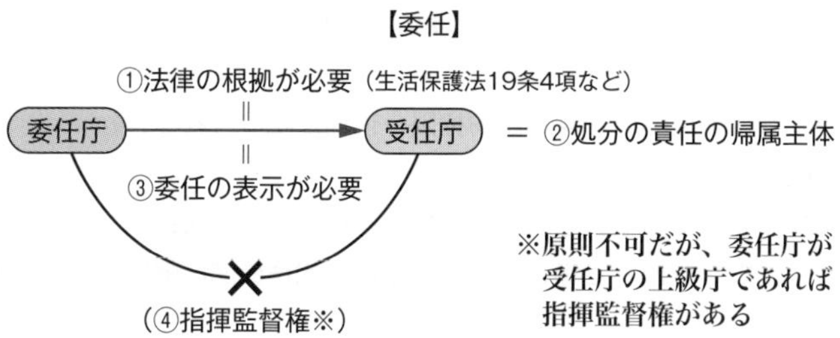

① 法律の根拠の要否

権限の委任には、**法律の根拠が必要**である。法律により定められた権限を変更するものだからである。06

② 委任した権限

委任した行政機関はその委任した権限を失い、委任を受けた（受任）行政機関は自己の名でその権限を行使する。07

③ 権限行使の効果

受任行政機関が権限を行使すると、その効果は受任行政機関に帰属する。

④ 委任した行政機関の指揮監督権

委任した行政機関の指揮監督権は、受任行政機関が**補助機関又は下級機関**である場合を除いて、**及ばない**と解されている。08

2 権限の代理

意義 **権限の代理**とは、行政機関が、自己の権限の全部又は一部を他の行政機関に対し自己に代理して行う権限を与えることをいう。委任と異なり、権限そのものは依然として元の行政機関に帰属する。

① 法定代理

意義 **法定代理**とは、法定の事実の発生に基づいて、代理関係が生ずる場合をいう。09

（ア）代理の範囲

法律の定めに従い、他の行政機関が本来の行政機関の**権限の全部を代理**する。例えば、内閣総理大臣に事故のあるとき、又は内閣総理大臣が欠けたときは、その予め指定する国務大臣が、臨時に、内閣総理大臣の職務を行う（内閣法９条）。地方公

第9章 行政の仕組み

共団体の長に事故があるときに、副知事又は副市町村長がその職務を代理する(地方自治法152条)。

もっとも、被代理機関の一身専属的権限の代理は認められない。

(イ) 権限の行使と効果

代理機関は、代理である旨を表示して権限を行使する。 09

代理機関が権限を行使した場合、その**効果は被代理機関に帰属**し、**代理機関に帰属しない**。 10

(ウ) 法律の根拠の要否

法定代理を認めるには、当然に**法律の根拠が必要**となる。

② 授権代理

意義 **授権代理**とは、本来の行政機関の**授権によって代理関係が生ずる場合**をいう(地方自治法153条1項等)。

(ア) 代理の範囲

本来の権限を有する行政機関の**権限の一部**について代理が認められる。 11

もっとも、被代理機関の一身専属的権限の代理は認められない。

(イ) 権限の行使と効果

代理機関は、代理である旨を表示して権限を行使する。

代理機関が権限を行使した場合、その**効果は被代理機関に帰属**し、**代理機関に帰属しない**。 10

(ウ) 法律の根拠

授権代理は、**本来の行政機関に指揮監督権が残る**ので、**法律の根拠は不要**である。

3 専決・代決

意義 **専決・代決**とは、行政機関が内部の規程等により**補助機関に事務処理の決済を委ねるが、外部に対しては本来の行政機関の名で表示**することをいう。 12

① 種類

専決	補助機関が内部の規程等により内容をあらかじめ指定された案件を処理する場合
代決	原則として、本来の決済権者が不在の場合に、補助機関が急を要する案件を処理する場合

② 法律の根拠

本来の行政機関の権限は移転しないので、**法律の根拠は不要**である。13

3 上級の行政機関の指揮監督権

行政組織は、上級の行政機関が自己の系列下にある**下級の行政機関を指揮監督する権限**が認められている。

趣旨 行政主体の意思の分裂を避け、その統一を図る。

1 監視権

意義 **監視権**とは、下級の行政機関の事務執行状態の**調査、報告書の提出**を求める権限である。

趣旨 下級の行政機関の権限行使の実態を把握する。

2 許認可権

意義 **許認可権**とは、下級の行政機関が権限を行使する際に、上級の行政機関の**許可や認可を受ける**ことを求める権限である。

趣旨 下級の行政機関の事務処理を事前にチェックする。

3 訓令権

意義 **訓令権**とは、上級の行政機関が訓令・通達を通じて、下級の行政機関の**権限行使を指揮する**ための権限である。個別具体的な処分に対する形のものから、一般的な指示の形をとるものがある。訓令の詳細については第4章1節「行政立法」参照のこと。

4 取消し・停止権

意義 **取消し・停止権**とは、上級の行政機関が、下級の行政機関が行った違法又は不当な**権限行使を取り消し、又は、停止する**権限である。

取消し・停止権は、法律の根拠がなくても上級の行政機関の指揮監督権として認められる。

5 代執行権

意義 **代執行権**とは、上級の行政機関が下級の行政機関に**代わって所掌事務を行う**権限のことをいう。法律が定めている権限を変動させることになるので、**法律の根拠がない限り認められない**と解されている。14

6 裁定権

意義 **裁定権**とは、下級行政機関相互間に権限について争いが生じた場合、上級行政機関がその**争議を裁定できる権限**である。

例えば、主任の大臣間の権限の疑義は、**内閣総理大臣が裁定**する(内閣法7条)。地方公共団体の執行機関相互の権限の疑義は、**当該地方公共団体の長が裁定**する(地自法138条の3)。

重要事項 一問一答

01 行政主体とは?

行政を行う権利と義務を持ち、自己の名と責任で行政を行う団体であり、法人格を持つ。

02 行政機関とは?

行政主体のために、現実に意思決定・意思表示・執行などを行う機関(自然人)のこと

03 行政庁とは?

行政主体のために意思決定を行い、外部に表示する権限を有する行政機関のこと

04 権限の代行とは(3つ)?

権限の委任、代理、専決・代決

05 権限の委任があると、委任庁の権限はどうなるか?

委任庁は委任した権限を失い、受任庁に権限が移転する。

06 権限の代理の種類は(2つ)?

①法定代理、②授権代理

07 専決・代決の場合どのように権限行使するか?

補助機関が事務処理の決済をするが、外部に対しては本来の行政機関の名で表示する。

過去問チェック

01 行政庁とは、行政主体の意思又は判断を決定し外部に表示する権限を有する機関をいい、各省大臣及び都道府県知事は行政庁に該当するが、公正取引委員会や公害等調整委員会等の行政委員会は行政庁に該当しない。

×(国般2007)「公正取引委員会や公害等調整委員会等の行政委員会は行政庁に該当しない」が誤り。

02 諮問機関とは、行政庁から諮問を受けて意見を具申する機関をいい、諮問機関の意見は、行政庁に対する拘束力がある。

×(国般2007改題)「行政庁に対する拘束力がある」が誤り。

03 監査機関とは、監査の対象となっている機関の事務や会計処理を検査し、その適否を監査する機関をいい、国の会計検査を行う会計検査院や地方公共団体の財務に関する事務の執行等を監査する監査委員が監査機関に該当する。

○（国般2007）

04 執行機関とは、行政上の義務を国民が履行しない場合に強制執行をしたり、違法な状況を排除する緊急の必要がある場合に即時強制をするなど、行政目的を実現するために必要とされる実力行使を行う機関をいう。

○（国般2007）

05 権限の委任とは、自己に与えられた権限の全部又は主要な部分を他の機関に委任して行わせることをいう。

×（区2010）「全部又は主要な部分」が誤り。

06 権限の委任は、法律上定められた処分権者を変更するものであるから、法律の根拠が必要である。

○（区2010）

07 行政法上の委任は、民法上における委任と異なり、委任によって権限が委任機関から受任機関へ委譲（移譲）されるものの、なお委任機関は当該権限を喪失せず、引き続き当該権限を行使することができると一般に解されている。

×（国般2014）「なお委任機関は当該権限を喪失せず、引き続き当該権限を行使することができると一般に解されている」が誤り。

08 権限の委任が上級機関から下級機関に対して行われたときは、権限が移譲されるため、委任者は、受任者に対して指揮監督権を有することはない。

×（区2010）「受任者に対して指揮監督権を有することはない」が誤り。

09 法定代理は、法律によってあらかじめ他の行政機関が本来の行政庁の権限を代行することが定められていることから、法定代理によって権限を行使することになった代理機関は、被代理機関の代理として権限を行使することを明らかにする必要はないと一般に解されている。

×（国般2014）「被代理機関の代理として権限を行使することを明らかにする必要はないと一般に解されている」が誤り。

10 権限の代理では、代理機関が本来の行政庁の権限を自己の権限として行使し、その行為は当該代理機関の行為として効果を生じる。

×（区2004）全体が誤り。

11 権限の代理のうち、授権代理は、本来の行政庁が授権行為を行うことによって代理関係が生じるもので、権限全部の授権代理は認められない。

○（区2004）

12 専決は、本来の行政庁が補助機関に決裁の権限をゆだねるもので、対外的には当該補助機関の名で権限が行使される。

×（区2004）「対外的には当該補助機関の名で権限が行使される」が誤り。

13 補助機関が、法律により権限を与えられた行政機関の名において権限を行使することをいう専決は、法律が定めた処分権限を変更することになるため、法律による明文の根拠が必要であると一般に解されている。

×（国般2014）「法律が定めた処分権限を変更することになるため、法律による明文の根拠が必要であると一般に解されている」が誤り。

14 上級行政機関が法律が定めた下級行政機関の権限を代執行（代替執行）する場合、実質的に法律が定めた処分権限を変更することになるため、法律による明文の根拠が必要であると一般に解されている。

○（国般2014）

2 国の行政組織

国の行政として内閣の位置づけ、権限を押さえ、府省等の行政組織の仕組みを確認しましょう。

1 総説

国の行政は、基本的には内閣の責任で行われるが、これをすべて内閣が単独で行うことは不可能なので、内閣の統轄下に、府・省、その外局としての庁や委員会が置かれている。国の行政組織は内閣法、内閣府設置法、国家行政組織法、各省ごとの設置法により構成されている。

2 内閣

1 内閣の位置付け

行政権は、内閣に属する(憲法65条)。内閣は、行政権の最高機関であり、国家行政組織を統轄する(国家行政組織法１条等)。

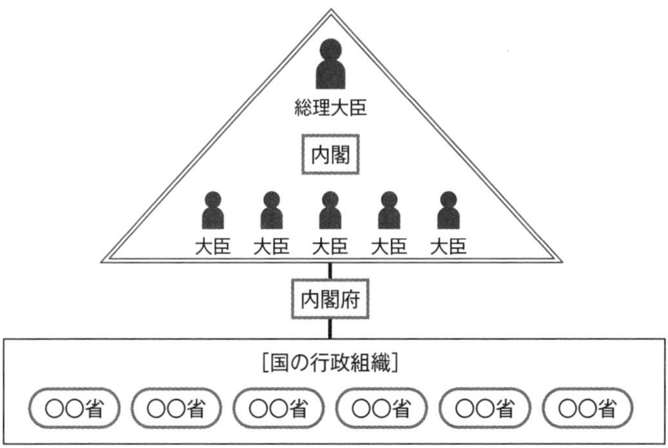

2 内閣の組織

① 内閣の構成

内閣は、国会の指名に基づいて任命された**首長たる内閣総理大臣**及び内閣総理大臣により任命された**国務大臣**で構成される合議体である(内閣法2条)。

国務大臣の数は、**14人以内**であり、特別に必要がある場合に、**3人**を限度にその数を増加することができる(内閣法2条2項) 01 。もっとも、現在は、臨時に復興庁・国際博覧会推進本部が設置されていることにより国務大臣が**2名**増加されている(2023年6月現在)関係上、その間は国務大臣の数は暫定的に14人以内から16人以内とされている。なお、特別の必要があるときにおける国務大臣の3人までの増加はそのままである(内閣法付則3項)。

② 国務大臣

大臣は、**内閣の構成員である国務大臣**という側面と**行政事務を分担管理する主任の大臣**という側面を有する(内閣法3条1項、国家行政組織法5条1項)。もっとも、**行政事務を分担管理しない無任所大臣を置く**こともできる(内閣法3条2項)。 01

③ 閣議

内閣は合議体であり、その**職権を行うのは、閣議**によるものとする(内閣法4条1項)。

3 内閣総理大臣の権限

内閣総理大臣は「内閣の首長」であり、内閣府の主任の大臣である。

① 内閣の首長としての地位に基づく権限

内閣総理大臣は、内閣の首長として以下の権限を有する。

【内閣総理大臣の権限】

- 内閣の首長として**閣議を主宰**する(内閣法4条2項前段)
- 内閣の重要施策の基本方針についての**発議権**(内閣法4条2項後段)
- 内閣の**代表権**(内閣法5条、憲法72条)
- 閣議決定の方針に基づいて、行政各部を**指揮監督する権限**(内閣法6条)
- 各省大臣間の権限についての疑義を**閣議にかけて裁定**する権限(内閣法7条) 02
- 行政各部の処分又は命令の**中止権**(内閣法8条)

② 内閣府の主任の大臣に基づく権限

内閣総理大臣は、**内閣府の長**であるから(内閣府設置法6条1項)、**内閣府の主任の大臣**として、内閣府の行政事務を分担管理する権限を有する。

4 内閣の補助機関

内閣の職務を補助する機関として、①内閣官房、②内閣府、③内閣法制局、④安全保障会議、⑤人事院がある。

① 内閣官房(内閣法12条~23条)

内閣には、内閣官房が置かれる(内閣法12条1項)。そして、内閣官房長官には国務大臣があてられる(内閣法13条2項)。内閣官房は、閣議事項の整理、政策の総合調整や企画立案などを担う(内閣法12条2項)。

② 内閣府

内閣府は、内閣に置かれ(内閣府設置法2条)、その長は内閣総理大臣である(内閣府設置法6条1項)。内閣府は、いわゆる「縦割り行政」を排除するため、他の省庁の上位に位置づけされている。内閣府の任務は、①内閣官房の内閣の重要政策に関する内閣の事務を助けること、②内閣の重要政策に関する内閣の事務を助けるために、企画・立案・総合調整事務を担うことにある。

3 国家行政組織法上の機関

1 組織の構成

国家行政組織は、基本的に省、委員会および庁からなる。これらの設置や廃止は**法律による**(国家行政組織法3条2項)。

府や各省などの内部部局(官房、局、部、課等)の設置は、法律ではなく**政令による**(同法7条4項)。03

【法律事項と政令事項】

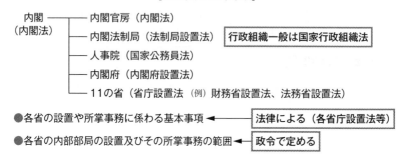

- 内閣（内閣法）
  - 内閣官房（内閣法）
  - 内閣法制局（法制局設置法）
  - 人事院（国家公務員法）
  - 内閣府（内閣府設置法）
  - 11の省（省庁設置法 (例) 財務省設置法、法務省設置法）

行政組織一般は国家行政組織法

- ●各省の設置や所掌事務に係わる基本事項 ← **法律による（各省庁設置法等）**
- ●各省の内部部局の設置及びその所掌事務の範囲 ← **政令で定める**

2 省（本省）

省は、内閣の統轄の下に行政事務をつかさどる機関として置かれる（国家行政組織法３条２項）。省は総務、法務等11ある。**省の長は各省大臣であり、主任の大臣**という（内閣法３条１項）。

3 庁・委員会（外局）

庁・委員会は、内閣の直接の統轄下に置かれるのではなく、**主任の大臣の統轄下にありつつ、省の内部部局とは異なる独立性を有する**ことから、**外局**と呼ばれる。内閣府に置かれる外局の長には国務大臣をあてることができる。各省の外局の長には、行政職の公務員が任命される。

- ●内閣府－公正取引委員会、国家公安委員会、金融庁、消費者庁
- ●財務省－国税庁　　●総務省－消防庁
- ●国土交通省－運輸安全委員会　　●環境省－原子力規制委員会

〈解説〉　ここでの委員会（いわゆる独立行政委員会等）は、国家行政組織法３条に基づく機関なので、「**３条機関**」といわれる。公正取引委員会のように法律により「独立して職権を行う」と明示されるものもある。

4 附属機関

法律の定める所掌事務の範囲内で、法律又は政令の定めるところにより、**審議会**等の附属機関、試験研究機関、検査検定機関、文教研修施設（これらに類する機関及び施設を含む。）、医療更生施設、矯正収容施設及び作業施設を置くことができる（国家行政組織法８条、８条の２）。

〈解説〉　審議会は国家行政組織法８条に基づく機関なので、「**８条機関**」といわれる。

5 特別の機関

特に必要がある場合においては、法律の定める所掌事務の範囲内で、法律の定めるところにより、**特別の機関**を置くことができる(国家行政組織法８条の３)。国家公安委員会の**警察庁**、法務省の**検察庁**、外務省の**在外公館**、防衛省の**自衛隊**などがある。

6 地方支分部局

地方に置かれる省及び外局の**出先機関**である。例えば、法務省の法務局・**地方法務局**、財務省の**財務局**、**税関**、国税庁の**税務署**、厚生労働省の**労働局**などがある。

地方支分部局の設置は、地方公共団体の行政と競合するおそれがあるため、法律事項とされている(国家行政組織法９条)。

7 政策調整 発展

各省大臣、各委員会及び各庁の長官は、その機関の任務を遂行するため政策について行政機関相互の調整を図る必要があると認めるときは、その必要性を明らかにした上で、関係行政機関の長に対し、必要な資料の提出及び説明を求め、並びに当該関係行政機関の政策に関し意見を述べることができる(国家行政組織法15条)。

4 その他 (独立行政機関)

1 会計検査院 (憲法90条)

会計検査院は、国の収入支出の決算、政府関係機関・独立行政法人等の会計、国が補助金等の財政援助を与えているものの会計などの検査を行う憲法上の独立した機関である。会計検査院は、内閣に対し独立の地位を有する(会計検査院法１条)。

2 人事院 (国家公務員法３条)

人事院は、国家公務員法に基づき、人事行政に関する公正の確保及び国家公務員の利益の保護等に関する事務をつかさどる中立・第三者機関として、設けられた機関である。内閣の所轄の下に置かれている。

重要事項 一問一答

01 内閣の職権はどのように行使するのか？

閣議によって職権を行使する。

02 内閣の構成は？

首長たる内閣総理大臣及び内閣総理大臣により任命された国務大臣で構成される。

03 無任所大臣は許されるか？

許される。

04 各省の設置や所掌事務に係わる基本事項はどのようにして決めるのか？

法律によって決める。

05 各省の内部部局の設置及びその所掌事務の範囲はどのようにして決めるのか？

政令によって決める。

過去問チェック

01 内閣は首長たる内閣総理大臣と20人以内の国務大臣をもって組織されるが各大臣は主任の大臣として行政事務を分担管理しなければならず、行政事務を分担管理しない無任所大臣を置くことはできない。

×（国般1998）「20人」「行政事務を分担管理しない無任所大臣を置くことはできない」が誤り。

02 ある事務が複数の行政機関のどちらの所掌事務であるのかにつき、当該複数の行政機関の間で疑義が起こることがあり得るが、こうした場合の調整を図るため、国家行政組織法は主任の大臣の間における権限についての疑義に関する機関訴訟を認め、司法的解決を可能としている。

×（国般2003）「国家行政組織法は主任の大臣の間における権限についての疑義に関する機関訴訟を認め、司法的解決を可能としている」が誤り。

03 府や省等の内部部局（官房、局、部、課等）の設置及びその所掌事務の範囲は政令で定めることができるが、官房及び局については法律で総数の最高限度が設けられている。

×（国般1998）「官房及び局については法律で総数の最高限度が設けられている」が誤り。

3 地方の行政組織

地方上級では頻出の分野です。国の行政組織と対比しながら、地方の特色を整理しましょう。

1 地方公共団体の役割と国の役割

1 地方公共団体の役割（地自法1条の2第1項）

地方公共団体は、住民の福祉の増進を図ることを基本として、**地域における行政を自主的かつ総合的に実施する役割**を広く担うものとする。

2 国の役割（地自法1条の2第2項）

国においては、①**国際社会における国家としての存立にかかわる事務**（ex.外交、防衛、通貨、司法）、②**全国的に統一して定めることが望ましい国民の諸活動若しくは地方自治に関する基本的な準則に関する事務**（ex.生活保護基準や労働基準の設定）又は③**全国的な規模で若しくは全国的な視点に立って行わなければならない施策及び事業の実施**（ex.宇宙開発、基幹的交通基盤の整備）その他の国が本来果たすべき役割を重点的に担い、住民に**身近な行政はできる限り地方公共団体にゆだねることを基本**として、地方公共団体との間で適切に役割を分担するとともに、地方公共団体に関する制度の策定及び施策の実施に当たって、**地方公共団体の自主性及び自立性が十分に発揮**されるようにしなければならない。

2 地方公共団体

1 意義

意義 地方公共団体とは、ⅰ）国の領土の一定の地域を基礎とし、ⅱ）その地域内における住民を人的構成要素として、ⅲ）その地域内の行政を行うために、国法に基づいた**自治権を行使することを目的とする法人**のことをいう。

2 種類

地方公共団体のうち、**目的・組織・権能等が一般的かつ普遍的な団体**のことを**普通地方公共団体**といい、**特定の目的のために設けられ、その組織・権能等も特殊な団体**のことを**特別地方公共団体**という。

【地方公共団体の種類】

普通地方公共団体	①都道府県……広域的自治体 ②市町村……基礎的自治体 指定都市、中核市、施行時特例市、その他の市、町、村
特別地方公共団体	①特別区……東京23区 ②地方公共団体の組合……一部事務組合、広域連合 ③財産区……市町村内にある財産や公の施設の管理・処分をするために設置される

① 普通地方公共団体

普通地方公共団体は、都道府県と市町村の２段階・７種類に分かれるが、両者は原則として対等である。

(ア) 都道府県

都道府県は、**市町村を包括する広域の地方公共団体**として、広域にわたる地域事務などのほか、市町村の連絡調整に関する事務や規模・性質において一般の市町村が処理することが適当でないと認められる事務を処理する(地自法２条２項、５項)。

(イ) 市町村

市町村は、**基礎的な地方公共団体**として、地域における事務などを処理する(地自法２条３項)。市の種類として①指定都市、②中核市、③施行時特例市、④その他の市、の種類がある。

(a) 指定都市 (地自法252条の19〜252条の21) 発展

意義 **指定都市**とは、**人口50万以上**の市のうちから政令で指定された市のことをいう。

(b) 中核市 (地自法252条の22〜252条の26の２) 発展

意義 **中核市**とは、**人口20万以上**の市の申出に基づき政令で指定された市のことをいう。

(c) 施行時特例市 発展

意義 **施行時特例市**とは、地方自治法の一部を改正する法律(平成26年法律第42号)による特例市制度の廃止(平成27年４月１日施行)の際、現に**特例市である市**のことをいう。

(d) その他の市 発展

意義 その他の市とは、**人口５万人**以上、その他の要件を満たした地方公共団体のことをいう。

② 特別地方公共団体

特別地方公共団体には、特別区(東京23区)、地方公共団体の組合、財産区の３種類がある。

(ア) 特別区(地自法281条〜283条) 発展

意義 特別区とは、**東京23区**のことである(地自法281条１項)。

(イ) 地方公共団体の組合(地自法284条〜283条の２) 発展

意義 地方公共団体の組合とは、複数の地方公共団体がその**事務を共同して処理するために設けるもの**で(ごみ処理、消防事務等)、組合を構成する地方公共団体とは別個の法人格を有する。

(ウ) 財産区(地自法294条〜297条) 発展

意義 財産区とは、市町村の一部で**財産又は公の施設の管理・処分を行う**ことを認められた特殊な地方公共団体のことをいう。

3 地方公共団体の機関

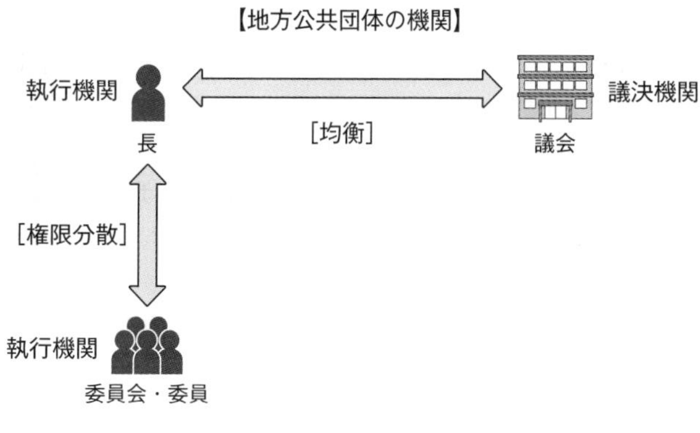

① 議決機関

地方公共団体の議決機関として、地方議会がある。地方議会の権限は、ⅰ)条例制定改廃、予算・決算など重要事項に関する**議決権**(地自法96条)、ⅱ)**選挙**(地自法97条１項)、ⅲ)事務に関する**検閲・検査**(地自法98条)、ⅳ)**調査権**(地自法100条)などがある。

地方議会は、国会とは異なり、地方行政の重要事項の決定に参与し、執行機関の管理執行について検閲検査を行うなど、**行政的権能を有する**。

② 執行機関：長（首長）

長は、地方公共団体を**統轄し、代表**する(地自法147条)。また、事務を管理・執行権を有し(地自法148条)、当該地方公共団体の区域内にある公共的団体の**指揮監督権**がある(地自法157条)。また、**議会の招集**(地自法101条)、**議案提出、予算調整・予算案提出権**等がある(地自法149条)。

③ 執行機関：委員会・委員

普通地方公共団体においては、その執行機関として長の外、法律の定めるところにより、**委員会**又は**委員**を置かなければならない(地自法138条の4第1項)。例えば、教育委員会、人事委員会、公安委員会等である(地自法180条の5)。委員会は合議制の機関であり、監査委員だけは原則として独任制の機関である。

なお、各行政委員会は、法令又は地方公共団体の条例・規則に違反しない限りにおいて、その権限に属する事務に関し、**規則その他の規程**を定めることができる(地自法138条の4第2項)。

趣旨 特定の事務に関し、行政上の決定を慎重かつ公正・中立に行うためのものであり、行政事務がこのように複数の執行機関に分掌されていることを執行機関の**多元主義**という。

4 議会と長の関係

① 議会・長の選出

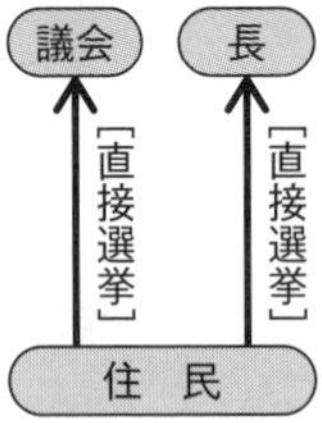

地方公共団体では、①議決機関としての議会と、②執行機関としての長(知事、市町村長)は、それぞれ**住民の直接選挙によって選ばれる**(憲法93条2項)。したがって、**地方議会は長とは対等の関係**であり、最高機関としての性格を有さず、執行機関に対して包括的な権能を有しない。

趣旨 公選の議会と長が対等の地位に立ち、相互に均衡を図りながら行政を執行することにより、行政の安定を図るため。

そして、議会と長の意見の対立を収拾するために、①長の議会に対する**付再議権**(地自法176条・177条)、②議会による**長の不信任議決と長の議会解散権**(地自法178条)、③長の**専決処分**(地自法179条・180条)が認められている。

② 長の議場出席義務（地自法121条）

普通地方公共団体の長や委員会の委員長等は、**議会の審議に必要な説明のため議長から出席を求められた**ときは、正当な理由がありその旨を議長に届け出たときを除いて、**議場に出席しなければならない**(＝長その他の執行機関には、国政の場合と異なり、議場出席権や発言権は認められていない)。

③ 長の付再議権（拒否権、地自法176・177条）

意義 **長の付再議権**とは、長が議会の議決又は選挙等を拒否して再度これを求める権限のことをいう。

【一般的再議権と特別的再議権】

	対象	要件	議会の対応	対応の効果
一般的再議権**（任意的再議）**	議会の議決に異議がある場合(条例・予算を除く)	議決の日から10日以内に理由を示して	再度の議決	議決が確定
	条例の制定・改廃、予算に関する議決に関して異議がある場合	議決の日から10日以内に理由を示して	出席議員の2/3以上の多数の同意による再議決	
特別的再議権**（必要的再議）**	議会の議決又は選挙が権限を超え又は法令や会議規則に違反する場合	理由を示して	再度の議決・再度の選挙	再議決・再選挙に瑕疵があるときは審査の申立て
	法令により負担する経費等の削除・減額の議決をした場合	理由を示して	再度の議決	長は、議決を無視して経費等を予算に計上して支出可
	災害復旧・感染症予防に必要な経費の削除・減額の議決をした場合	理由を示して	再度の議決	長は、自らに対する不信任の議決とみなすことができる

④ 不信任議決・長による議会の解散（地自法178条）

【不信任議決と議会の解散と長の失職】

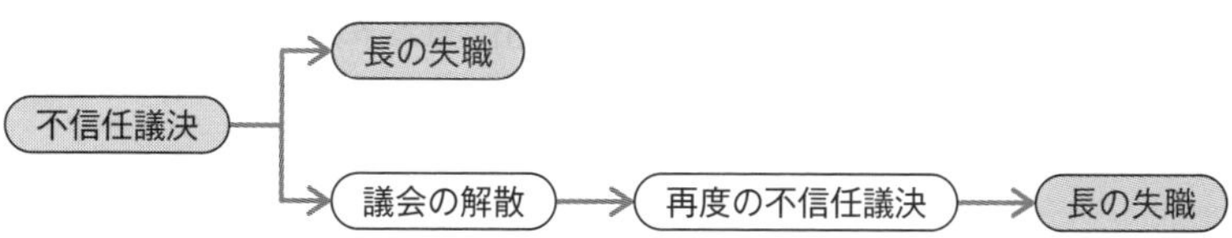

(ア) 不信任議決

普通地方公共団体の議会は、議員数の**3分の2以上の者が出席**し、その**4分の3以上の者の同意**があれば、当該普通地方公共団体の**長の不信任を議決**することができる。この場合は、直ちに議長からその旨を長に通知しなければならない(地自法178条1項、3項)。

(イ) 議会の解散

長は、議会の議長から不信任の議決の通知を受けた日から**10日以内であれば、議会を解散**することができる(地自法178条1項)。

(ウ) 長の失職

長は、不信任の議決の**通知を受けた日から10日以内に議会を解散しない**ときは、この**期間が経過した日にその職を失う。**

議会を解散した場合でも、解散後初めて招集された議会において、議員数の**3分の2以上の者が出席**し、その**過半数の者の同意により再び不信任の議決**がなされたときは、議長からその旨の**通知があった日にその職を失う**(地自法178条2項)。

⑤ 長の専決処分

意義 **長の専決処分**とは、議会の権限に属する事項を長が単独で行うことをいい、以下の2種類がある。

(ア) 法律の規定に基づく長の専決処分(地自法179条)

普通地方公共団体の**議会が成立しない**、議会において定足数を満たさない場合の措置をとってもなお会議を開くことができない、議会を**招集する時間的余裕がない**ことが明らかであると認められる、議会において**議決すべき事件を議決しない**のいずれかに該当するときは、当該普通地方公共団体の長は、その**議決すべき事件を処分**することができる(同条1項本文)。専決処分をした長は、次の会議においてこれを**議会に報告**し、その**承認を求めなければならない**(同条3項)。

(イ) 議会の委任による専決処分

普通地方公共団体の議会の権限に属する**軽易な事項**で、その議決により**特に指定したもの**については、長の権限事項として、長が専決することができる。長が専決処分をした場合は、議会に**報告**しなければならない(地自法180条)。

⑥ 予算に対する議会の増額修正権(地自法97条2項)

予算案の発案権は長に専属するが、議会は提出された**予算案に対して増額の議決**をすることができる。ただし、長の予算提出権を侵すような程度にいたる増額修正は認められない。

⑦ 調査権(100条調査権)

普通地方公共団体の議会は、当該普通地方公共団体の**事務に関する調査**を行うことができる。この場合において、当該**調査を行うため特に必要があると認めるとき**は、選挙人その他の関係人の**出頭及び証言並びに記録の提出**を請求することができる(地自法100条)。

趣旨 普通地方公共団体の議会が、住民の代表機関として立法・政策決定権能を発揮し、あるいは執行機関に対する批判監視機能を充分に全うするためには、それにふさわしい調査権限を有することが不可欠である。

3 地方公共団体の事務

地方自治法は、地方公共団体の実施すべき事務を「地域における事務及びその他の事務で法律又はこれに基づく政令により処理することとされるもの」としている(地自法２条２項)。

【地方公共団体の事務の全体像】

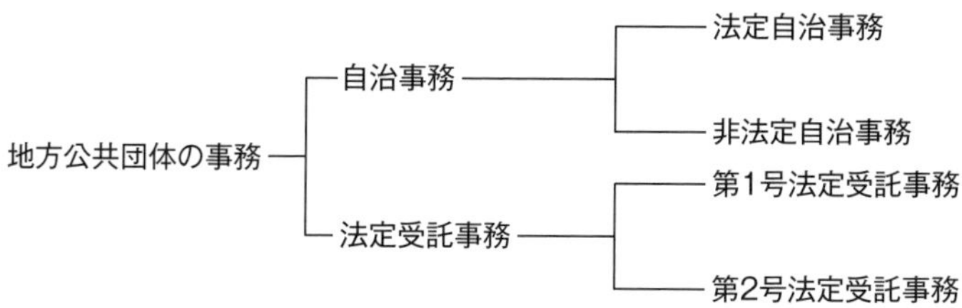

国と地方公共団体の関係を対等な協力関係に転換するため機関委任事務は1999年に廃止された。

1 自治事務

意義 自治事務とは、地方公共団体の処理する**事務のうち法定受託事務を除いた事務**をいう(地自法２条８項)。

【自治事務の種類】

種類	内容
法定自治事務	地方公共団体の事務のうち、法律又はこれに基づく政令の定めるところにより、その**義務として地方公共団体が処理しなければならない事務**(必要事務)(例)介護保険、健康保険、老人福祉等
非法定自治事務	地方公共団体の事務のうち、地方公共団体が行うかどうかを**自主的に決定できる事務**(随意事務)(例)公共施設の管理、各種助成金等

2 法定受託事務

意義 **法定受託事務**とは、本来、国又は都道府県が処理すべき事務であるが、国民の利便性等の観点から地方公共団体が処理するものとして法律又はこれに基づく政令に特に定めるものをいう(地自法2条9項)。

この法定受託事務についても、自治事務と同様に議会の関与が原則として及び(100条委員会の設置も可能)、法令に反しない範囲であれば議会は条例を制定することもできる。

【法定受託事務の種類】

種類	内容
第1号 法定受託事務	法律又はこれに基づく政令により**都道府県、市町村又は特別区が処理されることとされる事務**のうち、**国が本来果たすべき役割にかかるもの**であって、国においてその適正な処理を特に確保する必要があるものとして法律又はこれに基づく政令に特に定めるもの。**国の関与**あり (例)国政選挙に関する事務、国民年金の届出に関する事務、戸籍事務、旅券の発行
第2号 法定受託事務	法律又はこれに基づく政令により**市町村又は特別区が処理することとされる事務**のうち、**都道府県が本来果たすべき役割にかかるもの**であって、都道府県においてその適正な処理を特に確保する必要があるものとして法律又はこれに基づく政令に特に定めるもの。**都道府県の関与**あり (例)都道府県の議員又は長の選挙に関する事務、市街地再開発事業に関する事務

3 条例及び規則

① 条例

意義 **条例**とは、**地方公共団体が制定する自主法**である。

憲法94条は、地方公共団体は、**法律の範囲内で条例を制定**することができると規定している。したがって、国が制定した法律に反する条例を制定することはできない。

【条例の種類】

自主条例	法律の委任・授権によらずに(法律の範囲内で)、地方公共団体の自主法として制定される条例
委任条例	法律の規定を実施・執行するため、法律の委任を受けて制定される条例

(ア) 条例制定権の範囲

条例は、地域における事務及びその他の事務で法律又はこれに基づく政令により処理することとされているもの(地自法2条2項)に対して制定することができる(地自法14条1項)。すなわち、地方公共団体の事務とされる**自治事務と法定受託事務に関して制定**することができる。01

(イ) 住民に義務を課し、権利を制限する場合

普通地方公共団体は、**義務を課し**、**又は権利を制限**するには、法令に特別の定めがある場合を除くほか、**条例によらなければならない**(地自法14条2項)。

(ウ) 条例と罰則 発展

普通地方公共団体は、法令に特別の定めがあるものを除くほか、その条例中に、条例に違反した者に対し、**2年以下の懲役**若しくは禁錮、100万円以下の罰金、拘留、科料若しくは没収の刑又は**5万円以下の過料**を科する旨の規定を設けることができる(地自法14条3項)。

② 規則

意義 **規則**とは、地方公共団体の**長**・**委員会**が**制定する自主法**である。

(ア) 規則制定権の範囲

普通地方公共団体の**長**は、法令に違反しない限りにおいて、その権限に属する事務に関し、**規則を制定**することができる(地自法15条1項)。

普通地方公共団体の**委員会**は、法律の定めるところにより、法令又は普通地方公共団体の条例若しくは規則に違反しない限りにおいて、その権限に属する事務に関し、**規則その他の規程を定める**ことができる(地自法138条の4第2項)。

(イ) 規則と罰則 発展

普通地方公共団体の長は、法令に特別の定めがあるものを除くほか、普通地方公共団体の規則中に、規則に違反した者に対し、**5万円以下の過料**を科する旨の規定を設けることができる(地自法15条2項)。

4 住民の権利

① 住民

市町村の区域内に住所を有する者は、当該市町村及びこれを包括する都道府県の**住民**とする(地自法10条1項)。住所を有する者であればよいので、人種・性別・年齢・行為能力を問わないのはもとより、国籍も要件とされていない。また、自然人に限られず法人も住民に含まれる。

② 選挙権・被選挙権

(ア) 選挙権(地自法18条)

①日本国民、②年齢**満18年以上**の者で、③引き続き**3か月以上**市町村の区域内に住所を有するものは、その属する普通地方公共団体の議会の議員及び長の選挙権を有する。

(イ) **被選挙権**（地自法19条）

被選挙権の種類	要件
普通地方公共団体の議会の議員	普通地方公共団体の議会の議員の選挙権を有する者で、年齢満25年以上のもの
都道府県知事	日本国民で、年齢満30年以上のもの
市町村長	日本国民で、年齢満25年以上のもの

③ 直接請求権

代表民主制の機能の限界を補うため、普通地方公共団体の議会の議員及び長の選挙権を有する者(以下、選挙権を有する者という)に限り、以下の直接請求が認められている。

(ア) **条例の制定・改廃請求**（地自法12条1項、74条）

原則 選挙権を有する者は、その総数の50分の1以上の連署をもって、その代表者から**普通公共団体の長**に対し、**条例の制定又は改廃の請求**をすることができる。

例外 **地方税の賦課徴収、分担金・使用料・手数料の徴収**に関するものは請求できない。02

趣旨 地方税等の住民の負担は誰でもできるだけ軽いことを望むため濫用される可能性が高く、また、その結果が当該団体の財政的基礎を揺るがす好ましくない事態を招くことから、法律上これを直接請求の対象から除外されたものと考えられている。

(イ) **事務の監査請求**（地自法12条2項、75条）

選挙権を有する者は、その総数の**50分の1**以上の連署をもって、その代表者から普通地方公共団体の**監査委員**に対し、**当該普通地方公共団体の事務の執行**に関する**監査を請求**することができる。

ここでの「事務」には、人事委員会、公安委員会等行政委員会の事務の執行に関する事務も含むことから、これらの事務の執行に関しても監査請求を行うことができる。03

(ウ) **議会の解散請求**（地自法13条1項、76条〜79条）

選挙権を有する者は、その総数の**3分の1**以上(その総数が40万を超え80万以下の場合にあってはその40万を超える数に6分の1を乗じて得た数と40万に3分の1を乗じて得た数とを合算して得た数、その総数が80万を超える場合にあってはその80万を超える数に8分の1を乗じて得た数と40万に6分の1を乗じて得た数と40万に3分の1を乗じて得た数とを合算して得た数)の連署をもって、その代表者から普通地方公共団体の**選挙管理委員会**に対し、**議会の解散**を請求することができる。

制限 議員の**一般選挙の日から1年間**、または解散の**投票のあった日から1年間**はこの請求を行うことはできない。04

(エ) 議員の解職請求（地自法13条2項、80条～85条）

選挙権を有する者は、**所属の選挙区**におけるその総数の3分の1以上(その総数が40万を超え80万以下の場合にあってはその40万を超える数に6分の1を乗じて得た数と40万に3分の1を乗じて得た数とを合算して得た数、その総数が80万を超える場合にあってはその80万を超える数に8分の1を乗じて得た数と40万に6分の1を乗じて得た数と40万に3分の1を乗じて得た数とを合算して得た数)の連署をもって、その代表者から**選挙管理委員会**に対し、**議員の解職を請求**することができる。05

制限 対象となる議員が**就職した日から1年間**(無投票当選の場合を除く)、または解職の**投票の日から1年間**はこの請求を行うことはできない。

(オ) 長の解職請求（地自法13条2項、81条～85条）

選挙権を有する者は、その総数の**3分の1**以上(その総数が40万を超え80万以下の場合にあってはその40万を超える数に6分の1を乗じて得た数と40万に3分の1を乗じて得た数とを合算して得た数、その総数が80万を超える場合にあってはその80万を超える数に8分の1を乗じて得た数と40万に6分の1を乗じて得た数と40万に3分の1を乗じて得た数とを合算して得た数)の連署をもって、その代表者から**選挙管理委員会**に対し、**長の解職を請求**することができる。05

制限 対象となる長が**就職した日から1年間**(無投票当選の場合を除く)、または解職の**投票の日から1年間**はこの請求を行うことはできない。

(カ) 役員（副知事等）**の解職請求**（地自法13条2項、86条～88条）

選挙権を有する者は、その総数の3分の1以上(その総数が40万を超え80万以下の場合にあってはその40万を超える数に6分の1を乗じて得た数と40万に3分の1を乗じて得た数とを合算して得た数、その総数が80万を超える場合にあってはその80万を超える数に8分の1を乗じて得た数と40万に6分の1を乗じて得た数と40万に3分の1を乗じて得た数とを合算して得た数)の連署をもって、その代表者から普通地方公共団体の**長**に対し、**役員(副知事等)の解職を請求**することができる。

制限 当該公務員が就職した日から1年間(選挙管理委員・監査委員・公安委員会の委員の場合は6ヶ月)、又は解職請求に対する議会の議決の日から1年間(あるいは6ヶ月)はこの請求を行うことはできない。

【主要公務員の解職請求】

種類	請求先	直接請求の効果
条例の制定改廃請求	長	長は議会に付議する
事務監査請求	監査委員	監査実施
議会の解散請求	選挙管理委員会 05	有権者の投票の過半数の同意により解散
長の解職請求	選挙管理委員会 05	有権者の投票の過半数の同意により解職 05
議員の解職請求	選挙管理委員会 05	所属選挙区の有権者の投票の過半数の同意により解職 05
役員の解職請求	長	議員の2/3以上が出席し、3/4以上の賛成で失職する

④ 地方公共団体の違法（・不当）な財産管理の是正等を求める権利

(ア) 住民監査請求（地自法242条）

普通地方公共団体の住民は、当該普通地方公共団体の**長その他の執行機関又は職員**に、**違法・不当な財務会計上の行為**(公金の支出、財産の取得・管理・処分、契約の締結・履行、債務その他の義務の負担)、又は**違法・不当に公金の賦課・徴収や財産管理を怠る事実**があると認めるときは、行政の仕組みこれらを証する書面を添え、**監査委員に対し監査を求め**、これらの行為の防止等の必要な措置を講ずべきことを請求することができる。

住民監査請求の請求権者は、当該普通地方公共団体の**住民**であって、法律上の行為能力を有する者であれば、**単独でもよく**、選挙権や納税の有無あるいは国籍や自然人・法人の区別も問わない。

(イ) 住民訴訟を提起する権利（地自法242条の２）

(a) 住民監査請求の前置

住民訴訟を提起するためには、事前に**住民監査請求**(地方公共団体の住民が、監査委員に対して財務会計上の行為等の監査を求めること)（地方自治法242条）**を経ていなければならない**（同法242条の２第１項）。 06

住民監査請求の結果に不服がある場合や、監査請求後一定期間内に監査がされない場合などに住民訴訟の提起が認められる。

(b) 原告となれる者

当該普通地方公共団体の住民であり、かつ、監査請求をした者に限られる。

(c) 住民訴訟の対象

住民訴訟の対象となるのは、**住民監査請求に係る違法な行為又は財産の管理等を怠る事実**であり、具体的な請求として以下の４つがある（地自法242条の２第１項）。 06

【住民訴訟の対象】

① 執行機関又は職員に対する当該行為の全部又は一部の差止めの請求

② 行政処分たる当該行為の取消し又は無効確認の請求

③ 執行機関又は職員に対する当該怠る事実の違法確認の請求

④ 当該職員又は当該行為若しくは怠る事実に係る相手方に損害賠償又は不当利得返還の請求をすることを当該地方公共団体の執行機関又は職員に対して求める請求

【住民訴訟を提起する権利】

	事務監査請求	住民監査請求	住民訴訟
請求の主体	有権者の総数の50分の１以上の連署をもってその代表者が行う	**住民であればよい**	住民監査請求をした者
請求の対象	事務一般	**違法**又は**不当**な**財務会計上の行為、違法**又は**不当**な公金の賦課・徴収や財産管理を怠る事実	違法な財務会計上の行為又は違法な公金の賦課・徴収や財産管理を怠る事実 06
請求先	監査委員	監査委員	裁判所
不服申立て	法的手段なし	住民訴訟の提起可	

⑤ 公の施設の利用権（地自法244条～244条の４）発展

意義 **公の施設**とは、普通地方公共団体が、**住民の福祉を増進する目的をもってその利用に供するために設けた施設**をいう（地自法244条１項）。

（例）地方公共団体が設置する学校、公園、道路、図書館、病院等

普通地方公共団体は、**正当な理由**がない限り、住民が公の施設を利用することを拒んではならない（地自法244条２項）。

5 普通地方公共団体に対する国・都道府県の関与と紛争処理

① 関与の意義と種類（地自法245条）

意義 普通地方公共団体に対する国または都道府県の関与とは、**普通地方公共団体の事務の処理**に関し、**国の行政機関又は都道府県の機関が行う行為**をいう。

自治事務に対する基本的関与として、助言又は勧告（是正の勧告）、資料の提出要求、協議、是正の要求の４種類が予定されている。

また、法定受託事務に対する基本的関与として、助言又は勧告、資料の提出要

求、協議、同意、許可・認可・承認、指示、代執行の７種類が予定されている。

② 関与の原則（地自法245条の２、地自法245条の３）

(ア) 関与の法定主義

普通地方公共団体は、その事務の処理に関し、**法律又はこれに基づく政令**によらなければ(通達による国の関与を排除)、国又は都道府県の関与を受け、または関与を受けることを要するとされることはない。

(イ) 比例原則と配慮

国は、普通地方公共団体がその事務処理に関して国・都道府県の関与を受け、または関与を受けることを要するとするための法律・政令を設けるにあたっては、その目的を達成するために**必要最小限度のもの**とするとともに、普通地方公共団体の**自主性および自立性に配慮**しなければならない。

(ウ) 自治事務の処理とその他個別法に基づく関与

国は、普通地方公共団体の自治事務の処理に関しては、**できる限り、代執行や「その他の関与」を設けない**ようにしなければならない(地自法245条の３第２項)。

(エ) 法定受託事務の処理とその他個別法に基づく関与

国は、普通地方公共団体の法定受託事務の処理に関しては、**できる限り、「その他の関与」を設けない**ようにしなければならない(地自法245条の３第２項)。

【関与の基本類型とその他個別法に基づく関与】

	関与の基本類型	その他個別法に基づく関与
自治事務	①助言又は勧告(●是正の勧告)、②資料の提出要求、③協議、④是正の要求	一定の場合に限定する ③協議、⑤同意、⑥許可・認可・承認、⑦指示 できる限り設けない ⑧**代執行**、⑨その他の関与
法定受託事務	① 助言又は勧告、②資料の提出要求、③協議、⑤同意、⑥許可・認可・承認、⑦指示、⑧代執行	一定の場合に限定する ③ 協議 できる限り設けない ⑨その他の関与

③ 国と地方公共団体の紛争処理手続

普通地方公共団体に対する国の関与に関する係争を行政内部において簡易・迅速に処理するため、公平・中立な第三者機関として**国地方係争処理委員会**が設けられている。その上で、当該係争が解決されない場合には、**高等裁判所に訴訟を提起**することによる司法的解決方法も設けられている。

【国と地方公共団体の紛争処理手続】

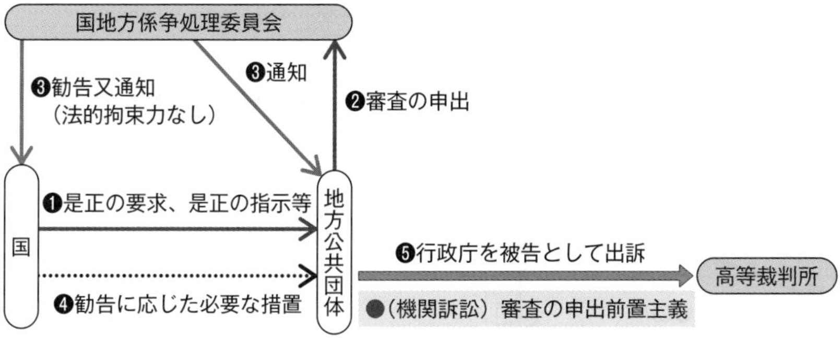

(ア) 手続の流れ

普通地方公共団体の長その他の執行機関は、その担任する事務に関する**国の一定の関与に不服**があるときは、**国地方係争処理委員会**に対し、**文書で**、**審査の申出**をすることができる。

審査の申出に理由がある(関与が違法又は不当)と判断したときは、国の行政庁に対して、**理由を付し**、かつ**期間を示し**た上で、**必要な措置を講ずべきこと**を**勧告**(法的拘束力はない)するとともに、当該勧告内容を申出人に通知し、かつ公表しなければならない。07

(イ) 国地方係争処理委員会の設置と委員

国地方係争処理委員会は**総務省に設置**(常設)される。委員は5人で、任期は3年(ただし、再任は可能)。優れた識見を有する者のうちから、**両議院の同意を得て総務大臣が任命**する。

(ウ) 国の関与に関する訴訟（地自法251条の5）

国地方係争処理委員会の審査結果や勧告に不服があるときなど一定の場合には、審査の申出をした長その他の執行機関は、**高等裁判所**に対し、**違法な国の関与の取消し**又は**国の不作為の違法の確認**を求めることができる。この訴訟は行政事件訴訟法の「機関訴訟」にあたり、原告は審査の申出をした長その他の執行機関、被告はその相手方たる国の行政庁である。

ただし、この訴訟を提起するには、その前に国地方係争処理委員会の審査を経なければならない(**審査の申出前置主義**)。

④ 普通地方公共団体相互の紛争処理手続

普通地方公共団体に対する都道府県の関与に関する係争等を行政内部において簡易・迅速に処理するため、公平・中立な第三者機関として**自治紛争処理委員**が設けられている。その上で、当該係争が解決されない場合には、**高等裁判所に訴訟を提起**することによる司法的解決方法も設けられている。

【紛争の調停】

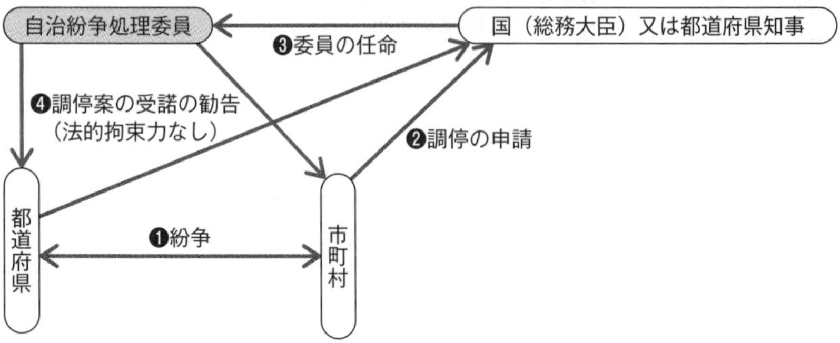

【関与に関する審査及び勧告】

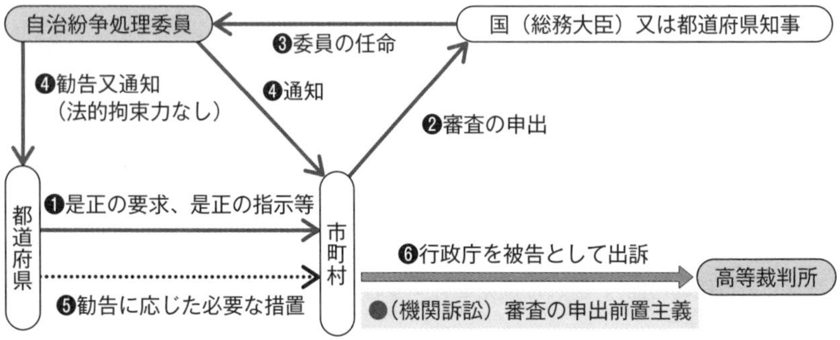

（ア）自治紛争処理委員の対象（地自法251条）

自治紛争処理委員は、①普通地方公共団体相互の間又は普通地方公共団体の機関相互の間の紛争の調停、②普通地方公共団体に対する国又は都道府県の関与のうち都道府県の機関が行うものに関する審査、③この法律の規定による審査請求、審査の申立て又は審決の申請に係る審理を処理する。

（イ）手続の概要

（a）紛争の調停（地自法251条の２）

当事者の文書による**申請**に基づく又は職権により調停案を作成して、**受諾の勧告**をするとともに、理由を付してその要旨を公表することができる。

（b）関与に関する審査及び勧告（地自法251条の３）

都道府県の行政庁の行った都道府県の関与が違法又は普通地方公共団体の自主性

及び自立性を尊重する観点から不当であると認めるときは、当該都道府県の行政庁に対し、**理由を付し**、**かつ**、**期間を示して**、**必要な措置を講ずべきことを勧告**するとともに、当該勧告の内容を当該市町村その他の市町村の執行機関に**通知**し、かつ、これを**公表**しなければならない。

(ウ) 自治紛争処理委員

３名の**自治紛争処理委員**が行う。**事件ごとに**、優れた識見を有する者のうちから、**総務大臣**(都道府県又は都道府県の機関が当事者の場合)**又は都道府県知事**(その他が当事者の場合)が**任命**する。

(エ) 都道府県の関与に関する訴訟等(地自法251条の6～252条)

自治紛争処理委員の審査の結果又は勧告に不服があるとき等は、**高等裁判所に違法な都道府県の関与の取消し**又は**都道府県の不作為の違法確認**を求めることができる。

⑤ 普通地方公共団体の不作為に対する国の訴えの提起

国(又は都道府県)が是正の要求等をした場合に、普通地方公共団体(又は市町村)がこれに応じた措置を講じず、かつ、国地方係争委員会への審査の申出もしないとき等に、**国(又は都道府県)は不作為の違法確認訴訟を高等裁判所に提起**することができる(地自法251条の7～)。08

【国（又は都道府県）による不作為の違法確認訴訟】

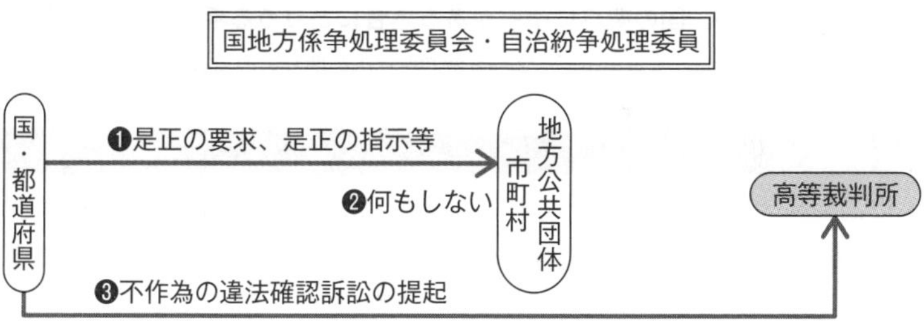

重要事項 一問一答

01 普通地方公共団体の種類と、特別地方公共団体の種類は？

普通地方公共団体は、都道府県と市町村。特別地方公共団体は、特別区と地方公共団体の組合と財産区

02 地方公共団体の機関は何か（2種類）？

議決機関である議会と、執行機関である長、委員会・委員

03 長と議会の意見の対立を収捨するための制度は（3つ）？

①長の議会に対する付再議権(拒否権)、②議会による長の不信任議決と長の解散権、③長の専決処分

04 長の付再議権（拒否権）の種類は（2つ）？

①一般的再議権(任意的再議)、②特別的再議権(必要的再議)

05 普通地方公共団体の議会による不信任議決の要件は？

議員数の3分の2以上の出席で、4分の3以上の者の同意が必要

06 解散後の新議会による不信任議決の要件は？

議員数の3分の2以上の出席で、過半数の者の同意が必要

07 法定受託事務とは？

本来、国又は都道府県が処理すべき事務であるが、国民の利便性等の観点から地方公共団体が処理するものとして法律又はこれに基づく政令に特に定めるもの

08 地方自治法上の住民の要件は？

市町村の区域内に住所を有する者

09 直接請求において、条例の制定又は改廃請求をすることができない事柄は？

地方税の賦課徴収、分担金、使用料、手数料の徴収

10 直接請求において、議会の解散請求及び議員・長の解職請求はいつでも可能か？

選挙・就任してから1年以内は不可

11 地方公共団体が、国の関与に不服がある場合にとりうる手段は（2つ）？

①国地方係争処理委員会に審査の申出、②高等裁判所へ国の関与の取消訴訟

過去問チェック

01 自治事務は都道府県の事務である一方で、法定受託事務は都道府県知事が受託した事務であるから、都道府県は、法定受託事務に関しては条例を制定することができず、知事による規則制定権があるにすぎない。

×（国般2002）全体が誤り。

02 普通地方公共団体の住民は、一定数の選挙権者の連署をもって、その属する地方公共団体の条例の制定又は改廃を請求することができ、また、その対象は当該地方公共団体のすべての条例とされていることから、地方税の賦課・徴収や公の施設の使用料等に関するものについても制定又は改廃を請求することができる。

×（国般2001）「その対象は当該地方公共団体のすべての条例とされていることから、地方税の賦課・徴収や公の施設の使用料等に関するものについても制定又は改廃を請求することができる」が誤り。

03 普通地方公共団体の住民は、一定数の選挙権者の連署をもって、当該地方公共団体の長の権限に属する事務の執行に関する事務の監査請求を行うことができるが、人事委員会、公安委員会等の行政委員会の事務の執行に関しては、監査請求を行うことができない。

×（国般2001）「人事委員会、公安委員会等の行政委員会の事務の執行に関しては、監査請求を行うことができない」が誤り。

04 普通地方公共団体の住民は、一定数の選挙権者の連署をもって、選挙管理委員会に対し、いつでも当該地方公共団体の議会の解散を請求することができる。

×（国般2001）「いつでも」が誤り。

05 普通地方公共団体の住民は、一定数の選挙権者の連署をもって、当該地方公共団体の議会の長に対して当該地方公共団体の長又は議員の解職を請求することができ、当該請求を受けた議会の長は、議会の議決をもって解職の可否を決しなければならない。

×（国般2001）「議会の長」「議会の長は、議会の議決」が誤り。

06 住民訴訟の対象となるのは、不当な公金の支出や財産の管理を怠る事実などの地方公共団体の財務会計上の行為又は財務に関する怠る事実であり、当該行為又は事実に関する住民監査請求を経た後でなければ、住民訴訟を提起することができない。

×（国般2009）「不当な公金の支出や財産の管理を怠る事実などの」が誤り。

07 国地方係争処理委員会は、審査の申出に係る事務が自治事務であるか法定受託事務であるかにかかわらず審査を行うことができ、審査の結果国の関与が違法であると認めた場合には、関与に関係する国の行政庁に必要な措置を講ずべきことを勧告することができる。

○（国般2002）

08 地方公共団体の長は、国の関与について不服がある場合には、国地方係争処理委員会に審査を申し出ることができるが、当該審査の結果に不服があった場合でも、裁判所に、国の関与の取消し又は国の不作為の違法の確認を求める訴えを提起することができない。

×（国般2009）「裁判所に、国の関与の取消し又は国の不作為の違法の確認を求める訴えを提起することができない」が誤り。

過去問 Exercise

問題 住民の直接請求権に関する次の記述のうち、妥当なのはどれか。

国般2001［H13］

1 普通地方公共団体の住民は、一定数の選挙権者の連署をもって、その属する地方公共団体の条例の制定又は改廃を請求することができ、また、その対象は当該地方公共団体のすべての条例とされていることから、地方税の賦課・徴収や公の施設の使用料等に関するものについても制定又は改廃を請求することができる。

2 普通地方公共団体の住民は、一定数の選挙権者の連署をもって、当該地方公共団体の長の権限に属する事務の執行に関する事務の監査請求を行うことができるが、人事委員会、公安委員会等の行政委員会の事務の執行に関しては、監査請求を行うことができない。

3 普通地方公共団体の住民は、一定数の選挙権者の連署をもって、選挙管理委員会に対し、いつでも当該地方公共団体の議会の解散を請求することができる。

4 普通地方公共団体の住民は、一定数の選挙権者の連署をもって、当該地方公共団体の議会の長に対して当該地方公共団体の長又は議員の解職を請求することができ、当該請求を受けた議会の長は、議会の議決をもって解職の可否を決しなければならない。

5 普通地方公共団体の住民は、当該地方公共団体の長、職員等の財務会計上の行為を対象として、監査委員に対して監査請求を行うことができるが、住民訴訟の場合とは異なり、当該請求の対象には違法な行為のほか不当な行為も含まれる。

解説

正解 5

❶ × 「その対象は当該地方公共団体のすべての条例とされていることから、地方税の賦課・徴収や公の施設の使用料等に関するものについても制定又は改廃を請求することができる」という部分が妥当でない。普通地方公共団体の住民は、選挙権を有する者の50分の１以上の連署をもって、当該普通地方公共団体の長に対して、条例の制定・改廃を請求することができる(地方自治法74条１項)。しかし、この制定・改廃請求の対象となる条例には制限があり、地方税の賦課・徴収や公の施設の使用料等に関する条例については、制定・改廃の請求をすることができない(同法74条１項括弧書、同法12条１項括弧書)。

❷ × 「人事委員会、公安委員会等の行政委員会の事務の執行に関しては、監査請求を行うことができない」という部分が妥当でない。普通地方公共団体の住民は、選挙権を有する者の50分の１以上の連署をもって、監査委員に対して、当該普通地方公共団体の事務の執行の監査を請求することができる(地方自治法75条１項)。ここでの「事務」には、人事委員会、公安委員会等行政委員会の事務の執行に関する事務も含むことから、これらの事務の執行に関しても監査請求を行うことができる。

❸ × 「いつでも」という部分が妥当でない。普通地方公共団体の住民は、選挙権を有する者の３分の１以上の連署をもって、選挙管理委員会に対して、当該地方公共団体の議会の解散を請求することができる(地方自治法76条１項)。しかし、この請求には期間制限があり、①議会の議員の一般選挙があった日から１年間、②議会の解散投票があった日から１年間、は議会の解散請求を行うことはできない(同法79条)。

❹ × 「議会の長」、「議会の長は、議会の議決」という部分が妥当でない。普通地方公共団体の住民は、選挙権を有する者の３分の１以上の連署をもって、「選挙管理委員会」に対して、当該地方公共団体の長又は議員の解職を請求することができる(地方自治法80条１項、81条１項)。この場合、選挙管理委員会は、「住民投票」に付さなければならない(同法80条３項、81条２項)。そして、住民投票の結果、過半数の同意があれば、当該地方公共団体の長又は議員は解職となる(同法83条)。

❺ ◯　条文により妥当である。普通地方公共団体の住民は、当該普通地方公共団体の長若しくは委員会若しくは委員又は当該普通地方公共団体の職員について、「違法若しくは不当な」公金の支出等の行為について、監査委員に対し、監査を求め、必要な措置を講ずべきことを請求することができる（地方自治法242条１項）。また、住民訴訟は違法な行為のみを対象とするが、住民監査請求は違法な行為のみならず、不当な行為をも対象とする。

索　　引

判例索引

最大判→最高裁判所大法廷判決
最　判→最高裁判所判決
最　決→最高裁判所決定
（地名）高判→各高等裁判所判決

【執　筆】
北條 薫（TAC公務員講座）
横瀬 博徳（TAC公務員講座）
平川 哲也（TAC公務員講座）

【校　閲】
北條 薫（TAC公務員講座）
谷岡 篤（TAC公務員講座）

◎本文デザイン／黒瀬 章夫（ナカグログラフ）
◎カバーデザイン／河野 清（有限会社ハードエッジ）

本書の内容は、小社より2023年10月に刊行された
「公務員試験　過去問攻略Ｖテキスト　４　行政法　第２版」（ISBN：978-4-300-10090-5）
と同一です。

公務員試験　過去問攻略Ｖテキスト　４　行政法　新装版

2023年10月15日　初　版　第１刷発行
2024年４月１日　新装版　第１刷発行

編著者　ＴＡＣ株式会社（公務員講座）
発行者　多田敏男
発行所　ＴＡＣ株式会社　出版事業部（TAC出版）
〒101-8383
東京都千代田区神田三崎町3-2-18
電話　03（5276）9492（営業）
FAX　03（5276）9674
https://shuppan.tac-school.co.jp
組　版　株式会社　明昌堂
印　刷　株式会社　ワコー
製　本　東京美術紙工協業組合

ISBN 978-4-300-11144-4
N.D.C. 317

公務員講座のご案内

大卒レベルの公務員試験に強い!

2022年度 公務員試験

公務員講座生[※1]
最終合格者延べ人数[※2]

5,314名

※1 公務員講座生とは公務員試験対策講座において、目標年度に合格するために必要と考えられる、講義、演習、論文対策、面接対策等をパッケージ化したカリキュラムの受講生です。単科講座や公開模試のみの受講生は含まれておりません。
※2 同一の方が複数の試験種に合格している場合は、それぞれの試験種に最終合格者としてカウントしています。(実合格者数は2,843名です。)
＊2023年1月31日時点で、調査にご協力いただいた方の人数です。

国家公務員(大卒程度)		計2,797名
地方公務員(大卒程度)		計2,414名
国立大学法人等	大卒レベル試験	61名
独立行政法人	大卒レベル試験	10名
その他公務員		32名

1位 全国の公務員試験で合格者を輩出!

詳細は公務員講座(地方上級・国家一般職)パンフレットをご覧ください。

2022年度 国家総合職試験

公務員講座生[※1]
最終合格者数 **217名**

法律区分	41名	経済区分	19名
政治・国際区分	76名	教養区分[※2]	49名
院卒/行政区分	24名	その他区分	8名

※1 公務員講座生とは公務員試験対策講座において、目標年度に合格するために必要と考えられる、講義、演習、論文対策、面接対策等をパッケージ化したカリキュラムの受講生です。単科講座や公開模試のみの受講生は含まれておりません。
※2 上記は2022年度目標の公務員講座最終合格者のほか、2023年度目標公務員講座生の最終合格者40名が含まれています。
＊ 上記は2023年1月31日時点で調査にご協力いただいた方の人数です。

2022年度 外務省専門職試験

最終合格者総数55名のうち
54名がWセミナー講座生[※1]です。

合格者占有率[※2] **98.2%**

外交官を目指すなら、実績のWセミナー

※1 Wセミナー講座生とは、公務員試験対策講座において、目標年度に合格するために必要と考えられる、講義、演習、論文対策、面接対策等をパッケージ化したカリキュラムの受講生です。各種オプション講座や公開模試など、単科講座のみの受講生は含まれておりません。また、Wセミナー講座生はそのボリュームから他校の講座生と掛け持ちすることは困難です。
※2 合格者占有率は「Wセミナー講座生(※1)最終合格者数」を、「外務省専門職採用試験の最終合格者総数」で除して算出しています。また、算出した数字の小数点第二位以下を四捨五入して表記しています。
＊ 上記は2022年10月10日時点で調査にご協力いただいた方の人数です。

WセミナーはTACのブランドです

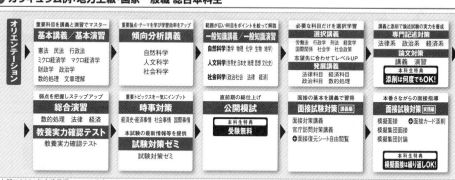

無料体験入学のご案内

3つの方法でTACの講義が体験できる!

教室で体験 迫力の生講義に出席

予約不要! **最大3回連続出席OK!**

1. 校舎と日時を決めて、当日TACの校舎へ

TACでは各校舎で毎月体験入学の日程を設けています。

2. オリエンテーションに参加(体験入学1回目)

初回講義「オリエンテーション」にご参加ください。体験入学ご参加の際に個別にご相談をお受けいたします。

3. 講義に出席(体験入学2・3回目)

引き続き、各科目の講義をご受講いただけます。参加者には体験用テキストをプレゼントいたします。

- 最大3回連続無料体験講義の日程はTACホームページと公務員講座パンフレットでご覧いただけます。
- 体験入学はお申込み予定の校舎に限らず、お好きな校舎でご利用いただけます。
- 4回目の講義前までにご入会手続きをしていただければ、カリキュラム通りに受講することができます。

※地方上級・国家一般職、理系(技術職)、警察・消防以外の講座では、最大2回連続体験入学を実施しています。また、心理職・福祉職はTAC動画チャンネルで体験講義を配信しています。
※体験入学1回目や2回目の後でもご入会手続きは可能です。「TACで受講しよう!」と思われたお好きなタイミングで、ご入会いただけます。

ビデオで体験 校舎のビデオブースで体験視聴

TAC各校のビデオブースで、講義を無料でご視聴いただけます。(要予約)

各校のビデオブースでお好きな講義を視聴できます。視聴前日までに視聴する校舎受付までお電話にてご予約をお願い致します。

ビデオブース利用時間 ※日曜日は④の時間帯はありません。

① 9:30 ～ 12:30 ② 12:30 ～ 15:30
③ 15:30 ～ 18:30 ④ 18:30 ～ 21:30

※受講可能な曜日・時間帯は一部校舎により異なります。
※年末年始・夏期休業・その他特別な休業以外は、通常平日・土日祝祭日にご覧いただけます。
※予約時にご希望日とご希望時間帯を合わせてお申込みください。
※基本講義の中からお好きな科目をご視聴いただけます。(視聴できる科目は時期により異なります)
※TAC提携校での体験視聴につきましては、提携校各校へお問合せください。

Webで体験 スマートフォン・パソコンで講義を体験視聴

TACホームページの「TAC動画チャンネル」で無料体験講義を配信しています。時期に応じて多彩な講義がご覧いただけます。

TAC ホームページ **https://www.tac-school.co.jp/**

※体験講義は教室講義の一部を抜粋したものになります。

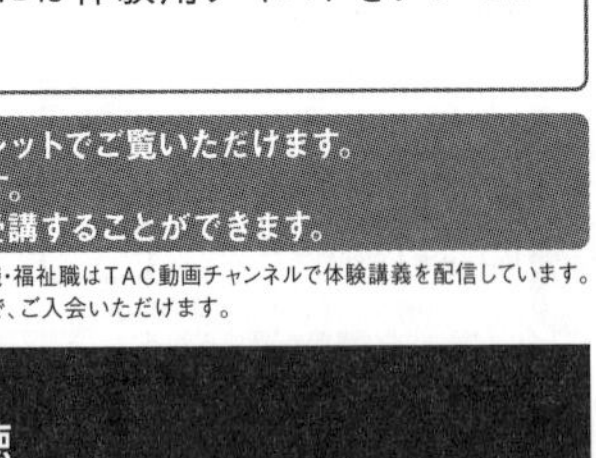

TAC出版 書籍のご案内

TAC出版では、資格の学校TAC各講座の定評ある執筆陣による資格試験の参考書をはじめ、資格取得者の開業法や仕事術、実務書、ビジネス書、一般書などを発行しています！

TAC出版の書籍

＊一部書籍は、早稲田経営出版のブランドにて刊行しております。

資格・検定試験の受験対策書籍

- 日商簿記検定
- 建設業経理士
- 全経簿記上級
- 税　理　士
- 公認会計士
- 社会保険労務士
- 中小企業診断士
- 証券アナリスト
- ファイナンシャルプランナー(FP)
- 証券外務員
- 貸金業務取扱主任者
- 不動産鑑定士
- 宅地建物取引士
- 賃貸不動産経営管理士
- マンション管理士
- 管理業務主任者
- 司法書士
- 行政書士
- 司法試験
- 弁理士
- 公務員試験(大卒程度・高卒者)
- 情報処理試験
- 介護福祉士
- ケアマネジャー
- 社会福祉士　ほか

実務書・ビジネス書

- 会計実務、税法、税務、経理
- 総務、労務、人事
- ビジネススキル、マナー、就職、自己啓発
- 資格取得者の開業法、仕事術、営業術
- 翻訳ビジネス書

一般書・エンタメ書

- ファッション
- エッセイ、レシピ
- スポーツ
- 旅行ガイド（おとな旅プレミアム/ハルカナ）
- 翻訳小説